Neuropsicologia e as interfaces com as neurociências

Eliane Correa Miotto
Mara Cristina Souza de Lucia
Milberto Scaff
(Organizadores)

NEUROPSICOLOGIA E AS INTERFACES COM AS NEUROCIÊNCIAS

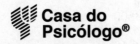

© 2007 Casapsi Livraria e Editora Ltda.
É proibida a reprodução total ou parcial desta publicação, para qualquer finalidade,
sem autorização por escrito dos editores.

1ª Edição	*2007*
1ª Reimpressão	*2010*
2ª Edição	*2012*
Diretor Geral	*Ingo Bernd Güntert*
Publisher	*Marcio Coelho*
Coordenadores Editoriais	*Fabio Alves Melo e Luciana Vaz Cameira*
Diagramação e Capa	*Sergio Gzeschenik*

Dados Internacionais de Catalogação na Publicação (CIP)
Angélica Ilacqua CRB-8/7057

Neuropsicologia e as interfaces com as neurociências /
Eliane Correa Miotto, Mara Cristina Souza de Lucia, Milberto Scaff
(Organizadores). 2. ed. - São Paulo : Casa do Psicólogo, 2012.

Vários autores
ISBN 978-85-7396-545-2

1. Neurociências 2. Neurologia 3. Neuropsicologia 4. Psicologia clínica
I. Título II. Miotto, Eliana Correa III. Lucia, Mara Cristina Souza de IV.
Scaff, Milberto

12-0114   CDD 612.801

Índices para catálogo sistemático:
1. Neurociências
2. Neuropsicologia

Impresso no Brasil
Printed in Brazil

*As opiniões expressas neste livro, bem como seu conteúdo, são de responsabilidade de seus autores,
não necessariamente correspondendo ao ponto de vista da editora.*

Reservados todos os direitos de publicação em língua portuguesa à

Casapsi Livraria e Editora Ltda.
Rua Simão Álvares, 1020
Pinheiros • CEP 05417-020
São Paulo/SP – Brasil
Tel. Fax: (11) 3034-3600
www.casadopsicologo.com.br

SUMÁRIO

Apresentação 9

ASPECTOS NEUROPSICOLÓGICOS DAS AFECÇÕES DO SISTEMA NERVOSO CENTRAL 11

Bases fisiológicas do sistema límbico e lobos frontais 13
Sara J. Shammah-Lagnado

Aplicações da Ressonância Magnética Funcional em neurociências 23
Edson Amaro Jr.

Ressonância Magnética funcional: limitações e perspectivas 33
Paula Ricci Arantes

Classificação das demências 41
Rodrigo do Carmo Carvalho

Demência frontotemporal 47
Valéria Santoro Bahia

Doença de Alzheimer: atualização no diagnóstico e tratamento 55
Ricardo Nitrini

Alterações de comportamento na demência de Alzheimer 67
Benito Pereira Damasceno

Taupatias 77
Orlando G. P. Barsottini

Afasia Progressiva Primária 81
Márcia Radanovic

Epilepsia: atualização no diagnóstico e tratamento 89
Luiz Henrique Martins Castro

Tratamento cirúrgico das Epilepsias 99
Antonio Nogueira de Almeida

Acidente Vascular Cerebral: atualizações 109
Rodrigo do Carmo Carvalho

Demências rapidamente progressivas – Príons – 117
Noboru Yasuda

Distúrbios da fala e da linguagem associados a lesões subcorticais 125
Lucia I. Z. Mendonça

Tratamento das manifestações não motoras da Doença de Parkinson 137
Egberto Reis Barbosa

AVALIAÇÃO E INTERVENÇÃO NEUROPSICOLÓGICA E PSICOLÓGICA EM ADULTOS 147

Neuropsicologia: conceitos fundamentais 149
Eliane Correa Miotto

A mente humana na perspectiva da Neuropsicologia 157
Benito P. Damasceno

Atualizações no conceito de memória 163
Orlando F. A. Bueno

Neuropsicologia no contexto hospitalar 173
Carla Cristina Adda

Reabilitação Neuropsicológica da Disfunção Executiva 177
Eliane Correa Miotto

Reabilitação neuropsicológica na demência de Alzheimer 183
Jacqueline Abrisqueta-Gomez

Aspectos neuropsicológicos na esclerose múltipla: da avaliação à reabilitação neuropsicológica 191
Maria da Gloria de Souza Vieira

Terapia Comportamental Cognitiva e Esclerose Múltipla 199
Camyla Fernandes de Azevedo

Epilepsia: a Avaliação Neuropsicológica Pré-operatória 205
Maria Joana Mäder

Pseudoepilepsia: a família frente ao diagnóstico 215
Alessandra Santiago Vieira

Avaliação neuropsicológica na Doença de Parkinson 223
Kátia Osternack Pinto

Avanços recentes em reabilitação neuropsicológica 231
Barbara A. Wilson

Neurociências e Psicopatologia em Psicanálise: (Des)articulações Possíveis 239
Maria Lívia Tourinho Moretto

Processamento auditivo 243
Ana Alvarez Maura, Lígia Sanchez

AVALIAÇÃO E INTERVENÇÃO CLÍNICA EM CRIANÇAS 253

Transtorno do déficit de atenção-hiperatividade 255
Umbertina Conti Reed

(Tele)avaliando o desenvolvimento da competência de leitura em ouvintes e surdos de escolas
especiais e comuns: O estado da arte 261
Fernando C. Capovilla, Alessandra G. Seabra, Elizeu C. Macedo

Avaliação e intervenção em dislexia do desenvolvimento 273
Alessandra G. Seabra, Fernando César Capovilla

Novos paradigmas na avaliação neuropsicológica: análise dos movimentos oculares na avaliação
dos transtornos invasivos do desenvolvimento 283
Fernanda Orsati

Novos paradigmas na avaliação neuropsicológica: análise dos movimentos oculares na avaliação dos
problemas de aprendizagem 293
Katerina Lukasova, Elizeu Coutinho de Macedo

Uso do método Ramain-Thiers no tratamento neuropsicológico do déficit de atenção e
hiperatividade (TDAH) 301
Paula Catunda

Bateria NEPSY na avaliação da dislexia do desenvolvimento 307
Nayara Argollo

Sobre os Organizadores e os Autores 319

APRESENTAÇÃO

Nos últimos quarenta anos, avanços significativos marcaram o campo das neurociências, especialmente com o surgimento de novas tecnologias e instrumentos eficazes para o diagnóstico de doenças relacionadas ao cérebro, bem como de novas intervenções clínicas ou cirúrgicas dessas doenças. Em sintonia com esses avanços, buscamos realizar um evento de importante magnitude reunindo eminentes profissionais e pesquisadores nacionais e internacionais no campo das neurociências para transmitirem conhecimentos atualizados, em grande parte, adquiridos por meio de pesquisa realizada pelo próprio pesquisador. Tal empreendimento foi efetivado no IV Congresso de Psicologia da Saúde e I Congresso Internacional de Neuropsicologia e Neurociências, realizado entre os dias 27 e 29 de junho de 2007 no Centro de Convenções Rebouças, em São Paulo.

A publicação deste livro é o resultado de um esforço conjunto dos diversos profissionais envolvidos na realização do congresso em consolidar os conhecimentos e os avanços recentes na área das neurociências. O livro objetiva atualizar graduandos, pós-graduandos, professores e clínicos que atuam no campo da neuropsicologia, reabilitação neuropsicológica, neurologia, neuropsiquiatria, psicologia e fonoaudiologia.

Neuropsicologia e as interfaces com as neurociências é dividido em três partes: (1) Neuropsicologia das afecções do sistema nervoso central; (2) Avaliação e intervenção neuropsicológica e psicológica em adultos; e (3) Avaliação e intervenção clínica em crianças. A primeira parte aborda temas atualizados em neurologia e neuropsiquiatria, incluindo bases anatomofuncionais do sistema límbico e dos lobos frontais, classificação das demências, diagnóstico e tratamento da doença de Alzheimer, demência frontotemporal, degeneração corticobasal, demências rapidamente progressivas, afasia progressiva primária, afasia subcortical, epilepsias, doença de Parkinson, acidente vascular cerebral e aplicações da ressonância magnética funcional em neurociências. A segunda parte apresenta os conceitos fundamentais e os avanços recentes em neuropsicologia e reabilitação neuropsicológica, as articulações entre neurociências, psicopatologia e psicanálise e o diagnóstico e a intervenção neuropsicológica e a psicológica de pacientes com demência de Alzheimer, disfunção executiva, esclerose múltipla, doença de Parkinson, epilepsia e pseudoepilepsia. A terceira parte abrange atualizações no diagnóstico e no tratamento do transtorno do déficit de atenção e hiperatividade, avaliação e intervenção em dislexia, em surdos, os problemas de aprendizagem e os transtornos invasivos do desenvolvimento.

Embora não tenha sido possível abranger todas as áreas das neurociências, selecionamos temas pertinentes ao público-alvo, e acreditamos que o leitor poderá obter informações valiosas nas áreas clínica e de pesquisa.

Aspectos Neuropsicológicos das Afecções do Sistema Nervoso Central

BASES FISIOLÓGICAS DO SISTEMA LÍMBICO E LOBOS FRONTAIS

Sara J. Shammah-Lagnado

Considerações anatômicas

Sistema límbico: aspectos históricos e conceito atual

O termo lobo límbico (*limbus*, em latim, significa borda) foi introduzido por Paul Broca para designar uma estrutura anular, na face medial dos hemisférios cerebrais, que circunda a porção rostral do tronco cerebral e que é constituída primariamente pelo giro do cíngulo e giro parahipocampal. Em 1937, James Papez propõe, com bases factuais tênues, uma circuitaria neural das emoções, incluindo componentes do lobo límbico. Outras estruturas (o córtex orbitofrontal, o hipotálamo, a área septal, a amígdala e o núcleo *accumbens*) foram incorporadas a essa circuitaria, que Paul MacLean cunhou sistema límbico (PARENT, 1996). Posteriormente, vários outros núcleos associados ao lobo límbico e ao hipotálamo foram sendo agregados ao sistema límbico (NAUTA, 1958; MARTIN, 1996). Apesar de sua popularidade, vários autores têm sugerido o abandono do termo, por ser muito frouxo e por obscurecer as relações anatomofuncionais específicas que caracterizam os diferentes componentes do prosencéfalo basal.

Recentemente, Heimer e Van Hoesen (2006) propuseram uma reformulação do conceito de sistema límbico, bastante próxima da definição original de Paul Broca. O lobo límbico, na acepção desses autores, engloba o conjunto de áreas não isocorticais, isto é, as áreas corticais filogeneticamente mais antigas, que, de acordo com critérios histológicos, não possuem seis camadas bem definidas. Ele é composto de um anel interno alocortical, formado pelo córtex olfativo, o hipocampo e o rudimento hipocampal, e um anel externo mesocortical, formado pelos córtices pré-frontal orbitomedial, cingulado, para-hipocampal, perirrinal, temporal polar e insular, e pela amígdala laterobasal cortical. Apesar da ausência de um arranjo laminar, os núcleos lateral e basal da amígdala são considerados estruturas quase corticais, devido não só às suas características embriológicas, morfológicas e neuroquímicas, mas também às suas profusas conexões com o córtex cerebral e os gânglios da base. Deve ser notado que, de acordo com tal definição, o lobo límbico não se restringe apenas a regiões mediais, invadindo também regiões ventrais (o córtex orbitofrontal) e laterais (o córtex insular) dos hemisférios cerebrais.

O termo lobo límbico passa a ter um significado anatômico preciso, baseado em princípios de desenvolvimento cortical. Assim, o manto cortical é composto de duas partes, o isocórtex (as porções dorsolaterais dos hemisférios cerebrais) e o lobo límbico (as áreas ventromediais não isocorticais), as quais mobilizam sistemas neurais distintos (HEIMER; VAN HOESEN, 2006). O isocórtex relaciona-se com o sistema estriadopalidal dorsal, e o lobo límbico atua sobre o sistema estriadopalidal ventral, a amígdala expandida, o septo lateral e o prosencéfalo basal magnocelular.

Os sistemas do prosencéfalo basal

O sistema estriadopalidal ventral, a amígdala expandida e o septo lateral recebem aferências corticais semelhantes, derivadas do lobo límbico (ALHEID; HEIMER, 1988; HEIMER et al., 1997), e constituem umas das principais vias de acesso do lobo límbico à motricidade somática e visceral, e à regulação neuroendócrina. As eferências desses sistemas são em grande parte segregadas, ou seja, esses sistemas constituem unidades funcionais que operam essencialmente de forma independente, cada qual trazendo a sua contribuição para a elaboração de respostas comportamentais flexíveis e biologicamente adaptativas (ZAHM, 2006).

O sistema estriadopalidal ventral. O sistema estriadopalidal pode ser dividido, por uma linha imaginária passando pela comissura anterior, em um componente dorsal e um componente ventral, os quais possuem uma organização anatômica bastante semelhante (HEIMER et al., 1995). Fazem parte do sistema estriadopalidal ventral o *accumbens*, o tubérculo olfatório, setores ventromediais do caudado-putâmen e o pálido ventral. As áreas sensoriais, motoras e associativas isocorticais projetam-se para o sistema estriadopalidal dorsal, e as áreas límbicas não isocorticais, relacionadas com emoções e aspectos motivacionais, aferentam o sistema estriadopalidal ventral. O sistema estriadopalidal está intimamente associado ao lobo frontal. Ele recebe aferências do lobo frontal através de vias corticoestriatais, e regula a atividade do lobo frontal através de um relé no tálamo. Com base nessas evidências, Alexander et al. (1986) postularam a existência de alças paralelas segregadas corticossubcorticais relacionadas com controle motor, funções executivas (a alça pré-frontal dorsolateral), motivação e emoção (as alças cingulada anterior e orbitofrontal). Tal arcabouço anatômico ganhou ampla aceitação, tornando-se o modelo conceitual mais popular para explicar funções dos gânglios da base. Mais recentemente, usando vírus neurotrópicos como traçadores transneuronais, a organização topográfica fina dessas alças pode ser mais bem apreciada, e vários circuitos relacionados com operações cognitivas foram descritos (MIDDLETON; STRICK, 2002).

Além de participar de alças corticossubcorticais reentrantes, o sistema estriadopalidal ventral envia projeções descendentes para o hipotálamo lateral e para os distritos reticulares mesopontinos, incluindo projeções para a área tegmental ventral e a substância negra, que dão origem ao sistema dopaminérgico mesotelencefálico (ZAHM, 2006).

A amígdala expandida. Essa macroestrutura inclui os núcleos central e medial da amígdala, o núcleo intersticial da estria terminal e os corredores celulares que os unem, localizados ao longo da estria terminal e na região sublenticular (ALHEID; HEIMER, 1988; HEIMER et al., 1997). Ela é composta de uma divisão central, afiliada ao núcleo amigdaloide central e à divisão lateral do núcleo intersticial da estria terminal, e uma divisão medial afiliada ao núcleo amigdaloide medial e à divisão medial do núcleo intersticial da estria terminal. Componentes da divisão central e medial da amígdala expandida podem ser também reconhecidos ao longo da estria terminal e no corredor sublenticular (ALHEID et al., 1995; SHAMMAH-LAGNADO et al., 2000, 2001). A amígdala expandida inerva o hipotálamo e estruturas somáticas e autonômicas do tronco cerebral e, através de suas projeções para neurônios colinérgicos do prosencéfalo basal e para núcleos inespecíficos do tálamo, pode modular o processamento de informações do lobo límbico e do estriado ventral (ALHEID et al., 1995; ZAHM, 2006).

O septo lateral. É densamente inervado pelo hipocampo e projeta-se para o septo medial. À semelhança da amígdala expandida, ele aferenta a área pré-óptica lateral e o hipotálamo lateral (RISOLD; SWANSON, 1997; ZAHM, 2006).

O lobo frontal

O lobo frontal é responsável pela programação, regulação e verificação do comportamento (LURIA, 1981). As áreas motoras ocupam a região posterior do lobo frontal e estão reciprocamente conectadas com os núcleos ventral lateral e ventral anterior do tálamo, originando projeções descendentes para o tronco cerebral e a medula espinhal. O córtex pré-frontal, situado na porção anterior do lobo frontal, representa o nível mais alto da hierarquia cortical dedicado à representação e à execução de ações (FUSTER, 2001). É composto de três regiões principais (orbital, medial e dorsolateral) interconectadas entre si. Cada uma dessas regiões se relaciona com distritos específicos do núcleo médio-dorsal do tálamo e dos gânglios da base. Recebem ainda aferências dopaminérgicas da área tegmental ventral e serotoninérgicas dos núcleos da rafe. As regiões orbital e medial, interconectadas com a amígdala e o hipotálamo, estão envolvidas com o comportamento emocional. A região dorsolateral, interconectada com áreas associativas polimodais, forma o substrato neural das funções cognitivas relacionadas com a organização temporal do comportamento, da fala e do raciocínio (FUSTER, 2001).

Considerações funcionais

Alerta

Estar alerta é estar desperto e atento. O estado de alerta é acompanhado de uma ativação cortical generalizada e correlaciona-se com um padrão eletroencefalográfico dessincronizado. É mediado por sistemas ascendentes de projeção difusa, que se originam na formação reticular do tronco cerebral, no hipotálamo posterior e no prosencéfalo basal, e atuam no tálamo e/ou córtex cerebral. Esse sistema ativador ascendente é ele próprio sujeito à influência regulatória cortical, especialmente de áreas pré-frontais ventromediais (LURIA, 1981). Assim, os níveis superiores do córtex cerebral, que participam da formulação de intenções e planos, recrutam o sistema ativador tornando possível a atividade consciente. O lobo límbico inerva também neurônios colinérgicos do prosencéfalo basal, incluindo o núcleo basal de Meynert (HEIMER; VAN HOESEN, 2006), cujo papel na ativação cortical e em processos atencionais é amplamente reconhecido (DRINGENBERG; VANDERWOLF, 1996).

Emoção

O termo emoção refere-se às sensações subjetivas (sentimentos) que acompanham uma experiência emocional, cujo substrato pode ser vislumbrado não só a partir do estudo de casos clínicos e de voluntários normais, mas também da expressão emocional, ou seja, as manifestações comportamentais (somáticas, viscerais e endócrinas) que acompanham uma experiência emocional, as quais podem ser investigadas em animais de laboratório.

A *amígdala*. A amígdala está crucialmente envolvida em processos emocionais (LEDOUX, 2000; IVERSEN et al., 2000). Pacientes com lesões bilaterais da amígdala, causadas pela doença de Urbach-Wiethe, têm dificuldades em reconhecer expressões faciais de raiva e, sobretudo, de medo. Estudos em animais mostram que o aprendizado associativo, tanto aversivo (por exemplo, som pareado com choque) como apetitivo (por exemplo, luz pareada com alimento), depende da amígdala laterobasal. Informações sensoriais são transmitidas para a amígdala laterobasal pelo tálamo e pelo córtex cerebral, e resultados de registro unitário revelam a convergência de diferentes modalidades sensoriais em neurônios da amígdala. Essa convergência está na base de alterações plásticas, como potenciação a longo prazo, as quais fazem com que um estímulo originalmente neutro adquira uma conotação afetiva, um significado biológico (LEDOUX, 2000). A amígdala laterobasal representa, assim, a interface sensorial de reações emocionais. Ela inerva a amígdala expandida, cujas projeções descendentes para o hipotálamo e o tronco cerebral formam a base anatômica das manifestações somáticas (expressão facial, tremor), autonômicas (taquicardia, sudorese etc.) e endócrinas (por exemplo, liberação de cortisol) das emoções. Por outro lado, projeções da amígdala laterobasal para o estriado estão implicadas no aprendizado de comportamentos voluntários, como a aquisição de uma resposta instrumental (LEDOUX, 2000).

Existe uma estreita associação entre emoção e cognição. Neste contexto, é interessante notar que a amígdala laterobasal recebe aferências sensoriais de áreas corticais de ordem superior (McDONALD, 1998) e também se projeta para áreas sensoriais do córtex cerebral, inclusive áreas primárias. Através desta alça, a amígdala presumivelmente pode modular processos sensoriais, aguçando a percepção de estímulos relevantes para uma dada tarefa (MORRIS; DOLAN, 2004). Sabe-se também que experiências de cunho emocional têm maior probabilidade de serem lembradas do que eventos emocionalmente neutros. Hormônios liberados em situação de estresse (a adrenalina e o cortisol) estão envolvidos na consolidação de traços mnemônicos, e várias evidências em rato sugerem que esta atuação envolve a ativação de receptores a adrenérgicos no núcleo amigdaloide basolateral (McGAUGH et al., 2002). Mecanismos semelhantes de modulação parecem existir também no homem, tendo sido relatado que a administração de propranolol, um bloqueador adrenérgico, afeta seletivamente a memória de eventos de cunho emocional, comparado a eventos neutros (MORRIS; DOLAN, 2004). Evidências indicam que a ativação do núcleo amigdaloide basolateral é crucial para a ativação de processos mnemônicos sediados em outros territórios cerebrais, como o estriado e a formação hipocampal (McGAUGH et al., 2002).

O córtex pré-frontal orbitomedial. Ele é formado de duas partes interligadas, a divisão orbital e a divisão medial (PRICE, 1999). A divisão orbital é uma área viscerossensorial que integra informações olfativas, gustativas, viscerais, somestésicas e visuais. A divisão medial é uma área visceromotora que, via hipotálamo e tronco cerebral, modula respostas endócrinas, autonômicas e comportamentais. As duas divisões têm conexões recíprocas com a amígdala e com outras áreas do lobo límbico. As conexões do córtex pré-frontal orbitomedial sugerem que esse sistema possa estar envolvido com aspectos viscerais e afetivos do comportamento alimentar e, de uma forma mais geral, com a seleção de comportamentos adaptativos associados a reforço.

Estudos eletrofisiológicos em macacos (SCHOENBAUM; SETLOW, 2001) mostram que as células do córtex pré-frontal orbitomedial respondem a estímulos reforçadores (visão ou cheiro de um alimento), que as respostas dependem do estado motivacional do animal (com fome ou saciado) e que são sensíveis a mudanças nas contingências de reforçamento. A lesão do córtex pré-frontal orbitomedial, assim como a lesão dos elos palidais ou talâmicos desta alça, impede a supressão de respostas a estímulos que deixaram de ser reforçadores (PRICE, 1999; SCHOENBAUM; SETLOW, 2001). É interessante notar que os neurônios da amígdala laterobasal estão relacionados com a aquisição e retenção de um aprendizado emocional, enquanto que os neurônios do córtex orbitofrontal, ao reavaliarem de forma dinâmica as associações emocionais, permitem modificações rápidas e flexíveis do comportamento frente a mudanças de contingências do estímulo (SCHOENBAUM; SETLOW, 2001).

Pacientes com lesão do córtex pré-frontal orbitomedial tem dificuldades em fazer julgamentos apropriados e sistematicamente tomam decisões que vão contra seus próprios interesses. Essa deficiência, segundo Nauta, seria resultante de uma "agnosia interoceptiva", que impede o indivíduo de integrar informações do meio interno com informações do meio ambiente. Damasio e colaboradores mostraram que tais pacientes têm respostas autonômicas alteradas (BECHARA et al., 2000). Procurando simular uma situação mais próxima da vida real, com jogos de baralho e apostas, os citados autores observaram que, diferentemente de indivíduos normais, pacientes com lesão orbitofrontal não apresentam uma alteração da resistência galvânica da pele precedendo uma escolha de alto risco. Com base nessas evidências, esses autores sugerem que a percepção do estado de nosso corpo, "os marcadores somáticos", é de crucial importância para a sinalização e a seleção de respostas adequadas.

Padrões de atividades anormais acompanhados de alterações estruturais do córtex pré-frontal orbitomedial, da amígdala e do tálamo medial foram relatados em transtornos de humor familiar (PRICE, 1999). Alterações do fluxo sanguíneo cerebral do caudado, causando possivelmente uma disfunção da alça orbitofrontal, foram também implicadas na fisiopatologia de transtornos obsessivo-compulsivos (RAUCH, 2003).

A ínsula. A ínsula é considerada uma área sensório-motora multifacetada (AUGUSTINE, 1996). Ela recebe aferências viscerais, gustativas, somestésicas, visuais e auditivas e mantém conexões recíprocas com a amígdala, as estruturas do lobo límbico e as áreas associativas do lobo frontal, parietal e temporal. Além disso, desempenha um papel no processamento de informações viscerossensoriais e somestésicas, no comportamento alimentar e em processos atencionais. Há relatos de pacientes com lesão da ínsula com assimbolia para dor e síndrome de negligência (AUGUSTINE, 1996). A ínsula origina também projeções descendentes que influenciam a motricidade somática e autonômica.

É interessante notar que a ínsula e algumas áreas corticais a ela associadas (os córtices pré-frontal orbito-medial, cingulado e somestésico secundário) estão relacionadas com a representação e a regulação do estado do organismo (AUGUSTINE, 1996; PRICE, 1999). Com base em sinais do meio interno, das vísceras e dos músculos esqueléticos, são gerados nessas áreas corticais "mapas multidimensionais" do estado do organismo e enviados comandos para a manutenção da homeostase (DAMASIO, 2004). Segundo hipótese formulada por Damasio, esses mapas multidimensionais formam a base de estados mentais chamados sentimentos. Assim como imagens se baseiam no padrão de atividade de áreas visuais de ordem superior, sentimentos baseiam-se no padrão de atividade de áreas somatossensorias complexas. Experimentos recentes reforçam esse ponto de vista (DAMASIO et al., 2000). Emoções autogeradas ativam as áreas corticais acima mencionadas, bem como regiões do prosencéfalo basal, o hipotálamo e núcleos do tronco cerebral. É importante ressaltar que as alterações de parâmetros fisiológicos (frequência cardíaca e condutância da pele) precedem o sentimento, e que sentimentos diferentes se correlacionam com padrões de atividade neural diferentes.

Foram descritos no macaco neurônios no córtex pré-motor e no lóbulo parietal inferior, chamados neurônios espelhos, que são ativados quando o macaco executa uma ação ou quando ele vê outro animal executá-la. Esses neurônios têm propriedades notáveis, pois codificam aspectos abstratos de ações observadas. Assim, por exemplo, células do lobo parietal inferior disparam de forma diferencial de acordo com a intenção associada a uma ação, pegar para comer ou pegar para guardar (LACOBONI; DAPRETTO, 2006). Estudos de ressonância magnética funcional sugerem a existência de um sistema de neurônios-espelho de localização semelhante no homem (LACOBONI; DAPRETTO, 2006). É interessante notar que o lobo límbico está conectado com o sistema de neurônios-espelho através da ínsula (AUGUSTINE, 1996), e esta circuitaria poderia constituir o substrato anatômico da cognição social, da empatia com o outro. A existência de uma disfunção do sistema de neurônios-espelho em crianças autistas tem recebido algum suporte experimental. Notou-se que tais crianças apresentam menor atividade da região opercular do giro frontal inferior do que crianças-controle, quando observam ou imitam expressões faciais que retratam emoções (LACOBONI; DAPRETTO, 2006).

Memória

Memória é a retenção de informações aprendidas. Existem diferentes tipos de memórias. A memória declarativa, o que o senso comum entende por memória, inclui a memória semântica, relativa a fatos, e a memória episódica, relativa a eventos vivenciados. Constituem, portanto, informações evocadas conscientemente e que podem ser verbalizadas. A memória não declarativa ou implícita refere-se a habilidades, hábitos e respostas condicionadas. Ela expressa-se essencialmente por meio de um desempenho motor. Existem também memórias de curto (de até alguns segundos) e de longo prazo. A memória de trabalho é um tipo de curto prazo, pois permite a retenção de informações relevantes para o desempenho de uma tarefa. A seguir, discutiremos o papel da circuitaria do lobo temporal medial e do córtex pré-frontal em processos mnemônicos.

Córtex temporal medial. As áreas do córtex temporal medial essenciais para a memória declarativa são a formação hipocampal (que inclui o hipocampo propriamente dito, o *subiculum* e o córtex entorrinal) e os córtices perirrinal e para-hipocampal, que fazem parte do giro para-hipocampal (SQUIRE et al., 2004). Estudos neuroanatômicos indicam que o hipocampo está no topo da hierarquia de processamento intracortical. As áreas associativas unimodais e polimodais do córtex cerebral projetam-se para os córtices para-hipocampal e perirrinal, e estes, para o córtex entorrinal, que representa a grande via de entrada para o hipocampo. Lesões dessas áreas corticais causam uma amnésia profunda, documentada pela primeira vez por Brenda Milner no paciente H.M. Quatro aspectos são notáveis: (1) Há um prejuízo permanente da memória anterógrada (ou seja, de fatos e de eventos que ocorreram após a lesão); (2) A memória de curto prazo está intacta; (3) O déficit afeta igualmente as diversas modalidades sensoriais, o que condiz com o fato de que as áreas do lobo temporal medial recebem informações de todos os sistemas sensoriais; (4) Outras funções intelectuais estão de modo geral preservadas, principalmente no caso de lesões confinadas ao hipocampo e ao córtex entorrinal (SQUIRE et al., 2004). Essas evidências indicam que o hipocampo e as áreas corticais adjacentes são necessários para estabelecer representações na memória a longo prazo.

Distritos diencefálicos da linha média (os núcleos anterior e médio-dorsal do tálamo e os corpos mamilares) também estão envolvidos na memória declarativa, porém a sua lesão produz déficits menos severos do que lesões do lobo temporal medial (BEAR et al., 2002). Esses distritos estão intimamente associados ao lobo límbico. Os corpos mamilares recebem, via fórnix, projeções da formação hipocampal e projetam-se para o núcleo anterior do tálamo que, por sua vez, aferenta o córtex cingulado. Tal conjunto de estruturas compõe o circuito de Papez. O núcleo médio-dorsal do tálamo, como já mencionado, está reciprocamente conectado com o córtex pré-frontal.

Além de projeções da amígdala laterobasal (já mencionadas), também projeções colinérgicas e GABAérgicas do complexo septal e do núcleo basal de Meynert para a formação hipocampal influenciam processos mnemônicos (BUTCHER; WOOLF, 2005). Neurônios colinérgicos do prosencéfalo basal estão entre os sistemas mais precoce e severamente afetados na doença de Alzheimer, e há uma correlação entre a degeneração desses neurônios e o grau de demência observado em tais casos (BUTCHER; WOOLF, 2005).

Várias questões relativas ao papel do lobo temporal medial na memória permanecem em aberto. Sabe-se que a memória episódica é mais afetada do que a memória semântica nos estágios iniciais da doença de Alzheimer (THOMAS-ANTERION; LAURENT, 2006). Será a maior susceptibilidade da memória episódica devida à sua própria natureza visto que codifica um evento singular que aconteceu apenas uma vez? Ou será isso o reflexo de uma divisão de trabalho entre as áreas do lobo temporal medial, a formação hipocampal estando mais associada à memória episódica e os distritos corticais adjacentes, à memória semântica? De acordo com Squire e colaboradores, as evidências clínicas falam contra a existência de uma dicotomia clara de funções entre esses territórios do lobo temporal (SQUIRE; ZOLA, 1998; SQUIRE et al., 2004). Visto que o córtex pré-frontal desempenha um importante papel na memória episódica, pacientes com lesões da formação hipocampal associadas a danos frontais têm déficits particularmente pronunciados de memória episódica (SQUIRE; ZOLA, 1998).

Foi mostrado em estudos eletrofisiológicos que neurônios piramidais – chamados células de lugar – do hipocampo disparam seletivamente conforme o local do ambiente em que o rato se encontra. O local do ambiente para o qual uma célula é responsiva corresponde ao seu campo de lugar (algo equivalente ao campo receptivo de um neurônio do sistema sensorial). Assim, o padrão de atividade de um conjunto de células de lugar permite gerar uma representação mental do espaço explorado, ou mapa cognitivo espacial (BEAR et al., 2004). A localização espacial não é o único fator que influencia as respostas dos neurônios hipocampais. Em particular, foi mostrado que células de lugar têm um padrão de atividade diferente em um mesmo local do espaço na dependência de um comportamento recente ou de um comportamento iminente, fato que sugere que essas células possam codificar também a organização temporal de eventos (SHAPIRO et al., 2006; SMITH; MIZUMORI, 2006). Assim, as células de lugar, ao associarem "onde" e "quando" um evento ocorreu, reúnem os atributos básicos da memória episódica.

O córtex pré-frontal. A função mais comumente associada ao córtex pré-frontal é a memória de trabalho (GOLDMAN-RAKIC, 1995). Foi mostrado em macaco que lesões do córtex pré-frontal prejudicam seriamente o desempenho em tarefas de resposta com retardo, e que neurônios do córtex pré-frontal disparam a uma alta frequência durante o período de retardo, isto é, entre a apresentação de um estímulo e a resposta. Essa atividade neuronal só ocorre quando uma ação iminente está associada à apresentação do estímulo, e ela reflete a eficácia da resposta subsequente. Também representa o correlato eletrofisiológico da retenção de informações necessárias para nortear a escolha ao término do período de retardo, em outras palavras, é o correlato eletrofisiológico da memória de trabalho (GOLDMAN-RAKIC, 1995; FUSTER, 2001). Essa atividade neuronal tônica, mantida durante o período de retardo, provavelmente é consequência da reverberação de informações em circuitos neuronais recorrentes entre o córtex pré-frontal e as áreas associativas posteriores. Entremesclados a tais neurônios relacionados com memória de trabalho, há outros neurônios cuja atividade aumenta ao longo do período de retardo e cuja frequência de disparo se correlaciona com a escolha da resposta motora; esses neurônios estão relacionados com a preparação da resposta (FUSTER, 2001). Os dois tipos de neurônios formam a rede neural pré-frontal que permite interligar o passado recente ao futuro iminente, constituindo a base da memória executiva.

Estudos de imageamento recentes indicam que o córtex pré-frontal está também envolvido na formação de memórias a longo prazo (BUCKNER et al., 1999). A conversão da memória de trabalho de curto prazo para memória de longo prazo requer a transferência de informações do córtex pré-frontal para estruturas do lobo temporal medial, possivelmente mediada por um núcleo talâmico da linha média, o núcleo *reuniens* (VERTES, 2002).

O funcionamento adequado do córtex pré-frontal depende de suas inter-relações com áreas corticais de ordem superior, mas está também estreitamente vinculado a circuitos subcorticais, em particular às alças que forma com o sistema estriado-pálido ventral e o núcleo médio-dorsal do tálamo (ALEXANDER et al., 1986; MIDDLETON; STRICK, 2002), e às aferências modulatórias dopaminérgicas, serotoninérgicas e colinérgicas que ele recebe. Notavelmente, uma disfunção dopaminérgica no córtex pré-frontal, decorrente de uma sinalização alterada do receptor D1, prejudica severamente a memória de trabalho, e uma atuação sobre este receptor eventualmente poderia reduzir os déficits cognitivos severos da esquizofrenia (GOLDMAN-RAKIC et al., 2004).

Referências bibliográficas

Alexander, G. E.; DeLong, M.R.; Strick P.L.; Parallel organization of functionally segregated circuits linking basal ganglia and cortex. *Annual Review of Neuroscience*, v. 9, p. 357-381.

Alheid, G. F.; Heimer, L. New perspectives in basal forebrain organization of special relevance for neuropsychiatric disorders: the striatopallidal, amygdaloid, and corticopetal components of substantia innominata. *Neuroscience*, v. 27, p. 1-39, 1988.

Alheid, G. F.; de Olmos, J. S.; Beltramino C. A. Amygdala and extended amygdala. In: PAXINOS, G. (Ed.). *The rat nervous system*. 2nd ed. San Diego: Academic Press. 1995. p. 495-578.

Augustine, J. R. Circuitry and functional aspects of the insular lobe in primates including humans. *Brain Research Reviews*, v. 22, p. 229-244, 1996.

Bear, M. F.; Connors, B. W.; Paradiso, M. A. 2002. *Neurociências. Desvendando o sistema nervoso*. 2a. ed. Porto Alegre: Artmed. 2002.

Bechara, A.; Damasio, H.; Damasio, A. R. Emotion, decision making and the orbitofrontal cortex. *Cerebral Cortex*, v. 10, p. 295-307, 2000.

Buckner, R. L.; Kelley, W. M.; Petersen, S. E. Frontal cortex contributes to human memory formation. *Nature Neuroscience*, v. 2, p. 311-314, 1999.

Butcher, L. L.; Woolf, N. J. Cholinergic networks and networks revisited. In: PAXINOS, G. (Ed.). *The rat nervous system*. 3rd ed. Amsterdam: Elsevier, 2005. p.1257-1263.

Damasio, A. *Em busca de Espinoza: prazer e dor na ciência dos sentimentos*. São Paulo: Companhia das Letras, 2004.

Damasio, A. R. et al. Subcortical and cortical brain activity during the feeling of self-generated emotions. *Nature Neuroscience*, v. 3, p. 1049-1056, 2000.

Dringenberg, H.; Vanderwolf, C. Cholinergic activation of the electrocorticogram: an amygdaloid activating system. *Experimental Brain Research*, v. 108, p. 285-296, 1996.

Fuster, J. M. The prefrontal cortex – An uptadate: time is of the essence. *Neuron*, v. 30, p. 319-333, 2001.

Goldman-Rakic, P. S. Cellular basis of working memory. *Neuron*, v. 14, p. 477-485, 1995.

Goldman-Rakic, P. S. et al. Targeting the dopamine D1 receptor in schizophrenia: insights for cognitive dysfunction. *Psychopharmacology*, v. 174, p. 3-16, 2004.

Heimer, L.; Van Hoesen, G. W. The limbic lobe and its output channels: implications for emotional functions and adaptive behavior. *Neuroscience & Biobehavioral Reviews*, v. 30, p. 126-147, 2006.

Heimer, L.; Zahm, D. S.; Alheid, G. F. Basal ganglia. In: PAXINOS, G. (Ed.). *The rat nervous system*. 2nd. ed. San Diego: Academic Press, 1995. p. 579-628.

Heimer, L. et al. Substantia innominata: a notion which impedes clinical- anatomical correlations in neuropsychiatric disorders. *Neuroscience*, v. 76, p. 957-1006, 1997.

Iacoboni, M.; Dapretto, M. The mirror neuron system and the consequences of its dysfunction. *Nature Neuroscience*, v. 7, p. 942-951, 2006.

Iversen, S.; Kupfermann, I.; Kandel, E. R. Emotional states and feelings. In: Kandel, E. R.; Schwartz, J. H.; Jessell, T. M. (Ed.). *Principles of Neural Sciences*. 4th. ed. New York: MacGraw-Hill, 2000. p. 982-997.

LeDoux, J. E. The amygdala and emotion: a view through fear. In: AGGLETON, J. P. *The amygdala*. 2nd ed. London: Oxford University Press, 2000. p. 289-310.

Luria, A. R. *Fundamentos de neuropsicologia*. São Paulo: EDUSP, 1981. p. 27-80.

Martin, J. H. Sistema límbico. In: *Neuroanatomia: Texto e Atlas*. 2a ed. Porto Alegre: Artes Médicas, 1998. p. 447-478.

McDonald, A. J. Cortical pathways to the mammalian amygdala. *Progress in Neurobiology*, v. 55, p. 257-332, 1998.

McGaugh, J. L.; McIntyre, C. K.; Power, A. E. Amygdala modulation of memory consolidation: interaction with other brain systems. *Neurobiology of Learning and Memory*, v. 78, p. 539-552, 2002.

Middleton, F. A.; Strick, P. L. Basal-ganglia projections to the prefrontal cortex of the primate. *Cerebral Cortex*, v. 12, p. 926-935, 2002.

Morris, J.; Dolan, R. Functional neuroanatomy of human emotion. In: FRACKOWIAK, R. S. J. (Ed.). *Human brain functions*. 2nd ed. Amsterdam: Elsevier, 2004. p. 365-396.

Nauta, W. J. H. Hippocampal projections and related neural pathways to the midbrain in the cat. *Brain*, v. 81, p. 319-340, 1958.

Parent, A. Limbic system. In: *Carpenter.s Human Neuroanatomy*. 9th ed. Baltimore: Williams & Wilkins, 1996. p. 744-794.

Price, J. L. Prefrontal cortical networks related to visceral function and mood. *Annals os the New York Academy of Sciences*, v. 877, p. 383-396, 1999.

Rauch, S. L. Neuroimaging and neurocircuitry models pertaining to the neurosurgical treatment of psychiatric disorders. *Neurosurgery Clinics of North America*, v. 14, p. 213-223, 2003.

Risold, P. Y.; Swanson, L. W. Connections of the rat lateral septal complex. *Brain Research Reviews*, v. 24, p. 115-195, 1997.

Schoenbaum, G.; Setlow, B. Integrating orbitofrontal cortex into prefrontal theory: common processing themes across species and subdivisions. *Learning & Memory*, v. 8, p. 134-177, 2001.

Shammah-Lagnado, S. J.; Alheid, G. F.; Heimer, L. 2001. Striatal and central extended amygdala parts of the interstitial nucleus of the posterior limb of the anterior commissure: evidence from tract-tracing techniques in the rat. *The Journal of Comparative Neurology*, v. 439, p. 104-126.

Shammah-Lagnado, S. J. et al. Supracapsular bed nucleus of the stria terminalis contains central and medial extended amygdala elements: evidence from anterograde and retrograde tracing experiments in the rat. *The Journal of Comparative Neurology*, v. 422, p. 533-555, 2000.

Shapiro, M. L.; Kennedy, P. J.; Ferbintenu, J. Representing episodes in the mammalian. *Current Opinion in Neurobiology*, v. 16, p. 701-709, 2006.

Smith, D. M.; Mizumori, S. J. Y. Hippocampal place cells, context, and episodic memory. *Hippocampus*, v. 16, p. 716-729, 2006.

Squire, L. R.; Zola, S. M. Episodic memory, semantic memory and amnesia. *Hippocampus*, v. 8, p. 205-211, 1998.

Squire, L. R.; Stark, C. E. L.; Clark, R. E. The medial temporal lobe. *Annual Review of Neuroscience*, v. 27, p. 279-306, 2004.

Thomas-Anterion, C.; Laurent, B. Neuropsychological markers for the diagnosis of Alzheimers disease. *Revista de Neurologia*, v. 163, p. 913-920, 2006.

Vertes, R. P. Analysis of projections from the medial prefrontal cortex to the thalamus in the rat, with emphasis on nucleus reuniens. *The Journal of Comparative Neurology*, v. 442, p. 163-187, 2002.

Zahm, D. S. The evolving theory of basal forebrain functional-anatomical macrosystems. *Neuroscience and Biobehavioral Reviews*, v. 30, p. 148-172, 2006.

APLICAÇÕES DA RESSONÂNCIA MAGNÉTICA FUNCIONAL EM NEUROCIÊNCIAS

Edson Amaro Jr.

Ressonância magnética funcional (RMf), ou, em inglês, *functional Magnetic Resonance Imaging* (fMRI), é uma técnica de neuroimagem que permite observar indiretamente a atividade do cerebral cognitiva ou emocional. Diferente de outras técnicas, a RMf é um método não invasivo que dispensa tanto a injeção de contrastes como a utilização de radiação ionizante, o que a torna extremamente adequada para a investigações científicas com voluntários humanos. O equipamento necessário é, em linhas gerais, o mesmo utilizado para a obtenção de imagens por ressonância magnética nuclear – amplamente utilizado em medicina para investigação anatômica –, mas com algumas modificações que permitam adquirir imagens apropriadas e um sistema de estimulação do paciente e registro da resposta comportamental.

A técnica de eleição em imagem por ressonância magnética para identificação das áreas ativas no cérebro são as sequências BOLD (*Blood Oxigenation Level Dependent*). Houve um grande número de artigos publicados entre 1992 e 1997, mostrando variados aspectos dessa modalidade de imagem, em níveis básicos, comparada às técnicas vigentes (*Positron Emission Tomography* [PET]) e para investigação de processos mais complexos (RAMSEY, 1996). Mais recentemente as publicações são voltadas a novas formas de análise dos dados, e princípios de interpretabilidade para potencial uso clínico, além de inovações tecnológicas.

Não é necessária a administração de contraste exógeno, como já mencionado. O fato de não ser invasivo constitui uma grande vantagem da RMf em relação aos demais métodos de imagem para mapeamento cerebral. Possui excelente resolução espacial, permitindo demonstrar estruturas submilimétricas, algo que nenhuma outra técnica de neuroimagem é capaz de produzir. Além disso, a resolução temporal da técnica, da ordem de dezenas de milissegundos, é bem melhor quando comparada com a do *Single Photon Emission Computed Tomography* (SPECT, tomografia por emissão de fóton único) ou *Positron Emission Tomography* (PET, tomografia por emissão de pósitrons), que demandam minutos ou vários segundos para colher as imagens (MAUDGIL, 2003). Mas, apesar da melhor resolução temporal em relação aos demais métodos de imagem, a RMf tem resolução temporal inferior à de métodos como eletroencefalografia (EEG) e magnetoeletrencefalografia (MEG).

PRINCÍPIOS FÍSICOS

O contraste endógeno nas aquisições de RMf baseadas no princípio BOLD é estabelecido pelas propriedades magnéticas da hemoglobina de acordo com o seu estado de oxigenação. A forma sem oxigênio (deoxiHb) tem elétrons não pareados na superfície, o que determina distúrbios no campo magnético adjacente, reduzindo o sinal de RM no local. Na forma oxigenada (oxiHb), os elétrons não pareados são transferidos ao oxigênio, resultando em aumento de sinal (Thulborn et al., 1982). O resultado final é que o "brilho" ou o sinal da imagem é dependente da relação entre a oxiHb e a deoxiHb. Assim sendo, a concentração sanguínea de hemoglobina também influencia o efeito BOLD, de maneira que em pessoas anêmicas a resposta é mais difícil de ser detectada – uma redução de 6% da concentração sanguínea de hemoglobina está relacionada à redução de 8 a 31% da magnitude do sinal BOLD (LEVIN et al., 2001; GUSTARD et al., 2003).

No local da atividade cerebral e nas despolarizações de condução do impulso nervoso, existe consumo de metabólitos e oxigênio. Em resposta ao aumento da demanda, há liberação de vasodilatadores, por um mecanismo ainda não totalmente elucidado (BUXTON et al., 2004). A vasodilatação induzida aumenta o fluxo sanguíneo, levando uma quantidade de oxigênio maior que o consumido, de maneira que há excesso de oxiHb (BUXTON; FRANK, 1997). Ocorre, então, um aumento da razão entre oxiHb/deoxiHb, que gera sinal discretamente maior (cerca de 1 a 5% em equipamentos de 1.5T, que é detectado apenas com análise computadorizada) na imagem de BOLD – "brilha" mais. Tal efeito vasodilatador dura poucos segundos após o fim do estímulo; o maior volume sanguíneo continua no local, sendo drenado lentamente pelas veias de calibre normal, reduzido em relação ao volume sanguíneo. Como a extração de oxigênio permanece, a relação oxiHb/deoxiHb volta a cair, com consequente queda do sinal de RMf BOLD. A sequência de alterações do sinal BOLD após o início da atividade neural pode ser descrito matematicamente pelo "modelo do balão", de maneira que podemos prever qual seria a sequência de intensidade de sinal (brilho) de uma área cerebral ativada relacionada a uma tarefa comportamental realizada durante a aquisição de imagens (BUXTON; WONG; FRANK, 1998).

Na RMf, a aquisição rápida de imagens é possível pelas aquisições ecoplanares (STEHLING; TURNER; MANSFIELD, 1991), utilizadas com maior frequência, ou espirais (MEYER et al., 1992). Como visto anteriormente, a variação de sinal em T2 não é suficiente ao discernimento do olho humano, portanto, a série temporal das imagens geradas é submetida a um processamento estatístico (BRAMMER et al., 1997; FRISTON, 1995), com análise temporal individual do comportamento do sinal de cada unidade da imagem voxel.

Aquisição dos dados

Geralmente em RMf é suficiente que o volume cerebral seja amostrado em dois segundos (mas pode ser em tempo inferior a um segundo se utilizadas imagens de apenas parte do encéfalo). Ou seja, o número de fatias (imagens planares) suficiente para representar todo o cérebro pode ser adquirido em média em dois segundos, sem prejuízo do resultado final. Em um experimento, são normalmente adquiridos entre cinquenta a duzentos volumes cerebrais. A duração de cada experimento é variável, entre dois e vinte minutos ou mais, e o tempo necessário para que sejam obtidos dados estatisticamente suficientes para produzir os mapas de ativação confiáveis também varia de acordo com o desenho do experimento.

Paradigmas

Paradigma é o nome aplicado à sequência de atividades que uma pessoa realiza durante um exame de mapeamento cerebral, planejada para que haja engajamento dos circuitos neuronais que se pretende estudar. Com a herança dos estudos de PET, no qual era necessário um estado de equilíbrio com duração de aproximadamente um minuto para que as imagens fossem adquiridas, teve início o estudo de RMf por blocos. Assim, apesar de não ser uma necessidade rigorosa, os estudos de RMf iniciais, e ainda hoje vários deles, utilizam-se de paradigmas nos quais os blocos são apresentados em alternância. Esse tipo de ação cognitivamente tende a ser diferente do início para o fim de cada bloco, e no estudo como um todo. Basta reconhecer que, na maioria dos testes neurofisiológicos, a repetição demonstra um aprendizado ainda durante a tarefa, ou mesmo um déficit de atenção na medida em que se torna enfadonha.

Quanto à forma de apresentação dos estímulos, existem desenhos diferentes de estudo. A aquisição mais simples agrupa os estímulos em bloco (BL), o que leva a uma adição temporal do efeito BOLD. Os blocos podem ser simples, chamados AB, com apenas duas condições: atividade e repouso; mais complexos, com comparação de mais condições; ou ainda paramétricos, em que se mantém a natureza do estímulo e variam as características da tarefa, como frequência e amplitude do movimento.

Dentre as inovações, a ressonância magnética funcional relacionada a eventos (RMfre) é uma técnica de mapeamento funcional do cérebro que permite maior resolução temporal e menor contribuição de artefatos cognitivos de habituação ao paradigma, proporcionando a identificação de áreas cerebrais relacionadas a eventos de curta duração. Com essa técnica, não apenas podemos observar quais áreas cerebrais estão correlacionadas com a atividade neuronal desenvolvida durante o experimento, como também em qual ordem temporal essas regiões se associam. Em outras palavras, temos a informação (relativa entre as regiões) de quando e em que área ocorre a atividade neural.

Apesar de representar nova modalidade de aquisição de RMf, esse princípio deriva dos experimentos com potencial evocado (PE) e EEG. Dessa forma, várias linhas de pesquisa, já em andamento com mapeamento elétrico, agora passam a contar com a possibilidade de utilização de um método com melhor localização espacial, e toda a cultura acumulada com os paradigmas de PE-EEG pode ser adaptada para RMfre. Além dessa possibilidade, há formas de obtenção de registro encefalográfico concomitante à realização de RMfre, o que se torna uma combinação bastante atraente.

Quando utilizado um paradigma de RMfre, é possível que se alterne cada evento, de forma a evitar a repetição e, dessa forma, tornar mais natural a tarefa.

ANÁLISE DE IMAGENS

A análise de RMf é, apesar de bastante discutida, um tanto facilitada pela experiência com dados de PET. Geralmente, calcula-se um índice que mostra a diferença entre o comportamento teórico do sinal BOLD de uma área cerebral hipoteticamente ativada com o comportamento real de cada um dos cerca de 20 mil pontos de cada volume imagem (ou pixel). Quanto mais o sinal do pixel segue o comportamento esperado para um ativado, maior é esse índice. A forma teórica do sinal de RM em uma área hipoteticamente ativada é o de sinal aumentado durante a época da tarefa e baixo no controle, com um atraso hemodinâmico de aproximadamente cinco segundos, o que significa que o sinal de RM atinge o máximo depois de decorrido esse tempo do início do evento. Caso o sinal se aproxime daquele teoricamente esperado para uma área e tenha uma evolução temporal coincidente com a tarefa, esse pixel recebe um índice alto. Para saber qual o valor do índice que deve ser considerado para que ele esteja "ativo", é necessário realizar cálculos estatísticos. Portanto, é importante perceber que as áreas detectadas em um experimento de RMf não são uma medida direta, mas sim um resultado estatístico com um valor de "p" associado a cada imagem. Ou seja, o que é mostrado é um mapa estatístico, e as áreas podem inclusive ser reais ou corresponder a erros esperados dentro dos limites de aceitação do teste.

A análise das imagens de RMf é bastante complicada, utilizando-se modelos da evolução do sinal BOLD que podem não ser válidos, pois são teóricos. A consequência é que em pacientes o uso de modelos de funcionamento normal pode não mostrar áreas que estejam ativadas, ou o contrário, mostrar áreas falsamente ativadas, por exemplo. Assim, sempre há um grau de incerteza nas imagens de RMf, e cabe a quem as utiliza interpretar a condição em que o exame foi realizado, o tipo de análise estatística e, claro, qual o contexto clínico.

Ainda, como todo estudo de RMf, é importante que o resultado seja expresso em coordenadas tridimensionais entendidas globalmente. Uma forma usual de representação é a utilização das coordenadas do Atlas de Tailarach e Tournoux (1988). Com a necessidade de demonstrar temporalmente os resultados, a forma mais natural seria documentar um estudo de RMfre dinamicamente em vídeo. Uma alternativa para a mídia impressa é expressar em cores os eventos espaçados no tempo.

Ainda, é necessário o cuidado da sobreposição dos resultados funcionais em imagens anatômicas da região. As imagens BOLD adquiridas para se detectar função cerebral (técnicas de ecoplanar) têm distorção diferente daquelas adquiridas para se mostrar a anatomia encefálica (técnicas eco de spins ou gradiente de ecos). Dessa forma, é necessário que haja uma correção dessas heterogeneidades antes que o resultado seja apresentado.

Aplicações

Aplicações em pesquisa são a principal utilização da técnica. As pesquisas em neuropsicologia, na medida em que a técnica permite testar neuroanatomicamente hipóteses de funcionamento cerebral, têm encontrado um campo bastante fértil para investigação de modelos de funcionamento mental. A possibilidade de localizar processos mentais relacionados a experimentos comportamentais clássicos é bastante útil. Aplicações clínicas são desafiadoras, principalmente por quatro razões: dificuldade de interpretabilidade de dados individuais, necessidade de paradigmas de estímulos adaptados para condições específicas que requerem validações populacionais, necessidade de manter o tempo do exame reduzido, e o processamento de dados que devem levar em conta sinais inesperados devido à doença encefálica. A despeito de tais dificuldades, a abordagem criteriosa e baseada em informações (bancos de dados normativos, controle de qualidade do equipamento e comunicações específicas a respeito de limite de interpretabilidade) permite seu uso em grupos de interesse, desde que os procedimentos e seu uso se baseiem em informações colhidas localmente – já que a transposição direta de dados da literatura é influenciada por fatores inerentes a cada paciente, e há fatores técnicos que modificam a qualidade dos dados, o resultado da análise e as escolhas no procedimento estatístico.

Aplicações em planejamento de terapias para lesões cerebrais localizadas

A utilização de procedimentos invasivos para tratar lesões cerebrais é baseada no princípio de remoção total da anormalidade, se possível com ausência, ou com menor chance de déficits neurológicos originados do procedimento. O mapeamento de áreas relacionadas ao comportamento que possam ser eventualmente afetadas pela intervenção terapêutica pode ajudar no planejamento do procedimento, não apenas em cirurgias, mas biópsias, radiocirurgias e procedimentos intravasculares minimamente invasivos. A seguir, descrevemos alguns exemplos de utilização da técnica.

Para determinar a lateralização de linguagem em pacientes candidatos a tratamentos cirúrgicos para epilepsia, quando esta opção é viável, o teste de Wada é utilizado (diferente da RMf, esse teste envolve radiação ionizante e cateterismo de artérias da circulação intracraniana). Trata-se de uma técnica que "simula" a cirurgia por meio da injeção de anestésico diretamente na circulação hemisférica, durante a qual são realizados testes de memória e linguagem. Caso o paciente tenha desempenho bom quando o hemisfério contralateral àquele em que se pretende intervir está anestesiado, a informação é a de que o comportamento medido foi preservado, apesar da "ausência" da área a ser ressecada. Assim, a técnica avalia a necessidade de determinado hemisfério para manter a função testada. Pode ser utilizada técnica de RMf para avaliar o paciente nesse contexto. Porém, é muito importante lembrar que avaliamos a participação de áreas cerebrais, mas não se estas são suficientes para manter a função. Ou seja, não se avalia a necessidade de um hemisfério para que a função seja mantida.

Podem ser utilizados em RMf para esta aplicação vários testes de linguagem, geralmente em paradigmas em bloco, com resposta vocal (o paciente fala em alguns intervalos, durante o procedimento) ou mental (o paciente apenas pensa em palavras, ou executa outra função relacionada à linguagem, de forma silenciosa). A vantagem das técnicas em que o paciente vocaliza está no fato de se registrar o comportamento durante o exame, ou seja, tem-se certeza de que o paciente executou a tarefa e pode-se quantificar o número de palavras, os erros e os tipos de erros. Por outro lado, ao realizar a tarefa em silêncio, não se pode afirmar com certeza que o paciente colaborou com o teste.

A maneira de se avaliar a lateralização de linguagem por meio de RMf depende de cálculo de área e magnitude de variação do efeito BOLD. Importante lembrar que, a depender do limiar estatístico, os resultados podem variar. Desse modo, o resultado do teste é na proporção de áreas detectadas como ativas entre os hemisférios; assim, se o paciente apresenta maior atividade em um hemisfério, este é denominado o mais importante para aquela função. A utilização de RMf para avaliação de lateralização de linguagem é bastante correlacionada ao teste com anestésico (BACIU et al., 2001; KILLGORE et al., 1999).

Testes de lateralização de memória são mais desafiadores para RMf. De fato, o desempenho da técnica em relação aos procedimentos intraoperatórios e teste com anestésicos é menor, o que se dá pela dificuldade em utilizar paradigmas que produzam atividade detectável em estruturas temporais. Além desse fato, o conteúdo visuoespacial ou de linguagem do material utilizado nesses testes claramente influencia a lateralização – mas é difícil isolar estes componentes em relação à participação de áreas cerebrais, pois a representação é bilateral, apenas com variações de intensidade de atividade a depender do conteúdo de linguagem/visual (KILLGORE et al., 1999; DETRE et al., 1998).

Por outro lado, a RMf permite a localização, dentro do hemisfério, de locais onde a atividade foi detectada., o que possibilita também planejar o acesso cirúrgico, ou fornece uma ideia da extensão de ressecção segura. Em um estudo, 33% dos pacientes em que a ressecção se encontrava entre 1 e 2 cm da área detectada pela RMf apresentaram déficits pós-cirúrgicos; 50% se a distância era menor que 1 cm, e ausência de déficits se a distância era maior que 2 cm (YETKIN et al., 1997).

Em casos de lesões expansivas cerebrais, a utilização de RMf pode ser prejudicada pela compressão vascular. Os vasos anormais não apresentam resposta hemodinâmica (BOLD) normal, de maneira que pode haver resultados nos quais a ausência de atividade detectada pela RMf não signifique necessariamente ausência de atividade real. Este é o falso negativo, talvez o principal problema: não podemos afirmar, com certeza, que determinada área cerebral não participa da tarefa caso essa área não se mostre ativa em um teste de RMf. A probabilidade de que isso aconteça é maior se a lesão exerce compressão (HOLODNY et al., 2000), se ela é formada por vasos (LAZAR et al., 2010), se o paciente se movimentou durante o exame (KEMEDY et al., 2005; SALMELIN et al., 2000), se a tarefa escolhida não produz atividade consistente (daí a necessidade de haver informação de bancos de dados normais, com a frequência de atividade encontrada em cada área cerebral para cada paradigma específico), ou se há problemas no teste estatístico, que depende da escolha de quem o realizou (Dymarkowski et al., 1998). Por outro lado, a RMf pode mostrar atividade não real, ou seja, resultado falso-positivo, como qualquer teste estatístico. A presença de atividade eloquente em locais próximos à lesão a ser tratada poder contraindicar o procedimento, e, caso a atividade mostrada pela RMf não seja real, o paciente pode deixar de se beneficiar do tratamento. Dessa maneira, toda vez que formos testar determinada função cerebral no contexto de planejamento terapêutico, recomenda-se a utilização de vários experimentos (por exemplo, no caso de linguagem, realizar geração de palavras, nomeação, decisão semântica, decisão fonológica), bem como pautar a análise estatística em mais que um valor de significância ou histograma de índice de atividade que permita observar o resultado com diferentes valores de "acurácia" estimada.

Aplicações em Reabilitação

A utilização de RMf para avaliar parâmetros que possam ter função prognóstica em pacientes com lesão cerebral tem sido investigada na literatura. Basicamente, a ideia é detectar determinados padrões de atividade cerebral que sejam relacionados à maior chance de recuperação funcional. Além disso, o acompanhamento de modificações cerebrais durante o tratamento pode trazer informações a respeito de possíveis causas de falha ou lentidão da recuperação. Entretanto, apesar de bastante importantes para o manuseio do paciente, essas aplicações requerem estudos para que seu papel seja mais claramente determinado. Em que tipo de pacientes a agressão cerebral não chegou a afetar a resposta hemodinâmica para que o efeito BOLD possa ser interpretado como em indivíduos normais, qual a variabilidade de resposta cerebral ao paradigma a ser utilizado para o teste, qual o efeito medido (percentagem de sinal detectado) e sua variação, quantos testes devem ser feitos em cada paciente por sessão para se atingir significância estatística, qual o escopo de doenças pode ser avaliado e, finalmente, o que fazer com esta informação são as questões principais. Nenhuma das perguntas formuladas acima representa obstáculo intransponível, mas cada uma deve ser respondida para que a RMf tenha utilização no contexto, e deixe de ser apenas mais uma técnica "interessante", mas sem valor mensurável para recuperação do paciente.

Dentre as possibilidades para utilização de RMf em reabilitação, existe exemplo virtualmente para cada tipo de déficit na literatura (SELIGER et al., 1991; STRANGMAN et al., 2005). A utilização de termos para descrever o mecanismo de plasticidade neuronal também deve ser levada em conta. Enquanto recuperação, realocação e recrutamento implicam mudanças na organização cerebral pela lesão ou após intervenção terapêutica, seu significado nem sempre é único para diferentes grupos. Em relação ao córtex motor, há recuperação quando a mesma área detectada previamente por RMf volta a ser detectada por essa técnica durante atividade em que a função da mão é avaliada; recrutamento seria a detecção de uma determinada região parte do sistema motor ipsi ou contralateral (mas não o córtex motor primário) por RMf que apresenta aumento da atividade (área ou magnitude do efeito BOLD) durante atividade em que a função da mão é avaliada; realocação seria detecção por RMf de uma determinada região que não faz parte do sistema motor durante atividade na qual a função da mão é avaliada. Claramente tal nomenclatura é parte de um jargão, mas deve ser considerada em equipe multidisciplinar. A razão é simples: a capacidade de RMf avaliar recuperação, recrutamento e realocação depende de um exame realizado antes do procedimento de intervenção, já que é praticamente inviável que se avalie o paciente antes do surgimento da lesão. Quando o paciente pode realizar exame antes da intervenção, os conceitos são mais facilmente aplicados aos resultados do teste. Porém, sempre de maneira comparativa em relação ao paciente já com a presença da lesão, não a antes quando era normal.

Atualmente, acredita-se que a reorganização (termo mais abrangente) de áreas cerebrais detectadas por RMf represente os mecanismos de plasticidade cerebral clássicos estudados por meio de outras técnicas. Em relação ao córtex motor, por exemplo, há evidências de que as regiões ipsilaterais ao déficit apresentem inicialmente maior atividade, um processo de realocação, e, em períodos mais longos, a atividade detectada passa a acontecer no córtex contralateral ao déficit (portanto no hemisfério onde há lesão), representando realocação ou recuperação. Em relação ao córtex auditivo, por exemplo, a ressecção de neurinoma no feixe nervoso de um par craniano leva a déficit de audição que pode ser recuperado – o processo de atividade no córtex auditivo, que inicialmente apresenta ausência de atividade contralateral, com o tempo mostra padrão bilateral semelhante a normais (BILECEN et al., 2000), portanto representando um processo de recuperação cortical. Em caso de linguagem, é frequente a descrição de fenômenos de realocação e de recrutamento (LAZAR et al., 2010). Pacientes com áreas de linguagem localizada por RMf em hemisfério dominante passam a apresentar atividade em áreas homólogas não dominantes seguindo recuperação funcional (HERTZ-PANNIER et al., 2001; HOLODNY et al., 2002). Curiosamente, a RMf tem mostrado casos em que as áreas de linguagem frontais (dentre as quais a área de Broca) são detectadas em hemisfério dominante, e as áreas temporais, em hemisfério não dominante (dentre as quais a área de Wernicke, que neste caso estaria contralateral), de maneira que os mecanismos de reorganização cortical não necessariamente seguem apenas um padrão de lateralidade para todas as áreas que suportam um sistema neurofuncional.

Aplicações em Psiquiatria

Inicialmente RMf foi utilizada para estudo de áreas relacionadas aos sintomas apresentados pelos pacientes, como alucinação em esquizofrenia. Várias hipóteses de mecanismos cerebrais envolvidos com as alterações de comportamento foram testadas. Áreas sensitivas primárias são detectadas durante a experiência de alucinação pelos pacientes, sejam auditivas, sejam visuais ou motoras (DAVID et al., 1996; STEBBINS et al., 2004). Além dessas regiões, um mecanismo complexo de interação entre sistemas neurais parece servir ao procedimento de monitoramento interno (*self monitoring*), que estaria alterado em tais pacientes. Um sonho antigo dos psiquiatras – avaliar os efeitos medicamentosos no cérebro de cada paciente – também é alvo de investigação. A ideia seria observar individualmente os mecanismos de doença durante determinado comportamento, antes e após a terapia, e a "titulação" de doses medicamentosas. Em que pese que técnicas de imagem molecular estejam mais próximas dessas aplicações, estudos com RMf mostram modificações pós-terapêuticas que podem ajudar a elucidar mecanismos de doença – mas em populações, não em indivíduos. Há várias dificuldades, como efeitos vasculares da droga (em que a RMf mostra resultados de modificações hemodinâmicas, difíceis de separar dos efeitos na função neural), mudanças comportamentais (se o paciente realiza a mesma tarefa, mas com outro desempenho, então as mudanças detectadas podem ser decorrentes tanto de modificações neurais, quanto apenas devido ao suporte àquele desempenho diferente). Estudos de grupos mostraram diferenças entre medicações antipsicóticas típicas e atípicas (BRAUS et al., 2003), com maior atividade detectada em regiões frontais em atípicos, alterações após medicação antidepressiva (FU et al., 2004), com menor atividade em amígdalas, córtex límbico, e alterações em pacientes com distúrbio obsessivo-compulsivo em córtex frontal, límbico e estruturas estritatais (BREITER; RAUCH, 1996).

COMENTÁRIO FINAL

A técnica de RMf representa a possibilidade de investigar a função cerebral, com bastante flexibilidade, de maneira pouco invasiva, e pode ser aplicada repetidamente sem prejuízo para o indivíduo. As possibilidades em pesquisa são e continuarão a ser a grande parte da aplicação nos próximos anos, ainda que a aplicabilidade clínica tenha crescido rapidamente. Ao futuro cabe a resposta sobre o quanto da informação gerada atualmente pode ser convertida em benefício direto para pacientes na rotina clínica, mas acreditamos que tal possibilidade esteja cada vez mais próxima.

Referências bibliográficas

BACIU, M. et al. Functional MRI assessment of the hemispheric predominance for language in epileptic patients using a simple rhyme detection task. *Epileptic Disorders*, v. 3, n. 3, p. 117-124, 2001.

BILECEN, D. et al. Cortical reorganization after acute unilateral hearing loss traced by fMRI. *Neurology*, v. 54, n. 3, p. 765-767, 2000.

BRAMMER, M. J. et al. Generic brain activation mapping in functional magnetic resonance imaging: a nonparametric approach. *Magnetic Resonance Imaging*, v. 15, n. 7, p. 763-770, 1997.

BRAUS, D. F. et al. Functional magnetic resonance imaging of psychopharmacological brain effects: an update. *Fortschritte der Neurologie-Psychiatrie*, v. 71, n. 2, p. 72-83, 2003.

BREITER, H. C.; Rauch, S.L. Functional MRI and the study of OCD: from symptom provocation to cognitive-behavioral probes of cortico-striatal systems and the amygdala. *Neuroimage*, v. 4, n. 3, p. S127-138, 1996.

BROCKWAY, J. P. Two functional magnetic resonance imaging f(MRI) tasks that may replace the gold standard, Wada testing, for language lateralization while giving additional localization information. *Brain and Cognition*, v. 43, n. 1-3, p. 57-59.

BUXTON, R. B. et al. Modeling the hemodynamic response to brain activation. *Neuroimage*, v. 23, p. S220-233, 2004. Suplemento 1.

BUXTON, R. B.; FRANK, L. R. A model for the coupling between cerebral blood flow and oxygen metabolism during neural stimulation. *Journal of Cerebral Blood Flow & Metabolism*, v. 17, n. 1, p. 64-72, 1997.

BUXTON, R. B.; WONG, E. C.; FRANK, L. R. Dynamics of blood flow and oxygenation changes during brain activation: the balloon model. *Magnetic Resonance in Medicine*, v. 39, n. 6, p. 855-864, 1998.

CAMPBELL, R. Speechreading: advances in understanding its cortical bases and implications for deafness and speech rehabilitation. *Scandinavian Audiology. Supplementum*, v. 49, p. 80-86, 1998.

CARPENTIER, A. et al. Functional MRI of language processing: dependence on input modality and temporal lobe epilepsy. *Epilepsia*, v. 42, n. 10, p. 1241-1254, 2001.

CRAMER, S. C. et al. Mapping individual brains to guide restorative therapy after stroke: rationale and pilot studies. *Neurological Research*, v. 25, n. 8, p. 811-814, 2003.

DAVID, A. S. et al. Auditory hallucinations inhibit exogenous activation of auditory association cortex. *Neuroreport*, v. 7, n. 4, p. 932-936, 1996.

DETRE, J. A. et al. Functional MRI lateralization of memory in temporal lobe epilepsy. *Neurology*, v. 50, n. 4, p. 926-932, 1998.

DIERKS, T. et al. Activation of Heschl's gyrus during auditory hallucinations. *Neuron*, v. 22, n. 3, p. 615-621, 1999.

DYMARKOWSKI, S. et al. Functional MRI of the brain: localisation of eloquent cortex in focal brain lesion therapy. *European Radiology*, v. 8, n. 9, p. 1573-1580, 1998.

FRISTON, K. J. et al. Analysis of fMRI time-series revisited. *Neuroimage*, v. 2, n. 1, p. 45-53, 1995.

FU, C. H. et al. Attenuation of the neural response to sad faces in major depression by antidepressant treatment: a prospective, event-related functional magnetic resonance imaging study. *Archives of General Psychiatry*, v. 61, n. 9, p. 877-889, 2004.

GUSTARD, S. et al. Influence of baseline hematocrit on between-subject BOLD signal change using gradient echo and asymmetric spin echo EPI. *Magnetic Resonance Imaging*, v. 21, n.6, p. 599-607, 2003.

HAZELL, J. W. et al. Electrical tinnitus suppression: frequency dependence of effects. *Audiology*, v. 32, n. 1, p. 68-77, 1993.

HERTZ-PANNIER, L. et al. Functional imaging in the work-up of childhood epilepsy. *Child's Nervous System*, v. 17, n. 4-5, p. 223-8, 2001.

HIRSCH, J. et al. An integrated functional magnetic resonance imaging procedure for preoperative mapping of cortical areas associated with tactile, motor, language, and visual functions. *Neurosurgery*, v. 47, n. 3, p. 711-722, 2000.

HOFMANN, E. et al. Noninvasive direct stimulation of the cochlear nerve for functional MR imaging of the auditory cortex. *American Journal of Neuroradiology*, v. 20, n. 10, p. 1970-1972, 1999.

HOLODNY, A. I. et al. The effect of brain tumors on BOLD functional MR imaging activation in the adjacent motor cortex: implications for image-guided neurosurgery. *American Journal of Neuroradiology*, v. 21, n. 8, p. 1415-1422, 2000.

HOLODNY, A. I. et al. Translocation of Broca's area to the contralateral hemisphere as the result of the growth of a left inferior frontal glioma. *Journal of Computer Assisted Tomography*, v. 26, n. 6, p. 941-943, 2002.

KASEDA, Y. et al. Correlation between event-related potentials and MR measurements in chronic alcoholic patients. *The Japanese Journal of Psychiatry and Neurology*, v. 48, n. 1, p. 23-32, 1994.

KEMENY, S. et al. Comparison of continuous overt speech fMRI using BOLD and arterial spin labeling. *Human Brain Mapping*, v. 24, n. 3, p. 173-183, 2005.

KILLGORE, W. D. et al. Functional MRI and the Wada test provide complementary information for predicting post--operative seizure control. *Seizure*, v. 8, n. 8, p. 450-455, 1999.

LAZAR, R. M. et al. Interhemispheric transfer of language in patients with left frontal cerebral arteriovenous malformation. *Neuropsychologia*, v. 38, n. 10, p. 1325-1332, 2010.

LEGER, A. et al. Neural substrates of spoken language rehabilitation in an aphasic patient: an fMRI study. *Neuroimage*, v. 17, n. 1, p. 174-183, 2002.

LEHERICY, S. et al. Functional MR evaluation of temporal and frontal language dominance compared with the Wada test. *Neurology*, v. 54, n. 8, p. 1625-1633, 2000.

LENNOX, B. R. et al. The functional anatomy of auditory hallucinations in schizophrenia. *Psychiatry Research*, v. 100, n. 1, p. 13-20, 2000.

LEVIN, J. M. et al. Influence of baseline hematocrit and hemodilution on BOLD fMRI activation. *Magnetic Resonance Imaging*, v. 19, n. 8, p. 1055-1062, 2001.

MAUDGIL, D. D. *Brain imaging in epilepsy*. London: Remedica, 2003.

MEYER, C. H. et al. Fast spiral coronary artery imaging. *Magnetic Resonance in Medicine*, v. 28, n. 2, p. 202-213, 1992.

MIOTTO, E. C. et al. Bilateral activation of the prefrontal cortex after strategic semantic cognitive training. *Human Brain Mapping*, 2005.

MOLINARI, M.; FILIPPINI, V.; LEGGIO, M. G. Neuronal plasticity of interrelated cerebellar and cortical networks. *Neuroscience*, v. 111, n. 4, p. 863-870, 2002.

PONTON, C. W. Possible application of functional imaging of the human auditory system in the study of acclimatization and late onset deprivation. *Ear and Hearing*, v. 17, p. 78S-86S, 1996. Suplemento 3.

RAMSEY, N. F. et al. Functional mapping of human sensorimotor cortex with 3D BOLD fMRI correlates highly with H2(15)O PET rCBF. *Journal of Cerebral Blood Flow & Metabolism*, v. 16, n. 5, p. 755-764, 1996.

SALMELIN, R. et al. Single word reading in developmental stutterers and fluent speakers. *Brain*, v. 123, p. 1184-1202, 2000.

SELIGER, G. M. et al. Word deafness in head injury: implications for coma assessment and rehabilitation. *Brain Injury*, v. 5, n. 1, p. 53-56, 1991.

SHERGILL, S. S. et al. Modality specific neural correlates of auditory and somatic hallucinations. *Journal of Neurology, Neurosurgery & Psychiatry*, v. 71, n. 5, p. 688-690, 2001.

SHERGILL, S. S. et al. Modulation of activity in temporal cortex during generation of inner speech. *Human Brain Mapping*, v. 16, n. 4, p. 219-227, 2002.

STEBBINS, G. T. et al. Altered cortical visual processing in PD with hallucinations: an fMRI study. *Neurology*, v. 63, n. 8, p. 1409-1416, 2004.

STEHLING, M. K.; TURNER, R.; MANSFIELD, P. Echo-planar imaging: magnetic resonance imaging in a fraction of a second. *Science*, v. 254, n. 5028, p. 43-50, 1991.

STRANGMAN, G. et al. Functional neuroimaging and cognitive rehabilitation for people with traumatic Brain Injuryury. *American Journal of Physical Medicine & Rehabilitation*, v. 84, n. 1, p. 62-75, 2005.

THULBORN, K. R. et al. Oxygenation dependence of the transverse relaxation time of water protons in whole blood at high field. *Biochimica et Biophysica ACTA/General Subjects*, v. 714, n. 2, p. 265-270, 1982.

TRUY, E. Neuro-functional imaging and profound deafness. *International Journal of Pediatric Otorhinolaryngology*, v. 47, n. 2, p. 131-136, 1999.

WISE, R. J. Language systems in normal and aphasic human subjects: functional imaging studies and inferences from animal studies. *British Medical Bulletin*, v. 65, p. 95-119, 2003.

YETKIN, F. Z. et al. Functional MR activation correlated with intraoperative cortical mapping. *American Journal of Neuroradiology*, v. 18, n. 7, p. 1311-1315, 1997.

YOO, E.; PARK, E.; CHUNG, B. Mental practice effect on line-tracing accuracy in persons with hemiparetic stroke: a preliminary study. *Archives of Physical Medicine and Rehabilitation*, v. 82, n. 9, p. 1213-1218, 2001.

RESSONÂNCIA MAGNÉTICA FUNCIONAL: LIMITAÇÕES E PERSPECTIVAS

Paula Ricci Arantes

A ressonância magnética funcional (RMf) é um exame de imagem que tem como objetivo localizar áreas cerebrais relacionadas a determinadas funções neurais, o que é possível comparando-se momentos diferentes de atividade neuronal. O indivíduo é instruído a desempenhar tarefa relacionada ao foco do interesse, dentro do equipamento de ressonância magnética (RM), enquanto são adquiridas imagens consecutivas do cérebro.

Entretanto existem limitações relativas à técnica de RM: indivíduos que, por questões de segurança, não devem ser submetidos a campos magnéticos não podem realizar esse exame, bem como aqueles com marca-passo cardíaco, estimulador cerebral, grampos de aneurismas, implantes cocleares, próteses paramagnéticas ou corpos estranhos metálicos próximos a órgãos nobres.

Ainda, a RMf utiliza-se de sequências de aquisição específicas que são mais susceptíveis a artefatos que dificultam a identificação de áreas cerebrais nas suas proximidades. Exemplos disso são aparelhos ortodônticos, áreas de pneumocrânio e objetos intracranianos. Apresenta também limitações relacionadas à sensibilidade em mostrar áreas cerebrais envolvidas em atividades realizadas dentro do equipamento, entre elas: resposta hemodinâmica, posição dentro equipamento, em especial para claustrofóbicos, ruído acústico, alta sensibilidade a artefatos causados por movimentação e variabilidade (tanto instrumental, de processamento e individual). Essas limitações são em parte resolvidas com novas possibilidades do uso de RMf, baseadas em cálculo da taxa metabólica de oxigênio (CMRO2) e integração com outras modalidades (RMf – EEG).

A seguir essas características serão descritas com o objetivo de ressaltar os principais aspectos de aplicabilidade em pesquisa e as possibilidades de uso clínico.

LIMITAÇÕES HEMODINÂMICAS

A RMf não mede diretamente a atividade neuronal, mas consequências intimamente correlacionadas, devido ao acoplamento neurovascular. Geralmente, a diferença entre as áreas que participam de determinada atividade cognitiva (ou emocional) é detectada por meio do efeito BOLD (*Blood Oxygen Level Dependent*) (OGAWA et al., 1990), ou seja, a relação entre a hemoglobina oxigenada e a não oxigenada.

Como o efeito BOLD é influenciado pelo fluxo e pelo volume sanguíneos cerebrais regionais e pela fração de extração de oxigênio (BUXTON et al., 2004), alterações nesses fatores constituem limitação da aplicação da RMf.

Indivíduos jovens apresentam maiores áreas de ativação cerebral em comparação com indivíduos idosos na realização da mesma tarefa (BUCKNER; SNYDER et al., 2000), diferenças talvez relacionadas a alterações na microvasculatura que ocorre em idosos.

A pressão arterial média, de forma semelhante, é fator que pode causar alterações na magnitude do efeito BOLD. Em ratos, a redução de 50% da pressão arterial média leva a queda de 1 a 2% do sinal de RM. No entanto, não está completamente entendido se a oxigenação sanguínea influi de forma semelhante no tecido encefálico humano.

Pode haver hiperestimação das áreas detectadas como ativadas na presença de hipercapnia (6% de CO_2), em decorrência do efeito de vasodilatação, com maior aporte de hemoglobina oxigenada em relação à sem oxigênio, que determina aumento do sinal de RM em sequência BOLD (LYTHGOE; WILLIAMS et al., 1999).

A ateromatose influencia a detecção de atividade cerebral, porém, no sentido inverso. É possível que áreas ativadas não sejam evidenciadas pelo baixo fluxo regional, como o constatado em estudo com estenose unilateral da artéria carótida interna (LYTHGOE; WILLIAMS et al., 1999).

A realização de RMf sob anestesia é influenciada pelo estado de sedação, que altera o funcionamento cerebral. Assim, impossibilita que o sujeito colabore com a tarefa solicitada, e permite apenas que seja utilizada em estudos de estimulação sem mensuração da resposta consciente. Em ratos, o uso de propofol levou à redução de até dez vezes o "efeito BOLD" secundário a estímulo por choque elétrico (LAHTI; FERRIS et al., 1999).

O efeito expansivo determinado por algumas lesões, sejam elas tumorais (KIM et al., 2005), isquêmicas em fases agudas/subagudas ou inflamatório-infecciosas, altera a permeabilidade vascular e também o espaço liquórico disponível para acomodação de variações volumétricas. Nesses casos, como não é possível garantir que a curva de resposta hemodinâmica tenha sua forma ou obedeça aos tempos usualmente conhecidos, são necessários limites mais amplos, sem assumir intervalos fixos durante a análise estatística.

As veias e os seios venosos próximos aos locais de ativação cerebral são frequentemente identificados como os mais ativados. Porém, constituem artefato, uma vez que não refletem o real local da atividade neuronal. Essa detecção ocorre por ser o local de maior concentração da hemoglobina oxigenada, excedente em relação à demanda provinda da vasodilatação arterial (TURNER, 2002).

Limitações neurofisiológicas

A RMf tem razoável resolução espacial, comumente entre 2 a 3 mm, mas que pode chegar a 0,5 mm ou menos, permitindo a detecção inclusive de colunas neuronais. Porém, sua resolução temporal, que varia entre um a dois segundos (dez vezes maior que os métodos de medicina nuclear), não se compara àquela dos métodos eletroencefalográficos, de milissegundos. Essa limitação impede o acompanhamento preciso da atividade cerebral em termos de áreas e de hierarquia temporal.

Outro aspecto limitante da aplicação de RMf é a discussão sobre a sua representatividade da atividade neuronal. As relações entre o comportamento elétrico neural e o efeito BOLD foram consideradas lineares, em estudos com registro simultâneo em animais de microeléctrodo intracortical e do efeito BOLD (LOGOTHETIS et al., 2001). Neste estudo, a resposta hemodinâmica está mais correlacionada com a aferência (potenciais de campo local) que com as eferências (espículas, potencial de ação). Os sinais neurais têm uma relação sinal-ruído muito maior que a resposta hemodinâmica, sugerindo que a extensão da área de ativação em estudos de RMf é geralmente subestimada em relação à atividade neural. Porém, estudos mais recentes contestam tal achado, sugerindo não linearidade do acoplamento (KIM et al., 2004; UGURBIL et al., 2003).

Tal fato é fundamental na interpretação da ausência de ativação à RMf, que pode corresponder a processamento de informação não detectada. Numa primeira análise, as respostas neural e BOLD parecem ter uma relação linear para estímulos de curta duração, mas, com pouco contraste, tanto a resposta neural quanto a hemodinâmica tornam-se não lineares. Dentre as possíveis causas da não linearidade, Logothetis e colaboradores destacam maior atividade neuronal nos primeiros três segundos de estímulo. Estudos mais recentes confirmam que essa relação não é linear (JONES et al., 2004).

Os grupamentos neuronais com atividades excitatória e inibitória são identificados como ativos na RMf. Os estudos cuja finalidade é a investigação de conexões e de circuitos cerebrais encontram tal característica entre as principais limitantes para aprofundar suas conclusões. Mas existem estudos que consideram a RMf mais correlacionada com a atividade excitatória, baseados no fato de que o aumento do fluxo sanguíneo e de glicose no local da atividade neural supera em muito o consumo de oxigênio, sugerindo mecanismo anaeróbico de glicólise para a conversão do glutamato (principal neurotransmissor excitatório) em glutamina (RAICHLE, 2001).

Limitações operacionais

Paradigma é o termo utilizado para designar o conjunto de atividades, passivas ou ativas, realizadas pelo paciente e controladas pelo experimentador (MOONEN; BANDETTINI, 2000). A formulação mais simples de um exame de RMf prevê a existência de pelo menos dois tipos de estados cognitivos diferentes, durante a aquisição das imagens. Tais estados devem variar apenas quanto à função em estudo; todos os outros componentes cognitivos devem ser semelhantes em ambos os estados. Os paradigmas utilizados para estudo das áreas primárias (visuais, auditivas e sensitivo-motoras) são mais simples, na medida em que a presença de projeção no campo visual, sons ou ordens de movimentação podem ser comparadas com o estado de "repouso". A pesquisa de áreas associativas necessita de mecanismos que permitam a dissecção de componentes de integração multimodal, o que requer tarefas de controle que também envolvam as mesmas modalidades. Por exemplo, a pesquisa de áreas relacionadas à linguagem ou à memória pode ser realizada por meio de estímulos visuais ou auditivos, idealmente idênticos para a tarefa de interesse e para o controle, à exceção dos componentes cognitivos que se queira estudar. A necessidade de controle restrito é justificada para que áreas occipitais (córtex visual primário) ou temporo-parietais (integração visuoespacial) não sejam erroneamente interpretadas como sede (e não parte) de circuitos de linguagem ou de memória. A avaliação de processos cognitivos mais elaborados também é possível por intermédio da RMf, porém a complexidade dos paradigmas, a variação de resposta comportamental do paciente e a menor reprodutibilidade dificultam as aplicações clínicas (FERNANDEZ et al., 2003).

Para avaliação de algumas funções cerebrais, já existem testes neuropsicológicos de incontestável contribuição. Logo, o mais natural seria incorporá-los ao exame de RMf para que pudessem ter também um papel localizatório. São exemplo dessas adaptações testes de memória, como reconhecimento da repetição da letra anterior com registro da resposta a cada apresentação, cujo controle é apenas a identificação de determinada letra, ou, então, repetição de dígitos na sequência ou inversos, e testes de linguagem com decisão semântica de categorias, nomeação, fluência verbal.

Porém, em alguns casos não é possível a simples adaptação, ou por não ser possível contrapor o estado de "tarefa" a um estado de "controle" para a determinada função, ou por necessitar de respostas que o indivíduo não consegue realizar dentro do aparelho. Essa limitação justifica o maior interesse do neuropsicólogo pela área de RMf, no sentido do desenvolvimento dos paradigmas ainda não completamente estabelecidos, ainda mais em se tratando de língua diferente da inglesa, em que encontramos a maioria das publicações.

Alguns pacientes podem não ser capazes de realizar alguns dos paradigmas. Para os exames de RMf, é imprescindível a colaboração dos pacientes, portanto, desinteresse ou inquietação podem abortar o exame. O analfabetismo também afasta os pacientes das tarefas de linguagem e de algumas de memória. Os deficientes auditivos não podem realizar tarefas sob comando verbal, pois não os aparelhos corretivos, em geral não são compatíveis com o campo magnético. Já alterações de refração podem ser corrigidas com sistemas de lentes disponíveis para adaptação dentro do equipamento.

A movimentação do paciente durante o exame também constitui uma das maiores limitações do método; movimentos excessivos da cabeça, por exemplo, dificultam o processamento das imagens e, por não permitirem a comparação dos mesmos pontos ao longo do tempo, podem levar a resultados imprecisos, a ativação artefatual (HAJNAL et al., 1994). Mesmo a movimentação fora do campo de exame determina alteração de sinal na periferia do segmento cefálico, com sinal maior que o efeito BOLD verdadeiro (YETKIN et al., 1996). Atualmente existem duas formas de evitá-los; a primeira é a precaução no momento do exame, por medidas de restrição direta do segmento cefálico ou realinhamento durante a aquisição pelo sistema navegador (RAMSEY et al., 1998). A segunda reduz o efeito da movimentação no pós-processamento, utilizando programas específicos (KIM et al., 1999). Programas com correção nos eixos de rotação e translação em cada um dos três eixos têm limite de até poucos graus, acima do qual o dado deve ser descartado. O padrão mais típico de artefato é em forma de aréola, nas margens do cérebro, devido a interfaces com sinal de RM muito diferentes.

Quanto à forma de apresentação dos estímulos, existem desenhos diferentes de estudo. A aquisição mais simples agrupa os estímulos em bloco (BL), o que leva a uma adição temporal do efeito BOLD. Quando os estímulos são apresentados de forma individual, o desenho da aquisição é denominado relacionado a eventos (RE). Apresenta a vantagem não só de permitir maiores correlações temporais e de conectividade entre as áreas, como também de minimizar a interferência do movimento associado à tarefa na detecção da ativação cerebral. Os estímulos podem ser apresentados com intervalos fixos ou variáveis, o último dificultando a habituação. Existem também desenhos mistos, que envolvem eventos dentro ou fora de blocos de estímulos, os quais, porém, são mais úteis em tarefas cognitivas de maior complexidade (DONALDSON et al., 2001).

A quantidade de artefatos de movimento nas aquisições RE é menor que nas aquisições BL (BIRN et al., 1999). Isso ocorre porque a alteração de sinal da ativação neuronal sofre um atraso devido à resposta hemodinâmica, o que não ocorre com a alteração de sinal relativa à movimentação. Adquirindo uma média de respostas a um estímulo único, as alterações de sinal pela movimentação ocorrem antes das alterações induzidas pela atividade neuronal, podendo ser identificadas separadamente. Os autores sugerem a utilização do desenho relacionado a evento único para tarefas que envolvam o movimento no segmento cefálico, como fala, movimento da língua ou da mandíbula e deglutição.

O ideal seria que as tarefas que envolvam movimentação excluíssem o segmento cefálico, porém isso não é possível, por exemplo, em tarefas de linguagem, quando necessitamos da resposta comportamental do sujeito. Para articular as palavras, mesmo com todos os cuidados de fixação da cabeça, sempre há pequenos graus de movimentação, o que para pacientes pode ser crítico; portanto, sempre, na escolha da tarefas, vários componentes devem ser pesados.

LIMITAÇÕES DE PÓS-PROCESSAMENTO

Na RMf, a variação de sinal em T2 não é suficiente ao discernimento do olho humano, portanto, a série temporal das imagens geradas é submetida a um processamento estatístico (BRAMMER et al., 1997; FRISTON et al., 1995), com análise temporal individual do comportamento do sinal de cada unidade da imagem voxel.

Os vários programas de análise dos dados são fonte de erro em diferentes partes do mecanismo da inferência estatística, Podendo o mesmo estudo, se analisado por *softwares* diferentes, gerar imagens de atividade cerebral com áreas diferentes. As principais diferenças são com relação ao rigor de cada inferência, que é, a princípio, estabelecido pelo pesquisador, que se baseia nos graus de sensibilidade e de especificidade necessários para o estudo em questão.

A normalização é a etapa do pós-processamento, quando ocorrem deformações nos cérebros individuais, para que possam ser todos sobrepostos em um espaço comum, visando ao resultado de grupo. Podem ocorrer, entretanto, correspondências inadequadas, pois as estruturas anatômicas são delineadas pelo seu sinal, de forma automática. Nos casos de presença de lesão estrutural, na maioria das vezes, a lesão não é incorporada. Tais erros podem ser reduzidos com maior grau de intervenção do operador, com conhecimentos anatômicos, no processo, delimitando margens e espaços de confiança.

Limitações gerais

Além da variabilidade interindividual, existe também a intraindividual, ou seja, os mesmos sujeitos, ainda que realizando os mesmo paradigmas em dias diferentes, não ativaram as mesmas áreas. Provavelmente por condições distintas, os sujeitos utilizaram estratégias diferentes para realização das tarefas (ROMBOUTS et al., 1997; VLIEGER et al., 2003).

Assim, torna-se extremamente perigoso um diagnóstico baseado na probabilidade de ativação dada por uma imagem de RMf. Todas as afirmações a respeito de um indivíduo devem ser ponderadas à luz do que seria o intervalo de normalidade aceito para o equipamento em questão, o paradigma, a população proveniente.

Portanto, antes das aplicações clínicas da RMf, torna-se necessária a avaliação de diversos indivíduos de diferentes faixas etárias, para que se construa uma base de dados, ou seja, se conheça o padrão de normalidade. Em um momento seguinte, seria possível a comparação de pacientes com essa base normativa para definição se pertence ao intervalo de normalidade ou não.

Perspectivas futuras

O efeito BOLD é proporcional ao campo magnético, ou seja, cerca de 3 a 5% em aparelhos de 1,5T (KWONG;, BELLIVEAU et al., 1992) e dobra em campos de 3T. Portanto com o aumento do número de equipamentos de 3T, será possível obter atividade cerebral com maior sensibilidade e especificidade.

A obtenção simultânea de dados de RMf e EEG reúne os métodos com melhor resolução espacial e temporal, respectivamente (LEMIEUX, 2004). Atualmente tem sido problemática tal operacionalização, mesmo com eletrodos compatíveis com o ambiente magnético, devido à quantidade de artefatos elétricos registrados durante os pulsos de radiofrequência.

Outras sequências de aquisição de RMf permitem avaliar variáveis neurofisiológicas distintas do efeito BOLD. Assim, é possível a mensuração da taxa de metabolismo de O_2 (SINCARD; DUONG, 2005) ou o fluxo arterial, sem contribuição de oxigenação (DETRE; ALSOP, 1999). Essas variáveis são mais próximas dos experimentos de pesquisa básica, facilitando a compreensão dos resultados, de forma diferente do sinal BOLD, que resulta da complexa combinação de volume, fluxo e oxigenação sanguínea.

A correlação com dados de estimulação magnética transcraniana permite avaliar dois componentes importantes do funcionamento cerebral em relação a uma tarefa cognitiva (BESTMANN et al., 2006): enquanto a RMf mostra áreas cerebrais correlacionadas com o desempenho, a TMS permite estudar a necessidade da participação de determinada área cerebral na execução da tarefa.

A associação com dados de magnetoencefalografia permite melhora da resolução espacial (GRUMMICH et al., 2006), mas ainda é realizada de rotina.

O advento de novas técnicas de análise permitirá cada vez mais a melhor delineação neurofisiológica dos processos mentais. Muitas delas, inclusive, são importadas de outras áreas, como análise de séries temporais e causalidade de Granger, avaliação por componentes fractais, modelagem por equações estruturais, modelos dinâmicos causais, entre outros. As análises de conectividade, por exemplo, utilizam dados 4D para modelar e discutir circuitos neurais (SATO et al., 2006).

O grande interesse da maior parte da comunidade da área de saúde é a aplicação clínica do método. Nesse sentido, vários estudos internacionais têm sido ampliados, visando a um banco de dados completo, como *Biomedical Informatics Research Network* (BIRN), *International Consortium of Brain Mapping* (ICBM), fMRI *Datacenter* (fMRIDC). No âmbito nacional, também instituições vêm mobilizando-se na aquisição de tal base normativa.

Esperamos que, em um futuro menos longínquo do que as expectativas anteriores, consigamos contribuir para a prática médica na avaliação pré-operatória dos pacientes oncológicos ou com outras lesões cirúrgicas cerebrais, e que seja também possível auxiliar o neurocirurgião a reduzir o tempo intraoperatório, dispensando a eletrocorticografia (atual padrão ouro na definição das áreas funcionais). Na avaliação dos pacientes com epilepsia do lobo temporal, que seja possível dispensar o teste invasivo de dominância hemisférica com amital (Wada), assim como no controle de tratamentos clínicos, medicamentosos ou cirúrgicos; no auxílio ao desenvolvimento de novos fármacos ou no aperfeiçoamento de produtos; na predição de resposta evolutiva em função do padrão de atividade cerebral.

Referências bibliográficas

BESTMANN, S. et al. Cortical correlates of TMS-induced phantom hand movements revealed with concurrent TMS-fMRI. *Neuropsychologia*, v. 44, n. 14, p. 2959-2971, 2006.

BIRN, R. M. et al. Event-related fMRI of tasks involving brief motion. *Human Brain Mapping*, v. 7, n. 2, p. 106-114, 1999.

BRAMMER, M. J. et al. Generic brain activation mapping in functional magnetic resonance imaging: a nonparametric approach. *Magnetic Resonance Imaging*, v. 15, n. 7, p. 763-770, 1995.

BUCKNER, R. L. et al. Functional brain imaging of young, nondemented, and demented older adults. *Journal of Cognitive Neuroscience*, v. 12, p. 24-34, 2000. Suplemento 2.

BUXTON, R. B. et al. Modeling the hemodynamic response to brain activation. *Neuroimage*. v. 23, p. S220-233, 2004. Suplemento 1.

DETRE, J. A.; ALSOP, D. C. Perfusion magnetic resonance imaging with continuous arterial spin labeling: methods and clinical applications in the central nervous system. *European Journal of Radiology*, v. 30, n. 2, p. 115-124, 1999.

DONALDSON, D. I. et al. Dissociating state and item components of recognition memory using fMRI. *Neuroimage*, p. 129-142, 2001.

FERNANDEZ, G. et al. Intrasubject reproducibility of presurgical language lateralization and mapping using fMRI. *Neurology*, p. 969-975, 2003.

FRISTON, K. J. et al. Stochastic designs in event-related fMRI. *Neuroimage*, v. 10, n. 5, p. 607-619, 1999.

GRUMMICH, P. et al. Combining fMRI and MEG increases the reliability of presurgical language localization: a clinical study on the difference between and congruence of both modalities. *Neuroimage*, v. 32, n. 4, p. 1793-1803, 2006.

HAJNAL, J. V. et al. Artifacts due to stimulus correlated motion in functional imaging of the brain. *Magnetic Resonance in Medicine*, v. 31, n. 3, p. 283-291, 1994.

JONES, M. et al. Nonlinear coupling of neural activity and CBF in rodent barrel cortex. *Neuroimage*, v. 22, n. 2, p. 956-965, 2004.

KIM, B. et al. Motion correction in fMRI via registration of individual slices into an anatomical volume. *Magnetic Resonance in Medicine*, v. 41, n. 5, p. 964-972, 1999.

KIM, D. S. et al. Spatial relationship between neuronal activity and BOLD functional MRI. *Neuroimage*, v. 21, n. 3, p. 876-885, 2004.

KIM, M. J. et al. The effect of prior surgery on blood oxygen level-dependent functional MR imaging in the preoperative assessment of brain tumors. *American Journal of Neuroradiology*, v. 26, n. 8, p. 1980-1985, 2005.

KWONG, K. K. et al. Dynamic magnetic resonance imaging of human brain activity during primary sensory stimulation. *Proceedings of the National Academy of Sciences of the United States of America*, v. 89, n. 12, p. 5675-5679, 1992.

LAHTI, K. M. et al. Comparison of evoked cortical activity in conscious and propofol-anesthetized rats using functional MRI. *Magnetic Resonance in Medicine*; v. 41, n. 2, p. 412-416, 1999.

LEMIEUX, L. Electroencephalography-correlated functional MR imaging studies of epileptic activity. *Neuroimaging Clinics of North America*, v. 14, n. 3, p. 487-506, 2004.

LOGOTHETIS, N. K. Neurophysiological investigation of the basis of the fMRI signal. *Nature*, v. 412, n. 6843, p. 150-7, 2001.

LYTHGOE, D, J. Mapping of cerebrovascular reactivity using BOLD magnetic resonance imaging. *Magnetic Resonance Imaging*, v. 17, n. 4, p. 495-502, 1999.

MOONEN, C; BANDETTINI, P. A. *Functional MRI*. Germany: Springer; 2000.

OGAWA, S. et al. Oxygenation-sensitive contrast in magnetic resonance image of rodent brain at high magnetic fields. *Magnetic Resonance in Medicine.* v. 14, n. 1, p. 68-78, 1990.

RAICHLE, M. E. Cognitive neuroscience. Bold insights. *Nature*, v. 412, n. 6843, p. 128-130, 2001.

RAMSEY, N. F. et al. Phase navigator correction in 3D fMRI improves detection of brain activation: quantitative assessment with a graded motor activation procedure. *Neuroimage*, v. 8, n. 3, p. 240-248, 1998.

SATO, J. R. et al. A method to produce evolving functional connectivity maps during the course of an fMRI experiment using wavelet-based time-varying Granger causality. *Neuroimage*, v. 31, n. 1, p. 187-196, 2006.

SICARD, K. M.; DUONG, T. Q. Effects of hypoxia, hyperoxia, and hypercapnia on baseline and stimulus-evoked BOLD, CBF, and CMRO2 in spontaneously breathing animals. *Neuroimage*, v. 25, n. 3, p. 850-858, 2005.

TURNER, R. How much cortex can a vein drain? Downstream dilution of activation-related cerebral blood oxygenation changes. *Neuroimage.* v. 16, n. 4, p. 1062-1067, 2002.

UGURBIL, K. et al. How accurate is magnetic resonance imaging of brain function? Origin of negative blood oxygenation level-dependent fMRI signals. *Trends in Neuroscience.* v. 26, n. 2, p. 108-114, 2003.

VLIEGER, E. J. et al. Reproducibility of functional MR imaging results using two different MR systems. *American Journal of Neuroradiology*, v. 24, n. 4, p. 652-657, 2003.

YETKIN, F. Z. et al. Functional magnetic resonance imaging mapping of the sensorimotor cortex with tactile stimulation. *Neurosurgery*, v. 36, n. 5, p. 921-925, 1995.

CLASSIFICAÇÃO DAS DEMÊNCIAS

Rodrigo do Carmo Carvalho

Devido ao aumento progressivo da expectativa de vida da população em vários países do mundo, houve um crescimento significativo da proporção de indivíduos com mais de 65 anos. Esse fenômeno vem provocando tanto modificações no perfil socioeconômico da população quanto no perfil de saúde pública, em função do aumento da prevalência de doenças crônico-degenerativas.

A prevalência das demências, especialmente a Doença de Alzheimer (DA), aumenta proporcionalmente ao aumento da longevidade e da proporção de indivíduos acima de setenta anos. Em 2000, foi estimado que pelo menos 4,5 milhões de indivíduos tinham o diagnóstico de DA nos Estados Unidos, número que poderá chegar a 50 milhões em 2050. A prevalência de indivíduos com diagnóstico de DA praticamente dobra a cada cinco anos de acréscimo na faixa etária (7% entre 65 e 74 anos, 53% entre 75 e 84 anos e 40% acima de 85 anos).

Apesar do grande avanço no diagnóstico e na terapêutica das demências nos últimos quinze anos, o grande impacto do ponto de vista socioeconômico e de saúde pública para a sociedade indica a necessidade de um maior investimento em pesquisas para o melhor conhecimento da fisiopatologia dessas doenças, possibilitando a elaboração de estratégias tanto preventivas quanto terapêuticas para minimizar esse impacto.

Segundo a definição do DSM-IV (*Diagnostic and Statistical Manual of Mental Disorders*, fourth edition), demência significa a presença de déficits cognitivos múltiplos adquiridos e persistentes, incluindo o déficit de memória e o comprometimento de pelo menos outro domínio cognitivo (afasia, apraxia, agnosia, disfunção executiva). Essas alterações devem ser suficientes para causar comprometimento das atividades sócio-ocupacionais e representar um declínio significativo em relação ao estado prévio. Devem excluir-se condições médicas gerais ou o uso de drogas que possam confundir o diagnóstico de demência.

A presença de déficits cognitivos leves anormais para a idade em um ou mais domínios cognitivos sem repercussão significativa nas atividades de vida diária é considerada como transtorno cognitivo leve. Vários estudos mostram um maior risco de evolução desses pacientes, principalmente na sua forma amnésica, para o diagnóstico de Doença de Alzheimer.

É importante diferenciar demência de outros estados, como o *delirium* ou os estados confusionais agudos. O *delirium* caracteriza-se por déficits proeminentes ou flutuações no processo atencional. Esses quadros se apresentam de forma aguda ou subaguda, ao contrário da evolução progressiva e crônica dos quadros demenciais, e em geral são reversíveis. As causas principais de *delirium* incluem alterações sistêmicas secundárias a quadros toxicometabólicos ou abuso de drogas (vide Tabela 1). Os indivíduos com demência têm uma maior predisposição a desenvolver quadros de *delirium* durante a evolução da doença. Pioras rápidas ou flutuações do sistema atencional nesses indivíduos podem indicar a presença de *delirium*, e uma investigação deve ser realizada para tentar identificar as possíveis causas.

Tabela 1 – Causas de *delirium*

> → Alterações hidroeletrolíticas (hiponatremia, hipernatremia, hipercalcemia)
> → Alterações metabólicas (hipoglicemia, hiperglicemia, hipotireoidismo, hipertireoidismo)
> → Alterações infecciosas (pneumonia, infecção urinária, sepse)
> → Alterações hepáticas (encefalopatia hepática)
> → Alterações renais (uremia)
> → Uso de drogas (sedativas – barbitúricos e benzodiazepínicos –, álcool)
> → Retirada de drogas (abstinência ao álcool e às drogas sedativas)

Existem condições médicas gerais potencialmente reversíveis que podem levar a comprometimento cognitivo e necessitam de uma avaliação clínica cuidadosa para uma adequada diferenciação das demências. Entre elas, incluem-se depressão, hipotireoidismo, neurossífilis e deficiência de vitamina B12.

Classificação das demências

Classificação clínica das demências

A presença de critérios clínicos específicos, que levam em consideração padrões particulares de comprometimento cognitivo, e sua correlação com achados antomopatológicos permitiram a caracterização dos quadros demenciais em entidades clínicas distintas, como a doença de Alzheimer, demência frontotemporal, demência por corpos de Lewy e outras (vide Tabela 2).

A abordagem diagnóstica das demências deve iniciar-se pela obtenção de uma história clínica, tanto do paciente quanto dos familiares, para avaliar não só o início e a progressão dos sintomas, como também o grau de incapacidade e a repercussão desses sintomas nas atividades da vida diária. A seguir, é indispensável a realização de um exame neurológico completo, que inclua uma avaliação das funções cognitivas e dos sintomas neuropsiquiátricos. É importante também a identificação de sinais neurológicos como parkinsonismo, alterações motoras e sensitivas, alterações dos reflexos, já que essas informações poderão ser muito úteis no diagnóstico diferencial dessas enfermidades. Com posse desses dados, poderemos então formular hipóteses diagnósticas clínicas, e, com a ajuda de testes diagnósticos complementares, diferenciarmos de outras doenças neurodegenerativas e das causas potencialmente tratáveis de declínio cognitivo.

Entre os exames complementares que podemos utilizar para o diagnóstico diferencial das diferentes causas de demência, podemos incluir exames laboratoriais (genéticos e bioquímicos), exames de imagem (TC ou RNM) e exames funcionais (SPECT, RNM funcional ou PET).

Tabela 2 – Classificação clínica das demências

Doença de Alzheimer
Demências frontotemporais
Demências parkinsonianas
Demência vascular
Demência associada a doenças infecciosas
Outras demências

Demências corticais e subcorticais

Apesar de a maioria dos quadros demenciais levarem a um comprometimento patológico de estruturas corticais e subcorticais, é possível uma conceituação sintomática de alguns tipos de demências quanto ao predomínio de características clínicas relacionadas a um maior comprometimento de estruturas corticais ou subcorticais (vide Tabela 3).

As demências subcorticais caracterizam-se por declínio cognitivo de intensidade leve a moderada e pela presença de sintomas relacionados à lentificação psicomotora e ao comprometimento da memória frontal (memória episódica de evocação e memória operacional), além de sintomas neuropsiquiátricos, por exemplo, apatia e depressão. É comum a presença de alterações motoras como disartria e sintomas extrapiramidais. As alterações patológicas são mais proeminentes no estriado e no tálamo. Entre os exemplos de demências do tipo subcortical estão a paralisia supranuclear progressiva e a demência relacionada à doença de Parkinson.

As demências corticais caracterizam-se por declínio cognitivo com predomínio de alterações cognitivas como afasia, apraxia, agnosia, associado a alterações de memória episódica de reconhecimento e evocação e memória semântica. É menos comum a presença de sintomas depressivos e alterações motoras em relação às demências subcorticais. As alterações patológicas são predominantes em áreas de associação corticais. Destaca-se nesse grupo a doença de Alzheimer, demência frontotemporal e demência por corpúsculos de Lewy.

Tabela 3 – Características das demências do tipo cortical e subcortical

	Demência subcortical	Demência cortical
Gravidade	Leve a moderado	Mais grave precocemente na evolução
Velocidade da cognição	Lentificada	Normal
Déficits neuropsicológicos	Memória episódica de evocação, memória operacional	Afasia, apraxia, agnosia, memória episódica de reconhecimento e evocação, memória semântica
Sintomas neuropsiquiátricos	Apatia, depressão	Depressão menos comum
Anormalidades motoras	Disartria e sintomas extrapiramidais	Incomum
Achados patológicos	Proeminentes no estriado e tálamo	Proeminentes em áreas de associação corticais
Exemplos	Paralisia supranuclear progressiva, demência realcionada a doença de Parkinson, hidrocefalia de pressão normal	Doença de Alzheimer, demências frontotemporais, demências por córpúsculos de Lewy

Demências Parkinsonianas

Englobam um grupo heterogêneo de doenças que se caracterizam pelo predomínio de alterações cognitivas e motoras, especialmente extrapiramidais. Do ponto de vista etiológico, podem ser dividas em: doenças degenerativas primárias (adquiridas ou herdadas), síndromes parkinsonianas secundárias e doenças metabólicas herdadas (vide Tabela 4).

Tabela 4 – Classificação etiológica das síndromes demenciais parkinsonianas

SÍNDROMES DEMENCIAIS PARKINSONIANAS
DEGENERATIVAS (ESPORÁDICAS)
Demência relacionada a D. Parkinson; demência com corpos de Lewy; paralisia supranuclear progressiva; degeneração corticobasal; atrofia de múltiplos sistemas; atrofia oligopontocerebelar; degeneração estriatonigral; síndrome de Shy-Drager.
DEGENERATIVAS (FAMILIARES)
Doença de Huntington; neuroacantocitose; doença de Machado-Joseph; gliose subcortical progressiva; demência frontotemporal familiar.
SÍNDROMES PARKINSONIANAS SECUNDÁRIAS
Encefalopatia/Parkinsonismo induzido por drogas; parkinsonismo vascular; hidrocefalia de pressão-normal; doença de Whipple's; demência pugilística.
DOENÇAS METABÓLICAS ADQUIRIDAS
Doença de Wilson; doença de Hallevorden-Spaz; calcificação idiopática dos gânglios da base

Demências Rapidamente Progressivas

Ao contrário da maioria dos quadros demenciais que tem apresentação insidiosa e evolução lentamente progressiva, existe um grupo de doenças que pode levar a um quadro grave de encefalopatia rapidamente progressiva, evoluindo de semanas a meses. O protótipo desse grupo está na Doença de Creutzfeldt-Jakob (DCJ), causada por um príon, a qual leva a uma degeneração espongiforme rapidamente progressiva do encéfalo. Entre os diagnósticos diferenciais podemos ter: doenças vasculares (AVC), doenças infecciosas do SNC, alterações toxicometabólicas, doenças autoimunes (encefalopatia de Hashimoto), metástases ou tumores e doenças neurodegenerativas (vide Tabela 5). O mais importante nesse grupo é tentar identificar condições clínicas potencialmente tratáveis, como a encefalopatia de Hashimoto e outras doenças sistêmicas autoimunes ou toxicometabólicas.

Tabela 5 – Diagnóstico diferencial das demências rapidamente progressivas

Vasculares (AVC)
Infecciosas e priônicas (DCJ, HIV, sífilis)
Toxicometabólicas
Autoimune (encefalopatia de Hashimoto)
Metástases
Iatrogênica
Neuplásica / neurodegenerativas
Sistêmicas

Classificação das demências em relação a proteínas disfuncionais

Avanços recentes em neurogenética, biologia molecular e técnicas de imunocitoquímica têm expandido o espectro de condições neurodegenerativas que causam demência com ou sem parkinsonismo ou doença do neurônio motor. Além disso, permitiram correlacionar achados de proteínas disfuncionais em diversos grupos de doenças. Dependendo do tipo de proteína disfuncional, essas condições clínicas são agrupadas em grupos específicos, por exemplo, proteína disfuncional "tau", no grupo das "Taupatias" (vide Tabela 6). Esse agrupamento baseado em proteínas disfuncionais permite uma correlação fisiopatológica entre as diversas patologias e um substrato melhor para estudos que possam avaliar benefícios terapêuticos.

A proteína "tau" é responsável pela ligação dos microtúbulos, permitindo sua estabilização e polimerização. Uma disfunção dessa proteína pode interferir na estabilização e polimerização dos microtúbulos, com consequente comprometimento no transporte axoplasmático e metabolismo neuronal. Mutações no gene da proteína "tau", localizado no cromossomo 17, podem levar a disfunções nessas proteínas. Na doença de Alzheimer, a hiperfosforilação da proteína "tau" é responsável pela formação dos emaranhados neurofibrilares.

A proteína "beta-amiloide" é formada a partir da proteína precursora do amiloide, através da ação das enzimas alfa-secretase, beta-secretase e gama-secretase. Na doença de Alzheimer, há uma ação excessiva da beta e gama-secretases em relação à ação da alfa-secretase, levando a uma maior formação de beta-amiloide. Essa proteína em excesso é insolúvel e deposita-se no neurônio, provocando estresse oxidativo e morte celular.

Nas alfa-sinucleinopatias, existe um acúmulo da proteína "alfa-sinucleína" disfuncional em determinados grupos de neurônios e células da glia, levando à formação de agregados fibrilares. Os corpúsculos de Lewy e neuritos distróficos são formados a partir da deposição desses agregados fibrilares.

Tabela 6 – Classificação das demências quanto às proteínas disfuncionais

Amiloidopatias ("amiloide")
Doença de Alzheimer
Síndrome de Down
Taupatias ("proteína tau")
Doença de Pick – esporádica e familiar
Degeneração córtico-basal – esporádica e familiar
Paralisia supranuclear progressiva – esporádica e familiar
Demência frontotemporal com parkinsonismo (17)
Taupatia multissistêmica – esporádica e familiar
Doença de Alzheimer
Sinucleinopatias ("alfa-sinucleína")
Demência com corpos de Lewy
Atrofia de múltiplos sistemas
Defeito na huntingtina
Doença de Huntington
Defeito na alfa-internexina
Demência com corpúsculos de inclusão neurofilamentares
Defeito proteína desconhecido – ubiquitina +
Degeneração frontotemporal – ubiquitina +
Defeito proteína desconhecido – ubiquitina –
Degeneração frontotemporal – ubiquitina -s

Referências bibiliográficas

AMERICAN PSYCHIATRIC ASSOCIATION. Diagnostic and Statistical Manual of Mental Disorders: *DSM IV*. 4th ed. 1994.

BOEVE, B. F. Neurodegenerative Disorders. *American Academy of Neurology Congress*, 2006.

DEKOSKY, S. T.; KAUFER, D. I.; LOPEZ, O. L. The Dementias. In: BRADLEY, W. G. et al. (Eds.). *Neurology in Clinical Practice – The Neurological Disorders*. 4th ed. Elsevier, 2004. p. 1901-1951.

GESCHWIND, M. D. Assessment of rapidly progressive dementia: The differential of Jakob-Creutzfeldt disease. *American Academy of Neurology Congress*, 2006.

KNOPMAN, K.; DEKOSKY, S. T.; CUMMINGS, J. L. Practice parameter: Diagnosis of Dementia (an evidence-based review). Report of the Quality Standards Subcommittee of the American Academy of Neurology. *Neurology*, v. 56, p. 1143-1153, 2001.

PETERSEN, R. C. Alzheimer's disease and mild cognitive impairment. *American Academy of Neurology Congress*, 2006.

DEMÊNCIA FRONTOTEMPORAL

Valéria Santoro Bahia

Introdução

Em 1892, Arnold Pick descreveu o quadro clínico de seis pacientes que apresentavam sintomas comportamentais e alteração da linguagem associados à atrofia frontotemporal. Em 1911, Alzheimer descreveu os achados histopatológicos de tais casos, que eram: inclusões intraneuronais argirofílicas e neurônios corticais balonados, reconhecidos posteriormente como corpúsculos de Pick e células de Pick, respectivamente.

Na década de 1940, evidenciou-se que a maior parte dos indivíduos com sintomas de acometimento de regiões frontotemporais apresentava quadros histopatológicos diversos na autópsia. Iniciou, então, a dicotomia: doença de Pick e outras demências frontotemporais, agrupadas sob o termo "degeneração lobar frontotemporal" (DLFT).

Podem-se distinguir três apresentações da DLFT de acordo com a região cerebral predominantemente afetada pela neurodegeneração: uma com alteração da personalidade e disfunção executiva na variante comportamental, que é a denominada "demência frontotemporal" (DFT); outra, com disfunção predominante do conhecimento semântico, a "demência semântica", e, por fim, déficit afásico não fluente na "afasia progressiva não fluente".

As terminologias "variante frontal" e "variante temporal" da DLFT foram utilizadas por alguns autores por um longo tempo, mas, atualmente, são consideradas inapropriadas, pois, sendo um processo neurodegenerativo em estruturas anatomicamente próximas, a doença não pode ser considerada exclusivamente frontal ou temporal; adotou-se, portanto, o termo "variante comportamental", quando do predomínio dos sintomas comportamentais com acometimento das regiões frontal e temporal à direita. Porém, devemos salientar que os quadros com predomínio de disfunção de linguagem também podem cursar com alterações comportamentais, sendo o inverso também verdadeiro.

Devemos notar que cada uma dessas síndromes pode estar associada à doença do neurônio motor, e uma ampla avaliação neurológica deverá estar incluída, especialmente nos casos rapidamente progressivos.

Neste capítulo, discutiremos o quadro clínico, as características neuropsicológicas, as de neuroimagem e um pouco do diagnóstico histopatológico e das características genéticas da DLFT, com maior ênfase em sua variante comportamental, a DFT.

Epidemiologia

DLFT é considerada a segunda causa de demência de início precoce, sendo a primeira a doença de Alzheimer (DA) (RATNAVALLI et al., 2002).

Rosso e colaboradores (2003) diagnosticaram 245 indivíduos com DFT na Holanda, entre os anos de 1994 e 2002, sendo que a prevalência foi de 3,6/100.000 em indivíduos entre cinquenta e 59 anos, 9,4/1000.000 entre sessenta e 69 anos, e 3,8/100.000 entre setenta e 79 anos. A duração média da doença era de 6,9 anos, e a média de idade de início era de 58 anos, sendo pouco frequente em idosos (GISLASON et al., 2003).

DLFT foi diagnosticada em 5,1% dos pacientes atendidos no Grupo de Neurologia Cognitiva e do Comportamento HC-FMUSP, entre 1991 e 2001 (TAKADA et al., 2003). Menor prevalência foi descrita no HC-UNICAMP, onde foram diagnosticados 3,4% pacientes entre 1989 e 1998 (SILVA et al., 2002).

Classificação

Há controvérsias quanto à classificação da DLFT. São propostas classificações clínicas, patológicas e genéticas, que se sobrepõem apenas parcialmente.

O quadro clínico característico foi definido com a publicação dos critérios de Lund-Manchester para DLFT, em 1994, o que proporcionou um avanço no reconhecimento desses casos. Além disso, foi determinado que o termo "doença de Pick" ficaria restrito aos casos em que, no exame anatomopatológico, fossem evidenciadas as células e os corpúsculos de Pick. Esses somam raros casos, mas muitos ainda utilizam erroneamente esse termo para designar a doença clínica de acordo com a intenção original.

Em 1998, esses critérios foram refinados por Neary e colaboradores, que os dividiram pela descrição clínica dos três mais frequentes quadros da DLFT: demência frontotemporal, relacionada à disfunção proeminentemente comportamental, e afasia progressiva não fluente e demência semântica, relacionadas a uma disfunção proeminente de linguagem.

McKhann e colaboradores, em 2001, com o argumento de simplificar o diagnóstico para os médicos não especialistas, propuseram critérios diagnósticos com seis itens que condensavam as alterações comportamentais e as de linguagem sob o nome "demência frontotemporal". Esses critérios são pouco utilizados na literatura, pois apresentam grande sensibilidade à custa de pouca especificidade, mas são provavelmente os responsáveis pela confusão no uso dos termos "DFT" em vez de "DLFT", e vice-versa, que ainda persiste na literatura.

Diagnóstico

A história clínica, testes neuropsicológicos, escalas de alterações comportamentais e exames de neuroimagem apresentam uma boa acurácia diagnóstica, com sensibilidade de 85% e especificidade de 99% (KONOPMAN et al., 2005).

Exames laboratoriais e eletroencefalograma são úteis somente para o diagnóstico diferencial com doenças cuja apresentação clínica possa sugerir sinais e sintomas de disfunção frontotemporal, como hipotireodismo, encefalopatia hepática, neurossífilis, demência associada ao HIV, etc.

Quadro clínico

A DFT é uma desordem caracterizada por, frequentemente assimétrica, degeneração dos lobos frontais e temporais anteriores. Essa assimetria contribui para uma ampla variedade de apresentações clínicas.

O quadro geralmente se inicia por alteração comportamental (comportamento antissocial, desinibição, apatia, etc.) ou por sintomas de disfunção executiva (desatenção, dificuldade de planejamento etc.) (MYCHACK et al., 2001).

Podemos deduzir a região predominantemente acometida pela doença conhecendo os sintomas principais relacionados a ela, descritos em estudos de pacientes com lesões focais (DAMÁSIO, 1996).

Assim, indivíduos com lesão na região frontal dorsolateral apresentam uma síndrome disexecutiva caracterizada por alteração do planejamento, déficit de abstração, déficit de atenção seletiva e dividida, perseveração motora, alteração da memória de trabalho e inabilidade diante de contingências.

Clinicamente, lesões das regiões frontal ventromedial e orbitofrontal provocam sintomas mais correlacionados a reações emocionais devido a sua maior conectividade com o sistema límbico, principalmente a amígdala. Os sintomas correlacionados à lesão da região ventromedial são: empobrecimento da experiência emocional (expressividade emocional diminuída, afeto inapropriado), reações emocionais pobremente moduladas (baixa tolerância a frustrações, irritabilidade, labilidade), distúrbios na tomada de decisões (pobreza de julgamento, inflexibilidade, insensibilidade, comportamento social inapropriado), distúrbios no comportamento dirigido (impersistência, rigidez comportamental) e marcante falta de *insight* quanto a essas mudanças comportamentais. Frequentemente, a lesão nessa região estende-se ao giro do cíngulo, gerando a apatia, que está para a DFT assim como a depressão está para a DA.

Lesões na região orbitofrontal expressam-se por: inflexibilidade comportamental, falta de controle inibitório, alterações alimentares (preferência por alimentos doces e diminuição da saciedade), comportamento de utilização e hipersexualidade (STUSS; KNIGHT, 2002).

Indivíduos com acometimento temporal direito apresentam comportamento antissocial (distanciamento emocional), agitação (ameaças físicas e verbais são comuns), excentricidade (mudança no padrão das roupas e aumento dos interesses religioso e filosófico), atenção visual obsessiva (hipermetamorfose) e comportamento compulsivo (checagem de portas, de janelas, rituais de higiene, hábitos alimentares restritos etc.) (EDWARDS-LEE et al., 1997).

DFT com sintomas motores associados

1 - Demência frontotemporal com parkinsonismo associada ao cromossomo 17 (DFTP-17) é uma doença autossômica dominante caracterizada por distúrbios comportamentais, cognitivos e motores. Inicia-se geralmente entre 45 e 65 anos (FOSTER et al., 1997).

2 - Doença com corpos de inclusão de neurofilamentos é um quadro raro, descrito em pacientes com DFT e DCB. O quadro clínico caracteriza-se pela evolução progressiva e rápida dos sintomas associados a parkinsonismo, quedas frequentes, mutismo e perda da mobilidade (JOSEPHS et al., 2003).

3 - Esclerose lateral amiotrófica (ELA) é uma doença progressiva caracterizada pela degeneração do trato corticoespinhal e dos neurônios motores inferiores do tronco e da medula espinhal. Entretanto, há evidências de que a ELA deva ser considerada uma desordem multissistêmica e que o envolvimento cortical vai além das áreas motoras primárias, podendo espraiar-se para as regiões frontais dorsolaterais. A disfunção cognitiva ocorre mais frequentemente do que o esperado, podendo ser diagnosticada em, aproximadamente, 50% dos pacientes, sendo que apenas 3% chegam a apresentar quadro demencial. Por outro lado, ELA é diagnosticada em cerca de 10% dos casos de DLFT.

Os sintomas cognitivos são característicos de disfunção do lobo frontal dorsolateral (disfunção executiva) (RINGHOLZ et al., 2005).

A relação entre DFT, DFT somente com quadro neuropatológico de ELA e DFT com ELA não é clara; provavelmente há uma sobreposição desses diagnósticos, constituindo um *continuum*.

Avaliação neuropsicológica

Em pacientes com DFT, o desempenho nos testes neuropsicológicos é marcado por falta de aderência às regras das tarefas, prejuízo na geração e no sequenciamento da informação, desatenção, impulsividade, pensamento concreto, perseveração e piora da estratégia.

Caracteristicamente, os pacientes apresentam bom desempenho em testes de orientação e função visuoespacial. Quanto aos testes de memória episódica, pode notar-se a presença de confabulações ou falsas memórias devido ao prejuízo da memória de trabalho (BUDSON et al., 2005).

Os testes mais utilizados para a investigação de funções frontotemporais são: *Wisconsin card sorting test* (WCST), teste de *Stroop*, fluência verbal fonêmica, Extensão de dígitos, *Trail making test* e Torre de Hanói. Estes, porém, são mais sensíveis aos sintomas correlacionados à região frontal dorsolateral (disfunção executiva) (THOMPSON et al., 2005), sendo que os indivíduos com predomínio de sintomas correlacionados às regiões ventromedial e orbitobasal podem apresentar bom desempenho. Para estes casos, há alguns outros testes baseados na Teoria do Marcador Somático (DAMÁSIO, 1996) que podem ser utilizados. Entre estes, há o *Iowa gambling task* (BECHARA et al., 1998), composto por um baralho de cartas e por determinada quantia de dinheiro falso. Ao paciente cabe perder o mínimo possível em um jogo em que há necessidade de tomada de decisões perante os riscos.

O termo Teoria da Mente (TM) refere-se à capacidade de inferir as emoções, as motivações e os pensamentos de outras pessoas e predizer os comportamentos destas. É comumente testada por meio de histórias escritas, histórias curtas em quadrinhos e vídeos de vinhetas. Estudos revelam que estruturas frontais ventromediais e orbitofrontais, junção parietotemporal e amígdala são importantes no desenvolvimento da TM (CALARGE et al., 2003).

Para a investigação dos sintomas comportamentais, a escala mais utilizada é o Inventário Neuropsiquiátrico, que avalia a frequência e a intensidade dos seguintes sintomas: delírios, alucinações, agitação, depressão, ansiedade, euforia, apatia, desinibição, irritabilidade, comportamento motor aberrante, alteração do sono e alteração dos hábitos alimentares (CUMMINGS et al., 1994).

Diagnóstico diferencial

Sendo a DLFT uma síndrome pouco conhecida pelos médicos não neurologistas e cursando com o predomínio de sintomas comportamentais, os pacientes com DFT podem ser diagnosticados erroneamente, nas fases iniciais da doença, como sofrendo de depressão atípica, esquizofrenia, toxicomania e desordens da personalidade (MENDEZ et al., 2006).

Quando há parkinsonismo associado, é frequente o falso diagnóstico de doença de Parkinson ou demência dos corpúsculos de Lewy. É bastante comum os pacientes receberem o diagnóstico de DA, doença muito mais prevalente e, por isso, mais conhecida.

Pacientes com DA iniciam a doença com déficit progressivo de memória episódica, diferente dos pacientes com DFT, cuja memória é pouco acometida, principalmente nas fases iniciais da doença. A mesma diferenciação é válida quanto às funções visuoespaciais.

Ao contrário dos indivíduos com DFT, os pacientes com DA tendem a manter um comportamento social adequado, apesar de déficit de memória, no princípio da doença. Com o desenvolver dela, podem surgir atos inapropriados secundários aos seus déficits cognitivos mais do que à impulsividade ou à falta de sociabilidade.

Os sintomas depressivos associados à DA são caracterizados por tristeza, anedonia, perda de peso, insônia e sentimento de culpa, enquanto que na DFT prevalecem os sintomas atípicos de irritabilidade, aumento do apetite com ganho de peso, ausência de sentimento de culpa (BOZEAT et al., 2000).

Enquanto na DA os delírios, geralmente persecutórios, estão presentes nos estágios moderados a avançados, na DFT, eles raramente têm caráter persecutório e podem ser de ciúmes, religiosos ou, frequentemente, bizarros (LEVY et al., 1996).

Um estudo realizado por Miller e colaboradores (1997) avaliou a discriminação dos critérios de Lund-Manchester na diferenciação entre DFT e DA. Para isso, avaliou trinta pacientes com DFT e trinta pacientes com DA provável, demonstrando que a perda do *insight*, hiperoralidade, comportamento estereotipado e perseverativo, redução progressiva da fala e orientação espacial preservada diferenciaram totalmente os dois grupos. Itens relacionados ao afeto (depressão, hipocondria) e os achados de ecolalia, mutismo tardio e início insidioso não se mostraram discriminantes.

A combinação de achados comportamentais, neuropsicológicos e físicos é eficaz na diferenciação entre DFTL e DA. Os itens correspondentes a desordens de conduta social, hiperoralidade, acinesia, ausência de amnésia e ausência de distúrbios perceptuais classificam corretamente 93% dos pacientes com DFTL e 97% dos pacientes com DA (ROSEN et al., 2002).

Quanto aos distúrbios comportamentais, foi demonstrado que o Inventário Neuropsiquiátrico diagnosticou corretamente 77% dos pacientes com DFT e 77% dos pacientes com DA, principalmente nos critérios relativos à desinibição, à apatia e à depressão (CUMMINGS et al., 1994)

Neuroimagem

Estudos de neuroimagem estrutural demonstram atrofia das regiões dos lobos frontais e temporais anteriores, assim como exames de SPECT e PET mostram hipoperfusão nessas áreas. Na maior parte das vezes, esses achados são assimétricos. O resultado positivo dos exames constitui um dos critérios para o diagnóstico.

Charpentier e colaboradores (2000) demonstraram, por meio da avaliação de vinte pacientes com diagnóstico de DFT e vinte com DA, que, mediante a análise das regiões de interesse de cada doença, o SPECT classificou corretamente todos os pacientes com DFT e 90% dos pacientes com DA.

Em indivíduos com DFT com predomínio do sintoma de apatia, é frequente a hipoperfusão, detectada pelo SPECT, nas regiões frontais anteriores e córtices cingular e insular; naqueles com predomínio da desinibição, é frequente a hipoperfusão das regiões frontotemporal antero-basal, predominando nos córtices pré-frontal e temporal anterior (LE BEAR et al., 2006).

Genética

Cerca de 20 a 40% dos pacientes apresentam história familiar, sendo que em 10% destes é detectado um padrão de herança autossômico dominante.

Tau é uma proteína associada a microtúbulos que promove a mobilização e a estabilização destes e também é envolvida no transporte axonal em neurônios e provavelmente em células gliais (ALBERTS et al., 1994). O acúmulo de proteína tau hiperfosforilada e insolúvel é associado ao início ou progressão de muitas doenças degenerativas, incluindo DA, doença de Pick, paralisia supranuclear progressiva e degeneração corticobasal.

Mais de cinquenta mutações diferentes no gene da proteína tau têm sido relatadas em associação com síndromes de DFT familiar. Indivíduos de uma mesma família, portadores de uma mutação da proteína tau, podem apresentar diferentes fenótipos (BUGIANI et al., 1999).

Entre as formas em que não há depósitos de proteína tau e sim inclusões neuronais ubiquitina positivas, há a DLFT com doença do neurônio motor (DFT-DNM); nesses casos, foi demonstrada recentemente a associação de depósitos de proteína denominada TDP-43 (NEUMANN et al., 2006).

Mutações no gene da progranulina foram recentemente identificadas em indivíduos com DFTP-17, sem evidência de depósito da proteína tau (GASS et al., 2006).

Histopatologia

A classificação histopatológica da DLFT baseia-se no tipo de corpúsculo de inclusão encontrado no anatomopatológico: tau-positivo, ubiquitina-positivo ou ausência de inclusões.

Lipton e colaboradores (2004) demostraram, por meio de exame histopatológico, que em 76 pacientes com o diagnóstico de DLFT, 29 apresentavam "ubiquitinopatia", e 46, "taupatias".

As doenças neurodegenerativas tau-positivas incluem: doença de Pick, paralisia supranuclear progressiva (PSP), degeneração corticobasal (DCB), taupatia sistêmica múltipla e demência frontotemporal com parkinsonismo associada ao cromossomo 17 (DFTP-17); doenças neurodegenerativas tau negativas: DFTL ubiquitina-positiva sem degeneração motora neuronal, DFT ubiquitina-positiva com degeneração motora neuronal, demência sem histopatologia distintiva e doença de corpos de inclusão de neurofilamentos (TROJANOWSKI et al., 2001).

A doença de Pick é diagnosticada em menos de 10% dos casos, e o diagnóstico é associado à presença de células e corpúsculos de Pick no exame anatomopatológico, ainda que essa característica histopatológica também possa ser encontrada em casos de DCB, PSP e apraxia progressiva.

O quadro clínico da DLFT não prediz a alteração histopatológica, e a neuropatologia sozinha não pode estabelecer o diagnóstico clínico (JOHNSON et al., 2005).

TRATAMENTO

A escassez de ensaios farmacológicos para DFT é devido à recente definição dos critérios diagnósticos da doença, às limitações no entendimento de sua fisiopatologia e à dificuldade em reunir um grupo homogêneo de pacientes.

Na DFT, há dados de estudos de imuno-histoquímica e de PET que indicam anormalidades no metabolismo da serotonina. O comprometimento anatômico e a apresentação clínica da DFT correspondem a uma disfunção serotoninérgica: há importantes projeções dos núcleos da rafe para o córtex frontal; baixos níveis de serotonina estão associados à agressão, à impulsividade e a sintomas depressivos; os sintomas de DFT sobrepõem-se a quadros psiquiátricos de depressão e transtorno obsessivo compulsivo, que são tratados com aumento dos níveis de serotonina.

Trazodona é um antidepressivo inibidor de recaptação de serotonina relativamente fraco comparado com fluoxetina e sertralina, mas com maior efeito sedativo, o que seria conveniente com relação aos distúrbios comportamentais da DFT.

Cerca de metade dos pacientes referem efeitos colaterais, que são: fadiga, sonolência, hipotensão, frio em extremidades, boca seca, náuseas, vômitos, cefaleia, priapismo, arritmia cardíaca, alterações gastrintestinais, mialgia, acatisia, anemia e hematúria.

Um estudo demonstra melhora comportamental atestada pelo escores do Inventário Neuropsiquiátrico em paciente com DFT em uso de 300mg/d de trazodona (LEBERT et al., 2004).

As mesmas áreas do córtex que recebem projeções serotoninérgicas também recebem projeções dopaminérgicas. Há estudos de PET que corroboram com a visão teórica de deficiência dopaminérgica pela sobreposição clínica de quadros psiquiátricos como esquizofrenia, distúrbio da atenção e hiperatividade. Neurolépticos são frequentemente utilizados para conter a agitação de tais pacientes.

Não há evidências de importante comprometimento do sistema colinérgico, noradrenérgico e do glutamato (YANG; SCHIMITT, 2001).

Referências bibliográficas

ALBERTS, B. et al. *Molecular biology of the cell.* 3rd ed. New York & London: Garland Publishing; 1994.

BECHARA, A. et al. Dissociation of working memory from decision making within the human prefrontal cortex. *Journal of Neuroscience*, v. 18, p. 428-437, 1998.

BOZEAT, S. et al. Wich neuropsichiatry and behavioural features distinguish frontal and temporal variants of frontotemporal dementia from Alzheimer's disease? *Journal of Neurology, Neurosurgery & Psychiatry*, v. 69, p. 178-186, 2000.

BUDSON, A. E.; Price, B. H. Current concepts: memory dysfunction. *The New England Journal Of Medicine*, v. 352, p. 692-699, 2005.

BUGIANI, O. et al. Frontotemporal dementia and corticobasal degeneration in a family with a P301S mutation in tau. *Journal of Neuropathology and Experimental Neurology*, v. 58, p. 667-677, 1999.

CALARGE, C.; ANDREASEN, N. C.; O'LEARY, D. S. Visualizing how one brain understands another: a PET study of theory of Mind. *American Journal of Psychiatry*, v. 160, p. 1954-1964, 2003.

CHARPENTIER, P. et al. Alzheimer's disease and frontotemporal dementia are differentiated by discriminant analysis applied to 99m Tc HmPAO SPECT data. *Journal of Neurology, Neurosurgery and Psychiatry*, v. 69, p. 661-663, 2000.

CUMMINGS, J. L. et al. The neuropsychiatry inventory: comprehensive assessment of psychopathology in dementia. *Neurology*, v. 44, p. 2308-2314, 1994.

DAMÁSIO, A. R. *O erro de Descartes. Emoção, razão e o cérebro humano.* 1a ed. São Paulo: Companhia das Letras, 1996.

EDWARDS-LEE, T. et al. The temporal variant of frontotemporal dementia. *Brain*, v. 120, p. 1027-1040, 1997.

FOSTER, N. L. et al. Frontotemporal dementia and parkinsonism linked to chromossome 17: a consensus statement. *Annals of Neurology*, v. 41, p. 706-715, 1997.

GASS, J. et al. Mutations in progranulin are a major cause of ubiquitin-positive frontotemporal. *Human Molecular Genetics*, v. 15, p. 2988-3001, 2006.

GISLASON, T. B. et al. The prevalence of frontal variant frontotemporal dementia and the frontal lobe syndrome in a population based sample of 85 year olds. *Journal of Neurology, Neurosurgery & Psychiatry*, v. 74, p. 867-871, 2003.

JOHNSON, J. K. et al. Frontotemporal lobar degeneration. Demographic characteristics of 353 patients. *Archives of Neurology*, v. 62, p. 925-930, 2005.

JOSEPHS, K. A. et al. Neurofilament inclusion body disease: a new proteinopathy? *Brain*, v. 126, p. 2291-2303, 2003.

KNOPMAN, D. S. et al. Antemortem diagnosis of frontotemporal lobar degeneration. *Annals of Neurology*, v. 57, p. 480-488, 2005.

LE BER, I. et al. Demographic, neurological and behavioural characterisrics and brain perfusion SPECT in frontal variant frontotemporal dementia. *Brain*, v. 129, p. 3051-3065, 2006.

LEBERT, F. et al. Frontotemporal dementia: a randomised controlled trial with trazodone. *Dementia and Geriatric Cognitive Disorders*, v. 17, p. 355-359, 2004.

LEVY, M. L. et al. Alzheimer disease and frontotemporal dementias. Behavioral distinctions. *Archives of Neurology*, v. 53, p. 687-690, 1996.

LIPTON, A. M.; WHITE III C. L.; BIGIO, E. H. Frontotemporal lobar degeneration with motor neuron disease-type inclusions predominates in 76 cases of frontotemporal degeneration. *Acta Neuropathologica*, v. 108, p. 379-385, 2004.

LUND AND MANCHESTER GROUPS. Clinical and neuropathological criteria for frontotemporal dementia. *Journal of Neurology, Neurosurgery & Psychiatry*, v. 57, p. 416-418, 1994.

McKHANN, G. M. et al. Clinical and pathological diagnosis of frontotemporal dementia. Report of the Work Group on Frontotemporal Dementia and Pick's Disease. *Archives of Neurology*, v. 58, p. 1803-1809, 2001.

MENDEZ, M. F. et al. Functional neuroimaging and presenting psychiatric features in frontotemporal dementia. *Journal of Neurology, Neurosurgery and Psychiatry*, v. 77, p. 4-7, 2006.

MILLER, B. L. et al. A study of the Lud-Manchester research criteria for frontotemporal dementia: clinical and single--photon emission CT correlations. *Neurology*, v. 48, n. 937-942, 1997.

Mychack, P. et al. The influence of right frontotemporal dysfunction on social behaviour in frontotemporal dementia. *Neurology*, v. 56, p. S11-S15, 2001.

NEARY, D. et al. Frontotemporal lobar degeneration. A consensus on clinical diagnostic criteria. *Neurology*, v. 51, p. 1546-1554, 1998.

NEUMANN, M. et al. Ubiquitinated TDP-43 in frontotemporal lobar degenaration and amyotrophic lateral sclerosis. *Science*, v. 314, p. 130-133, 2006.

RATNAVALLI, E. et al. The prevalence of the frontotemporal dementia. *Neurology*, v. 58, p. 1615-1621, 2002.

RINGHOLZ, G. M. et al. Prevalence and patterns of cognitive impairment in sporadic ALS. *Neurology*, v. 65, p. 586-590, 2005.

ROSEN, H. J. et al. Utility of clinical criteria in differentiating frontotemporal lobar degeneration (FTLD) from AD. *Neurology*, v. 58, p. 1608-1615, 2002.

ROSSO, S. M. et al. Frontotemporal dementia in the Netherlands: patient characteristics and prevalence estimates from a population-based study. *Brain*, v. 126, p. 2016-2022, 2003.

SILVA, D. W.; DAMASCENO, B. P. Demência na população de pacientes do Hospital das Clínicas da UNICAMP. *Arquivos de Neuropsiquiatria*, v. 60, p. 996-999, 2002.

STUSS, D. T.; KNIGHT, R. T. *Principles of frontal lobe function*. 1st ed. Oxford/New York: Oxford University press, 2002.

TAKADA, L. T. et al. Prevalence of potentially reversible dementias in a dementia outpatient clinic of a tertiary university-affiliated hospital in Brazil. Arquivos de Neuropsiquiatria, v. 61, p. 925-929, 2003.

THOMPSON, J. C. et al. Qualitative neuropychological performance characteristics in frontotemporal dementia and Alzheimer's disease. *Journal of Neurology, Neurosurgery & Psychiatry*, v. 76, p. 920-927, 2005.

TROJANOWSKI, J. Q.; DICKSON, D. Update on the neuropathological of frontotemporal dementias. *Journal of Neuropathology and Experimental Neurology*, v. 60, p. 1123-1126, 2001.

YANG, Y.; SCHIMITT, H. P. Frontotemporal dementia: evidence for impairment of ascending serotoninergic but no noradrenergic innervation. Immunocytochemical and quantitative study using a graph method. *Acta Neuropathologica (Berl)*, v. 101, p. 256-270, 2001.

DOENÇA DE ALZHEIMER: ATUALIZAÇÃO NO DIAGNÓSTICO E TRATAMENTO

Ricardo Nitrini

A doença de Alzheimer (DA) foi descrita por Alois Alzheimer há cem anos, mas somente nos últimos trinta ou quarenta anos atingiu a notoriedade progressiva que a tem caracterizado atualmente. Muitas são as razões desse fenômeno, sendo duas as principais. A primeira decorre da mudança de conceito da própria doença, pois a DA era considerada uma rara doença do grupo etário pré-senil até os anos 1960-1970, quando estudos neuropatológicos de casos da doença, então denominada demência senil, demonstraram ser ela a responsável pela maioria desses casos. A expectativa de vida das populações já vinha aumentando nos últimos séculos, mas, nos últimos cinquenta anos, envelhecer já não é privilégio de poucos, mesmo em países em desenvolvimento. Com a mudança da pirâmide populacional tendendo a uma figura retangular, a DA vem tornando-se cada vez mais frequente entre os diagnósticos e entre as preocupações que afligem a comunidade em geral.

Neste capítulo, serão revisados os recursos e os métodos diagnósticos, quais os tratamentos disponíveis e, por fim, as perspectivas de médio prazo. Sempre que possível, serão incluídos estudos brasileiros sobre os temas.

Diagnóstico

Critérios

O diagnóstico de DA ainda se baseia em critérios clínicos, enquanto os exames complementares são importantes mais para excluir outras doenças do que para confirmá-la. Tal situação está começando a se modificar, mas os critérios diagnósticos em uso, tanto na prática clínica como na pesquisa, foram definidos em 1984, por uma força-tarefa norte-americana que reuniu entidades governamentais e do terceiro setor (McKHAN et al., 1984). Em resumo, esses critérios permitem o diagnóstico quando há comprovação neuropatológica aliada a quadro clínico que pode ser classificado como de DA provável ou possível. Para o diagnóstico clínico, há necessidade de progressivo declínio da memória, associado a comprometimento também progressivo de pelo menos mais uma função cognitiva. O diagnóstico é caracterizado como *provável* quando outras doenças que poderiam cursar com comprometimento cognitivo tiverem sido excluídas, ou como *possível* quando o paciente apresentar outra doença passível de causar demência, mas não é considerada responsável pela demência, ou ainda quando a forma de instalação ou a evolução forem atípicas. O exame neurológico convencional pouco contribui para o diagnóstico, sendo útil para excluir outras causas de demência (DAMASCENO et al., 2005).

Exames complementares

As recomendações para o diagnóstico de DA originadas de reuniões de consenso e publicadas em muitos países, inclusive no Brasil (NITRINI et al., 2005), acentuam o valor desses critérios e procuram orientar sobre quais os melhores testes para caracterizar as alterações cognitivas e quais os exames complementares que devem ser solicitados para excluir outros diagnósticos.

No Brasil, os exames complementares recomendados incluem: hemograma completo, concentrações séricas de ureia, creatinina, tiroxina livre, hormônio tireoestimulante, albumina, enzimas hepáticas, vitamina B12 e cálcio, reações sorológicas para sífilis e, em pacientes com idade inferior a sessenta anos, sorologia para HIV. Exame do líquido cefalorraquidiano está indicado em situações particulares. Tomografia computadorizada (ou preferentemente ressonância magnética, quando disponível) é exame obrigatório e tem a finalidade principal de excluir outras doenças. Cintilografia de perfusão (SPECT) e EEG são métodos opcionais.

Sabe-se que, com os critérios mencionados e com os exames complementares, atinge-se precisão no diagnóstico em mais de 80% dos casos. Os estudos clinicopatológicos que avaliaram os casos em que havia sido erroneamente estabelecido o diagnóstico clínico de DA verificaram que, na maioria das vezes, o erro consistia em não ter sido reconhecida outra doença degenerativa menos comum, como a demência com corpos de Lewy, ou alguma forma de degeneração lobar frontotemporal, ou ainda em não ter sido reconhecida clinicamente a presença associada de outra entidade, como a doença cerebrovascular ou a presença de corpos de Lewy.

Diagnóstico neuropsicológico

O diagnóstico da DA, quando em fase moderada é relativamente simples, pois o declínio de memória, de funções executivas, de linguagem, de praxias e de habilidades visuoconstrutivas costuma ser evidente até para o observador menos atento. A questão mais complexa é a de diagnosticar DA em suas fases iniciais, diferenciando-a do declínio causado pelo próprio envelhecimento (CHARCHAT-FICHMAN et al, 2005), ou pelas outras condições patológicas que afetam o idoso, como a depressão, estados carenciais, insuficiências de órgãos ou de sistemas.

O diagnóstico precoce de DA, antes mesmo que exista demência, quando no estágio que se tem convencionado denominar comprometimento cognitivo leve (CCL; MCI, do inglês, *mild cognitive impairment*), tem despertado grande interesse. A importância prática desse diagnóstico será maior quando existirem medidas terapêuticas mais eficazes que as atualmente disponíveis, mas já há diversas vantagens, tais como: alertar o paciente e os familiares para que sejam tomadas medidas com relação a planos de saúde e aposentadoria, evitando-se assim gastos com projetos que trariam benefício muito tardio e protegendo-se de riscos financeiros decorrentes de erros administrativos induzidos por aproveitadores inescrupulosos; não postergar mais aquela viagem ou atividade prazerosa que havia sido deixada para mais tarde. Não há dúvida de que o diagnóstico pré-clínico, antes mesmo que existam quaisquer anormalidades neuropsicológicas, será possível no futuro. Voltaremos a este tema. Por ora, interessa-nos discutir o diagnóstico neuropsicológico, ou seja, quando já existem alterações cognitivas, mesmo que leves.

Os critérios de McKhann et al. (1984), recomendados para uso em nosso meio, estabelecem que o diagnóstico de DA deve ser estabelecido por exame clínico, documentado pelo Miniexame do Estado Mental (MEEM), ou exames similares, e confirmado por avaliação neuropsicológica, havendo a necessidade de déficit progressivo de memória e de pelo menos uma outra função cognitiva.

Um teste cognitivo global de rastreio

A questão do emprego de um teste como o MEEM ou similares merece nossa atenção. Tem havido crescente interesse em se utilizarem testes breves para o diagnóstico de demência, pois muitas vezes o clínico geral ou o geriatra são aqueles que devem suspeitar de demência e realizar algum teste de rastreio que, nos casos menos leves, podem ser confirmatórios da presença de demência. Embora o MEEM seja bastante utilizado, sofre considerável influência da escolaridade, pode não ser capaz de identificar casos de CCL e não é muito rápido, demorando quase dez minutos. Testes como o *Mini-Cog*, que utiliza a memória de três palavras e o desenho do relógio, o *Memory Impairment Screen*, que se baseia na memorização com pistas semânticas de quatro palavras, e a Bateria Cognitiva Breve-Edu, que utiliza uma equação em que são incluídos os escores de memória de figuras e a fluência verbal, têm sido propostos (NITRINI et al., no prelo). A principal vantagem desses testes é que são rápidos e também mais específicos para o declínio cognitivo do CCL e da DA do que o MEEM, originalmente proposto para o diagnóstico de demência e de *delirium*.

No momento, entretanto, o consenso brasileiro recomenda o uso do MEEM, pelo fato de ser muito utilizado em nosso meio (CARAMELLI, 1997; LAKS et al., 2003) e de existirem escores de corte apropriados para as diversas faixas de escolaridade. Como o MEEM é um instrumento de rastreio, o consenso sugeriu o uso de outro(s) instrumento(s) *a posteriori* para confirmação de perda cognitiva em indivíduos com escores abaixo das médias e/ou medianas já publicadas (BRUCKI et al., 2003).

Outros testes que podem ser realizados como avaliação global incluem o IMC de Blessed ou o CASI-S (DAMASCENO et al., 2005). A escala de demência de Mattis (*Dementia Rating Scale* – DRS) fornece escore global e de subescalas de atenção, memória, iniciativa/perserveração, construção e conceituação (MATTIS, 1988; PORTO et al., 2003).

Avaliação da Memória

A presença de comprometimento da memória é essencial para o diagnóstico de DA provável, e testes de recordação tardia (*delayed recall*) apresentam elevada acurácia diagnóstica na DA. O Teste de Aprendizagem Auditivo Verbal de Rey (DINIZ et al., 2000) ou o de Memória Lógica da Escala de Memória de Weschler incluem-se entre os mais eficazes, mas consomem mais de trinta minutos e devem ser aplicados por profissionais que tenham recebido treinamento especial, sendo então recomendados para inclusão em avaliação neuropsicológica abrangente, principalmente em casos leves, em que a dúvida persiste após a avaliação inicial ou para avaliações sequenciais.

Testes mais simples, que não exigem treinamento especial e têm sido utilizados em pacientes com DA no Brasil, incluem a bateria do CERAD, na qual a recordação tardia de uma lista de dez palavras é solicitada cerca de cinco minutos depois da fase de registro (BERTOLUCCI et al., 2001). Outro teste de recordação tardia que utiliza dez objetos (ou figuras concretas) apresentados como desenhos simples pode ser interessante em estudos de populações com porcentagem elevada de analfabetos ou com escolaridade muito baixa (NITRINI et al., 1994, 2004, no prelo; TAKADA et al., 2006). Na bateria NEUROPSI, a recordação tardia de uma lista de seis palavras é realizada vinte minutos depois do registro (OSTROSKY et al., 1999; ABRISQUETA, 2001).

Avaliação da Atenção

Alterações globais do sistema atencional (ou da vigília) não costumam ocorrer na DA, e assim sua identificação pode apontar para diagnóstico alternativo, especialmente quadros de *delirium*. Entretanto, sabe-se que a atenção se altera precocemente na DA, fato que pode ser responsável por parte das alterações funcionais que ocorrem na doença.

Três tipos de atenção são descritos: seletiva, dividida e sustentada, os quais dependem de estruturas neuroanatômicas distintas. Na DA podem ocorrer déficits nos domínios da atenção seletiva e da dividida, além de significativo alentecimento global do processamento cognitivo.

Testes de atenção úteis na DA e cuja aplicação é simples e rápida incluem o Teste de letra randômica, Extensão de dígitos e o Teste de trilhas. Para mais detalhes, o leitor pode consultar o consenso já referido.

Avaliação da linguagem

A linguagem sofre alterações desde as fases iniciais na DA (CARAMELLI et al., 1998; CARTHRY et al., 2005) De modo geral, a linguagem do idoso normal e do paciente com demência tem sido avaliada com as mesmas baterias elaboradas para o diagnóstico de afasia, principalmente a Bateria de Diagnóstico de Afasia de Boston, a *Western Aphasia Battery*, o *Token Test* e o Teste de Nomeação de Boston. Essas baterias têm pelo menos duas limitações: (1) serem construídas e adequadas para o diagnóstico de afasia (resultantes de lesões focais), e não para as alterações linguísticas encontradas nas demências, e (2) restringirem-se aos aspectos metalinguísticos. Entretanto, permitem um diagnóstico qualitativo e quantitativo, mostrando o perfil do distúrbio linguístico (tipo de afasia) e estabelecendo uma linha de base para comparações futuras.

Outros instrumentos de avaliação da linguagem, mais breves e mais específicos para as síndromes demenciais, podem ser encontrados no CERAD, com a nomeação de quinze figuras em preto e branco, no CAMDEX (BOTTINO et al., 2001) e no ADAS-Cog (SCHUTZ et al., 1999), com a nomeação de objetos reais e NEUROPSI, cuja tarefa também é a nomeação de oito figuras.

Avaliação das Funções Executivas

O conceito "funções executivas" designa um conjunto de habilidades cognitivas necessário para programar e monitorizar a realização de atividades, desde as mais simples da vida cotidiana, como a de seguir a sequência correta para tomar um banho e vestir-se de novo, até a elaboração de complexas construções concretas ou teóricas, que estão subordinados ao funcionamento de áreas pré-frontais e da circuitaria fronto-estriatal (MAGILA; CARAMELLI, 2000). Déficits executivos são frequentemente observados na DA, já em fases iniciais.

Dentre os testes de avaliação do funcionamento executivo, os mais investigados em nosso meio foram os testes do desenho do relógio (TDR) (OKAMOTO et al., 2001) e de fluência verbal (FV). O TDR apresenta diversas versões, tanto em relação às instruções para sua realização quanto às normas de avaliação. Essencialmente o que se solicita ao indivíduo é o desenho espontâneo de um mostrador de relógio com todos os números e com os ponteiros mostrando horário previamente estabelecido. O TDR é muito interessante, mas inadequado para populações de escolaridade muito baixa.

O teste de FV avalia outras funções, como memória semântica e linguagem, além das executivas. Na versão da FV por categoria semântica (animais/minuto), solicita-se ao indivíduo que diga o maior número de animais no menor tempo possível. O escore é definido como o número de itens (excluindo-se as repetições) em um minuto. Escores abaixo de treze para indivíduos de escolaridade mais alta e abaixo de nove para analfabetos têm altas sensibilidade e especificidade para o diagnóstico de DA em nosso meio (BRUCKI et al., 1997).

Avaliação das Funções Visuoperceptivas

Déficits visuoperceptivos não são habitualmente encontrados nas fases iniciais da DA, exceto em casos com apresentação clínica atípica, nos quais a avaliação das funções visuoperceptivas é importante. À medida que a doença evolui, alterações nessa esfera, causando formas de agnosia visual (especialmente associativa), podem ocorrer.

O emprego da descrição de figuras temáticas (por exemplo, prancha do roubo do biscoito do Teste Diagnóstico de Afasia de Boston) foi recomendado para uso em nosso meio.

Habilidades Construtivas

Em nosso meio, têm sido mais utilizados o próprio TDR, o desenho de quatro figuras geométricas do CERAD, a subescala construção da escala de Mattis e a figura complexa de Rey.

Conceituação e Abstração

Pacientes com DA leve mostram desempenho inferior aos de sujeitos normais em testes de formação de conceitos e de raciocínio verbal, como o subteste de semelhanças do WAIS-R e a interpretação de metáforas e provérbios. Déficit significativo no subteste de semelhanças é considerado como um dos preditores mais precoces de declínio cognitivo anormal em indivíduos de meia-idade. Outros testes usados em pacientes com demência são o Teste de Sorteio de Cartas de Wisconsin, o Teste de Categorias de Halstead, o Teste de Arranjo de Figuras do WAIS-R e a interpretação de provérbios (SIVIERO, 1997). Subtestes de conceituação e de abstração são também encontrados no CAMDEX e NEUROPSI, amplamente usados na avaliação das demências. No NEUROPSI, é solicitado ao entrevistado que diga a semelhança entre três pares de substantivos (laranja e pera, cachorro e cavalo, olho e nariz).

Avaliação das Praxias

Apraxia não é usualmente encontrada nos estágios iniciais da DA, porém é muito frequente na degeneração corticobasal e outras condições que afetam os lobos parietais. Em alguns casos de DA de início pré-senil, apraxia pode ser muito evidente. Na prática clínica, a realização de gestos simples sob ordem e depois a partir da imitação é frequentemente utilizada (CAVALCANTE, 2004).

Tabela 1 – Testes sugeridos para a avaliação cognitiva no diagnóstico de doença de Alzheimer (modificada de Nitrini et al., 2005)

Função Cognitiva	Testes
Global	Miniexame do estado mental; Informação-memória-concentração de Blessed; CASI-S
Memória	Recordação tardia do CERAD ou da Bateria cognitiva breve-Edu
Atenção	Teste de trilhas; extensão de dígitos
Linguagem	Testes de nomeação de Boston, do ADAS-Cog ou do NEUROPSI
Funções executivas	Fluência verbal; desenho do relógio
Conceituação e Abstração	Semelhanças do CAMDEX ou do NEUROPSI; arranjo de figuras do WAIS-R
Habilidades construtivas	Desenhos do CERAD; desenho do relógio

ADAS-Cog: *Alzheimer's Disease Assessment Scale-Cognitive Section*; CAMDEX: *Cambridge Mental Disorders of the Elderly Examination*; CASI-S: *Cognitive Abilities Screening Instrument- short form*; CERAD: *Consortium to Establish a Registry for Alzheimer's Disease*; WAIS-R: *Weschler Adult Intelligence Scale- Revised*.

Questionários, entrevistas semiestruturadas sobre declínio cognitivo e escalas de alteração significativa nas atividades social ou profissional.

Neuroimagem no diagnóstico de DA

Tomografia computadorizada (TC) e ressonância magnética (RM) de crânio, como já mencionado, são exames necessários para afastar outras causas de demência, como neoplasias, doenças vasculares, hidrocefalia ou coleções subdurais. Nas fases iniciais da DA, nas quais a amnésia é habitualmente a manifestação mais importante, a RM de alta resolução pode mostrar atrofia da formação hipocampal, particularmente do córtex entorrinal, onde se têm observado as alterações neuropatológicas mais precoces da doença. A RM e a TC podem contribuir para o diagnóstico de DA, reforçando-o quando se encontram sinais de redução volume cortical difusa, mas com predomínio na formação hipocampal (BOTTINO et al., 2002). E, por outro lado, podem contrapor-se ao diagnóstico de DA quando revelam atrofia localizada na região frontal, por exemplo, ou quando demonstram atrofia assimétrica ou ausência de redução de volume da formação hipocampal.

Alterações da substância branca (hipodensas na TC ou hiperintensas nas imagens em T2 na RM) não têm significado patológico seguro, devendo ser interpretadas à luz dos dados da história e do exame clínico-neuropsicológico.

A RM funcional não encontrou ainda aplicação prática no diagnóstico de DA.

Outras técnicas com valor para o diagnóstico que ainda não são aplicadas rotineiramente incluem a espectrosocopia por RM (ENGELHARDT et al., 2001; KANTARCI; Jack, 2003) e a técnica de subtração de imagens (FOX, 2000). Os estudos metabólicos por meio de RM com espectroscopia têm mostrado uma diminuição da concentração de N-acetilaspartato (NAA) e aumento da de mioinositol (MI) no córtex parietal e na formação hipocampal. A relação NAA/MI tem sido eventualmente utilizada na prática, mas não há evidência de vantagem diagnóstica suficiente para incluí-la na rotina diagnóstica. A técnica de subtração de imagens sequenciais no acompanhamento longitudinal de sujeitos em risco de desenvolver DA baseia-se na subtração entre a imagem mais recente e a imagem prévia, para se verificar se está ocorrendo atrofia, qual a taxa e se é difusa ou localizada.

PET e SPECT – A maioria dos estudos de PET (*Positron Emission Tomography*) e SPECT (*Single-photon Emission Computed Tomography*) em pacientes com DA mostra tipicamente uma redução bilateral e frequentemente assimétrica do fluxo sanguíneo e do metabolismo em regiões temporais ou temporoparietais; porém, tais alterações podem estar ausentes nas fases iniciais da doença ou podem ocorrer em outros tipos de demência, como a demência vascular e a doença de Parkinson.

Com base na experiência advinda da prática clínica (BUCHPIGUEL et al., 1996; NITRINI et al., 2000), nosso grupo tende a considerar que as alterações típicas da DA ocorrem principalmente quando a doença se manifesta no grupo pré-senil. Como algumas outras doenças degenerativas, por exemplo, as demências frontotemporais ou os quadros denominados *parkinson-plus*, também predominam na faixa etária pré-senil e exibem alteração bem distinta daquela da DA no PET ou SPECT, há exames particularmente úteis no diagnóstico diferencial entre DA e essas entidades no grupo etário pré-senil.

Eletrencefalografia

Perante a suspeita de demência, o alentecimento da atividade elétrica cerebral de fundo sugere fortemente doença orgânica. Exames de EEG convencionais ou do EEG quantitativo obtidos sequencialmente podem mostrar alterações significativas, apesar de normais quando analisados isoladamente (LUCCAS et al., 1999). Novos métodos que utilizam técnicas de quantificação do EEG poderão vir a ser úteis para o diagnóstico de DA (ANGHINAH et al., 2005).

TRATAMENTO

Tratamento Farmacológico

O tratamento da maioria das doenças pode ser classificado como preventivo ou profilático, específico ou da doença propriamente dita, e sintomático ou paliativo. Há alguns indícios de que o controle de fatores associados às doenças cardiovasculares, como hipertensão arterial e hipercolesterolemia, possa reduzir o risco de DA. Tirante isso, praticamente não há medidas profiláticas que possam ser empregadas atualmente. Tem-se discutido muito se a manutenção de vida intelectual e fisicamente ativa tem efeito protetor, e não há dúvida de que a DA se manifesta mais naqueles que vinham tendo menos atividades nos anos que precedem a doença, mas é difícil saber se estamos observando causas ou efeitos da doença, já que a DA se inicia muitos anos antes do aparecimento da demência. Não obstante, existe consenso de que se deve recomendar vida física e intelectualmente ativa pelos muitos benefícios que traz.

Tratamento específico poderia curar a doença ou estabilizá-la, impedindo a progressão. Lamentavelmente não dispomos de tratamentos com essas características para a DA, embora também existam indícios de que alguns tratamentos sintomáticos possam ter efeito discreto sob a evolução da doença.

O tratamento sintomático baseia-se no emprego de dois grupos de drogas: as que atuam sobre o declínio cognitivo, em que se incluem os inibidores da acetilcolinesterase e a memantina, e os fármacos utilizados para os sintomas psicológicos e comportamentais que frequentemente ocorrem na DA.

Os inibidores da acetilcolinesterase atualmente disponíveis no mercado no Brasil são a rivastigmina, o donepezil e a galantamina. Todas têm efeito relativamente discreto sobre o comprometimento cognitivo e também manifestam efeito positivo sobre o comportamento e sobre as atividades da vida diária.

A memantina é útil em paciente com DA moderadamente grave, sobretudo quando associada aos inibidores da acetilcolinesterase. Outras drogas, como os extratos de ginkgo biloba, vitamina E, selegilina, anti-inflamatórios e estatinas, não tiveram efeito convincentemente demonstrados para que se possa recomendar o uso (ENGELHARDT et al., 2005).

O tratamento farmacológico de sintomas comportamentais e psicológicos da DA deve ser sempre precedido de avaliação cuidadosa dos fatores desencadeantes, físicos, psicossociais ou ambientais, cuja correção pode eliminar os sintomas. Caso seja necessário tratamento farmacológico, deve-se iniciá-lo com doses mais baixas que as utilizadas em outras doenças psiquiátricas, as quais devem ser aumentadas lentamente, para evitar efeitos colaterais.

As evidências dão suporte ao uso de neurolépticos, especialmente os mais novos (atípicos), no tratamento de agitação e de manifestações psicóticas na DA. Os atípicos, destacando-se a risperidona, a olanzapina e a quetiapina, não têm efeito superior, mas apresentam menos efeitos colaterais, principalmente por não manifestarem tantos sintomas extrapiramidais. Os inibidores seletivos da recaptura da serotonina, em geral, são os mais indicados para o tratamento da depressão e parecem contribuir para redução da irritabilidade. Os inibidores da acetilcolinesterase têm manifestado efeito sobre apatia, alucinações e irritabilidade.

Tratamento não farmacológico

Na excelente revisão realizada por ocasião do consenso brasileiro sobre o tratamento da DA (ENGELHARDT et al., 2005), foram descritos os obstáculos metodológicos a estudos que avaliam os efeitos das intervenções de reabilitação cognitiva, entre as quais a heterogeneidade das alterações cognitivas e comportamentais e da progressão da doença entre os pacientes, e a diferença entre a colaboração dos cuidadores.

Tal revisão brasileira concluiu que as técnicas de reabilitação cognitiva podem ser eficientes em pacientes com DA de gravidade leve a moderada, e que o treinamento cognitivo de habilidades específicas (memória, linguagem) pode ser útil. Também concluiu que algumas técnicas gerais que visam à melhora das atividades de vida diária podem ser indicadas.

Para a reabilitação da memória, a revisão cita as técnicas de *orientação para realidade*, *a terapia de reminiscências*, *facilitação da memória explícita* e as de aprendizado com a utilização da *memória implícita*, além de *auxílios mnemônicos externos* (calendários, diários, cadernos de memória). Refere ainda trabalhos realizados em nosso meio (ABRISQUETA-GOMES et al., 2004; ÁVILA et al., 2004; BOTTINO et al, 2002).

Redução de problemas de comportamento pode ser obtida com diversas intervenções, como música, passeios e exercícios brandos. Tem-se enfatizado a necessidade de programas educacionais e treinamento para cuidadores, os quais visam à redução do estresse, o que se reflete também em melhores cuidados para com o paciente.

Perspectivas

Nestas últimas páginas, descreveremos um pouco daquilo que está por vir em futuro próximo. Alguns já estão em fase avançada de pesquisas e em breve devem fazer parte dos métodos usuais no diagnóstico e no tratamento.

No diagnóstico, talvez a mais importante descoberta recente tenha sido a relatada por Small e colaboradores (2006), que constataram que uma substância – 2-(1-{6-[(2-[F-18]fluoroethyl)(methyl)amino]-2-naphthyl} ethylidene)malononitrile (FDDNP) – que marca simultaneamente placas amiloides e emaranhados neurofibrilares, quando acoplada a radioisótopo e com o emprego de tomografia por emissão de pósitrons (PET-scan), permitiu discriminar controles, indivíduos com CCL e com DA, tendo sido verificada acurácia significativamente maior que com o emprego de volumetria por RM e estudo de consumo de glicose com PET-scan. Esse método, se os resultados forem confirmados, abre a perspectiva de diagnóstico pré-clínico da DA.

Outra possibilidade é a de descoberta de outros fatores de risco genético além do polimorfismo da apolipoproteína, os quais possam permitir a identificação mais acurada da população com alto risco genético para o desenvolvimento de DA de início tardio.

Marcadores do LCR têm utilização ainda não muito difundida fora dos ambientes de pesquisa e incluem a proteína tau hiperfosforilada (HARTMANN et al., 2004) e o peptídeo beta-amiloide de 42 aminoácidos. Já estão disponíveis comercialmente, mas ainda não conseguem acurácia superior ao do diagnóstico clínico. É possível que novos marcadores venham a ser descobertos em futuro próximo.

No tratamento, todos os mecanismos ligados à teoria da cascata do amiloide, que vão da redução da produção do peptídeo beta-amiloide (inibição das enzimas beta e gama-secretase; aumento da atividade da enzima alfa-secretase), da redução do depósito como oligômeros ou como material fibrilar (AISEN, 2005; FISHMAN, 2006), até a eliminação do material depositado (vacinas), têm sido avaliados. Talvez o resultado mais aguardado no momento seja o da pesquisa com o *Alzhemed* (tramiprosate (3-amino-1-propanesulfonic acid), um fármaco que se liga ao amiloide, que reduz a polimerização *in vitro* e também a deposição de placas amiloides em animais, e cujo ensaio clínico está em fase III.

É interessante finalizar com a observação de que as doenças degenerativas do SNC, entre as quais se incluem a DA, a doença de Parkinson e muitas outras menos conhecidas do grande público, constituem, junto com as neoplasias e as doenças vasculares, o espectro sombrio que ronda e aguarda o envelhecer tranquilo que julgamos merecer. Mas as descobertas das neurociências nos últimos quarenta anos nos permitem grandes esperanças de que tratamentos mais eficientes estarão disponíveis em breve.

REFERÊNCIAS BIBLIOGRÁFICAS

ABRISQUETA-GOMES, J. *Avaliação neuropsicológica nas fases inicial e moderada da demência do tipo Alzheimer*. Tese de Doutorado. Escola Paulista de Medicina da Universidade Federal de São Paulo. São Paulo, 1999.

ABRISQUETA-GOMEZ, J. et al. A longitudinal study of a neuropsychological rehabilitation program in Alzheimers disease. *Arquivos de Neuropsiquiatria*, v. 62, p. 778-783, 2004.

AISEN, P. S. Treatment of Alzheimer's disease: present and future. *American Academy of Neurology*, 2005.

ANGHINAH, R. et al. EEG alpha band coherence analysis in healthy adults: preliminary results. *Arquivos de Neuropsiquiatria*, v. 63, p. 83-86, 2005.

ÁVILA, R. et al. Neuropsychological Rehabilitation of memory déficits and activities of daily living in patients with Alzheimers disease: a pilot study. *Brazilian Journal of Medical and Biological Research*, v. 37, p. 1721-1729, 2004.

BERTOLUCCI, P. H. et al. Applicability of the CERAD neuropsychological battery to Brazilian elderly. *Arquivos de Neuropsiquiatria*, v. 59, p. 532-536, 2001.

BERTOLUCCI, P. H. F. et al. O Mini-Exame do Estado Mental em uma população geral. Impacto da escolaridade. *Arquivos de Neuropsiquiatria*, v. 52, p. 1-7, 1994.

BLESSED DEMENTIA SCALE (incorporating the Information-Memory Concentration (ICM) Test and the Dementia Scale. In: BURNS, A.; LAWLOR, B.; CRAIG, S. (Eds.). *Assessment Scales in Old Age Psychiatry*. London: Martin Dunitz, 1999. p. 40-41.

BOTTINO, C. M. et al. Cognitive rehabilitation in Alzheimer's disease patients: multidisciplinary team report. *Arquivos de Neuropsiquiatria*, v. 60, p. 70-79, 2002a.

BOTTINO, C. M. et al. Volumetric MRI measurements can differentiate Alzheimer's disease, mild cognitive impairment, and normal aging. *International Psychogeriatrics*, v. 14, p. 59-72, 2002b.

BOTTINO, C. M. C. et al. Validade e confiabilidade da versão brasileira do CAMDEX. *Arquivos de Neuropsiquiatria*, v. 59, p 20, 2001. Suplemento 3.

BRUCKI, S. M. D. et al. Dados normativos para o uso do teste de fluência verbal categoria animais em nosso meio. *Arquivos de Neuropsiquiatria*, v. 55, p. 56-61, 1997.

BRUCKI, S. M. D. et al. Sugestões para o uso do Mini-Exame do Estado Mental no Brasil. *Arquivos de Neuropsiquiatria*, v. 61, p. 777-781, 2003.

BUCHPIGUEL, C. A. et al. Brain SPECT in dementia. A clinical-scintigraphic correlation. *Arquivos de Neuropsiquiatria*, v. 54, p. 375-383, 1996.

BUSTAMANTE, S. E. et al. Combined instruments on the evaluation of dementia in the elderly: preliminary results. *Arquivos de Neuropsiquiatria*, v. 61, p. 601-606, 2003.

CARAMELLI, P. et al. Brain SPECT in dementia. A clinical-scintigraphic correlation. *Arquivos de Neuropsiquiatria*, v. 54, p. 375-383, 1996.

CARAMELLI, P.; HERRERA, J. R. E.; NITRINI, R. O Mini-Exame do Estado Mental no diagnóstico de demência em idosos analfabetos. *Arquivos de Neuropsiquiatria*, v. 57, p. 7, 1999. Suplemento 1.

CARAMELLI, P.; MANSUR, L. L.; NITRINI, R. Language and communication disorders in dementia of the Alzheimer type. In: STEMMER, B; WHYTAKER, H. (Eds.). *Handbook of Neurolinguistics*. San Diego: Academic Press, 1998. p. 463-473.

CARTHERY, M. T. et al. Spelling tasks and Alzheimer's disease staging. *European Journal of Neurology*, v. 12, p. 907-911, 2005.

CAVALCANTE, K. R. *Avaliação do desempenho de idosos normais em um protocolo de produção e reconhecimento de gestos: influência do sexo, da idade e escolaridade no perfil de normalidade*. Dissertação de Mestrado apresentada à Faculdade de Medicina da USP, 2004.

CHARCHAT-FICHMAN, H. et al. Decline of cognitive capacity during aging. *Revista Brasileira de Psiquiatria*, v. 27, p. 79-82, 2005.

CUMMINGS, J. L. et al. The Neuropsychiatric Inventory: Comprehensive assessment of psychopathology in dementia. *Neurology*, v. 44, p. 2308-2314, 1994.

DAMASCENO, A. et al. Primitive reflexes and cognitive function. *Arquivos de Neuropsiquiatria*, v. 63, p. 577-582, 2005a.

DAMASCENO A. et al. Validation of the Brazilin version of mini-test CASI-S. *Arquivos de Neuropsiquiatria*, v. 63, p. 416-421, 2005b.

DINIZ, L. F. M. et al. O teste de aprendizagem auditivo-verbal de Rey: normas para uma população brasileira. *Revista Brasileira de Neurologia*, v. 36, p. 79-83, 2000.

ENGELHARDT, E. et al. Tratamento da doença de Alzheimer: recomendações e sugestões do Departamento Científico de Neurologia Cognitiva e do Envelhecimento da Academia Brasileira de Neurologia. *Arquivos de Neuropsiquiatria*, v. 63, p. 1104-1112, 2005.

ENGELHARDT, E.; MOREIRA, D. M.; LAKS, J. Doença de Alzheimer e espectroscopia por ressonância magnética do hipocampo. *Arquivos de Neuropsiquiatria*, v. 59, p. 865-870, 2001.

FISHMAN, P. S. *Pathogenic proteins and neurodegenerative diseases*. American Academy of Neurology, 2006.

FOX, N. C. Using serial registered brain magnetic resonance imaging to measure disease progression in Alzheimer disease: power calculations and estimates of sample size to detect treatment effects. *Archives of Neurology*, v. 57, p. 339-344, 2000.

GALVIN, J. E. et al. Validity and reliability of the AD8 informant interview in dementia. *Neurology*, v. 67, p. 1942-1948, 2006.

HARTMANN, A. P. et al. Hyperphosphorylated tau protein in the cerebrospinal fluid of patients with Alzheimer's disease and other dementias: preliminary findings. *Arquivos de Neuropsiquiatria*, v. 62, p. 751-755, 2004.

HOLMAN, B. L. et al. The scintigraphic appearance of Alzheimer's disease: A prospective study using technetium-99m--HMPAO SPECT. *Journal of Nuclear Medicine*, v. 33, p. 181-185, 1992.

HUGHES, C. P. et al. A new clinical scale for the staging of dementia. *British Journal of Psychiatry*, v. 140, p. 566-572, 1982.

JORM, A. F.; JACOMB, P. A. The Informant Questionnaire on Cognitive Decline in the Elderly (IQCODE): socio- demographic correlates, reliability, validity and some norms. *Psychological Medicine*, v. 19, p. 1015-1022, 1989.

KANTARCI, K.; JACK, Jr. C. R. Neuroimaging in Alzheimer disease: an evidence-based review. *Neuroimaging Clinics of North America*, v. 13, p. 197-209, 2003.

LAKS, J. et al. O Mini Exame do Estado Mental em idosos de uma comunidade. Dados parciais de Santo Antonio de Pádua. *Arquivos de Neuropsiquiatria*, Rio de Janeiro, v. 61, p. 782-785, 2003.

LAWTON, M. P.; BRODY, E. M. Assessment of older people: Self-monitoring and instrumental activities of daily living. *Gerontologist*, v. 9, p. 179-186, 1969.

LUCCAS, F. J. C. et al. Recomendações para o registro/interpretação do mapeamento topográfico do eletrencefalograma e potenciais evocados. Parte II: correlações clínicas. *Arquivos de Neuropsiquiatria*, v. 57, p. 132-146, 1999.

MAGILA, M. C.; Caramelli, P. Funções executivas no idoso. In: FORLENZA, O. V.; CARAMELLI, P. *Neuropsiquiatria Geriátrica*. São Paulo: Atheneu, 2000. p. 517-526.

MATTIS, S. *Dementia Rating Scale. Professional Manual.* Florida: Psychological Assessment Resources, Inc., 1988.

McKHANN, G.; et al. Clinical diagnosis of Alzheimer's disease: report of the NINCDS-ADRDA work group under the auspices of department of health and human services task force on Alzheimer's disease. *Neurology*, v. 34, p. 939-944, 1984.

MONTAÑO, M. B. M. M. *Prevalência de Demência em Uma População de Idosos Residentes na Comunidade.* Tese. UNIFESP, 2001.

NITRINI, R. et al. SPECT in Alzheimer's disease: features associated with bilateral parietotemporal hypoperfusion. *ACTA Neurologica Scandinavica*, v. 101, p. 172-176, 2000.

NITRINI, R. et al Academia Brasileira de Neurologia. Diagnosis of Alzheimer's disease in Brazil: diagnostic criteria and auxiliary tests. Recommendations of the Scientific Department of Cognitive Neurology and Aging of the Brazilian Academy of Neurology. *Arquivos de Neuropsiquiatria*, v. 63, p. 713-719, 2005.

NITRINI, R. et al. Performance of illiterate and literate nondemented elderly subjects in two tests of long-term memory. *Journal of the International Neuropsychological Society*, v. 10, p. 634-638, 2004.

NITRINI, R. et al. Testes neuropsicológicos de aplicação simples para o diagnóstico de demência. *Arquivos de Neuropsiquiatria*, v. 52, p. 457-465, 1994.

NITRINI, R. et al. Brief cognitive battery in the diagnosis of mild Alzheimer's disease in subjects with medium and high levels of education. *Dementia & Neuropsychologia* In press.

NOVELLI, M. M. et al. Cross-cultural adaptation of the quality of life assessment scale on Alzheimer disease. *Arquivos de Neuropsiquiatria*, v. 63, p. 201-206, 2005.

OKAMOTO, I. H. *Aspectos cognitivos da doença de Alzheimer no teste do relógio: avaliação de amostra da população brasileira.* Tese de Doutorado. Escola Paulista de Medicina, Universidade Federal de São Paulo, 2001.

OSTROSKY-SOLIS; ARDILA; ROSELLI, M. Neuropsi: a brief neuropsychoogical test battery in Spanish with norms by age and educational level. *Journal of the International Neuropsychological Society*, v. 5, p. 413-433, 1999.

PFEFFER, R. I. et al. Measurement of functional activities in older adults in the community. *The Journal of Gerontology*, v. 37, p. 323-329, 1982.

PORTO, S. C. et al. Dementia Rating Scale – DRS – in the diagnosis of patients with Alzheimer's dementia. *Arquivos de Neuropsiquiatria*, v. 61, p. 339-345, 2003.

REISBERG, B. Behavioral pathology in Alzheimer's disease rating (BEHAVE AD). *The Journal of Clinical Psychiatry*, v. 48, p. 9-15, 1987. Suplemento.

SCHULTZ, R. R.; SIVIERO, M. O.; BERTOLUCCI, P. H. The cognitive subscale of the "Alzheimer's Disease Assessment Scale" in a Brazilian sample. *Brazilian Journal of Medical and Biological Research*, v. 34, p. 1295-1302, 2001.

SIVIERO, M. O. *Capacidade de abstração e o teste de provérbios.* Tese de Mestrado, UNIFESP-EPM, 1997.

SMALL, G. W. et al. PET of brain amyloid and tau in mild cognitive impairment. *The New England Journal of Medicine*, v. 355, p. 2652-2663, 2006.

TAKADA, L. T. et al. Comparison between two tests of delayed recall for the diagnosis of dementia. *Arquivos de Neuropsiquiatria*, v. 64, p. 35-40, 2006.

ALTERAÇÕES DE COMPORTAMENTO NA DEMÊNCIA DE ALZHEIMER

Benito Pereira Damasceno

Resumo

Transtornos psicológicos e comportamentais, principalmente a apatia, a ansiedade, a agitação e a depressão, acompanham os déficits cognitivos na maioria dos pacientes com doença de Alzheimer, provavelmente relacionados com a degeneração dos sistemas de neuromoduladores monoaminérgicos que se projetam do tronco cerebral para estruturas corticolímbicas. Esses sintomas, por sua vez, causam maiores problemas cognitivos, principalmente da memória e das funções executivas, com piora da qualidade de vida dos pacientes e maior sobrecarga para seus cuidadores, constituindo a causa mais frequente de hospitalização e institucionalização. É recomendada uma análise detalhada desses sintomas buscando e corrigindo fatores precipitantes, e instituindo um tratamento farmacológico apropriado, principalmente nos casos moderados e graves, levando-se em conta as particularidades farmacocinéticas e farmacodinâmicas relacionadas à idade mais avançada.

Quadro clínico descritivo e fisiopatologia

Alterações psicológicas e comportamentais, que ocorrem em mais de 80% dos pacientes com doença de Alzheimer (DA), estão relacionadas com a degeneração de sistemas neuromoduladores monoaminérgicos (acetilcolina, dopamina, serotonina e noradrenalina). As mais comuns são a apatia (72%), agitação (60%), ansiedade (48%), depressão (25-50%), irritabilidade (42%), disforia, perambulação e comportamento motor aberrante (38%), desinibição (36%), ideias delirantes (22%) e alucinações (10%) (MEGA et al., 1996). Cummings (1985) relata uma frequência bem mais alta de ideias delirantes (40% a 70%) na DA, considerando-a a causa mais comum de psicose depois da esquizofrenia. Tais sintomas podem apresentar-se no estágio inicial da doença ou preceder o declínio cognitivo. Os sintomas afetivos são mais comuns nas fases iniciais, e os comportamentos psicóticos e agitados, nas fases moderada a grave da demência (REISBERG et al., 1989; TARIOT; BLAZINAI, 1994). No estudo de Mega e colaboradores (1996) usando o Inventário Neuropsiquiátrico de Cummings e colaboradores (1994) dos sintomas acima mencionados, apenas a agitação, disforia, apatia e comportamento motor aberrante estavam significativamente correlacionados com o grau de comprometimento cognitivo. Esses sintomas comprometem a qualidade de vida dos pacientes e dos cuidadores, e constituem a causa mais frequente de hospitalização ou institucionalização.

Psicose: o indivíduo perde o senso da realidade, com desorganização do comportamento afetivo e do social, sem consciência do caráter patológico de suas ideias e interpretações. Delírio paranoide, alucinações e erros de identificação são os transtornos psicóticos mais frequentes da DA (CUMMINGS, 2000). O delírio mais comum (em 18 a 43% dos casos) é o paciente achar que está sendo roubado ou que outras pessoas estranhas entraram em sua casa para roubar suas coisas (TARIOT; BLAZINAl, 1994). Outros menos comuns são o delírio de abandono (3 a 18%), quando se acha que cônjuge ou parentes planejam abandoná-lo, e o de infidelidade conjugal (1 a 9%), que implica crer que está sendo traído pelo cônjuge. O tipo de alucinação mais comum é a visual, especialmente nos pacientes com demência por corpos de Lewy. O paciente vê pessoas em casa, as quais de fato não estão lá (por exemplo, familiares já falecidos). Muitas vezes, trata-se de um erro de identificação perceptiva (ilusão visual) ou de incapacidade para reconhecer faces e objetos (agnosia visual). Entre os erros de identificação, é comum o paciente não reconhecer sua própria casa ou ou não se lembrar mais dela, e ficar querendo voltar ao seu "lar", apesar de estar nele, o que pode resultar em perambulação, ou o paciente pode achar que seu cônjuge ou cuidador não são quem alegam ser, acreditando serem impostores, cópias idênticas que substituem seu verdadeiro cônjuge ou cuidador – a chamada síndrome de Capgras. Essa síndrome pode ser manifestação de uma paramnésia reduplicativa, transtorno da memória e da orientação espacial em que o paciente acredita estar presente simultaneamente em dois ou mais locais, geralmente próximos de sua casa, com reduplicação também de objetos, animais de estimação e casas (ALEXANDER et al., 1979). Em um estudo clinicopatológico de 178 pacientes com DA (BURNS, 1996), 17% acreditavam que havia mais alguém em sua casa (síndrome do hóspede fantasma), 12% achavam que as pessoas não eram quem diziam ser, 6% acreditavam que os personagens da televisão eram pessoas reais que estavam presentes em sua casa, e 4% falavam com sua própria imagem no espelho, como se esta fosse outra pessoa.

A paramnésia reduplicativa e a síndrome de Capgras têm sido relacionadas à disfunção frontal-parietal direita (KAPUR et al., 1988). Em pacientes cérebro-lesados com sintomas psicóticos, o sistema límbico é sede das lesões principais, geralmente bilaterais (CUMMINGS; MEGA, 2003). Vários estudos têm mostrado que os estados psicóticos em pacientes com DA estão associados a hipometabolismo em lobos frontais e temporais (Sultzer et al., 1995; STARKSTEIN et al., 1994) e a aumento de placas neuríticas no pró-subículo e de emaranhados neurofibrilares no córtex frontal médio (ZUBENKO et al., 1991). Outros autores (FÖRSTL et al., 1994) encontraram maior perda neuronal no giro para-hipocampal, região CA1 do hipocampo, núcleos da rafe dorsal e *locus ceruleus*.

O problema é que muitos pacientes (com DA ou outras doenças) com lesão nessas estruturas não apresentam sintomas psicóticos, sendo, portanto, necessários fatores adicionais para a ocorrência de psicose. Em geral, a manifestação clínica (psicológica e comportamental) de uma lesão cerebral depende de sua natureza e distribuição e é mediada pela (1) constituição biológica (genética), (2) personalidade pré-mórbida e história prévia de vida, e (3) pela influência de variáveis atuais, sejam doenças somáticas (cardiorrespiratória, infecciosa), sejam eventos estressantes presentes no ambiente psicossocial do sujeito. O substrato comum dos estados psicóticos nesses pacientes parece ser a disfunção bilateral dos sistemas de neuromoduladores monoaminérgicos por degeneração de seus núcleos subcorticais (rafe dorsal, *locus ceruleus*, área tegmentar ventral, núcleo basal de Meynert e outros), de suas vias e áreas de conexões corticolímbicas (GSELL et al., 1996; MINGER et al., 2000). Uma história pessoal ou familiar prévia de transtornos psiquiátricos também constitui um fator adicional de risco para psicose.

Desinibição: significa a perda de controle dos impulsos, manifestando-se como ações irrefletidas, sem medir as consequências, por exemplo, fazendo ou dizendo coisas que normalmente não se fazem nem se dizem em público e criando situações embaraçosas para os familiares. O paciente fala com estranhos como se os conhecesse, toca-os ou abraça-os, fala abertamente sobre assuntos pessoais ou particulares, faz comentários sexuais, diz coisas desagradáveis que ferem a sensibilidade de outras pessoas, apresentando pobre *insight* e capacidade de julgamento. Compras ou vendas impulsivas, furtos em lojas e outros comportamentos descontrolados podem ter consequências econômicas e sociais. A desinibição está geralmente associada à disfunção em regiões pré-frontais bilaterais, principalmente orbitomediais.

Ansiedade: o paciente sente-se trêmulo, tenso, incapaz de relaxar, e mostra-se preocupado com acontecimentos planejados, perguntando repetidamente sobre eventos que estão por vir, ou manifesta medo de ficar sozinho, especialmente quando o cônjuge ou o cuidador vai para outro cômodo da casa, agarrando-se a estes para não ser deles separado, e causando desgaste emocional em cuidadores e familiares (REISBERG et al., 1986).

Perambulação: é um tipo de comportamento motor aberrante que causa muita sobrecarga ao cuidador. O paciente, de forma repetida e excessiva, anda a esmo ou em direção a objetos, mas sem propósito; fica mexendo e remexendo as coisas à sua volta, como abrir e fechar armários ou gavetas, enrolar fios e cordas, incapaz de permanecer sentado em sossego; fica procurando pelo cuidador ou seguindo-o de perto, tenta sair e fugir de casa, precisando muitas vezes ser trazido de volta.

Insônia: é um sintoma comum em pacientes com demência, podendo ser muito perturbador para parentes e vizinhos. A doença leva a alteração do ciclo sono-vigília, fragmentação do sono, cansaço e sonolência diurna e piora do funcionamento cognitivo.

Agitação: é uma atividade motora exagerada e desordenada em consequência de excitação ou de transtorno mental. O paciente é irritadiço, rechaça a ajuda dos outros, tornando difícil o lidar com ele; não colabora, pragueja, grita e age de forma violenta e agressiva. Estados psicóticos geralmente acompanham a agitação, ainda que muitos pacientes agitados não apresentem sintomas psicóticos. A agitação atinge 60% dos casos, quando a doença chega a estágios mais avançados. A agressividade é o sintoma mais difícil para o cônjuge ou o cuidador. Uma variante da agitação é a reação catastrófica, caracterizada por resposta emocional e comportamental excessiva e repentina, manifestando-se geralmente por ataques de raiva e de agressão verbal e/ou física, o que ocorre em cerca de 38% dos pacientes com DA (HAUPT, 1996). A agitação e a reação catastrófica podem decorrer de algum desconforto ou descontentamento, erro de percepção, alucinações, delírios, dor, infecção, retenção urinária ou fecal, constituindo fator de risco para queda em pessoas idosas com demência (MARX et al., 1990).

A fisiopatologia da agitação não está bem estabelecida. Cummings e Mega (2003) admitem que se trata de uma disfunção frontal, com redução do controle do comportamento associado às síndromes psicopatológicas nas quais ocorre (psicose, depressão, mania). De fato, alguns autores (SULTZER et al., 1995) têm encontrado hipometabolismo em regiões frontais e temporais.

Apatia: é o transtorno comportamental mais comum da DA, apresentando-se já no estágio inicial em até 50% dos pacientes e piorando à medida que a doença entra em fase de moderada a grave. O paciente torna-se passivo, indiferente e insensível emocionalmente, não se preocupando com os acontecimentos; perde a iniciativa, a capacidade gerativa do pensamento e o interesse em atividades cotidianas e nas interações sociais. A forma mais grave de apatia é o mutismo acinético. A apatia, ao manifestar-se com redução do interesse e da motivação, retardo psicomotor e falta de energia, pode ser confundida com a depressão, diferenciando-se desta por não apresentar a ideação depressiva típica.

Em estudos clinicopatológicos, a apatia está geralmente associada à lesão ou à disfunção frontal medial, afetando, sobretudo, a região anterior do giro do cíngulo, o que tem sido confirmado por estudos de neuroimagem funcional (MIGNECO et al., 2001). Na DA, a degeneração da via dopaminérgica subcortical deve levar à perda da inervação do cingulado anterior e, pelo menos em parte, contribuir para a apatia desses pacientes.

Depressão: o que se verifica mais frequentemente, em 40 a 50% dos casos de DA, é uma síndrome asteno-emocional, humor depressivo ou distimia, enquanto o transtorno depressivo maior é menos comum, em 10 a 20% (WRAGG; JESTE, 1989). A depressão típica caracteriza-se pelo humor e pela ideação depressivos, com tristeza, angústia, pessimismo, baixa autoestima, perda de interesse e de prazer, fadiga ou perda de energia, insônia ou hipersonia, desejos expressos de morrer, ideação suicida ou tentativa de suicídio, ideias delirantes congruentes (delírios de pobreza, de ruína ou de doença grave) (DSM-IV; APA, 1994). No idoso, a depressão costuma ser atípica, sem evidente transtorno do humor (depressão *sine depressio*), com predomínio de múltiplas queixas somáticas e cognitivas, perda de peso, anorexia, retardo psicomotor ou agitação, disforia, falta de cooperação, recusa em comer e agressividade. O humor depressivo pode preceder em vários anos o início da DA e costuma piorar com o progresso da doença (MEGA et al., 1996). Pacientes com história familiar de transtornos afetivos têm maior risco de desenvolver depressão no curso da doença (STRAUSS; OGROCKI, 1996).

Em vários estudos, a depressão idiopática tem sido relacionada à disfunção dos circuitos fronto-subcorticais que conectam o córtex orbital com o córtex paralímbico temporal anterior e com os gânglios basais e o tronco cerebral (LESSER et al., 1994; CUMMINGS; MEGA, 2003). Com base em vários achados, principalmente da neuroimagem, Mayberg e colaboradores (1994) propuseram um modelo lesional para as depressões idiopática e secundária (inclusive a da DA), compreendendo as seguintes estruturas: (1) paralímbicas, mediando o aspecto emocional e o vivencial da depressão; (2) límbico-hipotalâmicas, os sintomas neurovegetativos; (3) límbico-gânglio basal, as manifestações afetivas e motoras; e (4) límbico--dorsolateral pré-frontal, as características cognitivas da depressão. De acordo com esse modelo, a síndrome depressiva poderia também ser explicada por lesões situadas no tronco cerebral, nos núcleos e/ou nas vias monoaminérgicas de projeção corticolímbica, ou seja, a serotoninérgica a partir dos núcleos da rafe dorsal, a noradrenérgica do *locus ceruleus*, e a dopaminérgica da região mesencefálica tegmentar ventral. Em estudos de autópsia, pacientes com DA e depressão mostram maior degeneração do *locus ceruleus* e menor concentração dos níveis corticais de noradrenalina, em comparação com aqueles com DA, mas sem depressão (ZUBENKO et al., 1990).

Delirium e estados confusionais agudos: constituem diagnósticos diferenciais importantes para a síndrome demencial, especialmente quando esta se acompanha de transtornos psicológicos e comportamentais. Pacientes com demência têm maior risco de desenvolver *delirium*, que é uma condição aguda, geralmente transitória, caracterizada por: (1) distúrbio da consciência com menor capacidade de focalizar, manter ou deslocar a atenção; (2) alteração da cognição (percepção, memória, orientação, linguagem), que não é mais bem explicado por uma demência preexistente, estabelecida ou em evolução; e (3) desenvolvimento em curto período de tempo (geralmente de horas a dias), e tende a flutuar durante o curso do dia (DSM-IV, 1994). O traço essencial do *delirium* é a alteração da atenção associada a uma desorganização do pensamento (confusão mental) em que o paciente não associa suas ideias de forma clara e coerente, não se atém ao tópico da conversação e dá respostas inconsistentes, sendo incapaz de inibir estímulos ambientais irrelevantes e associações inadequadas, sem consciência desses defeitos. Na prática clínica, um diagnóstico diferencial relevante é a afasia de Wernicke, que se distingue do *delirium* pela profusão de parafasias fonêmicas e semânticas e pela dificuldade de compreensão da fala dos outros (na ausência de desatenção grave). Nas formas graves de *delirium*, há hiperatividade (às vezes, hipoatividade) psicomotora, alucinações intensas, amnésia, confabulação e alterações neurovegetativas (hipertermia, sudorese, taquicardia, aumento da pressão arterial) que podem levar a distúrbio hidroeletrolítico severo e colapso cardiocirculatório.

O *delirium* representa uma disfunção generalizada das funções mentais e está geralmente associado a lesões agudas, difusas ou múltiplas do cérebro. Uma lesão focal de localização profunda (temporal-diencefálica ou frontal medial-basal) ou, mais raramente, do hemisfério direito, pode também produzir um estado confusional ou delirante, dada a relevância dessas regiões para a vigília, a atenção, a percepção, a memória e as funções conativas e afetivas, das quais dependem os processos do pensamento. A disfunção pode estar apenas em nível bioquímico, neurofisiológico e de neurotransmissores ("encefalopatia toxicometabólica"), ou decorrer de lesão estrutural (traumática, neoplásica, vascular), ou ainda de uma combinação de ambos (meningoencefalite). Em muitas doenças, inicialmente temos apenas uma disfunção toxicometabólica, a qual pode evoluir para uma lesão estrutural (por exemplo, encefalopatia de Wernicke não tratada).

Situações psicossociais anormais podem levar a estado confusional agudo, particularmente em pessoas idosas, por exemplo: (1) privação sociossensorial, com situações de imobilização prolongada (por exemplo, respiração artificial, pós-operatório de cirurgia cardíaca), isolamento ou prisão em cela solitária; (2) excesso de estimulação ambiental e privação de sono; e (3) trauma psíquico (por exemplo, crise reacional por perda de ente querido, mudança da zona rural para um apartamento em cidade grande, etc.). Uma anamnese minuciosa pode, às vezes, revelar que alguns desses indivíduos tinham uma lesão cerebral prévia (sequelar ou progressiva), representando tais situações nada mais que o fator complementar que faltava para abaixar o nível de compensação e fazer manifestar-se uma síndrome psico-orgânica que antes era subclínica ou discreta (LISHMAN, 1998). As causas mais frequentes de *delirium* são: (1) associadas a sinais focais lateralizados: trauma cranioencefálico, acidentes vasculares cerebrais, tumores (metástases), meningoencefalites; (2) sem sinais focais lateralizados ("encefalopatia toxicometabólica"): infecções sistêmicas (especialmente em idosos), distúrbios metabólicos [uremia, insuficiência hepática ou cardiorrespiratória, distúrbios hidroeletrolíticos, hipoglicemia, tireotoxicose, porfiria, intoxicações exógenas (álcool, barbitúricos, antiparkinsonianos, metais pesados, solventes orgânicos e agrotóxicos)] e, mais raramente, epilepsia (estado de mal psicomotor, confusão pós-ictal). A anamnese, o exame físico-neurológico e exames laboratoriais (hemograma completo, velocidade de hemossedimentação, eletrólitos, glicemia, creatinina, enzimas hepáticas, sedimento urinário, raios-X de tórax, eletrocardiograma e outros) e, se necessário, exame de líquido cefalorraquiano e neuroimagem cerebral podem revelar a etiologia.

Tratamento

A primeira medida é descobrir e corrigir as possíveis causas do transtorno psicológico ou comportamental, como dor, retenção urinária, infecção, desconforto, estresse psicossocial e efeito colateral de fármacos, especialmente anticolinérgicos. Várias outras intervenções podem ser benéficas, embora sua verdadeira eficácia não tenha ainda sido estabelecida por meio de ensaios clínicos randomizados: recreação, passeios a pé, participação em jogos e *hobbies*, fitas de áudio e vídeo com imagens e vozes de membros da família, musicoterapia, psicoterapia individual ou grupal para o paciente e o cuidador, e ambiente constante, familiar, sem fatores estressantes e com iluminação e condições de orientação adequadas. Medidas psicossociais visando à redução do isolamento são de grande valor para prevenir e reduzir a ocorrência de ideias delirantes. Adicionalmente, busca-se a higiene do sono, com aumento de atividades físicas durante o dia em ambiente com boa iluminação, tendendo a normalizar o ciclo circadiano sono-vigília, estabelecimento de rotinas regulares com horário certo para dormir, acordar e alimentar-se, evitando-se o sono durante o dia (em certos casos, um cochilo à tarde pode ser benéfico), bem como o uso de álcool, cafeína e substâncias estimulantes à tarde e à noite. Muitas vezes, essas intervenções não farmacológicas são suficientes, principalmente nos casos de leves a moderados.

Os transtornos graves geralmente só se resolvem com drogas apropriadas. O uso de medicamentos nesses pacientes deve levar em conta as alterações farmacocinéticas e farmacodinâmicas relacionadas à idade mais avançada (redução do metabolismo e depuração da droga com alteração de suas meias-vidas), ocasionando maior risco de toxicidade. Além disso, o cérebro doente é mais vulnerável aos efeitos sedativos de benzodiazepínicos e efeitos anticolinérgicos de várias drogas, entre elas os antidepressivos tricíclicos e alguns neurolépticos (clorpromazina, tioridazina). A fim de evitar esses efeitos adversos, as doses iniciais de manutenção devem ser mais baixas, cerca de um terço das usadas para adultos mais jovens, além de uma titulação lenta (por um período de duas a quatro semanas) e monitoração de efeitos colaterais durante esse período. Após atingir o *steady state* da droga, sua eficácia e seus efeitos colaterais devem ser monitorados periodicamente por meio de uma impressão clínica global ou escalas quantitativas apropriadas. O esquema terapêutico para os transtornos psicológicos e comportamentais deve ser revisado e, se possível, interrompido o mais tardar após três meses (a depressão requer um tempo mais prolongado, por cerca de seis meses).

Sintomas psicóticos: o tratamento com neurolépticos é endereçado a sintomas específicos nos quais têm demonstrado sua melhor eficácia, tais como alucinações, delírios, agitação e agressividade. Antes de sua prescrição, é recomendado conhecer a história prévia de sensibilidade a tais drogas, principalmente em pacientes com suspeita de demência por corpos de Lewy, os quais podem apresentar reações graves, às vezes fatais, a neurolépticos convencionais. Antipsicóticos atípicos como a risperidona (KATZ et al., 1999) e a olanzapina (STREET et al., 2000) constituem o tratamento preferencial para psicose e agitação em pacientes com DA, uma vez que eles produzem menos efeitos colaterais (anticolinérgico, sedativo, parkinsonismo e discinesia tardia) que os antipsicóticos convencionais. Na formas graves, com agitação, agressividade, confusão mental e alucinações, a risperidona, mesmo em doses mais altas (2 a 4 mg/dia) pode não ter eficácia; nesses casos, recomenda-se iniciar com haloperidol (até 6 mg/dia, dividido em duas a três doses) ou um neuroléptico mais sedativo e com pouco efeito extrapiramidal (tioridazina, 50 a 200 mg/dia), durante sete a dez dias, ou até que os sintomas se amenizem, seguindo-se então de risperidona, olanzapina ou quetiapina nas doses recomendadas na Tabela 1. Na falha de eficácia desses medicamentos, o acréscimo de um estabilizador do humor (carbamazepina ou ácido valproico) ou de um inibidor da recaptação da serotonina pode ser benéfico. Benzodiazepínicos e barbituratos produzem mais desorientação e confusão nesses pacientes, devendo ser evitados ou retirados.

Insônia: recomenda-se, em primeiro lugar, uma anamnese detalhada do problema e a correção das causas encontradas. Se a insônia persistir apesar da retirada dos fatores precipitantes e da higienização do sono, um fármaco torna-se necessário, de preferência de curta duração, com mínima interferência no funcionamento cognitivo do dia seguinte. Se o problema é de iniciação do sono, um indutor sonífero como o zolpidem ou midazolam; se de manutenção do sono, lorazepam ou trazodona. A trazodona é recomendada principalmente nos casos de insônia combinada com depressão.

Tabela 1 – Fármacos recomendados para tratamento dos sintomas psicológicos e comportamentais na doença de Alzheimer (modificado de Cummings, 2004).

Fármacos	Dose inicial diária	Dose de manutenção diária	Sintomas-alvos
Antipsicótico atípico:			
Risperidona	0,5 mg	1 – 2 mg	
Olanzapina	2,5 mg	5 – 10 mg	
Quetiapina	25 mg	50 – 150 mg	
			Psicose e Agitação
Antipsicótico típico:			
Haloperidol	0,25	1 – 3 mg	
Estabilizador do humor:			
Carbamazepina	200 mg	400 – 1000 mg	
Ácido valproico	125 mg	500 – 1200 mg	
Inibidor da recaptação de serotonina:			
Citalopram	10 mg	20 – 40 mg	
Escitalopram	5 mg	10 – 20 mg	
Paroxetina	10 mg	10 – 50 mg	
Sertralina	25 mg	75 – 100 mg	
Fluoxetina	5 mg	10 – 60 mg	
Trazodona	50 mg	50 – 150 mg	
			Depressão
Tricíclico:			
Nortriptilina	10 mg	25 – 100 mg	
Desipramina	10 mg	50 – 200 mg	
Inibidor da recaptação de serotonina e noradrenalina:			
Venlafaxina	25 mg	100 – 150 mg	
Hipnóticos:			
Zolpidem	5 mg	5 – 10 mg	
Lorazepam	1 mg	1 – 2 mg	Insônia
Midazolam	7,5 mg	7,5 – 15 mg	

Depressão: a gênese da depressão na DA é multifatorial: perda de neurônios serotoninérgicos, tomada de consciência de ter sido atingido por uma doença grave, isolamento social, alimentação inadequada e efeito colateral de fármacos para doenças somáticas. Com exceção da perda neuronal, os demais fatores são passíveis de modificação. A depressão em si já contribui para a piora da demência, especialmente do déficit de memória e funções executivas. Os inibidores da recaptação da serotonina são universalmente recomendados como tratamento de escolha para a depressão, podendo também ter efeito benéfico na ansiedade e na agressividade. Os diferentes fármacos (Tabela 1) têm eficácia similar, mas existe mais ampla documentação de eficácia para o citalopram e a paroxetina em pacientes idosos com demência e depressão. Em geral, o efeito definitivo só é obtido após duas a três semanas e, em pacientes mais idosos, após tempo bem mais longo.

Apatia: pode melhorar com o uso de inibidores da colinesterase (donepezil, rivastigmina, galantamina), os quais também têm efeito benéfico nas alucinações, nos delírios, na ansiedade e na depressão (FELDMAN et al., 2001; MONSCH; GIANNAKOPOULOS, 2004; CUMMINGS et al., 2005; CUMMINGS et al., 2006).

Delirium: o tratamento consiste em (1) buscar e corrigir as causas e, tanto quanto possível, suspender os medicamentos que possam estar relacionados com o estado confusional e reduzir as doses das drogas estritamente necessárias; (2) manter o equilíbrio hidroeletrolítico e nutricional por via oral ou parenteral; (3) administrar drogas sedativas para assegurar descanso e sono, evitar exaustão e facilitar os cuidados de enfermagem; e (4) internar o paciente em ambiente calmo e adequadamente iluminado. Em casos com agitação psicomotora, agressividade, alucinações e confusão mental, é recomendado o haloperidol (até 10 mg/dia, divididos em duas a três vezes ao dia, por via oral ou parenteral), ao qual pode ser acrescentada a prometazina (25 a 50 mg) ou a levomepromazina (até 25 mg) à noite, como hipnótico. A obtenção de um sono profundo e tranquilo, pelo menos nas primeiras 24-48 horas, é um dos principais objetivos do tratamento do delírio. Em indivíduos acima de 65 anos de idade, recomenda-se começar com a metade das doses de haloperidol e prometazina. Benzodiazepínicos e barbituratos, além de não terem efeito antipsicótico, podem agravar a confusão mental. Outra alternativa para esse grupo etário é o uso de neurolépticos atípicos, como a risperidona, especialmente quando o delírio não é tão agitado ou agressivo, e a droga tem de ser usada por mais de uma semana.

Referências bibliográficas

ALEXANDER, M. P. et al. Capgras syndrome: a reduplicative phenomenon. *Neurology*, v. 29, p. 334-339, 1979.

AMERICAN PSYCHIATRIC ASSOCIATION. *Diagnostic and statistical manual of mental disorders*. 4th ed. Washington: APA, 1994.

BURNS, A. Misidentifications. *International Psychogeriatrics*, v. 8 p. 393-397, 1996. Suplemento 3.

CUMMINGS, J. L. Cognitive and behavioral heterogeneity in Alzheimer's disease: seeking the neurobiological basis. *Neurobiology of Aging*, v. 21, p. 845-861, 2000.

CUMMINGS, J. L. et al. Effects of donepezil on neuropsychiatric symptoms in patients with dementia and severe behavioral disorders. *American Journal of Geriatric Psychiatry*, v. 14, p. 605-612, 2006.

CUMMINGS, J. L. et al. Effects of rivastigmine treatment on the neuropsychiatric and behavioral disturbances of nursing home residents with moderate to severe probable Alzheimer's disease: a 26-week, multicenter, open-label study. *The American Journal of Geriatric Pharmacotherapy*, v. 3, p. 137-148, 2005.

CUMMINGS, J. L. et al. The Neuropsychiatric Inventory: comprehensive assessment of psychopathology in dementia. *Neurology*, v. 44, p. 2308-2314, 1994.

CUMMINGS, J. L. Organic delusions: phenomenology, anatomic correlates and review. *The British Journal of Psychiatry*, v. 146, p. 184-187, 1985.

CUMMINGS, J. L.; MEGA, M. S. *Neuropsychiatry and behavioral neuroscience*. Oxford: Oxford University Press, 2003.

FELDMAN, H. et al. A 24-week, randomized, double-blind study of donepezil in moderate to severe Alzheimer's disease. *Neurology*, v. 57, p. 613-620, 2001.

FÖRSTL, H. et al. Neuropathological correlates of psychotic phenomena in confirmed Alzheimer's disease. *The British Journal of Psychiatry*, v. 165, p. 53-59, 1994.

GSELL, W.; STREIN, I.; RIEDERER, P. The neurochemistry of Alzheimer type, vascular type and mixed type dementias compared. *Journal of Neural Transmission*, v. 47, p. 73-101, 1996. Suplemento.

HAUPT, M. Emotional lability, intrusiveness and catastrophic reactions. *International Psychogeriatrics*, v. 8 p. 409-414, 1996. Suplemento 3.

KAPUR, N.; TURNER, A.; KING C. Reduplicative paramnesia: possible anatomical and neuropsychological mechanisms. *Journal of Neurology, Neurosurgery & Psychiatry*, v. 51, p. 579-581, 1988.

KATZ, I. R. et al. Comparison of risperidone and placebo for psychosis and behavioral disturbances associated with dementia: a randomized, double-blind trial. *The Journal of Clinical Psychiatry*, v. 60, p. 107-115, 1999.

LESSER, I. M. et al. Reduction of cerebral blood flow in older depressed patients. *Archives of General Psychiatry*, v. 51, p. 677-686, 1994.

MARX, M. S.; COHEN-MANSFIELD, J.; WERNER, P. Agitation and falls in institutionalized elderly patients. *Journal of Applied Gerontology*, v. 9, p. 106-117, 1990.

MAYBERG, H. S. Frontal lobe dysfunction in secondary depression. *The Journal of Neuropsychiatry and Clinical Neurosciences*, v. 6, p. 428-442, 1994.

MEGA, M. S. et al. The spectrum of behavioral changes in Alzheimer's disease. *Neurology*, v. 46, p. 130-135, 1996.

MIGNECO, O. et al. Perfusion brain SPECT and statistical parametric mapping analysis indicate that apathy is a cingulate syndrome: a study in Alzheimer's disease and nondemented patients. *Neuroimage*, v. 13, p. 896-902, 2001.

MINGER, S. L. et al. Cholinergic deficits contribute to behavioral disturbances in patients with dementia. *Neurology*, v. 55, p. 1460-1467, 2000.

MONSCH, A. U.; GIANNAKOPOULOS, P.; GAL-SUI Study Group. Effects of galantamine on behavioral and psychological disturbances and caregiver burden in patients with Alzheimer'se disease. *Current Medical Research and Opinion*, v. 20, n. 931-938, 2004.

REISBERG, B. M. et al. Remediable behavioral symptomatology in Alzheimer's disease. *Hospital & Community Psychiatry*, v. 37, p. 1199-1201, 1986.

REISBERG, B. M. et al. Stage specific incidence of potentially remediable behavioral symptoms in aging and Alzheimer's disease: a study of 120 patients using the BEHAVE-AD. *Bulletin of Clinical Neurosciences*, v. 54, p. 95-112, 1989.

STARKSTEIN, S. E.; VAZQUEZ, S.; PETRACCA G. A SPECT study of delusions in Alzheimer's disease. *Neurology*, v. 44, p. 2055-2059, 1994.

STRAUSS, M. E.; OGROCKI, P. K. Confirmation of an association between family history of affective disorder and the depressive syndrome in Alzheimer's disease. *American Journal of Psychiatry*, v. 153, p. 1340-1342, 1996.

STREET, J. S. et al. Olanzapine treatment of psychotic and behavioral symptoms in patients with Alzheimer'se disease in nursing care facilities: a double-blind, randomized, placebo-controlled trial. *Archives of General Psychiatry*, v. 57, p. 968-976, 2000.

SULTZER, D. L. et al. The relationship between psychiatric symptoms and regional cortical metabolism in Alzheimer's disease. *The Journal of Neuropsychiatry and Clinical Neurosciences*, v. 7, p. 476-484, 1995.

TARIOT, P. N.; BLAZINA, L. The psychopathology of dementia. In: MORRIS, J. C. (Ed.). *Handbook of dementing illnesses*. New York: Marcel Dekker Inc., 1994.

WRAGG, R. E.; JESTE, D. V. Overview of depression and psychosis in Alzheimer's disease. *American Journal of Psychiatry*, v. 146, p. 577-587, 1989.

ZUBENKO, G. S. et al. Neuropathologic and neurochemical correlates of psychosis in primary dementia. *Archives of Neurology*, v. 48, p. 619-624, 1991.

ZUBENKO, G. S.; MOOSSY, J.; KOPP, U. Neurochemical correlates of major depression in primary dementia. *Archives of Neurology*, v. 47, p. 209-214, 1990.

TAUPATIAS

Orlando G. P. Barsottini

Aproximadamente 20% dos pacientes com diagnóstico inicial de doença de Parkinson irão desenvolver formas de parkinsonismos atípicos ou *plus*, nas quais os sintomas parkinsonianos estão associados a sintomas e a sinais poucos comuns à doença de Parkinson (DP), existindo uma resposta precária à terapia dopaminérgica (MARK, 2001). Nesse grupo de doenças, estão a paralisia supranuclear progressiva (PSP), atrofia de múltiplos sistemas (AMS), demência com corpúsculos de Lewy (DCL) e a degeneração ganglionar corticobasal (DCB). Em tal grupo de doenças somente a AMS não apresenta envolvimento cognitivo importante e severo, sendo inclusive a presença de demência um critério para exclusão diagnóstica (BARSOTTINI, 2005). Atualmente existe uma preocupação maior dos neurologistas envolvidos com o estudo dos distúrbios do movimento na identificação dessas síndromes, pois implicam o estabelecimento de prognósticos diferentes. Vale lembrar que o diagnóstico definitivo de qualquer uma dessas doenças somente é possível por meio da análise anatomopatológica dos cérebros dos pacientes afetados. Neste capítulo, revisaremos a PSP e a DCB, doenças do grupo das Taupatias, principalmente quanto aos aspectos clínicos e cognitivos

PARALISIA SUPRANUCLEAR PROGRESSIVA (PSP)

É também conhecida como doença de Steele-Richardson-Olszewski. Em estudo realizado por Schrag e colaboradores utilizando apenas pacientes acima de cinquenta anos, foi encontrada uma prevalência de 6.4 para 100.000 indivíduos (SCHRAG; BEN-SHLOMO, 1999). Vale lembrar que a PSP frequentemente é diagnosticada como doença de Parkinson até seus estágios mais avançados, o que possivelmente faz subestimar a real prevalência da doença. É considerada uma doença esporádica, mas, nos últimos anos, algumas famílias têm sido descritas com dois ou mais indivíduos com fenótipo de PSP. Alguns autores, atualmente, incluem a PSP no grupo das degenerações lobares frontotemporais.

A causa da doença permanece desconhecida, embora fatores ambientais e nutricionais tenham sido considerados. Recentemente houve um surto de uma síndrome semelhante à PSP na ilha de Guadalupe, provavelmente relacionada ao consumo de frutas e chás contendo substâncias neurotóxicas (CAPARROS-LEFEBRE; ELBAZ, 1999).

A variedade de núcleos afetados na PSP pode em parte ser o motivo para sua pouca resposta à terapia dopaminérgica, além da depleção de receptores dopaminérgicos D2 pós-sinápticos, característica dos parkinsonismos atípicos. Além da sustância negra pars compacta afetada na doença de Parkinson, também estão envolvidos o estriado, pálido, núcleo subtalâmico e o tálamo. Há também perdas importantes de vias colinérgicas no núcleo basalis de Meynert, semelhantes às que ocorrem na doença de Alzheimer (BARSOTTINI, 2005). Os achados patológicos característicos da doença são os emaranhados neurofibrilares, que são agregações anormais de proteína tau, responsável pela estabilização dos microtúbulos mitocondriais (GOLBE, 2000). A PSP atualmente é classificada dentro do grupo das Taupatias (doenças da proteína tau). Em cérebros considerados normais, há uma distribuição semelhante de duas isoformas da proteína tau, uma com três e outra com quatro repetições dos peptídios ligadores de microtúbulos (*microtubule-binding-peptide-domain*). Nos cérebros de pacientes com PSP, existe a prevalência da forma com quatro repetições na proporção de 3:1. Também existem evidências de deficiência do complexo I mitocondrial, de origem genética, na gênese da PSP. Em resumo, na patogênese da PSP estariam envolvidos mecanismos possivelmente tóxicos, defeitos genéticos mitocondriais e relacionados à proteína tau, resultando em agregação anormal da proteína tau com lesão celular e apoptose (GOLBE, 2000).

Os sintomas iniciais da PSP aparecem por volta dos cinquenta e sessenta anos e costumam ser principalmente distúrbios de marcha e equilíbrio, com o paciente apresentando quedas frequentes no início da doença. Sintomas parkinsonianos como rigidez e bradicinesia são comuns, porém de predomínio mais axial do que apendicular, com hiperextensão do pescoço (retrocólis), contratura de músculos da face, resultando no clássico "olhar de surpresa" da doença e uma marcha característica em hiperextensão do tronco, com passos não tão curtos como na doença de Parkinson, lembrando, em alguns momentos, uma marcha "robótica" (BARSOTTINI, 2005). O tremor pode estar presente em 5% a 10% dos pacientes, porém as formas predominantes são o tremor postural ou de ação e menos frequentemente o tremor de repouso. Disartria e disfagia são comuns na doença, aparecendo também em estágios iniciais. Distúrbios cognitivos também são comuns nos pacientes, principalmente sintomas comportamentais, declínio cognitivo, irritabilidade, isolamento social e distúrbios executivos, evidenciando-se nos testes neuropsicológicos uma disfunção do lobo frontal (BROOKS, 2002). Outros sintomas, tais como palilalia, perseveração motora, *grasping* motor e visual, podem aparecer. Alguns pacientes com PSP apresentam quadro clínico dominado pela demência e poucos sintomas motores, sendo que muitos são diagnosticados em vida como doença de Alzheimer (GEARING et al., 1994). No diagnóstico diferencial da PSP, estão incluídas várias doenças, como a própria doença de Alzheimer, a degeneração ganglionar corticobasal, as doenças priônicas, a doença de Pick, a hidrocefalia de pressão normal e as demências vasculares.

O grande marcador clínico da PSP é a anormalidade supranuclear do olhar, que são mais comuns nas miradas verticais para baixo. Na evolução da doença podem aparecer o blefaroespasmo e a apraxia da abertura ocular. Em média, as alterações características da movimentação ocular da PSP aparecem três anos após o início da doença, e já são descritos casos com confirmação anatomopatológica de PSP sem a presença das anormalidades oculares (BROOKS, 2002).

O diagnóstico de certeza da PSP somente é possível por meio do exame anatomopatológico dos cérebros dos casos suspeitos, seguindo os critérios estabelecidos por Litvan e colaboradores (LITVAN et al., 1996). Não existe um marcador biológico para a doença, e os exames complementares apenas ajudam a tornar o diagnóstico clínico mais provável. A ressonância magnética de crânio evidencia a presença de atrofia mesencefálica e de dilatação do terceiro ventrículo em estágios mais avançados da PSP. Estudos com *positron emission tomography* (PET) e *single emission computed tomography* (SPECT) também têm auxiliado nos diagnósticos diferenciais das diversas formas de Parkinson-plus (AHLSKOG, 2000).

Alguns pacientes em fases iniciais respondem parcialmente à levodopa, porém, com a evolução da doença, o efeito tende a desaparecer. Vale lembrar que, para se avaliar a resposta à levodopa, devem-se utilizar doses progressivas, chegando-se algumas vezes até 1000 mg ao dia (BARSOTTINI, 2005). Trabalhos utilizando agonistas dopaminérgicos como terapia não mostram vantagens sobre a levodopa. O uso de tricíclicos (amitriptilina) na dose média de 50 mg ao dia pode mostrar apenas discreta melhora na marcha e na rigidez. Estudos mais recentes tentando utilizar anticolinesterásicos também mostraram pouca eficácia e algumas vezes até a piora dos sintomas motores. A toxina botulínica tem sido utilizada nos casos de blefaroespasmo e de apraxia da abertura ocular, assim como se recomendam terapias complementares como fonoaudiologia e fisioterapia. Nas fases finais da doença, muitos pacientes são submetidos à colocação de gastrostomia e traqueostomia pelo intenso envolvimento pseudobulbar com risco de aspiração e de pneumonia. A morte ocorre em média nove a dez anos após o início da doença, resultado de complicações relativas a quedas ou aspiração (BARSOTTINI, 2005). Nos EUA e na Europa, já existem associações exclusivamente dedicadas a esses pacientes; algumas informações interessantes podem ser consultadas no site http://www.psp.org/ da The Society for PSP (Estados Unidos).

Degeneração ganglionar corticobasal (DCB)

É uma doença degenerativa rara, descrita inicialmente na década de 1960 e caracterizada por degeneração corticodentatonigral com acromasia neuronal (MARK, 2001). Como a PSP, também está no grupo das Taupatias, havendo em alguns casos uma sobreposição de achados neuropatológicos e genéticos entre a DCB e PSP (HOULDEN et al., 2001).

Além disso, tal doença tem sido incluída no grupo das degenerações lobares frontotemporais, juntamente com a PSP e as demências frontotemporais (KNIBB; KIPPS; HODGES, 2006).

O quadro clínico é caracterizado por uma síndrome parkinsoniana rígido-acinética predominantemente assimétrica, mesmo em estágios avançados da doença, sendo algumas vezes acompanhada de distonia severa do membro acometido, sintomas de disfunção cortical como apraxia ideomotora, alterações sensoriais corticais, mioclonias e presença do chamado "membro alienígena" (presente em 50% dos pacientes), com membro executando movimentos ou adquirindo posturas independentemente da vontade do paciente (BARSOTTINI, 2005). Em raras situações, o quadro clínico pode iniciar-se nos membros inferiores. A presença de disartria e de disfagia pode ocorrer durante a evolução da doença, assim como sintomas autonômicos e sinais de disfunção do trato corticoespinhal, geralmente com hiper-reflexia. Alterações da motilidade ocular também podem aparecer, como apraxia da movimentação ocular, paralisia supranuclear do olhar, além de blefaroespasmo e apraxia da abertura ocular. Quadros cognitivos normalmente aparecem com a evolução da doença na maioria dos pacientes e, em alguns casos, os sintomas predominam sobre outros sintomas motores, tornando o diagnóstico clínico de DCB extremamente difícil (WENNING et al.,1998). Sintomas de envolvimento do lobo frontal são incomuns no início do quadro, mas podem aparecer na evolução em aproximadamente 50% dos casos. Quadros demenciais surgem em torno de 25% dos casos, geralmente em estágios mais avançados da doença. Em raras situações existem apresentações clínicas incomuns da DCB, incluindo formas indistinguíveis da afasia primária progressiva e de demências frontais (KERTESZ et al., 2000). O diagnóstico diferencial inclui a doença de Alzheimer, PSP, doença priônicas, demência frontotemporal com parkinsonismo associada ao cromossomo 17 e outras doenças demenciais.

A doença aparece por volta da quinta e sexta décadas de vida, e sua real prevalência não é conhecida. Macroscopicamente, os cérebros de pacientes com DCB mostram atrofia frontoparietal, normalmente assimétrica. Neurônios balonados, com núcleos na periferia e acromasia são características anatomopatológicas da doença, porém não são específicos (MARK, 2001). A ressonância de crânio pode mostrar atrofia assimétrica, predominante da região frontoparietal, bastante característica dessa doença, e estudos com SPECT ou PET também podem confirmar tal assimetria entre seus achados. Em estágios avançados, essa assimetria pode ser mascarada por uma atrofia cortical difusa. O tratamento é extremamente ineficaz, havendo pobre resposta a qualquer medicação utilizada tanto para o quadro parkinsoniano quanto para a disfunção cognitiva (KOMPOLITI et al., 1998). Na presença de mioclonias, pode haver resposta ao ácido valproico ou clonazepan, e a toxina botulínica poderá ser utilizada na presença de distonia dolorosa.

A sobrevida média é em torno de sete anos, e a morte ocorre normalmente secundária às complicações da imobilidade. A demência frontotemporal com parkinsonismo ligada ao cromossomo 17 deve ser lembrada no diagnóstico diferencial de doenças degenerativas de início precoce com componente autossômico dominante onde existam os achados de parkinsonismo associados a comprometimento cognitivo. Faz parte do grupo das taupatias, juntamente com a PSP, DCB e doença de Pick, porém diferencia-se pelo caráter familiar e pelo aparecimento precoce dos sintomas, por volta dos quarenta e cinquenta anos. Do ponto de vista clínico, a apresentação fenotípica pode ser muito semelhante à PSP ou DCB, porém, em alguns casos, a manifestação é exclusivamente cognitiva. A realização de teste genético pode confirmar o diagnóstico (BARSOTTINI, 2005).

Referências bibliográficas

AHLSKOG, J. E. Diagnosis and differential diagnosis of Parkinson's disease and parkinsonism. *Parkinsonism & Related Disorders*, v. 7, p. 63-70, 2000.

BARSOTTINI, O. G. P. Parkinsonismo atípico. In: FERRAZ, H. B. (Ed.). *Doença de Parkinson : prática clínica e terapêutica*. São Paulo: Atheneu, 2005

BROOKS, D. J. Diagnosis and management of atypical parkinsonian syndromes. *Journal of Neurology, Neurosurgery & Psychiatry*, v. 72, p. i10 – i16, 2002. Suplemento 1.

CAPARROS-LEFEBRE, D.; ELBAZ, A. Possible relation of atypical parkinsonism in the French West Indies with consumption of tropical plants: a case control study. Caribbean Parkinsonism Study Group. *Lancet*, v. 354, p. 281-286, 1999.

GEARING, M. et al. Progressive supranuclear palsy: neuropathologic and clinical heterogeneity. *Neurology*, v. 44, p. 1015-1024, 1994.

GOLBE, L. I. Progressive supranuclear palsy in the molecular age. *Lancet*, v. 356, p. 870-871, 2000.

HOULDEN, H. et al. Corticobasal degeneration and progressive supranuclear palsy share a common tau haplotype. *Neurology*, v. 56, p. 1702-1706, 2001.

KERTESZ, A. et al. The corticobasal degeneration syndrome overlaps progressive aphasia and frontotemporal dementia. *Neurology*, v. 55, p. 1368-1375, 2000.

KNIBB, J. A.; KIPPS, C. M.; HODGES, J. R. Frontotemporal dementia. *Current Opinion in Neurology*, v. 19, p. 565-571, 2006.

KOMPOLITI, K. et al. Clinical presentation and pharmacological therapy in corticobasal degeneration. *Archives of Neurology*, v. 55, p. 57-61, 1998.

LITVAN, I. et al. Clinical research criteria for the diagnosis of progressive supranuclear palsy (Steele, Richardson, Olszewski syndrome: report of the NINDS-SPSP International Workshop). *Neurology*, v. 47, p. 1-9, 1996.

MARK, M. H. Lumping and splitting the Parkinson plus syndromes: dementia with Lewy bodies, multiple system atrophy, progressive supranuclear palsy, and cortico-basal ganglionic degeneration. *Neurologic Clinics*, v. 19, p. 607-627, 2001.

SCHRAG, A.; BEN-SHLOMO, Y.; QUINN, N. P. Prevalence of progressive supranuclear palsy and multiple system atrophy: a cross-sectional study. *Lancet*, v. 354, p. 1771-1775, 1999.

WENNING, G. K. et al. Natural history and survival of 14 patients with corticobasal degeneration confirmed at postmortem examination. *Journal of Neurology, Neurosurgery & Psychiatry*, v. 64, p. 184-189, 1998.

AFASIA PROGRESSIVA PRIMÁRIA

Márcia Radanovic

Em 1892, Arnold Pick descreveu um paciente com grave acometimento isolado de linguagem associado à atrofia na região temporal polar e nos dois terços posteriores do lobo frontal à esquerda 1. Posteriormente, o mesmo autor descreveu outros pacientes com atrofia temporal2, parietal e frontal3, e o termo "doença de Pick" passou a ser utilizado para nomear qualquer doença progressiva que cursasse com atrofia cortical, especialmente quando houvesse distúrbios comportamentais (POECK; LUZZATTI, 1988). Em 1982, Mesulam descreveu seis pacientes com deterioração de linguagem isolada e de longa duração, denominando esses quadros como "afasia lentamente progressiva sem demência", e, mais tarde, afasia progressiva primária (APP). Alguns dos pacientes, a despeito de sérias limitações na comunicação oral e na escrita, conseguiam manter autonomia em atividades da vida diária. No Brasil, Oliveira e colaboradores (1989) foram os primeiros a descrever um caso de APP. A pesquisa na base de dados LILACS usando os descritores "afasia progressiva primária" e "demência semântica" (em línguas portuguesa e inglesa) retornou três artigos de autores brasileiros, sendo um de revisão (MARINHO; LAKS; ENGELHARDT, 2000), e dois com descrição de casos (RADANOVIC et al., 2005), além do trabalho pioneiro citado.

De acordo com a definição de Mesulam (2000), APP é a uma síndrome clínica em que ocorre prejuízo progressivo, porém restrito à linguagem, por um período mínimo de dois anos, antes que apareçam outros sinais de deterioração cognitiva. As únicas disfunções cognitivas aceitáveis no período de dois anos, em conjunto com as alterações de linguagem, são acalculia e apraxia ideomotora. Após dois anos de evolução da doença, déficits em outros domínios cognitivos podem aparecer, mas muitos pacientes talvez permaneçam apenas afásicos por períodos mais longos, variando de cinco a dez anos, com habilidades de raciocínio e julgamento intactas durante um longo período, mesmo quando o quadro de linguagem é grave, muitas vezes chegando ao mutismo.

A afasia pode prejudicar o desempenho em tarefas que dependam de habilidades linguísticas, como testes de memória ou lógica verbal, mas em geral não há dificuldades em tarefas que envolvam memória declarativa/episódica ou funções executivas. O que diferencia essa síndrome de outras disfunções cognitivas progressivas é o aspecto funcional: muitos indivíduos conseguem manter sua vida pessoal e profissional, enfrentando situações complexas, a despeito do déficit de linguagem, o que é impossível em quadros demenciais no mesmo estágio de evolução. É uma condição clínica rara, sendo difícil estabelecer sua incidência e prevalência. Os dados disponíveis até o momento mostram que a doença geralmente se inicia antes dos 65 anos de idade, predomina levemente em homens e pode durar por um período de quinze a vinte anos (MESULAM, 2000), embora prejuízos nas atividades de vida diária costumem aparecer ao redor de seis a sete anos de evolução (LE RHUN; RICHARD; PASQUIER, 2005).

Uma das discussões em aberto na literatura diz respeito à etiologia mais provável da APP, e mais de um século após a descrição de Pick ainda há controvérsias a respeito da história natural dela. De acordo com Mesulam, estudos em cerca de cinquenta pacientes com diagnóstico de APP mostram alterações neuropatológicas predominantes em lobos frontais, região perisylviana e córtex temporal no hemisfério esquerdo, com relativa preservação do hipocampo e do córtex entorrinal. Sessenta por cento dos pacientes apresentaram atrofia focal, com perda neuronal, gliose e alterações espongiformes leves nas camadas corticais superiores (padrão conhecido como "atrofia lobar inespecífica" ou "demência sem histologia distinta"). Nesses casos, também podem ocorrer achados como neurônios balonados contendo neurofilamentos fosforilados, e inclusões ubiquitina + ou tau + nos neurônios e células gliais. Em cerca de 20% dos casos, os achados neuropatológicos foram inclusões neuronias tau + compatíveis com as encontradas na doença de Pick. Nos restantes 20% dos casos, havia alterações características da doença de Alzheimer, embora em geral havendo distribuição anômala das placas senis e dos emaranhados neurofibrilares (MESULAM, 2003). Casos de afasia progressiva já foram associados à doença de Creutzfeldt-Jakob (em uma forma mais insidiosa) (MANDELL; ALEXANDER; CARPENTER, 1989; GHORAYEB et al., 1998), à doença por corpúsculos de Lewy (LE RHUN; RICHARD; PASQUIER, 2005) e à lesão degenerativa em tálamo (CHIN et al., 1994).

O debate sobre a categorização da APP está em aberto. A posição mais aceita entre os autores, atualmente, é de que a APP é uma das possíveis formas clínicas do "complexo Pick", de acordo com Kertesz (2003), ou da degeneração lobar frontotemporal (DLFT), de acordo com Snowden e colaboradores (1993). Para Kertesz, o "complexo Pick" engloba as formas clínicas demência frontotemporal (DFT), APP, degeneração corticobasal (DCB), paralisia supranuclear progressiva (PSP) e demência frontotemporal com doença do neurônio motor (DFT-DNM) (KERTESZ, 2003). De fato, afasia não fluente pode ser um dos sintomas iniciais da DCB (FERRER et al., 2003) e da PSP (JOSEPHS, 2006). Estudos longitudinais demonstram que muitos casos de APP evoluem para DFT após alguns anos. Em um recente artigo de revisão, Kertesz propõe que há uma associação probabilística maior entre a forma DS, evoluindo para DFT, e a forma AFNP, evoluindo para DCB/PSP (LE RHUN; RICHARD; PASQUIER, 2005; KERTESZ, 2005).

A moderna descrição da APP por Mesulam suscitou debate na literatura a respeito da legitimidade de se considerar a síndrome uma entidade clínica à parte das demências degenerativas. Para muitos autores, tal posição não se justifica, uma vez que pacientes com diagnóstico de APP podem apresentar desempenho comprometido em outras funções cognitivas (além da linguagem) já no início do quadro, bem como evolução para uma deterioração cognitiva global, ainda que após um período de muitos anos.

Nesse sentido, Weintraub e Mesulam argumentam que uma lesão focal pode, de fato, perturbar várias funções cognitivas, e lesões perisylvianas à esquerda podem causar apraxia e acalculia. Além disso, os mesmos autores propuseram uma classificação de demências degenerativas baseada em quatro perfis clínicos, cada um com maior probabilidade de associação com uma doença cerebral específica. Essa classificação leva em consideração o perfil neuropsicológico exibido pelo paciente durante os primeiros dois anos da doença. APP é um destes possíveis perfis (Síndrome Progressiva da Rede de Linguagem) (MESULAM, 2000). Assim, aceita-se atualmente que a APP constitui uma síndrome incluindo diferentes etiologias e cujo diagnóstico é clínico. No entanto, a resolução deste debate provavelmente só será possível com base em maior quantidade de dados neuropatológicos que permitam melhor caracterização das diversas demências degenerativas.

Quadro clínico da APP

De acordo com Mesulam (2003), os critérios diagnósticos para essa síndrome são os seguintes:

- prejuízo da linguagem com início insidioso e progressão gradual (acometendo nomeação, sintaxe ou compreensão de palavras, durante conversação ou detectado por meio de testes de linguagem);
- todas as limitações do paciente em atividades de vida diária podem ser atribuídas unicamente ao déficit de linguagem, por um período mínimo de dois anos;
- ausência de alterações de linguagem prévias ao início do quadro;
- apatia, desinibição, alteração de memória recente, déficits visuoespaciais e disfunção sensório-motora devem estar ausentes durante os primeiros dois anos da doença (com base na história, na avaliação

das atividades da vida diária ou na avaliação neuropsicológica) a fim de excluir o diagnóstico de qualquer outra síndrome demencial;

- acalculia e apraxia ideomotora podem estar presentes nos primeiros dois anos da doença, bem como déficits na cópia de desenhos simples e perseveração; no entanto, alterações visuoespaciais ou de comportamento não podem limitar as atividades de vida diária;
- outros domínios cognitivos podem ser afetadas após dois anos do início do quadro, mas a linguagem permanece como a função mais comprometida durante todo o curso da doença e sofre deterioração mais rápida do que as outras funções;
- outras causas de afasia (AVE, tumores) devem ser excluídas por meio de exame de neuroimagem.

Nos casos de APP, as manifestações clínicas não se encaixam na taxonomia tradicional das afasias. O quadro clínico é bastante heterogêneo, havendo grande variação interindividual, e a tentativa de se estabelecer um padrão "típico" de APP torna-se mais complicada na medida em que os diferentes estudos utilizaram diferentes protocolos de avaliação, tanto na avaliação da linguagem, quanto na avaliação das demais possíveis manifestações cognitivas que os pacientes poderiam apresentar. Outro fator que dificulta uma comparação entre os diversos trabalhos é o fato de que a afasia interfere no desempenho dos pacientes na maior parte dos testes neuropsicológicos, que dependem em grande parte das habilidades verbais (quando não na sua realização, pelo menos na compreensão do que é solicitado na tarefa). Além do mais, quadros degenerativos evoluem em ritmos diferentes em diferentes pacientes, tornando-se difícil comparar e estabelecer padrões a partir da observação de indivíduos que, embora possam ter o mesmo número de anos de evolução da doença, podem estar em graus completamente diferentes de progressão dela.

Apesar destas e outras dificuldades metodológicas, atualmente são reconhecidas as seguintes formas clínicas: afasia progressiva não fluente (APNF), demência semântica (DS) (ou afasia progressiva fluente) e afasia progressiva logopênica (APL) (AMICI et al., 2006), embora ainda não haja consenso sobre essa classificação, e muitos autores reconheçam apenas a existência de uma forma fluente (DS) e outra não fluente (APNF), sendo a forma logopênica incluída nessa última. Para outros autores, ainda, DS é outra entidade clínica, distinta da APP, mesmo fazendo parte do espectro da DLFT, em cuja base estaria um déficit no sistema semântico em si (HODGES; GARRARD; PATTERSON, 1998; KNIBB; HODGES, 2005), e não apenas na linguagem, com os pacientes apresentando problemas no reconhecimento de objetos (agnosia) e dificuldades em tarefas não verbais, salientando a deterioração do conhecimento semântico como um todo. Nas fases iniciais, entretanto, o que se observa em quase todos os pacientes é um déficit de nomeação, que pode ter como mecanismo subjacente tanto dificuldades léxico-semânticas, como problemas relacionados à produção da fala. Isso leva ao uso de estratégias linguísticas compensatórias, como a simplificação (substituição de palavras por outras semanticamente relacionadas, porém mais genéricas) e circunlóquios (uso de expressões que "rodeiam" o assunto, na impossibilidade de encontrar as palavras exatas). Com o decorrer do tempo, as dificuldades de linguagem intensificam-se, tendendo a compor um quadro que se organizará numa forma predominantemente fluente ou não fluente, como será descrito a seguir.

Afasia progressiva não fluente: nessa forma clínica, a fala do paciente é realizada com esforço, lentidão e hesitação. O agramatismo é evidente tanto na compreensão quanto na produção, bem como a anomia em graus variados. A compreensão de palavras é relativamente preservada (aqui o grande contraste com a DS). A compreensão de sentenças, entretanto, é prejudicada em razão diretamente proporcional à sua complexidade morfossintática, como nas sentenças em que os elementos não são apresentados em ordem canônica (sujeito + verbo + objeto), ou naquelas organizadas em voz passiva, ou, ainda, quando ocorrem sentenças relativas de sujeito ou de objeto.

Afasia progressiva não fluente forma logopênica: nessa forma clínica, a produção da fala é reduzida e simplificada do ponto de vista sintático, com parafasias fonêmicas abundantes. A compreensão de sentenças é comprometida, preservada apenas para construções sintáticas bem elementares. O déficit de nomeação é intenso A repetição também é ruim, revelando um comprometimento primário de alça fonológica.

Apraxia de fala também é descrita como uma forma possível manifestação de doença neurodegenerativa, relacionada à APNF (AMICI et al., 2006), sendo uma desordem motora em que ocorre lentidão na fala, disprosódia e erros articulatórios (distorções, substituições, adições, repetições e prolongamentos).

Demência semântica: deve-se a Warrington, em 1975, a primeira descrição da perda seletiva da memória semântica com preservação da memória episódica, sendo o termo "demência semântica" atribuído posteriormente por Snowden e colaboradores (1989); os achados clínicos fundamentais incluem:

- intensa anomia, com diminuição importante do número de itens gerados em testes de fluência verbal baseados em categorias semânticas;
- prejuízo da compreensão oral e da escrita de palavras isoladas;
- relativa preservação das habilidades sintáticas e fonológicas;
- habilidades perceptivas e de solução de problemas não verbais normais;
- memória episódica e autobiográfica relativamente preservada.

A queixa principal dos pacientes é a dificuldade em "achar palavras", seguida pelo déficit de compreensão. A fala espontânea é fluente, gramaticalmente correta, com articulação, e a prosódia está preservada, pelo menos nas fases iniciais. Parafasias semânticas são bastante frequentes nessa forma clínica. Com a progressão da doença, o discurso torna-se progressivamente mais "vazio", com o aumento do uso de palavras vagas, tais como "coisa", "aquilo", etc. A nomeação de objetos torna-se muito comprometida, e não há melhora do desempenho com o uso de pistas (como oferecimento de múltiplas escolhas), denotando a deterioração do sistema semântico. Nas fases iniciais, o paciente consegue produzir nomes pertencentes à mesma categoria semântica, ou prototípicos de alta frequência, sendo que posteriormente passará a nomear apenas a categoria semântica (superordenação: *"tigre"* – *"animal"*), seja na nomeação espontânea ou em provas de confrontação visual. A repetição para palavras isoladas é boa, porém a repetição de frases estará comprometida proporcionalmente ao prejuízo da compreensão. Na leitura, não encontram dificuldades com palavras regulares, mas costumam apresentar dislexia de superfície, ou seja, tendência à regularização, o mesmo ocorrendo com a escrita. A deterioração do conhecimento semântico ocorre de forma paralela, na produção e compreensão da linguagem. Nos estágios iniciais, esses pacientes apresentam desempenho normal ou próximo ao normal em tarefas de memória de curta duração, orientação, habilidades visuais, memória não verbal e solução de problemas não verbais (HODGES; GARRARD; PATTERSON, 1998). Nesses pacientes ocorre, em geral, uma influência positiva do efeito de frequência e familiaridade dos itens testados em seu desempenho, sendo que a experiência autobiográfica parece ser um elemento facilitador para a preservação da informação, ao investir os objetos e as palavras de um significado pessoal mais resistente à deterioração. Este efeito obedece a um gradiente temporal inverso ao que ocorre nas síndromes amnésticas clássicas: a informação atual é mais preservada do que a do passado remoto (SNOWDEN; GRIFFITHS; NEARY, 1996).

Em um trabalho de revisão de 112 casos de APP, Westbury e Bub (1997) encontraram a seguinte distribuição para os sintomas de linguagem: ao final do terceiro ano de evolução, 45% dos pacientes apresentavam anomia grave; em outros 30%, a anomia era moderada. A compreensão era pouco afetada nos primeiros dois anos, mas cerca de 20% dos pacientes mostravam grave alteração de compreensão em torno do nono ano de evolução. Alterações de leitura e repetição aparecem mais tardiamente, em torno do quarto ou quinto ano de evolução, afetando cerca de 20% dos casos.

Pacientes com APP podem apresentar, no decorrer da doença, sinais neurológicos localizatórios em hemicorpo direito, tais como déficit motor leve e discreta rigidez, bem como sinais de lentificação ao EEG nas regiões frontais, temporais e perisylvianas do hemisfério esquerdo. Apresentações clínicas ainda mais restritas podem ser encontradas ocasionalmente como na surdez verbal progressiva pura, descrita em um paciente com atrofia temporal superior esquerda (OTSUKI, 1998) e afemia progressiva pura (COHEN et al., 1993).

Neuroimagem: os estudos de neuroimagem estrutural (tomografia computadorizada e ressonância magnética) mostram que a maior parte dos pacientes com APP apresenta alterações de neuroimagem em região perisylviana esquerda, sendo a APP não fluente correlacionada com lesão frontal esquerda, e a DS, com atrofia temporal bilateral. Estudos de neuroimagem funcional (PET) mostram hipometabolismo em região frontal esquerda. Na DS, as alterações de imagem predominam nas regiões temporais anteriores e mediais. No caso da APNF, as alterações aparecem predominantemente em região frontal esquerda, área motora e área pré--motora. Na variante APL, foi encontrada atrofia no lobo parietal inferior e medial, no terço posterior no giro temporal médio, sulco temporal superior e hipocampo esquerdo (sugerindo que a doença de Alzheimer possa ser uma etiologia para essa forma particular de APP) (AMICI et al., 2006). Análises utilizando a técnica de morfometria baseada em voxel por ressonância magnética (GORNO, et al., 2004) evidenciaram maior atrofia da região frontal inferior e insular esquerda na APNF; na DS, maior acometimento da região temporal anterior e na APL, atrofia no córtex temporal posterior e lóbulo parietal inferior à esquerda, reproduzindo e confirmando os achados já descritos. As alterações encontradas nos exames de neuroimagem tendem a progredir paralelamente à deterioração clínica.

Formas hereditárias da APP: a possível relação da APP com a Demência Disfásica com Desinibição Hereditária, descrita por Morris em 1984, ainda não é bem compreendida. Essa síndrome de caráter autossômico dominante, encontrada em quatro membros de uma família, apresenta quadro clínico iniciado por alterações de linguagem (fala hesitante, redução da expressão e anomia, evoluindo para afasia global e mutismo em menos de cinco anos), associadas à perda de memória e a distúrbios de comportamento, na presença de atrofia cortical predominante à esquerda e achados neuropatológicos mistos de doença de Pick e doença de Alzheimer. Posteriormente, quadros clínicos semelhantes foram encontrados em outras famílias portadoras de taupatia hereditária ligada ao cromossomo 17 (LENDON et al., 1998; BASUN et al., 1997).

O alelo å4 do genótipo ApoE (um dos fatores de risco para doença de Alzheimer) não é frequente em casos de APP. Porém, quando presente, é mais comumente encontrado na forma APL (AMICI, et al., 2006), o que reforça uma possível associação desta forma particular com a doença de Alzheimer, e das outras formas com a DLFT.

Tratamento medicamentoso: a bromocriptina (um agonista dopaminérgico) foi empregada como tentativa terapêutica em seis pacientes com APP (REED et al., 2004), e embora esses pacientes tenham apresentado uma taxa menor de deterioração do que o grupo-controle (que usava placebo), os resultados foram modestos. Não existem estudos sobre a eficácia de qualquer outra medicação das habitualmente usadas nas doenças degenerativas, como doença de Alzheimer (anticolinesterásicos, neurolépticos, inibidores de recaptação de serotonina) em melhorar os sintomas relacionados à linguagem.

Referências bibliográficas

AMICI, S. et al. An overview on Primary Progressive Aphasia and its variants. *Behavioural Neurology*, v. 17, p. 77-87, 2006.

BASUN, H. et al. Clinical characteristics of a chromosome 17-linked rapidly progressive familial frontotemporal dementia. *Archives of Neurology*, v. 54, p. 539-544, 1997.

CAIXETA, L.; MANSUR, L. L. Semantic dementia: clinical and neuroimaging evaluation. Case report. *Arquivos de Neuropsiquiatria*, v. 63, p. 346-351, 2005.

CHIN, S. S. M. et al. Thalamic degeneration presenting as primary progressive aphasia. *Brain Pathologyogy*, v. 4, p. 515, 1994.

COHEN, L. et al. Pure progressive aphemia. *Journal of Neurology Neurosurgery and Psychiatry*, v. 56, p. 923-924, 1993.

FERRER, I. et al. Primary progressive aphasia as the initial manifestation of corticobasal degeneration and unusual tauopathies. *Acta Neuropathologicaogica*, v. 106, p. 419-435, 2003.

GHORAYEB, I. et al. Creudtzfeldt-Jakob disease with long duration and panencephalopathic lesions: Molecular analysis of one case. *Neurology*, v. 51, p. 271-274, 1998.

GORNO-TEMPINI, M. L. et al. Cognition and anatomy in three variants of primary progressive aphasia. *Annals of Neurology*, v. 55, p. 335-346, 2004.

HODGES, J. R.; GARRARD, P.; PATTERSON, K. Semantic dementia. In: KERTESZ, A.; MUNOZ, D. G. (Eds.). *Pick's disease and Pick complex*. New York: Wiley-Liss, 1998. p. 83-103.

JOSEPHS, K. A. et al. Clinicopathological and imaging correlates of progressive aphasia and apraxia of speech. *Brain*, v. 129, p. 1385-1398, 2006.

KERTESZ, A. Frontotemporal dementia: one disease, or many?: probably one, possibly two. *Alzheimer Disease and Associated Disorders*, v. 1, p. S19-S24, 2005. Suplemento 1.

KERTESZ, A. Pick Complex: an integrative approach to frontotemporal dementia: primary progressive aphasia, corticobasal degeneration, and progressive supranuclear palsy. *Neurologist*, v. 9, p. 311-317, 2003.

KNIBB, J. A.; HODGES, J. R. Semantic dementia and primary progressive aphasia: a problem of categorization? *Alzheimer Disease and Associated Disorders*, v. 19, p. S7-S14, 2005. Suplemento 1.

LE RHUN, E.; RICHARD, F.; PASQUIER, F. Natural history of primary progressive aphasia. *Neurology*, v. 65, p. 887-891, 2005.

LENDON, C. L. et al. Hereditary dysphasic disinhibition dementia: A frontotemporal dementia linked to 17q21-22. *Neurology*, v. 50, p. 1546-1555, 1998.

MANDELL, A. M.; ALEXANDER, M. P.; CARPENTER, S. Creutzfeldt-Jakob disease presenting isolated aphasia. *Neurology*, v. 39, p. 55-58, 1989.

MARINHO, V.; LAKS, J.; ENGELHARDT, E. Frontotemporal lobar degeneration: historical aspects, conceptual evolution, classification. *Revista Brasileira de Neurologia*, v. 36, p. 103-110, 2000.

MESULAM, M. M. Aging, Alzheimer's disease, and dementia. In: MESULAM, M. M. (Ed.). *Principles of behavioral and cognitive neurology*. 2.Ed. New York: Oxford University Press, 2000. p. 455-458.

MESULAM, M. M. Current concepts: Primary Progressive Aphasia – A Language-based dementia. *New England Journal of Medicine*, v. 349, p. 1535-1542, 2003.

MESULAM, M. M. Slowly progressive aphasia without generalized dementia. *Annals of Neurology*, v. 11, p. 592-598, 1982.

MORRIS, J. C. et al. Hereditary dysphasic dementia and the Pick-Alzheimer spectrum. *Annals of Neurology*, v. 16, p. 455-466, 1984.

OLIVEIRA, S. A. V.; CASTRO, M. J. O.; BITTENCOURT, P. R. M. Slowly progressive aphasia followed by Alzheimer's dementia. *Arquivos de Neuropsiquiatria*, v. 47, p. 72-75, 1989.

OTSUKI, M. et al. Slowly progressive pure word deafness. *European Neurology*, v. 39, p. 135-140, 1998.

PICK, A. Über einen weiteren Symptomenkomplex im Rahmen der Dementia senilis, bedingt durch umschriebene stärkere Hirnatrophie (gemischte Apraxie). *Monatsschr Psychiatr Neurol* 1906;19:97-108 apud Poeck K, Luzzatti C, 1988:160.

PICK, A. Zur Symptomatologie der linksseitigen Schläfenlappenatrophie. *Monatsschr Psychiatr Neurol* 1904;16:378-388 apud Poeck K, Luzzatti C, 1988:160.

PICK, A. Über die Beziehungen der senilen Hirnatrophie zur Aphasie. *Prager Med Wochenschr*, v, 17, p. 165-167, 1892 apud Poeck K, Luzzatti C, 1988:160.

POECK, K.; LUZZATTI, C. Slowly progressive aphasia in three patients. The problem of accompanying neuropsychological deficit. *Brain*, v. 111, p. 151-168, 1988.

RADANOVIC, M. et al. Primary progressive aphasia: analysis of 16 cases. *Arquivos de Neuropsiquiatria*, v. 59, p. 512-520, 2001.

REED, D. A. et al. A clinical trial of bromocriptine for treatment of primary progressive aphasia. *Annals of Neurology*, v. 56, p. 750, 2004.

SNOWDEN, J. S.; GOULDING, P. J.; NEARY, D. Semantic dementia: a form of circumscribed cerebral atrophy. *Behavioural Neurology*, v. 2, p. 167-182, 1989.

SNOWDEN, J. S.; GRIFFITHS, H. L.; NEARY, D. Semantic-episodic memory interactions in semantic dementia: implications for retrograde memory function. *Cognitive Neuropsychology*, v. 13, p. 1101-1137, 1996.

SNOWDEN, J. S.; NEARY, D. Progressive language dysfunction and lobar atrophy. *Dementia*, v. 4, p. 226-231, 1993.

WARRINGTON, E. K. Selective impairment of semantic memory. *The Quarterly Journal of Experimental Psychology*, v. 27, p. 635-657, 1975.

WESTBURY, C.; BUB, D. Primary progressive aphasia: review of 112 cases. *Brain and Language*, v. 60, p. 381-406, 1997.

EPILEPSIA: ATUALIZAÇÃO NO DIAGNÓSTICO E TRATAMENTO

Luiz Henrique Martins Castro

O sistema de monitorização por vídeo-EEG é um recurso diagnóstico cada vez mais empregado no diagnóstico de fenômenos paroxísticos. Por enquanto é um recurso pouco utilizado, pois muitos médicos ainda não estão completamente familiarizados com as indicações e, em parte, pela pouca disponibilidade desse recurso em muitos hospitais. Seu emprego é particularmente útil em crianças, tanto para diagnóstico diferencial de eventos paroxísticos, quanto como método auxiliar no diagnóstico e no tratamento de epilepsia.

A Unidade de Monitorização por Vídeo-EEG

O registro prolongado por vídeo-EEG consiste na monitorização contínua e sincronizada do traçado eletroencefalográfico e de vídeo.

A duração do exame é variável. Idealmente se procura o registro de todos os tipos de eventos que o paciente apresente clinicamente e em número suficiente para o objetivo diagnóstico. Ainda idealmente, devem ser registrados os eventos espontâneos que o paciente venha apresentando. Em alguns casos podem também ser provocados eventos, quando existe um claro precipitante ou, no caso de crises não epilépticas psicogênicas (ver adiante), por meio de sugestão.

No caso de crises epilépticas, um dos recursos que podem ser empregados é a retirada, parcial ou completa, das drogas antiepilépticas.

Indicações da monitorização por vídeo-EEG

As principais indicações do registro por vídeo-EEG são: diagnóstico diferencial de eventos paroxísticos, caracterização clínica e eletrográfica de crises epilépticas, quantificação de crises e detecção de crises subclínicas (principalmente durante o sono), avaliação pré-cirúrgica para epilepsia (com eletrodos de superfície – colocados sobre o couro cabeludo ou com eletrodos invasivos – colocados no espaço subdural – placas e estrias subdurais ou colados no parênquima cerebral – eletrodos profundos), e também para o registro prolongado do EEG. Essa última indicação pode ser substituída pela monitorização prolongada ambulatorial do EEG ("Holter cerebral"), com a vantagem de tal método dispensar a internação hospitalar, mas com a desvantagem de não se poderem realizar correlações eletroclínicas, quando necessário.

Diagnóstico diferencial de eventos paroxísticos fisiológicos

Fenômenos paroxísticos de curta duração raramente são presenciados pelo médico, e, para uma caracterização clínica mais detalhada, ele depende do relato (nem sempre imparcial) do paciente e do acompanhante (em episódios com perda de consciência). Exames de neuroimagem (ressonância magnética e tomografia computadorizada de crânio) e o EEG ambulatorial permitem o diagnóstico em muitos casos. Em outras situações, o médico se vê confrontado com incerteza diagnóstica, dificultando as decisões terapêuticas. Em outros casos, ocorre resposta insatisfatória à intervenção terapêutica, levando também à dúvida diagnóstica. O registro por vídeo-EEG é de enorme utilidade neste contexto.

O diagnóstico diferencial de eventos não epilépticos não se limita em se observar a presença ou a ausência de anormalidades epileptifomes ao EEG durante o evento.

Eventos não epilépticos dividem-se em psicogênicos e fisiológicos. Crises epilépticas habitualmente cursam com descargas epileptiformes (todas as crises tônico-clônicas generalizadas e mais de 90% das crises parciais complexas, porém apenas cerca de 30% das crises parciais simples). Em outras situações, o traçado eletroencefalográfico pode ser encoberto por artefatos musculares e de movimento. Na ausência de um nítido correlato eletrográfico durante o quadro ictal, o examinador deve recorrer a outros dados para definir se o evento em questão é de natureza epiléptica ou não, como a natureza estereotipada do evento, o estágio fisiológico em que ele ocorre (crises não epilépticas psicogênicas tipicamente não ocorrem durante o sono), além de análise detalhada da fenomenologia clínica.

Eventos não epilépticos fisiológicos (e também os eventos epilépticos psicogênicos) podem ser diagnosticados erroneamente como epilepsia. Muitas vezes, o erro diagnóstico decorre do fato de que, com frequência, o médico toma como verdadeira a interpretação dos fatos fornecida pelo paciente, pelos familiares, pelos cuidadores ou até por pessoal da enfermagem e outros médicos. O diagnóstico errôneo é particularmente comum em pacientes com deficiência mental, em que maneirismos motores sejam interpretados como crises, casos em que é fútil e improdutivo tentar contradizer o cuidador enquanto o diagnóstico não esteja plenamente esclarecido através da monitorização por vídeo-EEG. Em outros casos, o paciente pode queixar-se de crises frequentes, embora a investigação diagnóstica possa vir a demonstrar que a "crise", na verdade, seja uma interpretação errônea de uma sensação fisiológica normal. Pode ocorrer também que o diagnóstico errôneo decorra de uma interação inadequada entre o profissional médico e o paciente. Em alguns casos, o profissional faz um diagnóstico de crise epiléptica baseado em dados insuficientes, e, a partir daí, o paciente passa a aceitá-lo, empregando o termo crise para descrever um evento não epiléptico, com consequências para o tratamento.

Os eventos fisiológicos não epilépticos constituem um importante diagnóstico diferencial com epilepsia, principalmente na infância. Diversos destes se manifestam de forma paroxística e, cursando com ou sem perda de consciência, podem oferecer dificuldade diagnóstica, talvez sendo diagnosticados erroneamente como epilepsia. A anamnese cuidadosa, com descrição precisa das características que ocorrem antes, durante e após o evento, a faixa etária, a existência de doença neurológica preexistente, paralisia cerebral ou deficiência mental, a ocorrência dos eventos em determinadas situações, incluindo o estado de vigília ou sono, sugerem o diagnóstico na maioria dos casos. O EEG de rotina e, em alguns casos, a polissonografia permitem o diagnóstico em alguns casos. Em outros, é necessário o registro por vídeo-EEG do evento para melhor caracterização do quadro e para permitir um diagnóstico de certeza.

Uma das maiores dificuldades para o registro por vídeo-EEG desses eventos é a sua frequência. Eventos que ocorrem em intervalos prolongados podem não ser observados mesmo com monitorização por vídeo-EEG prolongada (dias), e dificilmente são induzidos por manobras provocativas. Tal monitorização é particularmente útil não só nos casos em que o evento se repete com frequência, mas também quando existe claro fator desencadeante reprodutível nas condições de registro.

Os eventos não epilépticos fisiológicos mais comumente observados são listados abaixo:

No recém-nascido, lactente e pré-escolar:

Episódios relacionados o sono – mioclonias não epilépticas;

Tremores – fisiológicos e associados a distúrbios hidroeletrolíticos;

Spasmus nutans e *opsoclonus*;

Apneia;

Síncope (vasovagal e cardíaca);

Crises de perda de fôlego (cianótica e pálida);

Refluxo gastroesofágico;

Cólicas do lactente;

Comportamentos de autoestimulação – incluindo masturbação infantil;

Hiperecplexia;

Mioclonias fisiológicas do sono;

Estereotipias;

Espasticidade e clônus.

No escolar, adolescente e adulto:

Síncope e pré-síncope (vasovagal, reflexa, cardíaca, etc.);

Distúrbios do movimento (Coreia, coreoatetose e distonia paroxística, distonia);

Tiques;

Distúrbios de atenção;

Distúrbios do sono (pesadelos, terror noturno, sonambulismo, narcolepsia-cataplexia);

Quadros confusionais agudos (encefalopatias toxicometabólicas);

Enxaqueca, enxaqueca basilar;

Vertigem Paroxística Posicional Benigna;

Crises de pânico e de hiperventilação;

Episódios isquêmicos transitórios;

Amnésia global transitória.

Os fenômenos sincopais e pré-sincopais caracterizam-se por diminuição do fluxo sanguíneo cerebral. Na maioria dos casos, eles são facilmente reconhecidos: sensação de desmaio iminente, turvação visual, zumbido, sensação "de que as coisas ficam longe", palidez cutânea, sudorese e perda de consciência associada à flacidez muscular. Na síncope vasovagal, a sintomatologia pode ter desencadeantes, como permanecer em posição ereta por longos períodos, especialmente em condições de calor ambiente ou aglomeração, situações de estresse emocional (como visualização de sangue ou punção venosa). O diagnóstico de síncope vasovagal geralmente é feito por meio de anamnese detalhada, podendo ser confirmado em alguns casos com o *tilt test*, com ou sem provocação farmacológica. Episódios sincopais prolongados podem cursar com posturas hipertônicas, abalos clônicos ou até crise tônico-clônica generalizada. Esses fenômenos decorrem de sofrimento cerebral por hipofluxo/hipóxia e devem ser interpretados como uma crise aguda sintomática e não como uma crise epiléptica espontânea. O tratamento requer correção da condição de base e não o emprego de drogas antiepilépticas.

Episódios sincopais por arritmias cardíacas (bradi e taquicardias) talvez representem maior dificuldade diagnóstica, pois podem faltar os sintomas premonitórios pré-sincopais, dificultando ainda mais o diagnóstico. Síncope secundária a arritmias cardíacas podem ocorrer em qualquer idade, sendo mais comuns em idosos. Pela potencial gravidade, risco de vida e pelo potencial agravamento de certos tipos de arritmias pela ação de drogas antiepilépticas sobre o sistema de condução cardíaca, é imperioso que o diagnóstico correto seja estabelecido com rapidez e precisão. Muitos dos serviços de vídeo-EEG empregam rotineiramente o registro do traçado por ECG concomitantemente ao registro do EEG.

Dos exemplos listados, depreende-se que o diagnóstico depende, em cada caso, de cuidadosa caracterização clínica e da correta interpretação dos dados obtidos por meio da monitorização por vídeo-EEG.

Abordagem diagnóstica e terapêutica nas crises não epilépticas psicogênicas

Um dos maiores desafios diagnósticos na área de epilepsia é o diagnóstico de eventos não epilépticos de origem psicogênica. A apresentação dessa doença é variável, sendo frequentemente confundida com crises epilépticas, e não incomumente tratada com medidas agressivas, até com indução de coma barbitúrico em casos diagnosticados erroneamente como estado de mal epiléptico.

A simples observação do evento típico não permite o diagnóstico em muitos casos. Muitos médicos interpretam sintomas bizarros (que comumente ocorrem nas epilepsias do lobo frontal) como indicativos da natureza não epiléptica do evento, enquanto muitas vezes os eventos não epilépticos podem ser confundidos com crises epilépticas. Um fator adicional de dificuldade é que com alguma frequência os dois tipos de crise podem coexistir em um mesmo paciente. Alguns estudos baseados em casos de crises de difícil controle, encaminhados a centros de epilepsia, sugerem que a coexistência de ambos os tipos de crise possa ocorrer em até 20% dos casos de crises não epilépticas.

A monitorização prolongada por vídeo-EEG é de extrema importância nesses casos, também por propiciar um conjunto de condições que garantam o início da abordagem terapêutica dentro de preceitos que permitam maximizar o sucesso terapêutico. Em alguns casos, praticamente não existe dúvida diagnóstica, porém a indicação do registro por vídeo-EEG tem o objetivo de permitir a abordagem terapêutica ideal.

Procedimento diagnóstico

Ao se programar a monitorização por vídeo-EEG em casos em que se suspeite de crises não epilépticas psicogênicas, é importante ter em mente a possibilidade da coexistência de crises epilépticas e crises não epilépticas. A retirada de drogas facilita a ocorrência de crises epilépticas, porém não necessariamente. A retirada das drogas antiepilépticas deve ser evitada, exceto quando seja necessário documentar-se a ocorrência de crises epilépticas.

A maioria dos pacientes com crises não epilépticas é sugestionável, o que permite a indução de crises típicas, por meio de sugestão. Pacientes com epilepsia e indivíduos sem epilepsia também podem ser sugestionáveis; portanto a ocorrência de crises induzidas por sugestão deve sempre ser interpretada no contexto clínico apropriado.

A monitorização por vídeo-EEG, na suspeita de crises psicogênicas, deve observar o seguinte princípio: registro de evento típico, com características semelhantes aos eventos habituais, apresentados pelo paciente fora do ambiente hospitalar. Esse dado deve ser confirmado com testemunhas oculares das crises habituais dos pacientes e com o próprio paciente. É desejável que seja registrado mais que um evento típico.

Alguns pacientes epilépticos, no contexto da monitorização por vídeo-EEG, podem apresentar um evento não epiléptico de natureza psicogênica, talvez motivados pela necessidade (e desejo inconsciente) de que seja observada uma crise para fins diagnósticos e para que se complete o exame.

Deve excluir-se com o maior grau de segurança possível a coexistência de epilepsia. A ausência de anormalidades epileptiformes ao registro prolongado do traçado eletroencefalográfico, associada à ausência de outros tipos clínicos de crises, permite que se afaste essa possibilidade diagnóstica com razoável grau de segurança. Em muitos casos de coexistência dos dois tipos de crise, as crises epilépticas podem ser de fácil controle medicamentoso, enquanto as crises não epilépticas psicogênicas são as de "difícil controle medicamentoso".

Caracterização clínica de sugestionabilidade. Uma vez preenchidos os dois critérios acima, a indução e o abortamento de eventos típicos por sugestão (por exemplo, infusão endovenosa de solução salina) permitem reforçar o diagnóstico.

Quadro clínico

A apresentação clínica inicial raramente ocorre antes dos oito anos de idade. As crises habitualmente têm duração mais prolongada que as crises epilépticas, e podem assumir a característica de sintomas flutuantes ("que vão e voltam"), de duração prolongada, que podem ser interpretados erroneamente como crise epilépticas subentrantes ou estado de mal epiléptico. A prevalência é maior em mulheres.

Embora nem sempre seja fácil distinguir as crises não epilépticas das crises epilépticas ao se observar um primeiro evento, alguns estudos demonstraram que a observação de alguns fenômenos clínicos permite discriminar eventos não epilépticos de crises epilépticas, tais como: movimentos assíncronos dos membros superiores e inferiores, movimentos laterais repetitivos da cabeça, movimentos de opistótono e movimentos acentuados de propulsão da pelve. Liberação esfincteriana e ocorrência de lesões decorrentes de crises, embora tidas como indicativas da natureza epiléptica do evento, podem ocorrer em crises não epilépticas.

Deve ter-se cautela para não se atribuir fenômenos bizarros, como aqueles que ocorrem nas crises epilépticas que envolvam estruturas frontais e a área motora suplementar, a crises não epilépticas. Um dos dados que pode auxiliar o diagnóstico diferencial é a característica estereotipada das crises epilépticas.

Outro dado clínico bastante útil é que crises não epilépticas não se iniciam durante o sono. É fato bem conhecido, contudo, que elas possam ocorrer em estado de sono aparente, em que o indivíduo está acordado, com olhos fechados, ou logo após o despertar.

A ocorrência de crises não epilépticas deve sempre ser suspeitada em casos de epilepsia de difícil controle, em que os exames de EEG sejam repetidamente normais e a RM tampouco demonstre anormalidades.

Etiologia

Na maioria dos casos, as crises não epilépticas psicogênicas ocorrem no contexto de distúrbios conversivos, no qual o paciente não produz os fenômenos de forma consciente ou intencional. Traços histriônicos de personalidade são comuns, porém não estão presentes de forma uniforme. Devido à alta prevalência de psicopatologia em pacientes epilépticos, a presença de comorbidade psiquiátrica nem sempre permite que se discriminem as duas condições clínicas. Existem evidências na literatura de que uma proporção significativa dos pacientes com crises não epilépticas, especialmente os do sexo feminino, tenham antecedentes de abuso sexual ou físico.

É incomum que eventos não epilépticos psicogênicos ocorram no contexto de um distúrbio factício (síndrome de Munchhausen), em que, embora os sintomas sejam produzidos conscientemente pelo paciente, a motivação permanece inconsciente.

É também relativamente incomum que pacientes que simulem epilepsia sejam vistos em centros especializados em epilepsia. Nesses casos, tanto o fenômeno quanto a motivação do fenômeno são conscientes. O contexto clínico mais comum em tais casos é o de prisioneiros ou de pessoas sob cautela judicial que simulam crises extremamente sofisticadas com objetivos evidentes, dificultando o diagnóstico.

As crises não epilépticas psicogênicas podem também ser denominadas pseudocrises, pseudoepilepsia ou histeroepilepsia, denominações que, além de imprecisas, trazem embutidas uma carga de preconceito e devem ser evitadas.

Em alguns casos, as crises não epilépticas ocorrem no contexto de elaboração, em que a uma crise parcial simples, motora ou sensorial, se segue uma crise não epiléptica mais elaborada. Nesses casos, a exacerbação dos sintomas está associada a medo, dependência, busca de atenção ou resposta condicionada, situação que deve ser reconhecida e abordada de forma adequada. Crises não epilépticas podem ser observadas em indivíduos com retardo mental, por vezes institucionalizados, ou em pessoas com recursos intelectuais limitados, e os sintomas são atribuíveis a mecanismos inadequados de ajuste.

Abordagem terapêutica

Para que o tratamento seja eficaz, é necessário que a postura do médico e da equipe envolvida seja profissional. O médico deve estar confiante no diagnóstico e agir com atitude terapêutica (segurança e respeito), proporcionando apoio e evitando o preconceito. Uma forma que pode auxiliá-lo nessa postura é compreender que as crises representam um pedido de ajuda de uma forma não verbal.

O diagnóstico deve ser apresentado de forma positiva, comunicando ao paciente que os exames permitiram concluir que ele não tem epilepsia. Deve reconhecer-se que o paciente tem crises, porém de outra natureza, não decorrente de anormalidades na atividade elétrica cerebral. Deve agir-se com extrema cautela ao abordar a questão psicogênica, assim, informar ao paciente simplesmente que as crises não são de natureza epiléptica não é suficiente. É esperado que ocorra resistência e negação do diagnóstico, reações normais e necessárias para alguns pacientes processarem o diagnóstico. Retirar do paciente todos os mecanismos de defesa sem fornecer mecanismos alternativos para que ele lide com a situação pode ser catastrófico. Qualquer ambivalência na apresentação do diagnóstico pode dar margem à negação ou à manipulação pelos pacientes. Para alguns deles, as crises não epilépticas servem como um mecanismo de defesa extremamente eficiente, embora patológico, casos em que nem toda a certeza diagnóstica poderá convencê-los do diagnóstico.

Embora nenhum médico possa ser capaz de convencer o paciente do diagnóstico, todo médico deveria ser capaz de transmitir-lhe segurança, empatia e compreensão pelas dificuldades e pelo sofrimento que o afligem, assim como ter uma atitude de apoio no processo de assimilação do diagnóstico. É importante que o paciente reconheça o médico como autoridade, e que o tratamento envolva um profissional habilitado a abordar as questões psicogênicas em tratamento psicoterapêutico ambulatorial.

Comorbidades psiquiátricas (depressão, distúrbios de personalidade, por exemplo) devem ser reconhecidas, e, quando necessário, instituído tratamento medicamentoso adequado. A retirada das drogas antiepilépticas deve ser realizada pelo neurologista, levando-se em conta a certeza diagnóstica e a possibilidade de sintomas de abstinência das drogas, especialmente barbitúricos e benzodiazepínicos. É conveniente seguimento neurológico a longo prazo para evitar que drogas antiepilépticas sejam reintroduzidas inadvertidamente, como em visitas a pronto-socorros.

O prognóstico para desaparecimento dos sintomas é bom, especialmente nos casos agudos e naqueles associados a distúrbio conversivo, bem como em pacientes mais jovens; o prognóstico não é tão bom nos casos crônicos, quando se associa distúrbio de personalidade, e em pacientes mais velhos.

Procedimento diagnóstico em epilepsia: caracterização de crises epilépticas, quantificação de crises ou detecção de crises subclínicas

Crises epilépticas são raramente presenciadas pelo médico, que depende de uma descrição clínica do evento fornecido pelo paciente e por testemunhas oculares, que nem sempre conseguem descrever de forma objetiva os fenômenos observados. Mesmo pacientes com nível cultural mais elevado podem tomar emprestada terminologia médica, contribuindo para a confusão diagnóstica. Além disso, o recurso auxiliar mais empregado para diagnóstico, o EEG ambulatorial, fornece apenas informações relacionadas ao período interictal; em alguns casos o EEG pode ser repetidamente normal. Em casos selecionados, a monitorização por vídeo-EEG é extremamente útil na caracterização clínico-eletrográfica das crises, afastando eventos não epilépticos associados e possibilitando a análise do EEG interictal por períodos mais prolongados.

A utilidade do método é parcialmente limitada à frequência espontânea dos eventos. Muitas vezes se procede à retirada parcial ou completa das drogas para se facilitar a ocorrência de crises, situações em que podem ser observadas crises não habituais ou modificadas pela retirada de drogas de forma relativamente abrupta.

As situações mais frequentemente observadas na prática clínica em que a monitorização por vídeo-EEG é particularmente útil são:

1 - Quando a caracterização clínica e a eletroencefalográfica (interictal) não permitem a identificação adequada do tipo de crise e, consequentemente, da síndrome epiléptica, dificuldade que ocorre principalmente na epilepsia na infância.

Diferenciação de crises de ausência de crises parciais complexas – Embora a diferenciação de crises de ausência típica e de crises parciais complexas originadas no lobo temporal seja relativamente fácil por meio da anamnese (faixa etária, duração da crise, tipo de automatismos, presença de crise parcial simples precedendo o evento) e do EEG de rotina, a diferenciação de crises parciais complexas extratemporais de ausência pode ser extremamente difícil, com implicações terapêuticas significativas. As crises parciais complexas originadas em estruturas extratemporais (e por vezes também as originadas em estruturas temporais) podem caracterizar-se por breve perda de contato com o meio com automatismos discretos, lembrando crises de ausência. O traçado eletroencefalográfico ictal habitualmente é contributório, porém em algumas situações as descargas ictais podem assemelhar-se às descargas de complexos espícula-onda a 3 Hz observados nas crises de ausência.

Diferenciação de crises tônicas primariamente generalizadas (por exemplo, as que ocorrem na síndrome de Lennox-Gastaut) de crises parciais complexas em que ocorra predominantemente postura tônica bilateral, como habitualmente ocorre nas crises que envolvam a área motora suplementar.

Diferenciação de crises mioclônicas de crises parciais motoras.

2 - Caracterização de início ictal focal em pacientes com crises tônico-clônicas generalizadas.

Muitos pacientes que apresentam crises tônico-clônicas generalizadas sem início focal aparente podem ser erroneamente diagnosticados com crises tônico-clônicas primariamente generalizadas (no contexto de síndromes epilépticas idiopáticas), situações em que pode estar ocorrendo uma crise de início focal, com rápida generalização. O EEG interictal pode mostrar anormalidades focais, anormalidades de projeção generalizada (podendo tratar-se de projeção difusa de descargas focais – "bissincronia secundária") ou ambas. Em tais casos, o registro ictal habitualmente permite a diferenciação entre crises primariamente ou secundariamente generalizadas. As implicações terapêuticas são importantes, uma vez que drogas de escolha para crises epilépticas de início focal, como carbamazepina e fenitoína, podem agravar crises primariamente generalizadas.

3 - Caracterização de todos os tipos de crise epiléptica apresentados por um determinado paciente, auxiliando no diagnóstico síndrômico e orientando a seleção de droga(s) antiepiléptica(s) mais adequada(s) para aquele paciente.

4 - Diagnóstico de crises subclínicas (ou com manifestação sutil).

Por meio do registro prolongado, e, particularmente, com o auxílio de programas de detecção de crises, torna-se relativamente fácil as crises subclínicas serem identificadas e também as manifestações sutis de crises, especialmente daquelas que ocorram durante o sono, as quais frequentemente assumem características mais sutis que as crises que ocorrem em vigília no mesmo paciente.

Nesse contexto, o registro por vídeo-EEG torna-se bastante útil na investigação da possibilidade de estados confusionais ocorrerem devido a crises subclínicas frequentes.

Outra situação em que o registro por vídeo-EEG se torna extremamente útil é o seguimento do tratamento de crises que se modificam com a instituição do tratamento, tornando-se mais sutis. Tal situação ocorre tipicamente no contexto dos espasmos infantis, porém também se aplica, por exemplo, às crises de ausência.

Avaliação pré-cirúrgica para epilepsia (não invasiva e invasiva)

A monitorização por vídeo-EEG é um exame fundamental na avaliação de pacientes candidatos à cirurgia para o tratamento de epilepsia de difícil controle medicamentoso, especialmente as epilepsias focais (sintomáticas ou criptogênicas). O registro não invasivo é um dos principais componentes de um conjunto de exames, de natureza multidisciplinar, que visa a identificar a zona epileptogênica nesses pacientes. O registro ictal não invasivo habitualmente permite localizar a área de início ictal em pacientes com epilepsia do lobo temporal, principalmente nas crises originadas na porção mesial do lobo temporal. Em outras situações, como nas crises de origem extratemporal, a interpretação dos achados não é tão simples, sendo sujeito não somente a erros de localização, mas também de lateralização. Consequentemente, o registro videoeletroencefalográfico ictal utilizando eletrodos e superfície deve sempre ser interpretado no contexto dos outros exames que compõem a bateria para avaliação pré-cirúrgica.

Referências bibliográficas

BARDY, A. H. Reduction of antiepileptic drug dosage for monitoring epileptic seizures. *ACTA Neurologica Scandinavica*, v. 86, n. 5, p. 466-469, 1992.

BAZIL, C. W. et al. Provocation of non-epileptic seizures by suggestion in a general seizure population. *Epilepsia*, v. 35, n. 4, p. 768-770, 1994.

BEDNAREK, N. Video-EEG monitoring in neonates: indications. *Epileptic Disord*, v. 3, n. 2, p. S121-142, 2001.

BARBA, C. et al. Unusual ipsilateral hyperkinetic automatisms in SMA seizures. *Seizure*, v. 14, n. 5, p. 354-361, 2005.

BYE, A. M. et al. Paroxismal non-epileptic events in children: a video-EEG study. *Pediatric Neurology*, v. 14, n. 3, p. 199-202, 1996.

CARMANT, L. et al. Differential diagnosis of staring spells in children: a video-EEG study. *Pediatric Neurology*, v. 14, n. 3, p. 199-202, 1996.

CASCINO, G. D. Clinical indications and diagnostic yield of video-electroencefalographic monitoring in patients with seizures and spells. *Mayo Clinic Proceedings*, v. 77, n. 10, p. 1111-1120, 2002.

DERICIOGOU, N.; SAYGI, S.; CIGER, A. The value of provocation methods in patients suspected of having non-epileptic seizures. *Seizure*, v. 8, n. 3, p. 152-156, 1999.

DETOLEDO, J. C.; LOWE, M. R.; HADDAD, H. Behaviors mimicking seizures in institutionalized individuals with multiple disabilities and epilepsy: a video-EEG study. *Epilepsy & Behavior*, v. 3, n. 3, p. 242-244, 2002.

FISZMAN, A. et al. Traumatic events and posttraumatic stress disorder in patients with psychogenic nonepileptic seizures: a critical review. *Epilepsy & Behavior.*, v. 5, n. 6, p. 818-825, 2004.

GHOUGASSIAN, D. F. et al. Evaluating the utility of inpatient video-EEG monitoring. *Epilepsia*, v. 45, n. 8, p. 928-932, 2004.

KELLINGHAUS, C. et al. Non-epileptic seizures of the elderly. *Journal of Neurology*, v. 251, n. 6, p. 704-709, 2004.

LAGAE, L. et al. Frontal absences in children. *European Journal of Paediatric Neurology*, v. 5, n. 6, p. 243-251, 2001.

LEE, S. K. et al. The clinical usefulness of ictal surface EEG in neocortical epilepsy. *Epilepsia*, v. 41, n. 11, p. 1450-1455, 2000.

MARTIN, R.; BURNEO, J. G.; PRASAD, A. Frequency of epilepsy in patients with psychogenic seizures monitored by video-EEG. *Neurology*, v. 61, n. 12, p. 1791-1792, 2003.

MILHAESCU, M.; MALOW, B. A. Sleep disorders: a sometimes forgotten cause of nonepileptic spells. *Epilepsy & Behavior*, v. 4, n. 6, p. 784-787, 2003.

ORBACH, D.; RITACCIO, A.; DEVINSKY, O. Psychogenic nonepileptic seizures associated with vídeo-EEG verified sleep. *Epilepsia*, v. 44, n. 1, p. 64-68, 2003.

OTO, M. et al. Gender differences in psychogenic non-epileptic seizures. *Seizure,*. v. 14, n. 1, p. 33-39, 2005.

PAOLICCHI, J. M. The spectrum of nonepileptic events in children. *Epilepsia*, v. 43, p. 60-64, 2002. Suplemento 3.

REUBER, M.; ELGER, C. E. Psychogenic nonepileptic seizures: review and update. *Epilepsy & Behavior*, v. 4, n. 3, p. 205-216, 2003.

SAZGAR, M.; CARLEN, P. L.; WENNBERG, R. Panic attack semiology in right temporal lobe epilepsy. *Epileptic Disorders*, v. 5, n. 2, p. 93-100, 2003.

VENKATARAN, V. et al. Idiopathic cardiac asystole presenting as intractable adult onset partial seizure disorder. *Seizure*, v. 10, n. 5, p. 359-364, 2001

WEINSTOCK, A. et al. Hyperkinetic seizures in children. *Journal of Child Neurology.* v. 18, n. 8, p. 517-524, 2003.

TRATAMENTO CIRÚRGICO DAS EPILEPSIAS

Antonio Nogueira de Almeida

Introdução

A epilepsia é um dos distúrbios neurológicos mais prevalentes no mundo, conceitualmente envolvendo aspectos médicos e psicossociais. Do ponto de vista médico, caracteriza-se pela predisposição estrutural do cérebro em gerar crises epilépticas. Seu diagnóstico implica a ocorrência de pelo menos uma crise epiléptica, definida como sinais ou sintomas transitórios decorrentes da atividade anormal, excessiva e sincrônica dos neurônios cerebrais. Na esfera psicossocial, as repercussões cognitivas, psicológicas, neurobiológicas e sociais sofridas pelos pacientes são consideradas parte da condição epiléptica (FISCHER et al., 2005). Existem dezenas de anomalias anatômicas ou funcionais capazes de gerar crises epilépticas, e o tratamento deve ser direcionado ao fator que predispõe o indivíduo a apresentá-las. De maneira simplificada, podemos dividir esses fatores predisponentes em dois grupos principais: focais e generalizados. Os fatores focais são aqueles que afetam inicialmente apenas uma região restrita do cérebro, enquanto os generalizados envolvem todo o córtex de forma virtualmente simultânea.

Aproximadamente 1,2% da população de São Paulo apresenta epilepsia (MARINO JR. et al., 1986). Cerca de dois terços desses pacientes têm fatores predisponentes focais, um terço apresenta refratariedade ao tratamento medicamentoso e pelo menos 10% podem beneficiar-se de procedimentos cirúrgicos (ENGEL; SHEWMON, 1993). Dessa forma, somente no estado de São Paulo, considerando uma população de 36 milhões de habitantes, existem mais de 43 mil candidatos à cirurgia. No entanto, é importante que o tratamento do paciente com epilepsia seja realizado em um contexto que contemple as várias esferas de comprometimento do distúrbio, no qual a cirurgia é apenas parte do armamentário terapêutico.

Do ponto de vista histórico, o desenvolvimento da cirurgia para epilepsia pode ser dividido em três fases distintas (ALMEIDA et al., 2005). Inicialmente, no século XIX, a cirurgia resumia-se à ressecção de lesões, usualmente cicatrizes ou tumores localizados em áreas restritas do cérebro. Na década de 1930, após a introdução do eletroencefalograma, as cirurgias passaram a ser direcionadas para a remoção de áreas corticais com atividade elétrica potencialmente geradora de crises. Recentemente, a cirurgia para epilepsia dividiu-se em duas linhas principais: uma vertente está voltada para a remoção das lesões cerebrais, enquanto a outra busca interferir nos circuitos cerebrais de geração e de propagação das crises, sem necessariamente remover a área anormal. Essas duas abordagens não são incompatíveis e com frequência interagem para que o melhor tratamento seja obtido. Neste capítulo, serão mostradas as principais indicações para o tratamento cirúrgico das epilepsias, assim como os resultados, as limitações e as perspectivas futuras.

Indicações de tratamento cirúrgico em epilepsia

Para que um paciente com epilepsia seja considerado candidato à cirurgia, é necessário que possua condições clínicas para o procedimento e refratariedade medicamentosa. Do ponto de vista prático, raramente um procedimento é contraindicado pela condição clínica do paciente. No entanto, a cirurgia para epilepsia é um procedimento funcional, usualmente direcionado para melhorar a qualidade de vida do indivíduo. Caso o paciente apresente alguma condição clínica que aumente de forma importante o risco cirúrgico, isso deve ser avaliado cuidadosamente antes de se propor uma cirurgia.

A refratariedade medicamentosa é um tema controverso e merece algumas considerações. Teoricamente, não existe refratariedade medicamentosa absoluta. Todo e qualquer paciente pode ter sua crise epiléptica controlada com medicação; basta que seja levado a uma UTI, entubado e sedado até que seu cérebro não apresente mais atividade elétrica. Essa abordagem parece absurda em um paciente com crises epilépticas isoladas, mas pode ser a única alternativa em alguns casos de *status epilepticus*, nos quais as crises contínuas podem gerar sequelas neurológicas graves ou mesmo a morte. Esse exemplo ilustra um princípio terapêutico básico, ou seja, o tratamento só tem sentido se não comprometer a qualidade de vida do paciente de forma mais importante que a própria doença. A relação de custo e benefício no uso de drogas anticonvulsivantes deve ser avaliada de forma individualizada, uma vez que seus efeitos colaterais não devem ser piores que as crises epilépticas. No entanto, existe uma grande variação na percepção dos efeitos colaterais, que depende tanto de fatores orgânicos como do nível sociocultural e do tipo de atividade exercida pelo paciente. Nem sempre o controle total das crises significa um tratamento adequado. Alguns pacientes podem tolerar melhor a presença de crises esporádicas que a sedação excessiva ou a vertigem decorrentes da medicação. Outros controlam as crises com determinadas drogas, mas apresentam efeitos colaterais idiossincráticos que contraindicam o uso, como discrasias sanguíneas ou alergias.

Outro aspecto da refratariedade medicamentosa é a incapacidade das drogas disponíveis em controlar as crises. Infelizmente, não existe critério que permita afirmar, com absoluta certeza, que determinado paciente nunca irá controlar suas crises com nenhuma droga. Na literatura não há consenso sobre intratabilidade, se é que pode existir algum conceito que contemple todas as situações clínicas existentes (BERG; KELLY, 2006). A discussão gira em torno da determinação do momento em que a chance de controle medicamentoso se torna tão improvável que justifica concentrar os esforços em outras formas de tratamento, o que irá variar de acordo com as opções de tratamento existentes (BOURGEOIS, 2001). Nos casos em que a relação de custo/benefício de um tratamento cirúrgico é francamente favorável, não se justifica privar o paciente da cirurgia em razão de testar, durante anos, todas as drogas existentes no mercado com o afã de que algumas delas possam cessar as crises. É importante ressaltar que, quanto mais longa a história de crises convulsivas sem controle, pior o comprometimento cognitivo do paciente (OYEGBILE et al., 2004). Da mesma forma, nos casos em que o procedimento cirúrgico apresenta pouca chance de controlar as crises, ou nos quais o risco de gerar sequelas é alto, a insistência no uso de novas drogas pode ser a melhor alternativa.

Estudos mostram que os pacientes que permanecem com crises após o emprego da primeira droga antiepiléptica, utilizada em dose e tempo adequados, apresentam apenas 11% de chance de controle posterior (KWAN; BRODIE, 2000). Apesar das limitações no conceito de refratariedade, como citado, a maioria dos serviços considera os pacientes que permanecem com crises após tentativas de tratamento com duas ou três drogas de primeira escolha, em monoterapia e associação, por pelo menos dois anos, como refratários ao tratamento medicamentoso (DLUGOS, 2001).

Existem ainda situações em que a epilepsia está associada a lesões, como alguns tumores e lesões vasculares, que necessitam de tratamento cirúrgico, independentemente do quadro de crises. Nesses pacientes, a cirurgia deve ser realizada como primeira opção terapêutica e, posteriormente, ser avaliado se existe ou não refratariedade medicamentosa. Desse modo, o tratamento cirúrgico deve ser considerado parte do armamentário existente para melhorar a qualidade de vida do paciente com epilepsia, junto com o tratamento medicamentoso e as terapias de apoio.

Principais acometimentos cerebrais focais passíveis de tratamento cirúrgico

As principais patologias focais passíveis de tratamento cirúrgico são: esclerose mesial temporal, malformações do desenvolvimento cortical, tumores, malformações vasculares e lesões cicatriciais. Nesse tipo de acometimento focal, os melhores resultados cirúrgicos, no que se refere ao controle das crises, são obtidos com a remoção completa da lesão. Infelizmente, em algumas situações, as anomalias envolvem áreas importantes que não podem ser removidas sem produzir déficits inaceitáveis. Outras vezes, os limites da lesão são imprecisos, o que também impede sua ressecção completa. Nesses casos, algumas técnicas cirúrgicas têm sido utilizadas isoladamente ou em associação com a remoção parcial da lesão como a transecção subpial múltipla, procedimento que visa a interromper a propagação das crises vindas da área epileptogênica (MORRELL et al., 1989). Outra abordagem utilizada com o intuito de modular os circuitos cerebrais envolvidos nas crises epilépticas é a estimulação de núcleos cerebrais por meio de eletródios de profundidade (CHABARDES et al., 2002), abordagem que, infelizmente, ainda não atingiu resultados tão bons como os obtidos com ressecção cirúrgica da área epileptogênica. A seguir serão descritas de forma breve a natureza e a perspectiva de tratamento cirúrgico de algumas lesões focais.

Esclerose mesial temporal (EMT). A EMT é o substrato patológico encontrado na maioria dos pacientes com epilepsia refratária que são submetidos à cirurgia. Essa alteração se caracteriza pela atrofia de regiões específicas do hipocampo, subículo, giro denteado, amígdala, giro entorrinal e giro para-hipocampal, junto a suas conexões com o restante do cérebro, como a substância branca do lobo temporal e o fórnix. A EMT usualmente está relacionada à epilepsia do lobo temporal (ELT), embora possa também ser encontrada em casos extratemporais e mesmo em pacientes que nunca apresentaram crises epilépticas (BENBADIS et al., 2002). Inicialmente, acreditava-se que EMT era consequência da compressão das estruturas mediais do lobo temporal contra a borda livre do tentório durante o parto (EARLE et al., 1953). Posteriormente, surgiram evidências epidemiológicas da relação entre eventos ocorridos na infância, como as crises convulsivas febris e os traumatismos cranioencefálicos, e a presença de EMT na idade adulta. Postulou-se que o evento inicial poderia gerar alterações funcionais estruturais no hipocampo que levariam às alterações anatômicas próprias da EMT (FALCONER et al., 1964; DUBÉ et al., 2006). Nos últimos anos, características genéticas e malformações hipocampais têm sido consideradas predisponentes à EMT. Essas hipóteses foram levantadas após a constatação de que alguns familiares de pacientes com EMT também possuíam anomalias do hipocampo, mas não desenvolviam crises epilépticas (CENDES et al., 1998; FERNANDEZ et al., 1998). Apesar do avanço na compreensão da EMT, vários dos seus mecanismos fisiopatológicos permanecem desconhecidos (WIESER, 2004). Segundo Meencke (1996), a EMT acomete bilateralmente os lobos temporais em 20% dos pacientes. Contudo, Babb (1991) sugere que todos os pacientes, mesmo os supostamente unilaterais, apresentam em maior ou menor grau lesões bilaterais. A EMT também pode ser encontrada associada com outras patologias potencialmente epileptogênicas, o que caracteriza as chamadas patologias duplas (CENDES et al, 1995; LI et al, 1999).

O tratamento cirúrgico da EMT é direcionado à retirada das estruturas mesiais do lobo temporal e atinge controle das crises em cerca de 90% dos pacientes no primeiro ano. Após cinco anos, o controle das crises permanece em cerca de 80% dos pacientes operados (PAGLIOLI et al., 2004). A preservação do córtex temporal usualmente não afeta o controle das crises no pós-operatório. Estudos neurofisiológicos mostram que a atividade epileptogênica se inicia na amígdala ou no hipocampo em mais de 90% dos pacientes com epilepsia do lobo temporal associada à EMT. As sequelas mais comuns decorrentes da cirurgia são distúrbios de memória verbal, quando a cirurgia é realizada no hemisfério dominante, e perda de parte do campo visual. Dados da literatura sugerem que, nos casos em que o córtex temporal é preservado, os pacientes apresentam melhor performance verbal no pós-operatório (PAGLIOLI et al., 2006). Por outro lado, essas alterações são bem toleradas e, frequentemente, não são percebidas pelos pacientes.

Malformações do desenvolvimento cortical. Existem vários tipos de malformações do desenvolvimento cortical com tratamento e prognóstico diferentes (BARKOVICH et al., 2001). Do ponto de vista cirúrgico, as principais malformações são as displasias focais e a hemimegalencefalia (HME).

As displasias focais representam um grupo de malformações intrinsecamente epileptogênicas que cursam com crises frequentes, de difícil controle medicamentoso (PALMINI et al., 1995). Por sua vez, Tassi e colaboradores (2002) demonstraram que existem subgrupos de displasias com variações no quadro clínico e na resposta ao tratamento. De uma forma geral, os pacientes com displasias focais apresentam dezenas de crises por mês. A cirurgia obtém controle das crises em cerca de 40 a 80% dos pacientes, o que depende de tipo, extensão e localização de displasia focal encontrada (TERRA-BUSTAMANTE et al., 2005). Ao contrário das cirurgias para o lobo temporal, as displasias focais frequentemente acometem amplas áreas corticais, que muitas vezes têm sua atividade funcional preservada. Assim, nem sempre é possível a retirada completa da lesão sem correr o risco de sequela grave no pós-operatório (HADER et al., 2004). Essas sequelas irão variar de acordo com o local onde a área de displasia se encontra. Nesses casos, a transecção subpial múltipla pode ser utilizada sozinha ou associada à ressecção de parte da displasia nas áreas eloquentes (SHRAMM et al., 2002; HUFNAGEL et al., 1997). A relação de custo/benefício da cirurgia deve ser avaliada individualmente.

A HME é uma forma extrema de malformação do desenvolvimento cortical em que todo um hemisfério é acometido, clinicamente se caracterizando por epilepsia refratária e atraso no desenvolvimento neuropsicomotor. A HME pode associar-se com lesões cutâneas e outras malformações (DELONE et al., 1999). No neonato, pode manifestar-se inicialmente apenas como espasmos infantis (KOBAYASHI et al., 2001). Hemiparesia e hemianopsia são frequentes e desenvolvem-se no primeiro ano de vida, embora alguns pacientes possam apresentar déficits mínimos sem alteração cognitiva (DOBYNS; KUZNIECKY, 1996).

O tratamento das HME visa ao controle das crises epilépticas e ao desenvolvimento da criança o mais próximo possível do normal. A cirurgia parece ser o único procedimento, no momento, capaz de interromper a piora neurológica do paciente (BATTAGLIA et al., 1999). Assim, espera-se que os melhores resultados sejam alcançados nos pacientes em que o hemisfério "normal" não foi ainda seriamente lesado. Prayson (2000) sugere que, para esse fim, a cirurgia seja realizada antes de o paciente completar um ano de idade. Di Rocco e Lannelli (2000), no entanto, relatam que a cirurgia em crianças muito jovens, com menos de nove meses de idade, apresenta maior risco de complicações. Apesar das dúvidas sobre o melhor momento da cirurgia, a literatura mostra que a hemisferectomia, ou seja, a remoção de todo o hemisfério doente, é um procedimento seguro e eficaz para controlar as crises epilépticas e possibilitar o desenvolvimento das crianças acometidas por essa malformação (ALMEIDA et al., 2006a).

Tumores cerebrais. Qualquer tumor cerebral pode manifestar-se inicialmente com crises convulsivas. No entanto, somente os tumores de crescimento lento costumam estar associados a epilepsias de difícil controle. Os tipos de tumor mais comuns associados à epilepsia são os oligodendrogliomas, os tumores disembrioblásticos neuroepiteliais (DNET), os gangliogliomas e os gangliocitomas. Muitas dessas lesões têm indicação cirúrgica pelo aspecto oncológico, pois a retirada da lesão pode, em casos selecionados, levar à cura. Em geral, a retirada por completo dos tumores deixa 80% dos pacientes livres de crises (FRIED, 1995).

Existem ainda lesões focais de aspecto tumoral, como os hamartomas, que têm sido consideradas malformações do desenvolvimento cortical, uma vez que não apresentam crescimento significativo ao longo da vida do paciente (FREEMAN et al., 2003). Apesar de benignos e bem delimitados, os hamartomas podem tornar-se um desafio do ponto de vista cirúrgico, devido a sua localização. Nos últimos anos, houve um crescimento no interesse pelo tratamento cirúrgico dos hamartomas localizados no hipotálamo, que geram uma síndrome epiléptica caracterizada pelo início das crises na infância, deterioração mental progressiva, distúrbio de agressividade e crises gelásticas (crises epilépticas de riso imotivado). Usualmente, a epilepsia apresenta difícil controle e várias técnicas cirúrgicas têm sido utilizadas para tratar esses pacientes. A cirurgia tem se mostrado capaz de melhorar tanto as crises epilépticas como o comportamento deles (ARITA et al., 2005).

Malformações vasculares. Dois tipos de malformações vasculares são frequentemente associados a epilepsias: os angiomas cavernosos (ou cavernomas) e as malformações arteriovenosas. Os cavernomas, frequentemente, apresentam apenas crises epilépticas como sintomatologia clínica (CASAZZA et al., 1996). Acredita-se que a hemossiderina (um dos subprodutos da degradação do sangue que usualmente envolve o angioma cavernoso) seja uma das causas mais importantes nas crises de difícil controle associadas a essa lesão (BAUMANN et al., 2006). A localização e o tamanho dos cavernomas, juntamente com o tipo e a intensidade dos sintomas, devem ser levados em consideração na hora de se optar pelo tratamento mais adequado. Sua ressecção cirúrgica, nos casos em que se estabelece que a lesão é a origem das crises, leva ao controle de 60 a 90% dos pacientes. A necessidade de remoção do halo de hemossiderina que envolve o cavernoma na primeira abordagem cirúrgica ainda é motivo de disputa na literatura (FERROLI et al., 2006). No caso das malformações arteriovenosas, devido ao risco de sangramento, que pode ter consequências severas, a presença da epilepsia não costuma ser o mais importante no quadro clínico, nem a razão do seu tratamento cirúrgico.

Lesões cicatriciais do encéfalo. Traumas cranianos e lesões isquêmicas cerebrais podem causar cicatrizes corticais e levar a crises convulsivas, ainda que raramente gerem epilepsias de difícil controle. Nos poucos casos em que existe refratariedade medicamentosa, a simples ressecção cirúrgica da cicatriz cortical costuma ser suficiente para deixar a maior parte dos pacientes livre das crises epilépticas (ANDERMANN et al., 1998).

Uma situação especial de lesão cicatricial são os cistos porencefálicos. Clinicamente, esses cistos (assim como outras lesões sequelares hemisféricas) se manifestam pela tríade de epilepsia, hemiparesia e atraso no desenvolvimento neuropsicomotor. O déficit não é progressivo. O tratamento dos pacientes com porencefalia e sequelas hemisféricas consiste, na maioria das vezes, em suporte clínico e controle das crises epilépticas. Apenas uma minoria irá apresentar refratariedade medicamentosa, e somente nesses casos a cirurgia deve ser considerada. A hemisferectomia anatômica, ou uma de suas variações, tem sido utilizada há décadas e ainda é o procedimento de escolha no tratamento cirúrgico dessa patologia (ALMEIDA et al., 2006b). Como os pacientes já apresentam déficits motores pré-operatórios, a cirurgia costuma ser bem tolerada (SCHRAMM et al., 2001). Além disso, os resultados no controle das crises e nos distúrbios de comportamento são comprovados por inúmeros trabalhos com longos seguimentos.

Procedimentos cirúrgicos para epilepsias generalizadas

As epilepsias generalizadas podem ser divididas em dois grupos: as síndromes idiopáticas e as sintomáticas. As síndromes idiopáticas são aquelas epilepsias que acometem indivíduos sem lesões estruturais visíveis no cérebro. Sua origem é creditada a fatores genéticos, e usualmente a sintomatologia varia com a idade dos pacientes. Por outro lado, a origem das crises nas síndromes generalizadas sintomáticas está associada à existência de uma ou mais lesões corticais (ENGEL, 2001).

As síndromes generalizadas idiopáticas mais comuns no adulto são a ausência juvenil, a epilepsia mioclônica juvenil e a epilepsia somente com crises tônico-clônicas generalizadas (NORDLI, 2005). Atualmente, as teorias mais aceitas sobre a fisiopatologia das síndromes idiopáticas consideram a existência de distúrbios nos circuitos tálamo-corticais ou anomalias nos canais iônicos que aumentam a excitabilidade neuronal, o que predispõe o córtex a apresentar crises epilépticas (CHANG; LOWENSTEIN, 2003). O tratamento nesses casos é eminentemente clínico-medicamentoso. No momento, ainda não existem opções consagradas de tratamento cirúrgico para esses pacientes.

No caso das epilepsias generalizadas sintomáticas, as crises usualmente estão associadas à sincronização da atividade epileptogênica proveniente das várias lesões corticais existentes. De forma alternativa, uma dessas lesões corticais pode propagar sua atividade epileptogênica para o tálamo, que, por sua vez, se encarrega de distribuí-la rapidamente para todo o cérebro. As síndromes mais comuns que se encaixam nessa categoria são as de Lennox-Gastaut e West. Nesses casos, existem procedimentos cirúrgicos paliativos, que não visam ao controle total das crises, mas à melhora dos sintomas e da qualidade de vida dos pacientes. O mais antigo, e útil até hoje, é a calosotomia (CUKIERT et al., 2006). O corpo caloso é a principal via de conexão entre os hemisférios cerebrais, e a cirurgia visa à secção parcial dessa estrutura, impedindo, assim, que a atividade elétrica das várias lesões corticais se sincronize, o que impossibilita a generalização das crises epilépticas. Por outro lado, menos de 5% dos pacientes obtêm controle total das crises, uma vez que a atividade epileptogênica focal tende a permanecer.

Outras abordagens cirúrgicas que têm recebido atenção nos últimos anos são as técnicas de estimulação do nervo vago e núcleos profundos cerebrais (GEORGE et al., 2002; LODDENKEMPER et al., 2001). Esses procedimentos se baseiam no princípio de que a estimulação de determinados circuitos corticais pode desorganizar a atividade elétrica do foco epileptogênico e reduzir o surgimento de crises epilépticas. Existe uma grande variação nos pontos e parâmetros de estimulação utilizada, porém os trabalhos mostram resultados modestos no que se refere ao controle da epilepsia, semelhantes aos obtidos pela calosotomia. As principais vantagens da estimulação estão relacionadas à reversibilidade e à flexibilidade do método, uma vez que os parâmetros e alvos podem ser mudados com o intuito de melhorar o quadro clínico do paciente. A desvantagem é o alto custo de implantação e de manutenção do sistema.

Perspectivas futuras

A cirurgia é considerada hoje um tratamento de benefício inquestionável para os pacientes com epilepsia (WIEBE et al., 2001), ainda que imponha alguns riscos e algumas limitações. O risco de morte é menor que 1% em séries mais recentes. Por outro lado, comprometimentos comportamentais e cognitivos decorrentes da cirurgia ocorrem em até 6% dos pacientes (ENGEL et al., 2003). Frente à morbidade e à limitação social impostas pelas epilepsias, esses déficits são considerados aceitáveis. No intuito de diminuir essa morbidade, várias linhas de pesquisa tentam inibir a atividade excessiva neuronal, presente na área epileptogênica, sem destruir suas atividades fisiológicas.

Richichi e colaboradores (2004) utilizaram vetores virais para transferir genes relacionados à expressão do neuropeptídeo Y (NPY) no hipocampo de ratos. A expressão aumentada do NPY diminuiu de forma significativa o número e a intensidade das crises. No mesmo sentido, McCown (2006) utilizou vetores virais para aumentar a expressão de galanina, outro neuropeptídeo, diminuindo o limiar de crises sem alterar o comportamento dos animais com epilepsia do lobo temporal.

Além das terapias genéticas, outros estudos visam à modulação cortical, e consequente redução das crises epilépticas, através de estimulações transcranianas por meio magnético ou elétrico (FREGNI et al., 2006; LIEBETANZ et al., 2006). Essas abordagens abrem a possibilidade do desenvolvimento de aparelhos que podem ser implantados junto ao córtex e utilizados para se obter a estimulação cerebral sempre que necessário. Trabalhos pilotos já estão sendo desenvolvidos nessa área (FOUNTAS et al., 2005).

Existem ainda terapias baseadas na radiocirurgia e na estimulação de núcleos profundos que se mostraram capazes de modular circuitos cerebrais e diminuir a atividade cortical cerebral, úteis para controlar as epilepsias de difícil controle (ROMANELLI; ANSCHEL, 2006; HANDFORTH et al., 2006).

Dessa forma, apesar de bem estabelecida e consagrada, a cirurgia para epilepsia vive hoje um período de intensa pesquisa, e novas abordagens têm sido utilizadas para se minimizar a morbidade associada ao procedimento e proporcionar, cada vez mais, uma qualidade de vida satisfatória para os pacientes portadores dessa condição neurológica complexa que é a epilepsia.

Referências bibliográficas

ANDERMANN, F.; CUKIERT, A.; OLIVIER, A. Excellent surgical results obtained in patients with a depressed frontal fracture leading to frontal encephalomalacia and intractable frontal seizures. *Epilepsia*, v. 39, n. 1, p. 108, 1998.

ARITA, K. et al. Hypothalamic hamartoma. *Neurol Med Chir*, Tokyo, v. 45, p. 221-231, 2005.

BABB, T. L. Bilateral pathological damage in temporal lobe epilepsy. *Can J Neurol Sci*, v. 18, p. 654-648, 1991.

BARKOVICH, A. J. et al. Classification system for malformations of cortical development: Update 2001. *Neurology*, v. 57, p. 2168-2178, 2001.

BATTAGLIA, D. et al. Neuro-cognitive development and epilepsy outcome in children with surgically treated hemimegalencephaly. *Neuropediatrics*, v. 30, n. 6, p. 307-313, 1999.

BAUMANN, C. R. et al. Seizure outcome after resection of cavernous malformations is better when surrounding hemosiderin-stained brain also is removed. *Epilepsia*, v. 47, n. 3, p. 563-566, 2006.

BENBADIS, S. R.; WALLACE, J.; REED MURTAGH, F. MRI evidence of mesial temporal sclerosis in subjects without seizures. *Seizure*, v. 11, n. 5, p. 340-343, 2002.

BERG, A. T.; KELLY, M. M. Defining intractability: comparisons among published definitions. *Epilepsia*, v. 47, n. 2, p. 431-436, 2006.

BOURGEOIS, B. F. D. General concepts of medical intractability. In: LÜDERS, H. O; COMAIR, Y. G. (Eds.). *Epilepsy surgery*. 2nd ed. Philadelphia: Lippincott Williams &Wilkins, 2001. p. 55-62.

CASAZZA, M. et al. Supratentorial cavernous angiomas and epileptic seizures: preoperative course and postoperative outcome. *Neurosurgery*, v. 39, n. 1, p. 26-32, 1996.

CENDES, F. et al. Familial temporal lobe epilepsy: a clinically heterogeneous syndrome. *Neurology*, v. 50, p. 554-557, 1998.

CENDES, F. et al. Frequency and characteristics of dual pathology in patients with lesional epilepsy. *Neurology*, v. 45, p. 2058-2064, 1995.

CHABARDES, S. et al. Deep brain stimulation in epilepsy with particular reference to the subthalamic nucleus. *Epileptic Disorders*, v. 4, p. S83-93, 2002. Suplemento 3.

CHANG, B. S.; LOWENSTEIN, D. H. Mechanisms of Disease. *Epilepsy*, v. 349, n. 13, p. 1257-1266, 2003.

CUKIERT, A. et al. Extended, one-stage callosal section for treatment fo refractory secondarily generalized epilepsy in patients with Lennox-Gastaut and Lennox-like syndromes. *Epilepsia*, v. 47, n. 2, p. 371-374, 2006.

DE ALMEIDA, A. N. et al. Factors of morbidity in hemispherectomies: Surgical Techniquexpathology. *Brain & Development*, v. 28, n. 4, p. 215-222, 2006a.

DE ALMEIDA, A. N. et al. Hemispherectomy: a schematic review of the current techniques. *Neurosurgical Review*, v. 7, p. 1-6, 2006b.

DE ALMEIDA, A. N.; MARTINEZ, V.; FEINDEL, W. The first case of invasive EEG monitoring for the surgical treatment of epilepsy: historical significance and context. *Epilepsia*, v. 46, p. 1082-1085, 2005.

DELONE, D. R.; BROWN, W. D.; GENTRY, L. R. Proteus syndrome: craniofacial and cerebral MRI. *Neuroradiology*, v. 41, n. 11, p. 840-843, 1999.

DI ROCCO, C.; IANNELLI, A. Hemimegalencephaly and intractable epilepsy: complications of hemispherectomy and their correlations with the surgical technique. A report on 15 cases. *Pediatric Neurosurgery*, v. 33, n. 4, p. 198-207, 2000.

DLUGOS, D. J. The early identification of candidates for epilepsy surgery. *Archives of Neurology*, v. 58, n. 10, p. 1543-1546, 2001.

DOBYNS, W. B.; KUZNIECKY, R. I. Normal development and malformations of the cortex. In: WYLLIE, E. (Ed.). *The treatment of epilepsy: principles and practice.* 2nd ed. Baltimore: Williams & Wilkins, 1996. p. 93-105.

EARLE, K. M.; BALDWIN, M.; PENFIELD, W. Incisural sclerosis and temporal lobe seizures produced by hippocampal herniation at birth. *Archives of Neurology Psychiat*, v. 69, p. 27-42, 1953.

ENGEL, J. Jr. et al. Practice parameter: temporal lobe and localized neocortical resections for epilepsy. *Epilepsia*, v. 44, n. 6, p. 741-751, 2003.

ENGEL, J. Jr.; SHEWMON, A. D. Overview: Who should be considered a surgical candidate? In: ENGEL J. Jr. (Ed.). *Surgical treatment of the epilepsies.* 2nd ed. New York: Raven Press, 1993. p. 23-34.

ENGEL, Jr. J. A proposed diagnostic scheme for people with epileptic seizures and with epilepsy: report of the ILAE task force on classification and terminology. *Epilepsia*, v. 42, n. 6, p. 796-803, 2001.

FERNANDEZ, G. et al. Hippocampal malformation as a cause of familial febrile convulsions and subsequent hippocampal sclerosis. *Neurology*, v. 50, p. 909-917, 1998.

FERROLI, et al. Cerebral cavernomas and seizures: a retrospective study on 163 patients who underwent pure lesionectomy. *Neurological Science*, v. 26, n. 6, p. 390-394, 2006.

FISHER, R. et al. Epileptic seizures and epilepsy: definitions proposed by the international league against epilepsy (ILAE) and international bureau for epilepsy (IBE). *Epilepsia*, v. 46, n. 4, p. 470-472, 2005.

FOUNTAS, K. N. et al. Implantation of a closed-loop stimulation in the management of medically refractory focal epilepsy: a technical note. *Stereotactic and Functional Neurosurgery*, v. 83, n. 4, p. 153-158, 2005.

FREEMAN, J. L. et al. Generalized epilepsy in hypothalamic hamartoma: evolution and postoperative resolution. *Neurology*, v. 60, p. 762-767, 2003.

FREGNI, F. et al. A randomized clinical trial of repetitive transcranial magnetic stimulation in patients with refractory epilepsy. *Annals of Neurology*, v. 60, n. 4, p. 447-455, 2006.

FRIED, I. Management of low-grade gliomas: results of resections without electrocorticography. *Clinical Neurosurgery*, v. 42, p. 453-463, 1995.

GEORGE, M. S. et al. Vagus nerve stimulation therapy: a research update. *Neurology*, v. 59, n. 6, p. S56-61, 2002. Suplemento 4.

HADER, W. J. et al. Cortical dysplastic lesions in children with intractable epilepsy: role of complete resection. *Journal of Neurosurgery*, v. 100(Pediatrics 2), p. 110-117, 2004.

HANDFORTH, A.; DESALLES, A. A.; KRAHL, S. E. Deep brain stimulation of the subthalamic nucleus as adjunct treatment for refractory epilepsy. *Epilepsia*, v. 47, n. 7, p. 1239-1241, 2006.

HUFNAGEL, A. et al. Multiple subpial transection for control of epileptic seizures: effectiveness and safety. *Epilepsia*, v. 38, p. 678-688, 1997.

KOBAYASHI, K. et al. Clinical spectrum of epileptic spasms associated with cortical malformation. *Neuropediatrics*, v. 32, n. 5, p. 236-244, 2001.

KWAN, P.; BRODIE, M. J. Early identification of refractory epilepsy. *The New England Journal of Medicine*, v. 342, p. 314-319, 2000.

LI, L. M. et al. Surgical outcome in patients with epilepsy and dual pathology. *Brain*, v. 122, p. 799-805, 1999.

LIEBETANZ, D. et al. Anticonvulsant effects of transcranial direct-current stimulation (tDCS) in the rat cortical ramp model of focal epilepsy. *Epilepsia*, v. 47, n. 7, p. 1216-1224, 2006.

LODDENKEMPER, T. et al. Deep brain stimulation in epilepsy. *Clinical Neurophysiology*, v. 18, n. 6, p. 514-532, 2001.

MARINO, Jr. R.; CUKIERT, A.; PINHO, E. Aspectos epidemiológicos da epilepsia em São Paulo. *Arquivos de Neuropsiquiatria*, v. 44, p. 243-254, 1986.

McCOWN, T. J. Adeno-associated virus-mediated expression and constitutive secretion of galanin suppresses limbic seizure activity in vivo. *Molecular Therapy*, v. 14, n. 1, p. 63-68, 2006.

MEENCKE, H. J.; VEITH, G.; LUND, S. Bilateral hippocampal sclerosis and secondary epileptogenesis. *Epilepsy Research Supplement*, v. 12, p. 335-342, 1996.

MORRELL, F.; WHISLER, W. W.; BLECK, T. P. Multiple subpial transection: a new approach to the surgical treatment of focal epilepsy. *Journal of Neurosurgery*, v. 70, p. 231-239, 1989.

NORDLI JR. D. R. Idiopathic generalized epilepsies recognized by the internationalleague against epilepsy. *Epilepsia*, v. 46, p. 48-56, 2005. Suplemento 9.

OYEGBILE, T. O. et al. The nature and course of neuropsychological morbidity in chronic temporal lobe epilepsy. *Neurology*, v. 62, p. 1736-1742, 2004.

PAGLIOLI, E. et al. Seizure and memory outcome following temporal lobe surgery: selective compared with nonselective approaches for hippocampal sclerosis *Journal of Neurosurgery*, v. 104, p. 70-78, 2006.

PAGLIOLI, E. et al. Survival analysis of the surgical outcome of temporal lobe epilepsy due to hippocampal sclerosis. *Epilepsia*, v. 45, p. 1383-1391, 2004.

PALMINI, A. et al. Intrinsic epileptogenicity of human dysplastic cortex as suggested by corticography and surgical results. *Annals of Neurology*, v. 37, n. 4, p. 476-487, 1995.

PRAYSON, R. A. Clinicopathological findings in patients who have undergone epilepsy surgery in the first year of life. *Pathology International*, v. 50. n. 8, p. 620-625, 2000.

RICHICHI, C. et al. Anticonvulsant and antiepileptogenic effects mediated by adeno-associated virus vector neuropeptide Y expression in the rat hippocampus. *Journal of Neuroscience*, v. 24, n. 12, p. 3051-3059, 2004.

ROMANELLI, P.; ANSCHEL, D. J. Radiosurgery for epilepsy. *The Lancet Neurology*, v. 5, n. 7, p. 613-620, 2006.

SCHRAMM, J.; ALIASHKEVICH, A. F.; GRUNWALD, T. Multiple subpial transactions: outcome and complications in 20 patients who did not undergo resection. *Journal of Neurosurgery*, v. 97, p. 39-47, 2002.

SCHRAMM, J.; KRAL, T.; CLUSMANN H. Transsylvian keyhole functional hemispherectomy. *Neurosurgery*, v. 49, p. 891-901, 2001.

TASSI, L. et al. Focal cortical dysplasia: neuropathological subtypes, EEG, Neruoimaging and surgical outcome. *Brain*, v. 125, p. 1719-1732, 2002.

TERRA-BUSTAMANTE, V. C. et al. Surgically amenable epilepsies in children and adolescents: clinical, imaging, electrophysiological, and post-surgical outcome data. *Child's Nervous System*, v. 21, p. 546-551, 2005.

WIEBE, S. et al. Effectiveness and Efficiency of Surgery for Temporal Lobe Epilepsy Study Group. A randomized, controlled trial of surgery for temporal-lobe epilepsy. *The New England Journal of Medicine*, v. 345, n. 5, p. 311-318, 2001.

WIESER, H. G. Mesial temporal epilepsy with hippocampal sclersosis. *Epilepsia*, v. 45, n. 6, p. 695-714, 2004.

ACIDENTE VASCULAR CEREBRAL: ATUALIZAÇÕES

Rodrigo do Carmo Carvalho

Introdução

O Acidente Vascular Cerebral (AVC) é considerado a terceira causa de morte no mundo ocidental, segundo dados da OMS, e a primeira causa de morte no Brasil. É a principal causa de incapacidade física entre os adultos, sendo responsável por cerca de 50% das internações neurológicas. O impacto socioeconômico é alto e pode chegar de 20 a 40 bilhões de dólares anuais nos EUA.

A incidência anual é estimada em duzentos casos para cada 100 mil habitantes. Há uma relação direta entre a incidência de AVC e o aumento da idade. Cerca de 75% dos casos ocorrem em indivíduos com mais de 65 anos, fenômeno observado devido à maior prevalência dos fatores de risco relacionado às doenças cerebrovasculares. Com o aumento da expectativa de vida da população, é esperado um aumento ainda maior da incidência das doenças cerebrovasculares e do seu impacto socioeconômico sobre a sociedade.

Existem dois tipos de AVC, o isquêmico e o hemorrágico. Aproximadamente de 80 a 83% dos AVCs são do tipo isquêmico, e de 17 a 20%, do tipo hemorrágico. O AVC isquêmico é causado pelo comprometimento do fluxo sanguíneo em uma determinada região do encéfalo. O fluxo sanguíneo conduz nutrientes e oxigênio para o tecido cerebral, e, se ausente, pode levar à morte neuronal da região sem suprimento sanguíneo. O AVC hemorrágico é causado principalmente pela ruptura de pequenos vasos cerebrais, o que ocorre geralmente em pacientes hipertensos e pela ruptura de aneurismas cerebrais. O sangue acumula no parênquima cerebral ou no espaço subaracnoide e pode levar a efeitos compressivos em determinadas regiões do cérebro, ao aumento da pressão intracraniana e a danos irreversíveis nas regiões afetadas do encéfalo. Os sinais e os sintomas clínicos dos pacientes com AVC apresentam-se em geral de forma súbita e dependerão da extensão e da localização da lesão.

Anatomia Vascular do Encéfalo

Para melhor compreensão dos mecanismos relacionados aos AVC, apresentaremos uma breve discussão sobre a anatomia vascular encefálica e o fluxo sanguíneo cerebral.

O fluxo sanguíneo é bombeado pelo coração, tanto durante a sístole quanto durante a diástole, para as diversas estruturas do encéfalo. Para que o sangue possa chegar aos tecidos cerebrais, é necessário que se tenha um sistema de condutância eficaz, representado pelos vasos sanguíneos. O sangue bombeado pelo coração chega ao cérebro através de quatro artérias principais (duas artérias carótidas internas e duas artérias vertebrais, direita e esquerda). As artérias carótidas internas esquerda e direita bifurcam-se no cérebro em artérias cerebrais médias e cerebrais anteriores, e são responsáveis por distribuir grande parte do fluxo sanguíneo nos lobos frontais, parietal e parte do lobo temporal (Circulação Anterior). As artérias vertebrais juntam-se para formar a artéria basilar que se divide em artérias cerebrais posteriores, as responsáveis pela irrigação sanguínea do tronco cerebral, cerebelo, lobo occipital, tálamo e parte do lobo temporal medial (Circulação Posterior) (Figuras 1 e 2). À medida que se aproximam do tecido neuronal, esses grandes vasos vão bifurcando-se e segmentando-se em vasos cada vez menores, chamados de arteríolas. Existem artérias intracranianas que podem comunicar o fluxo da circulação anterior e da circulação posterior, chamadas artérias comunicantes posteriores, e que podem comunicar o fluxo entre as artérias da circulação anterior (artéria cerebral média e anterior) de um lado para o outro através da artéria comunicante anterior (Polígono de Willis). Esses canais de comunicação são importantes para a manutenção do fluxo sanguíneo cerebral em determinadas regiões do cérebro, mesmo após obstruções graves das artérias carótidas e vertebrais.

Figura 1 – Representação esquemática dos vasos sanguíneos cerebrais

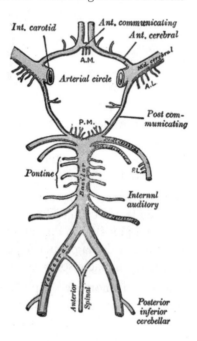

Figura 2 – Representação esquemática dos territórios vasculares das artérias intracranianas

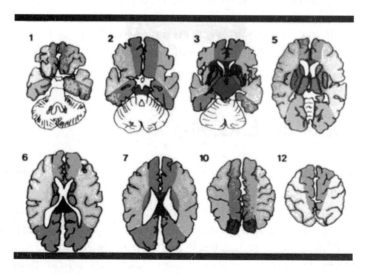

- Artéria cerebral anterior à laranja
- Artéria cerebral média à rosa
- Artéria cerebral posterior à azul

Mecanismos relacionados aos AVCs isquêmicos

Daremos ênfase à discussão dos mecanismos fisiopatológicos relacionados ao AVC isquêmico devido a sua maior incidência.

Os AVC isquêmicos podem ser causados pelos seguintes mecanismos: (1) infarto relacionado à oclusão de pequenas artérias (20%); (2) infarto secundário à doença aterosclerótica de grandes artérias (31%) (aterotrombótico); (3) infarto secundário à embolia cardiogênica (32%); (4) infarto relacionado a outros mecanismos definidos; (5) infarto sem mecanismo definido.

O infarto relacionado à oclusão de pequenas artérias intracranianas, também conhecido como infarto lacunar, geralmente ocorre em indivíduos idosos e com antecedentes pessoais de hipertensão e/ou *diabetes melittus*. Nesses pacientes, ocorre um quadro chamado de lipoialinose das pequenas artérias intracranianas com comprometimento do fluxo sanguíneo cerebral distal secundário à oclusão dessas pequenas artérias. Em geral, são infartos pequenos (lesões menores que 1,5 mm) e localizados preferencialmente nas regiões profundas do cérebro, substância branca periventricular, tálamo, núcleos da base e tronco cerebral. As síndromes clínicas relacionadas podem ser: (1) déficit motor contralateral puro; (2) déficit contralateral puro; (3) déficit motor e somestésico contralateral; (4) hemiparesia e ataxia; (5) disartria e perda da destreza da mão contralateral (*clumsy hand*) (Figura 3).

Figura 3 – RNM de encéfalo – sequência T1 mostrando infartos lacunares

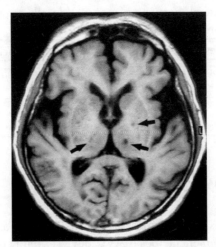

O infarto relacionado à doença aterosclerótica de grandes artérias, também conhecido como aterotrombótico, geralmente ocorre em indivíduos com fatores de risco cardiovasculares, como hipertensão arterial, tabagismo, *diabetes melittus*, obesidade, sedentarismo e dislipidemia. Esses indivíduos desenvolvem nas grandes artérias, especialmente nas artérias carótidas internas, vertebrais e aorta, placas ateromatosas que podem obstruir a luz do vaso e comprometer o fluxo sanguíneo distal a essa artéria (mecanismo hemodinâmico), ou formar pequenos coágulos de agregados plaquetários (trombo branco) na sua superfície, os quais podem ser levados pela corrente sanguínea e ocluir vasos de menor calibre distalmente (embolia artério-arterial).

O infarto relacionado à embolia cardiogênica geralmente ocorre em indivíduos com doenças cardíacas com potencial para formar agregados de fibrinas (trombo vermelho), que podem ser levados através da corrente sanguínea, tanto através da artéria carótida quanto da artéria vertebral, e ocluir vasos sanguíneos intracranianos. As doenças cardíacas relacionadas a maior risco de embolia cardiogênica incluem: fibrilação atrial, infarto agudo do miocárdio, valvulopatias, presença de trombo intracavitário e outras.

Tanto os infartos relacionados à doença aterosclerótica quanto a embolia cardiogênica podem levar a infartos de extensões variadas na circulação anterior e na posterior, e englobar estruturas corticais assim como subcorticais (Figura 4). A sintomatologia clínica vai depender da localização e extensão da lesão (Tabela 1).

Figura 4 – Tomografia computadorizada de crânio de um paciente com oclusão da artéria cerebral média direita

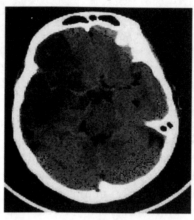

Tabela 1 – Manifestações clínicas dos AVC isquêmicos

ARTÉRIA ENVOLVIDA	MANIFESTAÇÕES CLÍNICAS
Cerebral média	afasia (dominante), heminegligência (não dominante), hemiparesia e hemi-hipoestesia contralateral, hemianopsia, desvio do olhar conjugado para o lado da lesão; sd. de Gerstmann (dominante);
Cerebral anterior	hemiparesia de predomínio crural, heminegligência; apatia; mutismo acinético;
Cerebral posterior	hemianopsia, sd. Anton, hemiparesia e hemi-hipoestesia contralateral, prosopagnosia, sd. Balint, alexia sem agrafia;
Circulação posterior (vertebrais e basilar)	diplopia, vertigem, hemiparesia ou tetraparesia, hemi-hipoestesia, ataxia cerebelar, disfunção dos nervos cranianos.

Alterações Cognitivas Pós-AVC

Entre 25 e 30 % dos pacientes com diagnóstico de AVC agudo apresentam alterações cognitivas. A avaliação de critérios clínicos para demência após o AVC deve ser feita com pelo menos três meses do evento para evitar erros quanto ao prognóstico funcional. Nem todos os pacientes com alterações cognitivas após AVC desenvolvem quadro de demência. O impacto das alterações cognitivas sobre as atividades de vida diária são importantes para diferenciar os pacientes que desenvolvem quadro demencial. Em um ano, 25% dos pacientes evoluem com quadro demencial após um AVC, e 5,5%, em quatro anos.

A prevalência da demência vascular é estimada entre 3 e 21% e varia conforme os critérios clínicos utilizados e a população estudada. É considerada a segunda causa de demência em idosos, isoladamente ou associada à doença de Alzheimer. Os fatores de risco mais relacionados ao desenvolvimento da demência vascular são: idade avançada, história prévia de AVC, infartos no hemisfério cerebral esquerdo ou dominante, infartos nos territórios das artérias cerebrais anteriores e posteriores, presença de aterosclerose de grandes vasos, fatores de risco para doenças cardiovasculares e baixo nível educacional.

A demência vascular pode ser classificada quanto aos subtipos fisiopatológicos relacionados ao declínio cognitivo em: (1) demência com infartos corticais; (2) demência com infartos subcorticais; (3) demência após infarto em regiões específicas; (4) demência secundária à hipoperfusão cerebral; (5) demência causada por outras arteriopatias; (6) demência após hemorragia intracerebral.

As manifestações clínicas relacionadas à demência vascular podem decorrer de lesões corticais ou subcorticais. As demências corticais caracterizam-se por declínio cognitivo com predomínio de alterações como afasia, apraxia e agnosia associada a alterações de memória. Os pacientes com demência vascular cortical, também referida como demência por múltiplos infartos, apresentam um acúmulo de déficits cognitivos secundários a infartos cerebrais múltiplos e bilaterais. O perfil típico dos pacientes com demência por múltiplos infartos é de um indivíduo geralmente do sexo masculino, com mais de cinquenta anos de idade, e que apresentou vários episódios de déficits neurológicos agudos ao longo de alguns anos. Geralmente esses indivíduos apresentam fatores de risco cardiovasculares ou doenças cardíacas prévias, e os mecanismos mais envolvidos nesses infartos são aterosclerose de grandes artérias e cardioembólico. Dependendo da localização dos infartos e dos domínios cognitivos mais afetados, esse quadro pode apresentar-se de forma mais precoce ou mais tardia.

Tabela 2 – Síndromes clínicas que podem ser causadas por lesões vasculares e sua localização.

SÍNDROMES CLÍNICAS	LOCAL DA LESÃO
Comportamento de imitação	Lesões frontais bilaterais com extensão para estruturas subcorticais
Negligência espacial	Lesão parietal ou frontal ou tálamo direito
Prosopagnosia	Lesão occipitoparietal (bilateral ou à direita)
Apraxia	Hemisfério E>D, corpo caloso
Anosognosia	Lesões parietais posteriores à direita
Síndrome de Balint	Lesões parietoccipitais bilaterais
Depressão	Lesão frontal esquerda e núcleos da base
Afasia	Lesão no hemisfério dominante

A demência por infartos subcorticais caracteriza-se por declínio cognitivo de intensidade leve a moderada e gradual com predomínio de alterações cognitivas como apatia, déficit de atenção e de concentração, diminuição da fluência verbal, memória frontal e alterações visuoespaciais e visuoconstrucionais. É comum a presença de alterações motoras como disartria e sintomas extrapiramidais, além de paralisia pseudobulbar, incontinência urinária e labilidade emocional. Alguns pacientes não apresentam sinais e sintomas neurológicos agudos na evolução do quadro, mas apenas gradual e progressivo declínio cognitivo, causado por infartos do tipo lacunares e associado a lesões da substância branca profunda periventricular, tálamo e estriado. Um dos subtipos de demência vascular subcortical é a encefalopatia arterioclerótica subcortical, também conhecida como doença de Biswanger, originalmente descrita por acometer indivíduos entre cinquenta e 65 anos de idade com história de hipertensão arterial sistêmica e que desenvolvem declínio cognitivo progressivo associado a infartos clinicamente evidentes e à identificação de múltiplos infartos subcorticais e leucoaraiose.

Infartos localizados em regiões específicas podem levar a alterações cognitivas significativas a despeito do tamanho da lesão. Essas lesões são comuns em regiões como o tálamo e os gânglios da base e podem gerar déficits motores e cognitivos suficientes para causar demência. Em lesões talâmicas, em geral na distribuição das artérias polar ou tálamo-geniculadas no hemisfério dominante, podem causar alterações de linguagem (afasia fluente com anomia e parafasias, mas com preservação da repetição), amnésia anterógrada e déficits frontais se houver dano à circuitaria frontal-subcortical. Lesões bilaterais nos núcleos dorsomediais do tálamo podem levar a déficits de memória secundários à lesão do trato mamilo-talâmico. Lesões bilaterais dos núcleos da base podem mimetizar síndromes relacionadas ao lobo frontal com apatia, abulia e comportamento obsessivo-compulsivo, especialmente o globo pálido. Lesões da cabeça do núcleo caudado podem produzir lentificação do discurso e do movimento, comportamento desinibido, agressão e sintomas afetivos com ou sem sintomas psicóticos, secundários à interrupção da circuitaria caudado-frontal (Figuras 5 e 6).

Alguns pacientes idosos e com fatores de risco cardiovasculares podem desenvolver declínio cognitivo leve, mas que não compromete as atividades de vida diária de forma significativa e sem critérios clínicos para demência. A associação de doenças neurodegenerativas, especialmente a doença de Alzheimer, com a presença de fatores de risco cardiovasculares e demência vascular, pode precipitar ou agravar a piora cognitiva desses pacientes (demência mista).

A avaliação neuropsicológica de pacientes submetidos a alguns procedimentos como a endarterectomia de carótida ou a cirurgia cardíaca com circulação extracorpórea tem demonstrado a presença de um grupo que evolui com declínio cognitivo secundário a hipoperfusão cerebral e presença de microembolias. Indivíduos com oclusão ou estenose crítica de carótida têm maior risco de desenvolver alterações cognitivas, principalmente devido ao fenômeno de hipoperfusão crônica.

Medidas para controle dos fatores de risco cardiovasculares e prevenção primária das doenças cerebrovasculares são importantes para evitar o aparecimento de alterações cognitivas pós-AVC e diminuir a progressão dos sintomas neuropsiquiátricos de doenças neurodegenerativas, como a doença de Alzheimer.

Figura 5 – RNM de um paciente com infarto do núcleo anterior do tálamo à esquerda que evoluiu com quadro de palipsiquismo, perseveração, apatia e amnésia

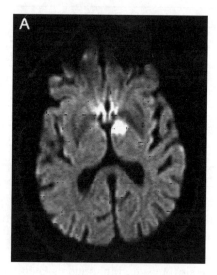

Figura 6 – RNM de um paciente com infarto dos núcleos dorsomedial e intralaminar do tálamo à esquerda que desenvolveu quadro de perda de inibição, amnésia, psicosemania, apatia, mutismo acinético e déficit atencional

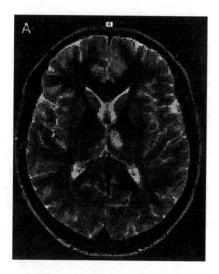

Referências bibliográficas

AMERICAN PSYCHIATRIC ASSOCIATION. *Diagnostic and Statistical Manual of Mental Disorders: DSM IV.* 4 th ed. Washington: American Psychological Association, 1994.

BABIKIAN, V.; ROPPER, A. H. Biswanger's disease: a review. *Stroke*, v. 18, p. 2-12, 1987.

CAPLAN, L. R. *Caplan's Stroke: A Clinical Approach.* 3rd ed. Elsevier, 2000.

CARRERA, E.; BOGOUSSLAVSKY, J. The thalamus and Behavior. Efects of anatomically distinct strokes. *Neurology*, v. 66, p. 1817-1823, 2006.

CHUI, H. Vascular dementia, a new beginning: Shifting focus from clinical phenotype to ischemic Brain Injuryury. In: DEKOSKY, S. T. (Ed.). *Neurologic Clinics: Dementias.* Philadelphia: W. B. Saunders company, 2000. p. 951-977.

DEKOSKY, S. T.; KAUFER, D. I.; LOPEZ, O. L. The Dementias. In: BRADLEY, W. G. et al. (Eds.). *Neurology in Clinical Practice – The Neurological Disorders.* 4th ed. Elsevier, 2004. p. 1901-1951.

DESMOND, D. W. et al. Incidence of Dementia after Stroke. Results of a longitudinal Study. *Stroke*, v. 33, p. 2254-2262, 2002.

HACHINSKI, V. C.; LASSEN, N. A.; MARSHALL, J. Multi-infarct dementia. A cause of mental deterioration in the elderly. *Lancet*, v. II, p. 207-210, 1974.

IVAN, C. S. et al. Dementia after Stroke. The Framingham Study. *Stroke*, v. 35, p.1264-1269, 2004.

KNOPMAN, K.; DEKOSKY, S. T.; CUMMINGS, J. L. Practice parameter: Diagnosis of Dementia (an evidence-based review). Report of the Quality Standards Subcommittee of the American Academy of Neurology. *Neurology*, v. 56, p. 1143-1153, 2001.

MOCCO, J. et al. Predictors of neurocognitive decline after carotid endarterectomy. *Neurosurgery*, v. 58, p. 844-850, 2006.

O'BRIEN, J. H.; ERKINJUNTTI, T.; REISBERG, B. Vascular Cognitive Impairment. *The The Lancet Neurologyogyogy*, v. 2, p. 89-98, 2003.

ROMAN, G. G.; TATEMICHI, T. K.; ERKINJUNTTI, T. Vascular Dementia: Diagnostic criteria for research studies: Report of the NINDS-AIREN International Workshop, *Neurology*, v. 43, p. 250-260, 1993.

SACHDEV, P. S. et al. Progression of cognitive impairment in stroke patients. *Neurology*, v. 63, p. 1618-1623, 2004.

DEMÊNCIAS RAPIDAMENTE PROGRESSIVAS – Príons

Noboru Yasuda

Introdução

A doença de Creutzfeldt-Jakob (DCJ), uma neurodegeneração rara e fatal, é a forma mais comum das chamadas demências rapidamente progressivas, atualmente denominadas Doenças Priônicas Humanas, as quais pertencem à classe das Encefalopatias Espongiformes Transmissíveis (EET). A DCJ, que era pouco reconhecida até os anos de 1960, sendo de interesse quase que restrito dos meios acadêmicos, tornou-se foco de crescente consideração no diagnóstico diferencial de doenças neurológicas crônicas e assunto também de interesse cotidiano na imprensa leiga, principalmente da Europa, na última década. O súbito interesse verificado deve-se aos seguintes fatos: a natureza inusitada dos agentes envolvidos na transmissão da doença denominados príons; a eclosão no Reino Unido, a partir de 1986, de uma epizootia de encefalopatia espongiforme bovina (EEB), uma modalidade das EETs animais, e sua transmissão, via consumo de carne e outros derivados, para seres humanos, como uma nova variante da DCJ (nvDCJ), hoje considerada também uma nova zoonose.

O que é príon?

O termo príon foi cunhado por Stanley B. Prusiner em 1982 (PRUSINER, 1982) para designar agentes causais putativas das EET ou doenças priônicas, a partir de *proteinaceus infectious particle*. Em sucessivos estudos realizados em scrapie, uma das EETs que acomete ovinos, Prusiner verificou que a infectividade da doença se copurificava com uma proteína com peso molecular de 27-30 kD, quando purificada, e desde então designada proteína priônica. Partículas proteicas semelhantes foram identificadas em outras EETs, o que levou o autor a formular a Teoria Priônica. Alguns aspectos inusitados e revolucionários da Teoria devem ser ressaltados: (1) a proteína priônica é normalmente sintetizada no interior das células como uma fração desprovida de patogenicidade, portanto codificada no genoma do hospedeiro, exatamente no braço curto do cromossoma 20 dos mamíferos; (2) a ocorrência de uma mutação nesse *locus* poderá dar origem à síntese de uma isoforma patogênica da proteína priônica, ora designada príon – conhecem-se hoje cerca de cinquenta mutações pontuais e insercionais no gene da proteína priônica (PRNP) (CAPELLARI et al., 2005), que dão origem a formas genéticas da DCJ; (3) a proteína priônica normal e a príon, sendo isoformas, isto é, iguais na sua estrutura primária, diferem entre si na sua conformação espacial; (4) o príon, quando em contacto com a proteína priônica normal, atua como gabarito na perversão da estrutura conformacional desta, que, assim, exerce o papel de substrato na "replicação" da fração patogênica, o que significa que o príon em si não é autorreplicante, apenas se aproveita da síntese proteica normal pelas células do hospedeiro para pervertê-la em seguida.

Como se verá adiante, as doenças priônicas apresentam-se tanto de forma esporádica quanto geneticamente, sendo ambas passíveis de transmissão iatrogênica, acidental e experimental aos animais de laboratório. Até o advento do príon, não se verificava na Microbiologia a existência de um agente infeccioso que fosse gerado geneticamente pelo próprio hospedeiro. O genoma do hospedeiro, quando participa da patogênese de uma infecção convencional, determina tão somente sua suscetibilidade ou resistência ao agente infeccioso, jamais gerando ele próprio o agente, como ocorre com o príon. A Teoria Priônica explica-nos por mutações no PRNP a ocorrência de formas genéticas da DCJ. Entretanto, para as formas esporádicas, em que não se conhecem vias de contaminação, tempo de incubação, fatores de risco, a patogênese é conjectural: ocorreria uma mutação somática, ou seja, conversão espontânea de proteína priônica normal em príon, cuja probabilidade de ocorrência é da mesma ordem que a incidência de 1:1.000.000 da DCJ esporádica (PRUSINER, 1993; BROWN, 1992). Por outro lado, o polimorfismo do códon 129 do PRNP parece estar relacionado com a predisposição do hospedeiro ao príon: os indivíduos homozigotos naquele códon seriam mais susceptíveis ao príon, tal como se verificou nos casos de nvDCJ e naqueles com a forma iatrogênica da DCJ por meio do uso parenteral de extratos hormonais de hipófise cadavérica (BROWN, 1992; COLLINGE et al., 1994; WILL et al., 1996).

Outro ponto nodal da Teoria Priônica é o desconhecido papel biológico da proteína priônica. Em alguns estudos realizados em animais transgênicos, verificou-se a importância dessa proteína na função sináptica normal e no controle de sobrevida das células de Purkinje (COLLINGE et al., 1994; SAKAGUCHI et al., 1996).

Com relação às propriedades físico-químicas do príon, devem ser salientados os seguintes aspectos: o príon é extremamente resistente a métodos convencionais de esterilização, fato que determina tomada de medidas eficazes de precaução e de esterilização, a fim de se evitar contaminação iatrogênica e/ou acidental; é dotado de propriedade hidrofóbica e resistência à digestão pela proteinase K; por meio da propriedade hidrofóbica, o prion precipita-se na formação de placas amiloides no encéfalo de DCJ e de suas variantes, como a nvDCJ (PRUSINER, 1991).

Em síntese, a patogênese segundo a Teoria Priônica estabelece que a proteína priônica é codificada no próprio genoma, sendo passível de sofrer alteração conformacional mediante mutações genética ou somática, transformando-se na versão patogênica dotada de infectividade denominada príon; na sua versão infectante, o príon depende da síntese de proteína priônica normal pelo hospedeiro para sua multiplicação; sendo uma partícula proteica intimamente relacionada com a superfície celular, o príon desagregaria a membrana do neurônio, promovendo a alteração espongiforme (formação de vacúolos intraneuronais) patognomônica das EETs.

Conhecem-se, atualmente, algumas linhagens de príons, como também a existência de barreira interespecífica que dificulta a passagem de príon de uma espécie animal para outra e o fenômeno de adaptação de uma cepa do agente infeccioso ao hospedeiro verificado em passagens experimentais seriadas. De modo geral, a intensidade da barreira dependeria do grau de congruência molecular entre o príon infectante e a proteína priônica do hospedeiro. Todavia, considerando-se que nvDCJ é o resultado da transmissão da EEB (síndrome da vaca louca) para seres humanos, seria impossível explicar por meio daquele mecanismo a facilidade com que o príon da EEB se adaptou a seres humanos, uma vez que tal adaptação implicaria a ocorrência de extrema congruência entre proteínas priônicas de espécies tão distantes.

Seria o príon, uma partícula proteica desprovida de ácidos nucleicos, o agente etiológico único das doenças priônicas? Esse tema é alvo de intensos debates na literatura especializada. Há trabalhos e opiniões que contestam a tese do príon como agente causal único (CHESEBRO, 2004; LASMÉZAS et al., 1997). Lasmézas e colaboradores (1997) sugerem a existência de um outro agente causal associado, do tipo de um ácido nucleico ainda não identificado, cuja adaptação ao hospedeiro seria ditada pelo príon.Seja ele o agente causal único ou epifenômeno, o príon é uma realidade presente na patogenia das EETs.

Na caracterização do príon, deve assinalar-se um fato de importância prática: sendo príon uma isoforma da proteína priônica, não é passível de reconhecimento pelos elementos do sistema imune do hospedeiro, o que torna impossível de ele ser revelado pelos testes laboratoriais de imunoensaio.

CLASSIFICAÇÃO DAS DOENÇAS PRIÔNICAS

As doenças priônicas dividem-se em formas humanas e animais, e ambas admitem três categorias, segundo modos de transmissão: esporádica, genética e infecciosa ou adquirida.

Dentre as formas humanas são reconhecidas: a DCJ esporádica; a DCJ genética, em que a transmissão sempre obedece ao modo autossômico dominante (DCJ familial, Insônia Familial Fatal, Síndrome de Gerstmann-Sträussler-Scheinker; a DCJ infecciosa ou adquirida – DCJ iatrogênica ou acidental – transplante de córnea e dura-máter, eletrodos corticais contaminados, uso de GH do extrato hipofisário –; o kuru, uma forma tribal que acometeu de modo epidêmico a Tribo Fore de Papua, Nova Guiné, nos idos de 1950 – 1960; a nvDCJ, resultante da transmissão zoonótica da EEB). Nesse grupo de doenças humanas, a DCJ é considerada protótipica e as demais formas, variantes.

No grupo das formas animais, scrapie, que afeta endemicamente os ovinos e os caprinos da Europa, sobretudo no Reino Unido, é considerado protótipo, com suas formas esporádica e infecciosa ou adquirida. Na forma infecciosa, são reconhecidas ainda a EEB, que afetou, na escala epidêmica, o gado bovino da Grã-Bretanha, a partir de 1986, por meio da inadvertida introdução na ração de proteínas de origem animal contaminadas com príon, e que foi transmitida subsequentemente a seres humanos na forma de nvDCJ, via consumo de carne e de outros derivados contaminados com o príon da EEB; a encefalopatia da marta; a encefalopatia dos ruminantes silvestres; a encefalopatia felina; doença consumptiva crônica dos alces e da mula.

Todos os tipos enumerados foram experimentalmente transmitidos a primatas subumanos e a outros animais de laboratório, por meio da inoculação do agente causal (GIBBS; GAJDUSEK, 1971; MASTERS; GAJDUSEK; GIBBS, 1981; TATEISHI et al., 1995; BAKER; RIDLEY; WELLS, 1993). O substrato neuropatológico patognomônico presente em todos os tipos é a alteração espongiforme, que consiste na formação de vacúolos intraneuronais que conferem aspecto esponjoso ao sistema nervoso central. Identidade e semelhança no aspecto etiológico estendem-se também para os quadros epidemiológicos e clinicopatológicos, de tal ordem que nos permite uma consideração em conjunto dessas afecções, partindo-se da análise do protótipo DCJ, para a melhor compreensão da história natural das doenças priônicas humanas.

PATOLOGIA

As alterações patológicas, em todos os tipos, restringem-se ao sistema nervoso central: rarefação neuronal, astrogliose, alteração espongiforme, presença de placas de substância amiloide são nada mais do que agregado de príons precipitados na intimidade do sistema nervoso central. Combinações entre esses elementos básicos ocorrem em graus e sítios variados, ao longo do neuroeixo, de acordo com as diversas variantes da DCJ. De modo geral, quando as variantes da DCJ apresentam predominância de ataxia cerebelar, aproximando-se das formas animais da doença (scrapie, EEB), como a nvDCJ, kuru, nota-se maior quantidade de placas amiloides no cerebelo (PRUSINER, 1993; GAJDUSEK, 1977).

EPIDEMIOLOGIA

- **DCJ** – A DCJ é de ocorrência mundial na escassa incidência de 1:1.000.000. Sendo uma doença fatal em menos de um ano de evolução na maioria dos casos, sua prevalência é da mesma grandeza que sua incidência. A forma esporádica constitui a maioria, enquanto que a genética ocorre em 10 a 15% do total. Afeta ambos os sexos na mesma proporção, alcançando o pico de incidência entre a quinta e a sexta décadas, sendo extremamente rara nas faixas abaixo dos quarenta anos e acima dos oitenta (MASTERS et al., 1979). Não há focos geográficos, temporais ou étnicos (NEUGUT et al., 1979). Seu tempo de incubação é desconhecido. A julgar pelos cálculos feitos com relação a estudos experimentais de inoculação ou a casos iatrogênicos ou acidentais de transmissão, a incubação pode variar de doze meses a vários anos (MATTHEWS, 1975). Tomando-se o exemplo de kuru, uma variante que afetou a tribo Fore de Nova Guiné numa escala epidêmica, provavelmente pelo consumo de um caso de DCJ esporádica, via canibalismo, ritual então praticado na tribo, o tempo de incubação poderá chegar a quarenta anos (HUILLARD et al., 2002). Os dados disponíveis até o momento não permitem conclusão definitiva sobre a transmissão horizontal ou os modos alternativos e naturais de transmissão. Até o surgimento dos casos de nvDCJ, não havia sido identificado fator de risco algum com relação a tipos ocupacionais, hábitos alimentares, procedimentos cirúrgicos ou médicos invasivos, exposição ao scrapie ou contacto com ovinos e seus derivados (BROWN et al., 1987). Para as formas iatrogênicas e acidentais da DCJ, como os casos decorrentes de transplante de tecidos, uso de hormônio extraído da hipófise cadavérica contaminado pelo príon, foram determinados o tempo de incubação, os fatores de risco e o modo de transmissão (BROWN et al., 2006).

- **nvDCJ** – Desde a identificação dos primeiros casos de nvDCJ por Will e colaboradores em 1996 (1996), até o final de 2005, haviam sido verificados cerca de 150 óbitos por nvDCJ no Reino Unido (JOHNSON, 2005). Atualmente, a correlação temporal verificada entre a ocorrência dos casos de nvDCJ e a epizootia da EEB na Grã-Bretanha, bem como a homologia molecular entre os príons envolvidos, estabelece solidamente o elo etiopatogênico existente entre as duas condições: a transmissão de um idêntico agente da EEB para seres humanos, via consumo de carne e de derivados outros contaminados (BRUCE et al., 1997). Todos os pacientes com nvDCJ eram homozigotos para metionina no códon 129, e em sua maioria na faixa etária abaixo dos quarenta anos. Comparativamente à DCJ esporádica, sua duração é mais longa, em média catorze meses contra quatro meses da DCJ esporádica (JOHNSON, 2005).

- **kuru e EEB** – A variante tribal da DCJ, de caráter infeccioso, kuru, afetou os membros da Tribo Fore de Papua, na Nova Guiné, em proporção epidêmica, em torno de 1950 e 1960, na espantosa prevalência de 1:100, acometendo adultos e crianças, com preponderância do sexo feminino adulto sobre o masculino na proporção de 3:1. Atribui-se ao consumo de um caso de DCJ esporádica, via canibalismo ritual praticado na Tribo, a origem e a propagação do kuru, cabendo a mulheres o preparo do cadáver para o ritual. O desaparecimento virtual do kuru, que se seguiu à cessação do canibalismo, reflete uma prova inequívoca dessa tese. O tempo médio de incubação é de três anos, variando entre menos de dois anos até mais de trinta anos (GAJDUSEK; ZIGAS, 1957; PRUSINER; GAJDUSEK; ALPERS, 1982). Marcada estereotipia do seu quadro clínico-neuropatológico, dominado pelas manifestações de comprometimento cerebelar, ilustra de modo consistente a tese da suscetibilidade recíproca entre uma cepa do agente causal e a uniformidade genética de uma comunidade fechada.

Com relação à EEB, uma epizootia que se iniciou em torno de 1986, afetando o rebanho bovino da Grã-Bretanha e, em seguida, de alguns outros países da Europa, notam-se semelhanças em muitos aspectos com a epidemia de kuru. Assim como no caso desta, a EEB representa um surto de epizootia que alcançou seu apogeu na segunda metade da década de 1980 com uma incidência de 3:1.000 (COLLE; BRADLEY, 1997); a via de transmissão teria sido também oral, mediante introdução na ração de carcaças de ovinos afetados por scrapie ou de proteínas animais de outras origens, incluindo-se nestas o consumo de possível caso de EEB esporádica (CHESEBRO, 2004).

Quadro clínico

- **DCJ esporádica** – O modo gradual e progressivo caracteriza o início do quadro na maioria dos casos. Em 20% deles, verifica-se início súbito, o que pode simular outros processos patológicos. A progressão subaguda e fatal não ultrapassa seis meses de duração na maioria dos pacientes, sendo excepcional uma duração acima de seis anos. O quadro clínico evolui em três fases: a prodrômica, a de estado e a terminal. Na fase prodrômica, cerca de 1/3 dos pacientes apresentam queixas de ordem sistêmica, como fadiga, insônia, inapetência, depressão, episódios sincopais; 1/3 dos casos, alterações comportamentais e cognitivas; e o terço final, sinais focais de comprometimento orgânico do sistema nervoso central, tais como perda visual, ataxia cerebelar, afasia, sinais motores deficitários, nistagmo. Na fase de estado, aberrações mentais tornam-se evidentes, adquirindo o caráter de demência progressiva, ao lado de disfunções comportamentais, cognitivas, piramidais extrapiramidais, cerebelares, sinais de comprometimento do neurônio motor periférico e distúrbios sensitivo-sensoriais em graus e formas variados de associação. Na fase terminal, advêm graves alterações do estado de consciência até coma, acompanhadas de mioclonias, postura decorticada ou descerebrada, convulsões, disautonomias, que, em conjunto, definem uma existência meramente vegetativa. A morte ocorre como consequência de infecções intercorrentes, quando não pela própria doença (BROWN et al., 1979). Na evolução da fase de estado para a terminal, a demência é notada em quase todos os casos e em associação com movimentos involuntários, entre os quais as mioclonias representam a modalidade mais característica e proeminente (BROWN et al., 1979). Ainda nessa fase, a recorrência periódica de complexos trifásicos de alta voltagem no eletroencefalograma foi verificada em 80% dos casos ((BROWN et al., 1986), embora não seja considerado este fenômeno patognomônico da DCJ. Outro aspecto clínico que merece comentário é a presença de sinais de comprometimento do neurônio motor periférico em parte considerável dos casos de DCJ (WORRAL et al., 2000; YASUDA, 1981). O encontro desses sinais, particularmente nos casos de longa duração, poderá significar um caráter distintivo fundamental com relação à doença de Alzheimer, principal diagnóstico diferencial da DCJ.

- **DCJ genéticas** – As formas genéticas da DCJ, de modo geral, incidem em faixa etária mais precoce, quando comparadas com a DCJ esporádica, e a evolução costuma ser mais longa; a demência e as mioclonias são menos pronunciadas e alterações eletroencefalográficas, inespecíficas; traços clínicos característicos de acordo com a mutação do PRNP são notados no quadro, tais como disautonomias na Insônia Fatal, síndrome espinocerebelar na Gerstmann-Straussler-Scheinker (COLLINGE et al., 1994).

- **nvDCJ** – Seu quadro clínico ocupa uma posição intermediária entre a DCJ esporádica e kuru; por parestesias nos membros inferiores, frequentemente presentes no início, e pela intensa ataxia cerebelar que se desenvolve na evolução, a nvDCJ aproxima-se do kuru; pela demência e pelas mioclonias, assemelha-se à DCJ esporádica. Essa forma incide nas faixas etárias abaixo de quarenta anos, média de 26 anos, apresentando sintomas psiquiátricos como disforia, tendência ao isolamento, ansiedade, irritabilidade, insônia ou perda do interesse. Com a evolução, esses sintomas se associam a dores e parestesias nos membros inferiores, cefaleia, ataxia cerebelar intensa, e a proeminentes quadros psicóticos e afetivos, de ocorrência incomum nos casos de DCJ clássica. A demência na nvDCJ é de ocorrência geralmente tardia. A sobrevida média é de pouco mais de um ano (SPENCER; KNIGHT; WILL, 2002).

DIAGNÓSTICO E DIAGNÓSTICO DIFERENCIAL DA DCJ

O diagnóstico da DCJ, sendo esta uma condição fatal para a qual não há, no momento atual, nenhuma medida terapêutica disponível, tem por finalidade primordial preservar a Saúde Pública dos riscos de contaminação iatrogênica ou acidental (nvDCJ, DCJ por uso parenteral de extrato hormonal hipofisário), diminuindo tais riscos mediante a adoção de medidas de precaução e de prevenção. O alcance dessas medidas será tanto maior quanto mais precoce for o diagnóstico.

Entretanto, não há ainda nenhum teste laboratorial *pre-mortem* específico e de revelação prática. A detecção de mutação do PRNP, obviamente, só tem valor para as formas genéticas. Com relação à DCJ esporádica, exames convencionais e tradicionais de neuroimagem de líquido cefalorraqueano demonstram dados inespecíficos, estando normais na maioria dos casos e, portanto, prestam-se apenas como meios de exclusão de outros processos (ROOS; GAJDUSEK; GIBBS, 1973). Testes mais modernos, tais como o da proteína cerebral 14-3-3 no líquido cefalorraqueano e imunocitoquímica para príon na biópsia de tonsila, têm-se revelado inespecíficos ou imprecisos (HSICH et al., 1996; TRONSIDE et al., 2000). Cabe lembrar que as técnicas de imunoensaio relacionados com fatores humorais carecem de utilidade, devido à ausência virtual da resposta imune ao agente. A biópsia cerebral constitui o único meio diagnóstico, por meio da revelação de quadro histopatológico típico. Entretanto, devido às limitações impostas pelos riscos de contaminação, pelas razões éticas ou intrínsecas ao quadro neuropatológico, sua realização somente deverá ser feita quando alternativas diagnósticas tratáveis estiverem sob séria consideração (BUDKA et al., 1995).

Por outro lado, o polimorfismo do quadro clínico da DCJ implica o diagnóstico diferencial com amplo espectro de processos neurológicos, em que a doença de Alzheimer figura como o principal diagnóstico diferencial. Por essa razão e pela falta de testes laboratoriais específicos, a dificuldade no diagnóstico da DCJ é superada em parte pela aplicação de critérios de diagnóstico clínico, como os elaborados por Brown e colaboradores (BROWN et al., 1986).

A confirmação diagnóstica é obtida por meio do exame neuropatológico ou por meio de transmissão experimental da doença. Confrontando-se o diagnóstico clínico com os critérios de confirmação, obtém-se o valor preditivo positivo do critério clínico de até 98% na categoria de "provável (BRANDEL et al., 2000).

Conclusões

A despeito do grande avanço obtido mediante aplicação de sofisticadas técnicas da Biologia Molecular na consolidação da Teoria Priônica, a etiopatogenia das doenças priônicas ainda hoje, em grande parte, é dependente dos dados obtidos pela Epidemiologia, para sua formulação e seu esclarecimento. Assim, os estudos epidemiológicos nos permitiram compreender como intervenções artificiais, por vezes até sutis e latentes, possam resultar em catástrofes pela ruptura das relações ecologicamente estáveis. Trata-se de um alerta para nossa sociedade, sujeita também a eventos inesperados como a epidemia de nvDCJ e de EEB. Outro aspecto de importância a ser destacado diz respeito ao valor diagnóstico e à necessidade da aplicação dos critérios clínicos como instrumento primordial e único na identificação *pre-mortem* da DCJ. E, finalmente, há clara necessidade em nosso meio de estabelecer o perfil epidemiológico da DCJ, por meio da criação de centros de referência, procurando viabilizar a divulgação e a atualização do conhecimento sobre a matéria e buscar grau de excelência na notificação compulsória da doença mediante elaboração e execução de projetos de pesquisa pertinentes.

REFERÊNCIAS BIBLIOGRÁFICAS

BAKER, H. F.; RIDLEY, R. M.; WELLS, G. A. H. Experimental transmission of BSE and scrapie to the common marmoset. *Veterinary Record*, v. 132, p. 406, 1993.

BRANDEL, J. P. et al. Diagnosis of Creutzfeldt-Jakob disease. Effect of clinical criteria on incidence estimates *Neurology*, v. 54, p. 1095-1099, 2000.

BROWN, P. et al. Creutzfeldt-Jakob disease in France. II. Clinical characteristics of 124 consecutive verified cases during the decade 1968-1977. *Annals of Neurology*, v. 6, p. 430-437, 1979.

BROWN, P. et al. Creutzfeldt-Jakon disease: Clinical analysis of c consecutive series of 230 neuropathologically verified cases. *Annals of Neurology*, v. 20, p. 597-602, 1986.

BROWN, P. et al. Iatrogenic Creutzfeldt-Jakob disease. The waning of an era. *Neurology*, v. 67, p. 389-393, 2006.

BROWN, P. et al. The epidemiology of Creutzfeldt-Jakob disease: Conclusion of a 15-year investigation in France and review of the world literature. *Neurology*, v. 37, p. 895-904, 1987.

BROWN, P. The phenotypic expressions of different mutations in transmissible human spongiform encephalopathy. *Revue Neurologique*, Paris, v. 148, p. 315-327, 1992.

BRUCE, M. E. et al. Transmission to mice indicate that new variant CJD is caused by the BSE agent. *Nature*, v. 389, p. 498-501, 1997.

BUDKA, H. et al. Neuropathological diagnostic criteria for Creutzfeldt-Jalob disease and other human spongiform encephalopathies (Prion diseases). *Brain Pathology*, v. 5, p. 459-466, 1995.

CAPELLARI, S. et al. Creutzfeldt-Jakob disease associated with the R208H mutatio in the prionprotein gene. *Neurology*, v. 64, p. 905-907, 2005.

CHESEBRO, B. A Fresh Look at BSE. *Science*, v. 305, p. 1918-1920, 2004.

COLLE, J. G.; BRADLEY, R. BSE: A decade on-*Part 1. Lancet*, v. 349, p. 636-641, 1997.

COLLINGE, J. et al. Prion protein is necessary for normal synapticfunction. *Nature*, v. 370, p. 295-297, 1994.

GAJDUSEK, D. C. Unconventional viruses and the origin and disappearance of kuru. *Science*, v. 197, p. 943-960, 1977.

GAJDUSEK, D. C.; ZIGAS, V. Degenerative disease of the central nervous system in New Guinea. The endemic occurence of kuru in the native population. *The New England Journal of Medicine*, v. 257, p. 974-978, 1957.

GIBBS, Jr. C. J.; GAJDUSEK, D. C. Transmission and characterization of the agents of spongiform encephalopathies: kuru,Creutzfeldt-Jakob disease, scrapie and mink encephalopathy. *Research Publications – Association for Research in Nervous and Mental Disease*, v. 49, p. 383-410, 1971.

HSICH, G. et al. The 14-3-3 brain protein in cerebrospinalfluid as a marker for transmissible spongiform encephalopathies. *The New England Journal of Medicine*, v. 335, p. 924-930, 1996.

HUILLARD D'AIGNAUX, J. N. et al. The incubation period of kuru. *Epidemiology*, v. 13, p. 402-408, 2002.

IRONSIDE, J. W. et al. Retrospective study of prion-protein accumulation in tonsil and appendix tissues. *Lancet*, v. 355 (9216), p. 1693, 2000.

JOHNSON, R. T. Prion diseases. *Lancet Neurol*, v. 4, p. 635-642, 2005.

LASMÉZAS, C. I. et al. Transmission of BSE agent to mice in the absence of detectable abnormal prion protein. *Science*, v. 275, p. 402-405, 1997.

MASTERS, C. L. et al. Creutzfeldt-Jakob disease: patterns of worldwise occurence and significance of familial and sporadic clustering. *Annals of Neurology*, v. 5, p. 177-188, 1979.

MASTERS, C. L.; GAJDUSEK, D. C.; GIBBS Jr., C. J. Creutzfeldt-akob disease virus isolation from the Gerstmann--Straussler-Scheinker syndrom. *Brain,* v. 104, p. 559-588, 1981.

MATTHEWS, W. M. Epidemiology of Creutzfeldt-Jakob disease in England and Wale. *Journal of Neurology, Neurosurgery & Psychiatry,* v. 38, p. 210-213, 1975.

NEUGUT, R. H. et al. Creutzfeldt-Jakob disease: familial clustering among libyan-born israelis. *Neurology,* Minneapolis, v. 29, p. 225-231, 1979.

PRUSINER, S. B. Genetic and infectious prion diseases. *Archives of Neurology,* v. 50, p. 1129-1153, 1993.

PRUSINER, S. B. Molecular biology of prion diseases. *Science,* v. 252, p. 1515-1522, 1991.

PRUSINER, S. B. Novel proteinaceous infectious particles cause scrapie. *Science,* v. 216, p. 136-144, 1982.

PRUSINER, S. B; GAJDUSEK, D. C.; ALPERS, M. P. Kuru with incubation periods exceeding two decades. *Annals of Neurology,* v. 12, p. 1-9, 1982.

ROOS, R.; GAJDUSEK, D. C.; GIBBS, Jr., C. J. The clinical characteristics of transmissible Creutzfeldt-Jakob disease. *Brain,* v. 96, p. 1-20, 1973.

SAKAGUCHI, S. et al. Loss of cerebellarPurkinge cells in aged mice homozigous for a disrupted PrP gene. *Nature,* v. 380, p. 528-531, 1996.

SPENCER, M. D.; KNIGHT, R. S. G.; WILL, R. G. First hundred cases of variant Creutzfeldt-Jakob disease: retrospective case note review of early psychiatric and neurological features. *BMJ,* v. 324, p. 1479-1482, 2002.

TATEISHI, J. et al. First experimental transmission of fatal familial insomnia. *Nature,* v. 376, p. 434-435, 1995.

URBACH, H. et al. MRI in sporadic Creutzfeldt-Jakob disease: correlation with clinical and neuropathological data. *Neuroradiology,* v. 40, p. 65-70, 1998.

WILL, R. G. et al. A new variant of Creutzfeldt-Jakob disease in the UK. *Lancet,* v. 347, p. 921-925, 1996.

WORRALL, B. B. et al. Amyotrophy in prion diseases. *Archives of Neurology,* v. 57, p. 33-38, 2000.

YASUDA, N. *Doença de Creutzfeldt-Jakob: estudo clínico de sete casos.* 1981. Tese . Faculdade de Medicina, Universidade de São Paulo, São Paulo.

DISTÚRBIOS DA FALA E DA LINGUAGEM ASSOCIADOS A LESÕES SUBCORTICAIS

Lucia I. Z. Mendonça

A participação de estruturas subcorticais nas funções cognitivas e, em particular, na linguagem, foi efetivamente reconhecida há poucas décadas e tem despertado o interesse crescente dos pesquisadores. A moderna neuroimagem contribuiu para a mais precisa localização de pequenas lesões. No entanto, o real papel dessas estruturas nos sistemas funcionais cognitivos ainda é controverso.

A assimetria funcional observada na corticalidade é também encontrada em nível subcortical. Portanto, as lesões hemisféricas subcorticais à esquerda podem produzir alterações da linguagem e da memória verbal, e as lesões à direita acompanham-se de distúrbios visuoespaciais e visuoconstrutivos, heminegligência e alterações da memória não verbal. Também é observada lateralização para a linguagem no cerebelo. Tarefas de fluência verbal silenciosa demonstram em destros, na ressonância magnética funcional, ativação de áreas corticais à esquerda e de cerebelares à direita; o inverso ocorre em canhotos (HUBRICH-UNGUREANU et al., 2002). Portanto, a dominância cruzada cerebral e cerebelar para a linguagem é uma característica típica da organização cerebral. A participação do hemisfério cerebelar direito na linguagem deve-se ao duplo cruzamento de fibras nos circuitos córtico-cerebelo-corticais.

Dois sistemas subcorticais relacionados à fala e à linguagem serão abordados em separado: o circuito envolvendo os núcleos da base e o tálamo, e o circuito relacionado ao cerebelo.

Núcleos da Base e Tálamo

Aspectos anatomofuncionais

Os gânglios ou núcleos da base compreendem o núcleo caudado e o putâmen, em conjunto denominados de neostriado ou *striatum* dorsal, o globo pálido, a substância negra, o núcleo subtalâmico de Luys e o núcleo accumbens, o qual constitui o *striatum* ventral.

A cápsula interna é um feixe de substância branca situada entre os gânglios da base. Por ela trafegam as fibras provenientes do córtex, as conexões dos núcleos da base entre si, as projeções que retornam ao córtex e o trato piramidal.

O tálamo situa-se lateralmente ao III ventrículo. Inclui o corpo geniculado medial e o corpo geniculado lateral, estações intermediárias das vias auditiva e visual, respectivamente. O tálamo é constituído por núcleos celulares, os núcleos talâmicos.

Os núcleos centromediano, intralaminares e reticular, chamados conjuntamente de inespecíficos, são considerados como prolongamento da formação reticular do tronco cerebral, ou seja, do sistema reticular ativador ascendente; esses núcleos se projetam no córtex de maneira difusa, tendo como função a excitabilidade geral do córtex cerebral.

As relações das estruturas subcorticais com o córtex são altamente organizadas, isto é, áreas definidas do córtex projetam-se sobre os alvos subcorticais, e estes, por sua vez, enviam informações de volta para regiões específicas do córtex cerebral. O neoestriado, que recebe conexões do córtex, tem como principal eferência o globo pálido. Este, por sua vez, se projeta sobre o tálamo, que se conecta com o córtex, fechando o circuito. Esta é a clássica alça córtico-estriado-pálido-tálamo-cortical. A organização tópica ocorre ao longo de toda a alça corticossubcortical.

Alexander, DeLong e Strick (1986) sugerem haver pelo menos cinco alças corticossubcorticais.

O circuito motor envolve as projeções dos córtices pré-motor e motor sobre o putâmen, as quais, por sua vez, alcançam o núcleo ventral lateral (VL) e o núcleo ventral anterior (VA) do tálamo, via pálido. No retorno, a informação atinge os córtices motor, pré-motor e pré-frontal. A ordem motora final para a fala é veiculada pelo trato piramidal, que se origina nas áreas do córtex motor correspondentes à face, língua, faringe e laringe A via piramidal atravessa a porção média da substância branca periventricular e a cápsula interna em seu destino aos núcleos do tronco cerebral. Distúrbios motores da produção da fala podem ser explicados pelo dano da via piramidal descendente, ou de qualquer ponto da alça motora corticossubcortical. Esses circuitos filogeneticamente mais antigos controlam a fluência e a articulação da fala, bem como o volume da voz. Disartria também pode ocorrer após lesão subcortical situada fora do cerne dos gânglios da base, na substância branca periventricular média, por onde trafega o trato piramidal.

Circuitos cognitivos têm sido individualizados no sistema corticossubcortical.

O circuito do cíngulo anterior ou motivacional inicia-se no córtex límbico do cíngulo anterior, hipocampo, amígdala e área entorrinal e alcança o núcleo dorsomediano do tálamo (DM), e também os núcleos anterior (A) e lateral dorsal (LD), via *striatum* ventral. Motivação é o impulso que leva à ação, a partir de um estímulo interno, ou em resposta ao meio externo. A produção oral da fala depende da iniciativa motora e da comportamental, de sua manutenção e sequenciação temporal. A iniciação dos movimentos da fala e a emoção são importantes aspectos límbicos da fala espontânea. O comprometimento desse sistema produz redução da fala espontânea, que fica muito dependente de estimulação externa (arguição e solicitação de outras pessoas), sendo uma das causas de mutismo. As respostas tendem a ser curtas e a ter um intervalo na troca dos turnos. Ocorrem perseverações, hipofonia e embotamento afetivo (LAPLANE et al., 1984).

A conexão do cíngulo com o *striatum* se dá através do fascículo subcaloso, que passa no istmo frontal. O giro do cíngulo anterior mantém conexões recíprocas com a área pré-motora, e ambos enviam fibras para a convexidade frontal anterior ao córtex motor primário. Essa conexão da área motora suplementar e giro do cíngulo com a convexidade frontal passa pela substância branca anterior ao corno frontal do ventrículo lateral. Lesões das porções de substância branca produzem alterações da iniciativa do ato da fala (NAESER et al., 1989).

Outros circuitos fronto-subcorticais, iniciando-se no córtex pré-frontal lateral e orbitofrontal lateral, se dirigem ao núcleo caudado e alcançam os núcleos dorsomediano (DM) e ventral anterior (VA) do tálamo. As regiões corticais posteriores (parietal, temporal e occipital) conectam-se com os núcleos posteriores talâmicos, via núcleo caudado. Tais alças poderiam estar relacionadas a diversos aspectos da linguagem. Em especial as alças fronto-subcorticais poderiam relacionar-se com a adequação social e a pragmática da fala, as funções executivas e a elaboração do discurso, e a inter-relação da linguagem com a atenção e a memória operacional.

A importância das vias que trafegam pela substância branca na produção de distúrbios afásicos deve ser lembrada. O istmo temporal é a faixa de substância branca situada na porção inferior da cisura silviana. Por ela trafegam a radiação auditiva e as vias do circuito temporoestriatal. Lesões subcorticais situadas no istmo temporal devem resultar em dificuldades de compreensão verbal. Lesão da substância branca parietal profunda, por onde passa o fascículo arqueado, deve resultar em quadro de afasia de condução, com parafasias fonêmicas e dificuldades de repetição.

Aspectos clínicos

Os estudos realizados em pacientes submetidos a cirurgias estereotáxicas que tiveram como alvo os gânglios da base e/ou o tálamo têm sido importantes na demonstração de distúrbios da fala e da linguagem relacionados a essas estruturas (OJEMANN, 1983). Nesses casos, observaram-se imprecisão articulatória, disfluência, taqui e palilalia, hipofonia, disprosódia, diminuição da espontaneidade da fala, mutismo, perseveração, anomia, parafasias e dificuldades de compreensão verbal.

Os núcleos talâmicos que têm sido relacionados a sintomas afásicos são o ventral anterior (VA), o ventral lateral (VL) e o pulvinar. A lesão ou a estimulação do tálamo (especialmente do núcleo ventral lateral – VL) ou pálido em cirurgias de Parkinson provocam alterações da linguagem durante e após o ato cirúrgico. Distúrbios de linguagem são observadas em 23% dos pacientes parkinsonianos submetidos à cirurgia de talamotomia, especialmente quando associada à palidotomia (DARLEY; BROWN; SWENSON, 1975). Déficits da atenção e de memória de trabalho podem contribuir para essa dificuldade (GROSSMAN et al., 2002).

A estimulação do putâmen esquerdo provoca o aparecimento de anartria, enquanto a estimulação do núcleo caudado esquerdo induz a presença de perseverações (GIL ROBLES et al., 2005). Tal fato sugere haver, nos núcleos da base, dois sistemas funcionais distintos relacionados à fala e à linguagem: um motor e outro de natureza cognitiva. Em estudo com PET aliado ao uso de marcador dopaminérgico, foi encontrada correlação entre a velocidade do processamento fonológico e a atividade no putâmen esquerdo, enquanto a acurácia do processamento fonológico se relacionou com atividade no núcleo caudado esquerdo (TETTAMANTI et al., 2005).

Como um conjunto, as afasias subcorticais caracterizam-se pela variabilidade da apresentação, estando frequentemente preservada a repetição. O caráter reversível e, muitas vezes, transitório dos sintomas, é outra característica. Evolução favorável, com recuperação próxima do normal em três a seis meses, ocorre em 75% dos casos (CAPPA; VALLAR, 1992). A persistência de alterações afásicas por anos, no entanto, é observada (CROSSON, 1985).

Os distúrbios afásicos manifestam-se de maneira diferente nas lesões talâmicas e extratalâmicas.

Afasia subcortical não talâmica

Engloba as afasias por lesão dos núcleos da base ou pela interrupção das vias de conexão na substância branca, casos em que são comuns os distúrbios da agilidade articulatória, da prosódia e do volume da voz, ocasionando disartria e hipofonia.

Alterações da linguagem do tipo das afasias corticais clássicas são encontradas em 36% dos casos (DÉMONET et al., 1992); em outros, o caráter de apresentação é atípico, e em muitos pacientes a repetição é preservada. Ocorrem distúrbios da fluência verbal, com aumento de latências e simplificação sintática da sentença, sendo a anomia e as parafasias frequentes. Parafasias fonêmicas são mais comuns nas lesões não talâmicas do que nas talâmicas. Parece que a característica mais proeminente na afasia estriatocapsular é o distúrbio fonológico da linguagem (KULJIC-OBRADOVIC, 2003), podendo haver perseveração e ecolalia. A compreensão tende a ser mais preservada que a expressão. No entanto, distúrbios da compreensão auditiva são mais comuns nos casos não talâmicos em relação aos talâmicos.

O comprometimento da substância branca parece ser importante para a apresentação clínica e para a potencialidade de recuperação. Lesões no istmo frontal e na substância branca periventricular média parecem causar importante redução da fluência e da produção verbais (NAESER et al., 1989). Lesões na substância branca periventricular anterolateral provoca interrupção das vias entre a área motora suplementar e a área de Broca, levando à afasia transcortical motora. As alterações de fala são mais frequentes em lesões de substância branca periventricular média e joelho da cápsula interna, onde se encontram as fibras corticobulbares descendentes do trato piramidal. Lesão no istmo temporal deve resultar em dificuldades de compreensão;

lesão na substância parietal profunda, por sua vez, deve resultar em parafasias fonêmicas e em dificuldade de repetição. A precisa topografia das lesões na cápsula interna também pode ser de importância.

Afasia subcortical talâmica

A afasia talâmica apresenta-se, em geral, por manifestações que, em conjunto, podem ser consideradas como características. A repetição de palavras e frases é preservada. Pode haver dificuldade em frases longas, o que sugere participação da memória de trabalho. A fala é fluente ou há redução da fluência, com diminuição da iniciativa, que fica dependente de estimulação. Pode haver mutismo em lesões talâmicas bilaterais. Ocorre perseveração com palavras, mas não com fonemas (COHEN; DEHAENE, 1998). A compreensão verbal é menos comprometida do que a expressão. Cabe lembrar que a compreensão está afetada quando há muitos itens ou a sintaxe é complexa, sugerindo diminuição da memória operacional. As séries automáticas são relativamente preservadas. Anomia, parafasias semânticas numerosas, hipofonia e disartria completam o quadro clínico (KULJIC-OBRADOVIC, 2003). Anomia categoria-específica pode ocorrer (COHEN et al., 1994), mas a fonologia e a sintaxe costumam estar preservadas. A leitura é normal, porém a escrita é pontuada por anomia, parafasias semânticas e incoerência. A característica mais marcante da afasia talâmica é a alteração léxico-semântica (KULJIC-OBRADOVIC, 2003).

Em relação ao discurso, especialmente na fala espontânea, observam-se intrusões de temas previamente abordados, sem relação com o atual, e a superposição de informações não relacionadas (GHIKA-SCHMID; BOGOUSSLAVSKY, 2000). Apesar das frases gramaticalmente corretas, o discurso tende a ser incoerente, sem ordenação das ideias e sem atingir o tópico. As correções necessárias para atingir o objetivo da informação não são realizadas.

Distúrbios da função executiva e do comportamento, distratibilidade e amnésia completam o quadro clínico (CARRERA; BOGOUSSLAVSKY, 2006). Os testes de fluência verbal com pista fonológica demonstram ausência de estratégias de busca, passando de uma subcategoria a outra de maneira desorganizada. O campo semântico alarga-se por associação de ideias, com perda do tópico inicial.

Aspectos Fisiopatológicos

Os mecanismos que poderiam produzir distúrbios de linguagem nas lesões subcorticais têm sido enfocados sob duas ópticas.

A maioria dos autores, na primeira corrente, considera que o córtex é o centro neural para as funções cognitivas, inclusive a linguagem. Os sintomas afásicos observados nas lesões subcorticais seriam resultantes, na verdade, de disfunção funcional da atividade cortical. A segunda corrente defende um papel mais específico das estruturas subcorticais nos processos cognitivos.

As principais teorias que explicam a participação dos núcleos da base e do tálamo na linguagem serão relatadas a seguir.

Desconexão das estruturas corticais

Ocorre em casos de lesão na substância branca, interrompendo as intercomunicações entre as áreas corticais necessárias para o processamento da linguagem.

Diasquise

Diasquise é a deaferentação funcional de uma área cortical remota, produzindo disfunção de estruturas a distância da área lesada.

Os estudos com PET ou SPECT nas lesões subcorticais têm demonstrado hipometabolismo/hipoperfusão na área afetada. No entanto, hipoatividade também é observada a distância, em áreas cerebrais corticais desprovidas de lesão anatomicamente demonstrável, fenômeno mais intenso nos casos não talâmicos em relação aos talâmicos. Lesões em substância branca produzem mais hipometabolismo a distância do que as lesões nos núcleos da base propriamente (KUSHNER et al., 1984). Por outro lado, lesões corticais podem acompanhar-se de hipoatividade em estruturas subcorticais.

Alguns autores encontram relação entre o grau do hipometabolismo cortical homolateral à lesão subcortical e a gravidade dos distúrbios de linguagem. A melhora do desempenho neuropsicológico (afasia ou heminegligência) muitas vezes paraleliza a normalização da hipoatividade cortical (BARON et al., 1986; METTER, 1992).

Os dados obtidos em estudos com PET e SPECT nas lesões subcorticais sugerem que a redução da atividade cortical é encontrada em áreas anatomicamente relacionadas às estruturas subcorticais lesadas. Essa constatação reforça a importância das alças corticossubcorticais no sistema funcional da linguagem, mas aponta o córtex como o centro responsável pelo sintoma afásico.

Exceções, no entanto, são relatadas. Pacientes portadores de grandes lesões subcorticais à esquerda e com hipometabolismo em áreas frontal, temporal e parietal homolaterais podem apresentar desde leve anomia até grave afasia (METTER, 1992). São descritos casos de franca hipoatividade a distância na ausência de déficit cognitivo (BARON et al., 1986). Por outro lado, importantes distúrbios afásicos podem acompanhar-se de hipoperfusão apenas na subcorticalidade (PUEL et al., 1986).

Teoria hemodinâmica (NADEAU; CROSSON, 1997; NAESER et al., 1989)

A teoria hemodinâmica também aponta para o córtex cerebral como o centro neural das disfunções cognitivas relacionadas às lesões dos gânglios da base.

As lesões estriatocapsulares são causadas por oclusão do segmento inicial da artéria cerebral média (ACM) ou, ocasionalmente, da carótida interna, o que dificulta a circulação em todo o território da ACM (inclusive o córtex perisilviano). A recanalização precoce da ACM e a adequação da circulação anastomótica são melhores no córtex do que na subcorticalidade. Portanto, haveria uma disfunção cortical transitória, sem lesão anatômica demonstrável.

Em estudo com ressonância magnética por difusão e perfusão, Hillis e colaboradores (2002) observam que infartos exclusivamente subcorticais estão associados à hipoperfusão cortical, havendo resolução dos sintomas afásicos com a melhora da perfusão cortical.

A teoria hemodinâmica, no entanto, não explica os distúrbios de linguagem que ocorrem nas cirurgias estereotáxicas subcorticais.

Teoria da Ativação

O papel dos núcleos talâmicos inespecíficos na ativação difusa do córtex é sobejamente conhecido. No entanto, existem indícios de que o tálamo possa regular o alerta e a ativação cortical para uma função específica. Eletrodos implantados cronicamente em núcleo centromediano de pacientes neurocirúrgicos produzem melhora da nomeação e da expressão e compreensão verbais (BHATNAGAR et al., 2000). Ojemann (1983) imputa ao núcleo ventral lateral esquerdo (VL) do tálamo uma "resposta de alerta específico". Por suas conexões com os córtices frontal, temporal e parietal, o tálamo poderia promover a ativação seletiva não só das áreas corticais diretamente relacionadas à linguagem, mas também das regiões envolvidas com outras funções cognitivas que participam do processamento da linguagem. Assim, o tálamo poderia melhorar a alocação da atenção e da memória operacional para o processamento e registro da informação linguística. Em particular, o tálamo poderia atuar na atenção seletiva, engajando os pré-frontais para a seleção lexical. .

Modelo Declarativo/Procedural

A síndrome parkinsoniana classicamente se acompanha, entre outras manifestações, de alteração na execução de atos motores automáticos. O aprendizado procedural, que se desenvolve com a repetição da tarefa motora ou perceptiva, envolve a participação dos gânglios da base. A memória implícita está na base das habilidades perceptivo-motoras e cognitivas. O Modelo Declarativo/Procedural para a linguagem (ULLMAN, 2001) propõe que o sistema de memória declarativa temporoparietal se responsabilize pelo léxico, e o sistema de memória procedural (portanto, os gânglios da base e o circuito frontoestriatal) controle o comportamento relacionado à aplicação de regras, inclusive gramaticais, em analogia com o comportamento motor hiperaprendido.

Tem sido sugerido que o núcleo caudado participe do processamento de frases frequentemente usadas. Aspectos automáticos de sintaxe, semântica e sequenciação fonêmica seriam dependentes desta estrutura subcortical (METTER et al., 1988). A participação do neoestriado no processamento de regras em nível linguístico tem sido sugerida (TEICHMANN et al., 2006), embora não unanimemente aceita (LONGWORTH et al., 2005).

Monitorização Semântica

A observação de que as afasias subcorticais, especialmente as talâmicas, produzem mais distúrbios semânticos do que fonológicos conduz a outras linhas de pesquisa.

O acesso automático à informação sintática, avaliado por medida do tempo de reação, é normal em parkinsonianos (GROSSMAN et al., 2002). Em estudo de potencial evocado evento-relacionado com violação sintática em pacientes com lesões nos núcleos da base (FRIEDERICI et al., 2003), a onda negativa que aparece precocemente (aos 200 ms) nas regiões anteriores à esquerda é normal. Essa negatividade provavelmente reflete a análise gramatical automática. Entretanto, a positividade que aparece mais tardiamente (P600) em área centro-parietal está diminuída ou ausente. Acredita-se que a onda mais tardia se relacione com a integração sintático-semântica da informação.

Estudos de potencial evocado evento-relacionado indicam, nas lesões dos núcleos da base, aumento do N400, o qual reflete processos de integração semântica (KOTZ et al., 2003). Dificuldades léxico-semânticas são encontradas em pacientes submetidos à palidotomia (WHELAN et al., 2004). A ativação automática da informação sintática e da semântica parece ser normal, mas o processo posterior, que revisa a representação linguística inicial, é alterado (LONGWORTH et al., 2005).

Crosson (1985) propõe modelo teórico em que o circuito corticossubcortical, com a participação dos núcleos da base e tálamo, regule a liberação ou a seleção de itens lexicais produzidos no córtex, em tarefa de monitorização semântica. Por esse modelo, áreas corticais posteriores conferem a exatidão semântica do material verbal codificado pelas áreas corticais anteriores, antes da execução motora da fala, por intermédio das alças corticossubcorticais.

Copland (2003) encontra, em lesões subcorticais não talâmicas, dificuldade na resolução de ambiguidades lexicais. Em particular, o distúrbio parece influenciar a supressão de significados inapropriados com base na frequência do item lexical ou da informação contextual. No entanto, déficits atencionais seletivos da rede semântica poderiam também ocasionar as falhas encontradas. Em estudo posterior (COPLAND, 2006), os autores analisam como o processamento prévio de uma ambiguidade lexical influencia a subsequente ativação do significado, usando uma tarefa de *priming* semântico. Os resultados sugerem que a lesão subcortical não talâmica pode interromper mecanismos envolvidos na seleção do item lexical apropriado e na inibição de representações competitivas ou irrelevantes (COPLAND, 2006; LONGWORTH et al., 2005).

Tal fato implica a existência de mecanismos inibitórios semânticos, no sentido de rejeitar significados indesejados. Possivelmente, circuitos fronto-subcorticais estejam envolvidos com a integração da informação contextual, para selecionar a resposta apropriada (COPLAND, 2006). Talvez haja necessidade de inibir atividade parasita do hemisfério direito, que atua naturalmente por associações semânticas (COPLAND, 2003; CROSSON et al., 2003).

As lesões subcorticais parecem acompanhar-se de déficits mais executivos e complexos da linguagem, inclusive a geração de sentenças e a interpretação de trechos ambíguos ou figurativos. A presença de perseveração, a intrusão de temas anteriores no discurso e os distúrbios da função executiva sugerem a importância do circuito frontossubcortical na produção dos sintomas afásicos, bem como a inter-relação com a atenção e a memória operacional. As alças corticossubcorticais posteriores subservem a outros aspectos semânticos e de memória.

As estruturas subcorticais devem atuar como dispositivos ativadores e reguladores do processamento cortical da linguagem e da memória. A afasia decorre da perturbação geral do comportamento da linguagem na comunicação.

Cerebelo

Aspectos anatomofuncionais

Anatomicamente, o cerebelo é composto pelo lobo floculonodular, pelo verme na posição mediana e, lateralmente, pelos hemisférios cerebelares, que são separados pela fissura primária em lobo anterior e lobo posterior.

Funcionalmente, o cerebelo é dividido em arquicerebelo, paleocerebelo e neocerebelo, classificação que considera as conexões do cerebelo e traduz aspectos evolutivos do sistema nervoso na escala filogenética.

O neocerebelo ou cerebrocerebelo compreende a porção lateral dos hemisférios cerebelares. Essa região aumenta de tamanho ao longo da filogênese, sendo inclusive maior no homem em relação aos outros primatas; o lobo posterior torna-se maior que o anterior. Recebe fibras do córtex cerebral e suas eferências destinam-se basicamente ao córtex cerebral. O neocerebelo está envolvido com a memória implícita e com a planificação do movimento, especialmente em seus aspectos sequenciais.

O córtex cerebral, núcleos da base e cerebelo intercomunicam-se. Fibras corticopontinas originárias dos córtices frontal, parietal, temporal e occipital atravessam o mesencéfalo e atingem a ponte. A informação chega ao cerebelo via fibras pontocerebelares. O cerebelo envia informação de volta ao córtex, através do tálamo (fibras cerebelotalâmicas). As conexões das olivas inferiores com o cerebelo tornam tais estruturas parte do sistema necessário para a coordenação e o ajuste temporal do controle motor (WELSH et al., 1995).

Portanto, uma alça corticossubcortical mais ampla pode ser considerada. Áreas corticais relacionadas a todas as funções cognitivas têm potencial acesso ao cerebelo.

Aspectos clínicos

A função do cerebelo nos aspectos motores da fala é bem conhecida. A lesão cerebelar ocasiona disartria típica, a fala escandida, que é mal articulada, entrecortada e com variável velocidade e intensidade.

Mutismo tem sido descrito após a remoção cirúrgica de tumores cerebelares em crianças (AGUIAR et al., 1995). Outros tipos de patologia, inclusive vasculares, envolvendo o cerebelo à direita, especialmente no lobo posterior, podem acarretar alterações do processamento linguístico (SCHMAHMANN; SHERMAN, 1998): anomia, agramatismo (JUSTUS, 2004), diminuição da fluência verbal, longas latências para a resposta, perseveração verbal, disprosódia e sotaque estrangeiro. A repetição e a compreensão estão preservadas. A fala pode ser infantil, com alto timbre. Ocorre dificuldade em elaborar a narrativa, a qual se restringe a uma lista não integrada de observações. Na criança, pode haver dificuldade na aquisição da linguagem (LEVISOHN; CRONIN-GOLOMB; SCHMAHMANN, 2000).

O cerebelo mostra-se ativo durante a realização de tarefas de memória operacional verbal, em estudos de imagem funcional, o que sugere sua participação na alça fonoarticulatória. A aplicação do teste *span* de dígitos em pacientes portadores de lesão cerebelar mostra resultados normais ou pouco alterados (JUSTUS et al., 2005; RAVIZZA et al., 2006).O mesmo ocorre com teste similar envolvendo aspectos espaciais (RAVIZZA et al., 2006). No entanto, esses pacientes apresentam significante comprometimento da memória operacional verbal (JUSTUS et al., 2005), especialmente quando é incluído um intervalo antes da repetição (RAVIZZA et al., 2006). A severidade da disartria correlaciona-se com a dificuldade de memória de trabalho.

A síndrome cerebelar cognitivo-afetiva proposta por Schmamann e Sherman (1998) inclui alterações das funções executivas, memória, linguagem, emoção e habilidades visuoespaciais e práxicas

A função do cerebelo no sistema nervoso transcende a tradicional noção de controle motor. O cerebelo está também envolvido com processos sensoriais, afetivos e cognitivos.

Subcorticalidade e Cognição: Perspectivas

O gene FOXP2 é o primeiro gene descrito (FISHER et al., 1998; LAI et al., 2001) relacionado a distúrbio do desenvolvimento da fala e da linguagem. A mutação foi mapeada em três gerações de uma mesma família, cujos membros afetados apresentam alteração no controle e no sequenciamento dos movimentos coordenados da boca e da face, resultando em alteração da fala. Essa dispraxia orofacial se acompanha de dificuldade no desenvolvimento de habilidades linguísticas e gramaticais, com consequente distúrbio da expressão e da compreensão verbais, tanto oral quanto escrita (WATKINS; DRONKERS; VARGHA-KHADEM, 2002).

Estruturas cerebrais anormais, inclusive o núcleo caudado, são evidenciadas nos exames de ressonância magnética e PET (WATKINS et al., 2002). O estudo do padrão de expressão do gene FOXP2 sugere que este não se expressa difusamente, restringindo-se a áreas cerebrais funcionalmente relacionadas. A expressão do gene é predominante em córtex cerebral, gânglios da base, tálamo, oliva inferior e cerebelo, em concordância com os principais sítios de alterações patológicas observadas na neuroimagem (LAI et al., 2003). Parece que o gene FOXP2 está implicado no desenvolvimento de circuitos corticoestriatais e olivocerebelares envolvidos com o controle motor. Talvez os distúrbios da sequenciação dos movimentos e do aprendizado procedural se situem na base das anomalias da fala e da linguagem dos afetados neste pedigree (LAI et al., 2003).

O enfoque do papel das estruturas subcorticais nas funções cognitivas precisa levar em conta a evolução do sistema nervoso, que obedeceu a um processo de hierarquização, em que a função das estruturas mais recentes se assesta sobre a das mais antigas. Os sistemas funcionais envolvem a participação do conjunto corticossubcortical. É possível que a elucidação da participação subcortical na linguagem lance uma luz sobre o início da aquisição da linguagem pelo homem primitivo.

Referências bibliográficas

AGUIAR, P. H. et al. Transient mutism following posterior fossa approach to cerebellar tumor in children: a critical review of the literature. *Child Nerv Syst*, v. 11, p. 306-310, 1995.

ALEXANDER, G. E.; DELONG, M. R.; STRICK, P. L. Parallel organization of functionally segregated circuits linking basal ganglia and cortex. *Ann Rev Neurosci*, v. 9, p. 357-381, 1986.

BARON, J. C. et al. Effects of thalamic stroke on energy metabolism of the cerebral cortex. *Brain*, v. 109, p. 1243-1259, 1986.

BHATNAGAR, S. C. et al. Language representation in the human brain: Evidence from cortical mapping. *Brain and Language*, v. 74, p. 238-259, 2000.

CAPPA, S. F.; VALLAR, G. Neuropsychological disorders after subcortical lesions: implications for neural models of language and spatial attention. In: VALLAR, G.; CAPPA, S. F.; WALLESCH, C. W. (Eds.). *Neuropsychological disorders associated with subcortical lesions*. New York: Oxford University Press, 1992. p. 7-41.

CARRERA, E.; BOGOUSSLAVSKY, J. The thalamus and behavior. Effects of anatomically distinct strokes. *Neurology*, v. 66, p. 1817-1823, 2006.

COHEN, L. et al. Anomia for proper names after left thalamic infarct. *Journal of Neurology, Neurosurgery & Psychiatry*, v. 57, p. 1283-1284, 1994.

COHEN, L.; DEHAENE, S. Competition between past and present. Assessment and interpretation of verbal perseverations. *Brain*, v. 121, p. 1641-1659, 1998.

COPLAND, D. The basal ganglia and semantic engagement: potential insights from semantic priming in individuals with subcortical vascular lesions, Parkinson's disease, and cortical lesions. *Journal of the International Neuropsychological Society*, v. 9, p. 1041-1052, 2003.

COPLAND, D. A. Meaning selection and the subcortex: Evidence of reduced lexical ambiguity repetition effects following subcortical lesions. *Journal of Psycholinguistic Research*, v. 35, p. 51-66, 2006.

CROSSON, B. Subcortical functions in language: a working model. *Brain and Language*, v. 25, p. 257-292, 1985.

CROSSON, B. et al. Left and right basal ganglia and frontal activity during language generation: contributions to lexical, semantic, and phonological processes. *Journal of the International Neuropsychological Society*, v. 9, p. 1061-1077, 2003.

DARLEY, F. L.; BROWN, J. R.; SWENSON, W. M. Language changes after neurosurgery for Parkinsonism. *Brain and Language*, v. 2, p. 65-69, 1975.

DÉMONET, J. F. et al. Thalamic and non-thalamic subcortical aphasia : a neurolinguistic and SPECT approach. In: VALLAR, G.; CAPPA, S. F.; Wallesch, C. W. (Eds.). *Neuropsychological disorders associated with subcortical lesions*. New York: Oxford University Press, 1992. p.397-411.

FISHER, S. E. et al. Localisation of a gene implicated in a severe speech and language disorder. *Nature Genet*, v. 18, p. 168-170, 1998.

FRIEDERICI, A. D. et al. Syntactic comprehension in Parkinson' didease: investigating early automatic and late integrational processes using event-related brain potentials. *Neuropsychology*, v. 17, p. 133-142, 2003.

GHIKA-SCHMID, F.; BOGOUSSLAVSKY, J. The acute behavioural syndrome of anterior thalamic infarction: a prospective study of 12 cases. *Annals of Neurology*, v. 48, p. 220-227, 2000.

GIL ROBLES, S. et al. The role of dominant striatum in language: a study using intraoperative electrical stimulations. *Journal of Neurology, Neurosurgery & Psychiatry*, v. 76, p. 940-946, 2005.

GROSSMAN, M. et al. Assessing resource demands during sentence processing in Parkinson's disease. *Brain and Language*, v. 80, p. 603-616, 2002.

HILLIS, A. E. et al.. Subcortical aphasia and neglect in acute stroke: the role of cortical hypoperfusion. *Brain*, v. 125, p. 1094-1104, 2002.

HUBRICH-UNGUREANU, P. et al. Lateralized organization of the cerebellum in a silent verbal fluency task: a functional magnetic resonance imaging study in healthy volunteers. *Neurosci Lett*, v. 319, p. 91-94, 2002.

JUSTUS, T. The cerebellum and English grammatical morphology: evidence from production, comprehension, and grammaticality judgments. *Journal of Cognitive Neuroscience*, v. 16, p. 1115-1130, 2004.

JUSTUS, T. et al. Reduced phonological similarity effects in patients with damage to the cerebellum. *Brain and Language*, v. 95, p. 304-318, 2005.

KOTZ, S. A. et al. Syntactic language processing: ERP lesion data on the role of the basal ganglia. *Journal of the International Neuropsychological Society*, v. 9, p. 1053-1060, 2003.

KULJIC-OBRADOVIC, D. C. Subcortical aphasia: three different language disorder syndromes? *Eur Neurol*, v. 10, p. 445-448, 2003.

KUSHNER, M. et al. Contralateral cerebellar hypometabolism following cerebral insult: a positron emission tomography study. *Annals of Neurology*, v. 15, p. 425-434, 1984.

LAI, C. S. L. et al. A forkhead-domain gene is mutated in a severe speech and language disorder. *Nature*, v. 413, p. 519-523, 2001.

LAI, C. S. L. et al. FOXP2 expression during brain development coincides with adult sites of pathology in a severe speech and language disorder. *Brain*, v. 126, p. 2455-2462, 2003.

LAPLANE, D. et al. Pure psychic akinesia with bilateral lesions of basal ganglia. *Journal of Neurology, Neurosurgery & Psychiatry*, v. 47, p. 377-385, 1984.

LEVISOHN, L.; CRONIN-GOLOMB, A.; SCHMAHMANN, J. D. Neuropsychological consequences of cerebellar tumour resection in children: cerebellar cognitive affective syndrome in a paediatric population. *Brain*, v. 123, p. 1041-1050, 2000.

LONGWORTH, C. E. et al. The basal ganglia and rule-governed language use: evidence from vascular and degenerative conditions. *Brain*, v. 128, p. 584-596, 2005.

METTER, E. J. Role of subcortical structures in aphasia: evidence from studies of resting cerebral glucose metabolism. In: VALLAR, G.; CAPPA, S. F.; WALLESCH, C. W. (Eds.). *Neuropsychological disorders associated with subcortical lesions*. New York: Oxford University Press, 1992. p. 478-500.

METTER, E. J. et al. Evidence for a caudate role in aphasia from FDG positron emission tomography. *Aphasiology*, v. 2, p. 33-44, 1988.

NADEAU, S. E.; CROSSON, B. Subcortical aphasia. *Brain and Language*, v. 58, p. 355-402, 1997.

NAESER, M. A. et al. Severe non-fluency in aphasia. *Brain*, v. 112, p. 1-38, 1989.

OJEMANN, G. Electrical stimulation and the neurobiology of language. *Behavioral and Brain Sciences Sci*, v. 6, p. 221-230, 1983.

PUEL, M. et al. Le role du thalamus dans les aphasies sous-corticales. *Rev Neurol*, Paris, v. 142, p. 431-440, 1986.

RAVIZZA, S. M. et al. Cerebellar damage produces selective deficits in verbal working memory. *Brain*, v. 129, p. 290-292, 2006.

SCHMAHMANN, J. D.; SHERMAN, J. C. The cerebellar cognitive affective syndrome. *Brain*, v. 121, p. 561-579, 1998.

TEICHMANN, M. et al. The role of the striatum in processing language rules: evidence from word perception in Huntington's disease. *Journal of Cognitive Neuroscience*, v. 18, p. 1555-1569, 2006.

TETTAMANTI, M. et al. Basal ganglia and language: phonology modulates dopaminergic release. *Neuroreport*, v. 16, p. 397-401, 2005.

ULLMAN, M. T. A neurocognitive perspective on language: the Declarative/Procedural Model. *Nat Rev Neurosci*, v 2, p. 717-726, 2001.

WATKINS, K. E.; DRONKERS, N. F.; VARGHA-KHADEM, F. Behavioural analysis of an inherited speech and language disorder: comparison with acquired aphasia. *Brain*, v. 125, p. 452-464, 2002.

WATKINS, K. E. et al. MRI analysis of an inherited speech and language disorder: structural brain abnormalities. *Brain*, v. 125, p. 465-478, 2002.

WEILLER, C. et al. Recovery from Wernicke's aphasia: a Positron Emission Tomographic study. *Annals of Neurology*, v. 37, p. 723-732, 1995.

WELSH, J. P. et al. Dynamic organization of motor control within the olivocerebellar system. *Nature*, v. 374, p. 453-457, 1995.

WHELAN, B. M. et al. Redefining functional models of basal ganglia organization: role for the posteroventral pallidum in linguistic processing? *Mov Disord*, v. 19, p. 1267-1278, 2004.

TRATAMENTO DAS MANIFESTAÇÕES NÃO MOTORAS DA DOENÇA DE PARKINSON

Egberto Reis Barbosa

As manifestações não motoras da doença de Parkinson (DP), embora por vezes relegadas a um segundo plano de importância, têm considerável impacto na qualidade de vida dos portadores da moléstia (BRONNICK et al., 2005). Entre as manifestações não motoras da doença de Parkinson (DP), estão as autonômicas (obstipação intestinal, hipotensão ortostática, transtornos da sudorese, disfunçõs urinárias, etc.), as alterações sensoriais (dores de diversos tipos) e as de natureza neuropsiquiátrica. Em estudo de um grupo de 99 pacientes com DP, constataram que 88 % dos pacientes apresentavam pelo menos uma manifestação não motora da moléstia e 11 % dos casos apresentavam cinco manifestações não motoras, sendo que os itens incluídos foram: ansiedade, depressão, distúrbios sensoriais, fadiga e alterações do sono (SHULMAN et al., 2001). Na presente exposição, serão abordadas a manifestações neuropsiquiátricas da DP que constam no Quadro 1.

Quadro 1 – Doença de Parkinson – complicações neuropsiquiátricas

- Alterações Cognitivas/Demência
- Depressão
- Alucinações/Delírio/*Delirium*
- Distúrbios do Sono
- Mania/Hipomania
- Hipersexualidade
- Ansiedade/Crises de Pânico
- Transtorno Obsessivo-Compulsivo

As manifestações neuropsiquiátricas presentes na DP estão relacionadas a alterações neurobiológicas próprias da DP e/ou a efeito de drogas usadas no tratamento dessa moléstia. O substrato neural subjacente envolve a participação de circuitos frontoestriatais não motores e mesmo estruturas não relacionadas aos núcleos da base, tais como os núcleos colinérgicos do prosencéfalo basal (BARBOSA et al., 1997; SWAMBERG et al., 2004).

Demência

A prevalência de demência em DP, de acordo com dados da literatura, oscila em torno de 20 a 40 % (BARBOSA et al., 1986; BRONNICK et al., 2005), variando de acordo com a metodologia empregada e as características das populações avaliadas. Entretanto, Aarsland e colaboradores (2003), em estudo prospectivo de incidência de demência em DP, observaram que, após de oito anos de seguimento, cerca de três quartos dos pacientes já apresentavam sinais de demência.

O risco de desenvolver demência é duas vezes maior em indivíduos com DP que os controles da mesma idade (MARDER et al., 1994). Os fatores de risco mais relevantes para demência em DP são: idade avançada, disfunção cognitiva em domínios que não memória ou em múltiplos domínios cognitivos, sinais de disfunção do lobo frontal, parkinsonismo com predomínio de bradicinesia ou padrão misto: tremor e bradicinesia, baixo nível educacional, portadores de ao menos um alelo e4 do gene apolipoproteína E (APOE e4) e, especialmente, do alelo e2 (APOE e2), presença de transtorno cognitivo leve e surgimento de alucinações induzidas por agentes dopamingérgicos (JANVIN et al., 2006; HUANG et al., 2006).

Distúrbios visuoespaciais e lentificação de processos decisórios são alterações cognitivas isoladas que podem surgir precocemente na evolução da DP, sem que representem a instalação de um quadro demencial. Diferentemente, o quadro demencial na DP instala-se em fases mais adiantadas da evolução da moléstia e tem como principais características a lentificação do processo cognitivo (bradifrenia), a apatia, o comprometimento da memória e das funções executivas frontais (EMRE, 2003).

A identificação de alterações cognitivas na DP oferece algumas dificuldades. As funções executivas, que representam os domínios cognitivos geralmente afetados na DP, habitualmente não são avaliadas em testes de rotina. São, portanto, necessários testes específicos para avaliar essas funções, que compreendem: formação de conceitos, solução de problemas, capacidade (aptidão) para mudança de padrões e elaboração de estratégias.

Os critérios do DSM – IV (Manual de Diagnóstico e Estatística de Doenças Mentais) normalmente empregados para caracterizar quadros demenciais estão mais voltados para o diagnóstico de doença de Alzheimer e desconsideram que uma grave dificuldade motora compromete a autonomia do paciente. Por outro lado, a depressão, um dos critérios para exclusão de demência no DSM IV, está frequentemente presente na DP. As dificuldades motoras nos parkinsonianos levam a uma superestimação do seu comprometimento cognitivo.

A diferenciação da demência da DP deve ser feita em relação às seguintes condições: depressão, confusão mental, demência dos corpos de Lewy, hidrocefalia de pressão intermitente e doença de Alzheimer (KLATKA et al., 1996).

Os mecanismos neurobiológicos implicados na demência da DP ainda não estão satisfatoriamente elucidados, mas há dados sugestivos de que devem participar desses processos os seguintes componentes: comprometimento das alças dopaminérgicas que partem do mesencéfalo e constituem os circuitos frontoestriatais não motores; alterações das projeções colinérgicas para o córtex cerebral, que têm origem em núcleos do prosencéfalo basal (por exemplo, núcleo basal de Meynert); elementos neuropatológicos tipo Alzheimer e corpos de Lewy (BECKER et al., 1997; EMRE, 2003).

A principal consequência da demência na DP é a restrição quanto ao uso de antiparkinsonianos, desde que nessas circunstâncias essas drogas são muito mais propensas a provocarem efeitos colaterais neuropsiquiátricos. A implicação clínica decorrente é o controle precário das dificuldades motoras e uma redução da sobrevida. Dessa forma, o manejo do quadro demencial na DP envolve uma rigorosa seleção dos antiparkinsonianos a serem empregados, evitando-se o uso principalmente de fármacos com ação anticolinérgica.

Estudos a respeito do efeito de drogas de ação colinérgica tais como a rivastigmina, o donezepil e a galantamina, frequentemente empregados no tratamento da doença de Alzheimer, sobre as alterações cognitivas da DP mostraram resultados favoráveis, sem piora do quadro motor (BULLOCK; CAMERON, 2002; RAVINA et al., 2005; AARSLAND et al., 2003).

Em estudo recente, multicêntrico, duplo-cego, placebo-controlado, Emre e colaboradores (2004) avaliaram o efeito da rivastigmina (dose de 3 a12 mg) em 541 pacientes com DP, os quais apresentavam quadro demencial leve ou moderado. O período de seguimento foi de 24 semanas, e os autores observaram que os pacientes que receberam rivastigmina, comparados com o quadro placebo, apresentaram melhora moderada do quadro demencial, porém nesse grupo houve maior incidência de efeitos colaterais, dos quais os mais importantes foram: náuseas (29% no grupo ativo e 11,2% no grupo placebo), vômitos (16,6% no grupo ativo e 1,7% no grupo placebo) e tremor (10,2% no grupo ativo e 3,9% no grupo placebo). Apesar da maior ocorrência de tremor no grupo recebendo rivastigmina, não foi constatada diferença significativa nos escores motores da UPDRS entre o grupo placebo e o grupo ativo. Uma extensão de tal estudo foi recentemente publicada por Poewe e colaboradores (2006), demonstrando que os efeitos benéficos da terapia com rivastigmina se prolongam por mais 24 semanas.

Depressão

A depressão é sem dúvida o distúrbio neuropsiquiátrico mais comum na DP. Sua prevalência varia bastante (4 – 70%) nos diferentes estudos, a depender da metodologia empregada, porém situa-se em torno de 40% em pesquisas recentes que utilizaram escalas de avaliação mais adequadas, como a de Beck ou a de Hamilton (PRADO; BARBOSA, 2005).

Não há uma correlação bem estabelecida entre a depressão e a idade atual do paciente, ou a idade do paciente no início da DP (KOSTIC et al., 1994), embora Starkstein e colaboradores (1998) tenham observado que a depressão foi mais comum e mais grave nos parkinsonianos em que a doença se instalou mais precocemente (antes de 55 anos de idade). Não há relação também entre os sintomas depressivos e a duração da doença, como seria esperado. Vários estudos demonstraram maior incidência de depressão entre pacientes de sexo feminino com DP, e indivíduos com história pessoal ou familiar de depressão têm mais chance de tornar-se deprimidos após o início da DP (ROJO et al., 2003).

A depressão parece ser mais comum em pacientes parkinsonianos em que predominam rigidez e bradicinesia, do que naqueles que apresentam tremor como sintomatologia principal (STARKSTEIN et al., 1998). Alguns estudos sugerem ainda que os pacientes com hemiparkinsonismo direito (disfunção maior no hemisfério cerebral esquerdo) obtêm escores mais altos na escala de avaliação de Beck do que aqueles com predominância de sinais no dimídio esquerdo ou envolvimento bilateral (STARKSTEIN et al, 1990).

A depressão na DP é caracterizada por alto nível de ansiedade, pessimismo sobre o futuro, tristeza, irritabilidade, ideação suicida, porém com baixa incidência de suicídio, e uma falta relativa de alucinações, ideias delirantes, sentimento de culpa e autocrítica excessiva. Cerca de metade dos pacientes deprimidos com DP enquadra-se nos critérios de depressão maior, enquanto a outra metade apresenta distimia ou depressão de leve a moderada (McDONALD et al., 2003).

Há controvérsias sobre as causas da depressão na DP. Seria um processo reativo a uma enfermidade crônica ou mais uma manifestação das anormalidades neurobiológicas presentes nessa doença (PRADO; BARBOSA, 2005). Os seguintes argumentos favorecem a segunda hipótese: (1) frequentemente a depressão se manifesta antes dos sinais e dos sintomas motores, podendo preceder o quadro motor em até vários anos; (2) a depressão é mais prevalente em pacientes com DP do que em indivíduos portadores de doenças crônicas igualmente incapacitantes; (3) a depressão não está necessariamente correlacionada de modo direto com a gravidade da doença; (4) a depressão na DP tem características próprias (descritas acima).

Os principais sistemas de neurotransmissores implicados na depressão da DP são: o dopaminérgico (projeções meso-córtico-límbicas), o serotoninérgico (núcleos da rafe de tronco cerebral) e o noradrenérgico (*locus ceruleus*).

O papel da dopamina nas alterações do humor é reforçado pela observação de que há uma piora na sintomatologia depressiva, durante o período *off*.

Estudos bioquímicos de pacientes parkinsonianos deprimidos mostram uma redução liquórica do principal metabólito da serotonina, o ácido 5 – hidroxindoleacético (5-HIAA), não havendo, no entanto, uma correlação entre o grau de depressão e o nível liquórico de 5-HIAA (MAYEUX et al., 1984). Porém, nem todos os pacientes deprimidos têm uma redução desse metabólito no líquido cefalorraqueano. Hornykiewicz (1982) observou redução do conteúdo cerebral de serotonina não só no exame *post-mortem* de alguns parkinsonianos, como também constatou uma diminuição da descarboxilação dos aminoácidos nos núcleos serotoninérgicos da rafe mediana. Jellinger e Paulus (1992) relataram perda neuronal mais acentuada no núcleo dorsal da rafe em pacientes com DP e história de depressão durante a vida.

Em relação à noradrenalina, estudos neuropatológicos evidenciam alterações importantes no *locus ceruleus* (principal fonte de noradrenalina para o cérebro), especialmente nos pacientes parkinsonianos deprimidos (MAYEUX, 1986).

Mayberg e colaboradores (1990) demonstraram, por meio de estudos funcionais com tomografia por emissão de pósitrons (PET-Scan), hipometabolismo frontal inferior em pacientes parkinsonianos deprimidos, em comparação com não deprimidos. Em estudo recente utilizando neuroimagem funcional (SPECT – 99 mTc), Fregni e colaboradores (2006) demonstraram que pacientes com DP comparados com controles apresentavam redução do fluxo sanguíneo cerebral no córtex pré-frontal esquerdo (inclusive dorsolateral pré-frontal), giro cíngulo posterior, córtex parietal direito e ínsula esquerda.

Cummings (1992) propôs um modelo para a patogênese da depressão na DP, no qual as alterações neuropatológicas levariam à depleção de neurotransmissores que provocaria uma disfunção mesocortical e pré-frontal, interrompendo circuitos cerebrais implicados nos mecanismos de recompensa, dependência ambiental e aliviadores de tensão

Observou-se ainda que os pacientes parkinsonianos deprimidos não apresentam a resposta eufórica ao uso do *metilfenidato* intravenoso, ao contrário do que ocorre com parkinsonianos não deprimidos e indivíduos com depressão primária, sugerindo alterações nas sinapses dopaminérgicas do sistema límbico nos pacientes com DP deprimidos (CANTELLO et al., 1989) .Das drogas comumente utilizadas no tratamento da DP, apenas a selegilina parece ter efeito antidepressivo significativo. A levodopa, embora possa melhorar a apatia e a perda de motivação que parecem estar associadas à disfunção da via dopaminérgicas meso-fronto-límbica, eventualmente pode ter efeito depressogênico (CHOI et al., 1997). Por outro lado, drogas antiparkinsonianas de uso mais recente, como o pramipexol, parecem ter algum efeito positivo sobre o humor nos parkinsonianos (BARONE et al., 2006).

Em relação ao tratamento convencional da depressão na DP, embora existam poucos estudos bem controlados direcionados a esta questão, as diferentes classes de antidepressivos podem ter efeito antidepressivo na DP, incluindo-se os tricíclicos e os inibidores seletivos da recaptação da serotonina (ISRS): fluoxetina, paroxetina, sertralina, citalopram e fluvoxamina (WEINTRAUB, 2005). Porém, antidepressivos da classe dos ISRS podem agravar o parkinsonismo (RICHARD IH, 2000). Deve considerar-se ainda que, em pacientes fazendo uso da selegilina, a introdução dos antidepressivos acima mencionados implica risco, ainda que remoto, de desencadeamento da síndrome serotoninérgica, que se caracteriza por confusão mental associada a graves distúrbios autonômicos.

A depressão da DP responde bem à eletroconvulsoterapia, observando-se ainda melhora transitória dos sintomas motores (OKUN, 2001). Essa modalidade de tratamento, entretanto, deve ser reservada a casos de depressão grave associada à DP, resistente à terapêutica farmacológica. A estimulação magnética transcraniana (EMT) tem mostrado resultados positivos para tratamento da depressão primária. Em pacientes com DP e depressão, FREGNI e colaboradores (2004), em estudo comparando EMT e fluoxetina, observaram resposta positiva e equivalente com as duas modalidades de tratamento.

Não há estudos conclusivos sobre o efeito de tratamento cirúrgico da DP sobre o humor dos pacientes, contudo, são preocupantes os relatos recentes de depressão grave e suicídio após a implantação de eletrodos em estruturas dos núcleos da base para estimulação cerebral profunda. Assim, Voon e colaboradores (2004), em 406 pacientes submetidos à estimulação do núcleo subtalâmico, observaram dois suicídios (0,5%) e sete tentativas (1,7%). Da mesma forma, Burckard e colaboradores (2004) constataram cinco suicídios (quatro pacientes com DP e um com distonia) em 134 pacientes (3,7%) submetidos à estimulação cerebral profunda para tratamento de distúrbios do movimento.

Distúrbios do sono e neuropsiquiátricos induzidos por droga antiparkinsonianas

No Quadro 2, a seguir, constam as principais drogas usadas no tratamento da DP e as mais relevantes alterações neuropsiquiátricas que podem causar.

Quadro 2 – Alterações psiquiátricas relacionadas a drogas antiparkinsonianas

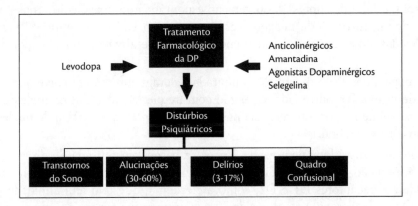

As anormalidades do sono e da vigília encontradas em pacientes com DP podem representar um fator importante para queda da qualidade de vida deles (SCARAVILLI et al., 2003). Os principais tipos são: fragmentação do sono, atividade motora anormal, distúrbio comportamental da fase REM (*Rapid Eyes Movements*), apneia do sono, sonhos vívidos, sonolência diurna e ataques de sono (ASKENAZY, 2003). Essas alterações do ciclo sono-vigília podem ocorrer por várias razões na DP: desconforto trazido pelas dificuldades motoras próprias da doença, depressão, poliúria noturna, efeito de drogas antiparkinsonianas e comorbidade com transtornos primários do sono. Drogas de ação dopaminérgica podem determinar os seguintes tipos de alteração do sono: dificuldade em iniciá-lo, pesadelos ameaçadores, fragmentação do sono, sonolência diurna, parasonias como sonambulismo e mioclonias noturnas. Esses distúrbios do sono geralmente são manifestações premonitórias de sintomas psiquiátricos mais graves, como alucinações e delírios induzidos por essas drogas.

As alucinações visuais constituem o tipo mais comum de efeito colateral neuropsiquiátrico das drogas antiparkinsonianas, ocorrendo com frequência que varia entre 25 e 40 % (FENELON, 2000; SANCHEZ-RAMOS, 1996). As alucinações mais comuns são imagens bem estruturadas, silenciosas, de pessoas ou animais, surgindo geralmente à noite. Alucinações em outras modalidades sensoriais, como audição, olfato e tato, são incomuns. As alucinações relacionadas a drogas de ação dopaminérgica ocorrem, em geral, com integridade do *sensorium*, enquanto que as provocadas por anticolinérgicos surgem frequentemente no contexto de um quadro confusional. Outra peculiaridade das alucinações precipitadas por anticolinérgicos é que são mal estruturadas e por vezes ameaçadoras.

Os delírios são menos comuns que as alucinações e ocorrem com frequência que varia de 3 a 17% (CUMMINGS, 1991). São tipicamente paranoides ou persecutórios e com frequência ocorrem em pacientes que já apresentavam alucinações. Todas as modalidades de drogas antiparkinsonianas podem provocar delírios, porém os agonistas dopaminérgicos e a levodopa são mais frequentemente associados a esse tipo de manifestação psiquiátrica, por vezes denominada psicose levodopa-induzida (BARBOSA et al., 1997).

Os fatores de risco mais relevantes para distúrbios psiquiátricos induzidos por drogas antiparkinsonianas são: idade avançada, demência, história pregressa de doença psiquiátrica e exposição a altas doses desses medicamentos.

Os mecanismos fisiopatológicos envolvidos na gênese desses quadros ainda não estão devidamente esclarecidos. A hipótese dopaminérgica sugere que tais distúrbios sejam desencadeados por estimulação excessiva de receptores dopaminérgicos corticais e límbicos por dopamina formada a partir da levodopa exógena, ou por agonistas dopaminérgicos, ou ainda por dopamina endógena relacionada aos efeitos farmacológicos de amantadina ou selegilina. Mais recentemente, Arnulf e colaboradores (2000), estudando padrões de sono em pacientes com DP que apresentavam alucinações relacionadas à terapia dopaminérgica, concluíram que essas complicações podem estar relacionadas com transtornos da fase de sono REM. Em recente revisão a respeito de mecanismos envolvidos nas alucinações visuais em pacientes com DP, Diederich e colaboradores (2005) sugerem que esse fenômeno resulta de uma desregulação dos sistemas de comportas e filtros envolvidos na percepção externa e na produção interna de imagens. Os possíveis elementos envolvidos nesse modelo são: baixa de visão, ativação reduzida do córtex visual primário, ativação aberrante do córtex visual associativo e do córtex frontal, falta de supressão ou geração espontânea de imagens internas por meio do sistema ponto-genículo-occipital, intrusão de imagens geradas em sono REM no estado de vigília, flutuações do estado de vigília devidas a disfunções no tronco encefálico e hiperativação induzida por drogas dos sistemas mesolímbicos.

A toxicidade dopaminérgica tem expressão limitada e geralmente não envolve alterações dos mecanismos de atenção e de vigília. Por outro lado, estes são com frequência afetados na toxicidade relacionada aos anticolinérgicos, possivelmente por interferência nas vias colinérgicas que partem de núcleos do prosencéfalo basal em direção ao córtex cerebral.

O tratamento desses distúrbios neuropsiquiátricos se baseia em retirada de drogas na sequência mostrada no Quadro 3, redução da dose de levodopa e, se necessário, no emprego de neurolépticos atípicos, com baixa afinidade por receptores D1 e D2, como a clozapina, que tem alta afinidade por receptores D4 (JUNKOS, 1999). O uso da clozapina em doses de 25 a 50 mg por dia é o mais efetivo entre os neurolépticos no controle dos referidos transtornos neuropsiquiátricos e o único que não piora o parkinsonismo (POLAK et al., 2003). A restrição ao uso dessa droga é a necessidade de monitoração hematológica já que ela pode induzir agranulocitose. Porém, em estudo recente, Klein e colaboradores (2003) demonstraram que o risco de ocorrência desse tipo de complicação com o uso da clozapina é muito baixo. A quetiapina, que apresenta alta afinidade por receptores serotoninérgicos e baixa afinidade por receptores D2, também pode ser utilizada, embora seja menos efetiva que a clozapina e eventualmente possa agravar o quadro motor da DP.

Em estudo retrospectivo, Reddy e colaboradores (2002) avaliaram o efeito da quetiapina em pacientes com DP apresentando quadro psicótico definido como presença de delírios e de alucinações levando substancial impacto na comunicação e no relacionamento social. Os autores relataram que a quetiapina em dose média de 54 mg por dia foi efetiva para o controle completo ou parcial do quadro psicótico em 81% dos pacientes, e em apenas 13% dos casos se constatou piora do quadro motor, sendo que entre estes predominavam pacientes com quadro demencial. A olanzapina é outro neuroléptico atípico que pode usado para tratamento de distúrbios psiquiátricos em parkinsonianos, porém com maior risco de provocar piora do parkinsonismo que os anteriores.

Estudos recentes, embora não controlados e com limitado número de pacientes, têm demonstrado efeitos benéficos do emprego da rivastigmina e do donepezil no tratamento de quadros psicóticos e alucinações induzidos por medicamentos antiparkinsonianos (READING et al., 2001; BULOCK; CAMERON, 2002; BERGMAN et al., 2002; AARSLAND et al., 2003).

Quadro 3 – Condutas em distúrbios psiquiátricos relacionadas a drogas antiparkinsonianas

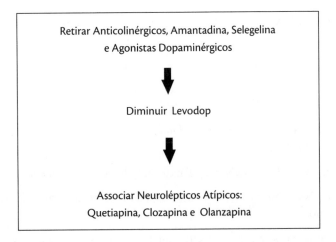

Embora elevação do humor não ocorra em pacientes com DP não tratada, quadros de euforia, mania e hipomania podem ocorrer em 1,5 a 12 % dos pacientes fazendo uso de antiparkinsonianos, particularmente agentes dopaminérgicos (MARGARET et al., 2004). Esse tipo de alteração do comportamento pode variar de uma simples euforia até um franco episódio maníaco. Celesia e Barr (1970) observaram euforia em 10% dos pacientes tratados com levodopa. Goodwin (1971) relatou uma incidência de 1,5% de hipomania em 908 pacientes tratados com levodopa e em, virtualmente, todos aqueles que apresentavam história de mania antes da instalação da DP. Esses quadros, quando não respondem à redução da dose do antiparkinsoniano, devem ser tratados com carbamazepina ou valproato.

Pacientes com DP podem apresentar um aumento da libido coincidente com o início do tratamento ou aumento das doses de medicamentos. Geralmente essa melhora da função sexual representa apenas um retorno à atividade sexual normal, decorrente da recuperação do desempenho motor e da sensação de bem-estar. Esse ressurgimento do interesse sexual eventualmente pode ser frustrado por impotência sexual, muitas vezes presente em pacientes com DP avançada. Mais raramente, contudo, hipersexualidade e comportamento sexual aberrante podem ser induzidos por agentes dopaminérgicos, alterações que geralmente desaparecem com a redução da dose da medicação em uso.

ANSIEDADE E TRANSTORNO OBSSESSIVO-COMPULSIVO NA DOENÇA DE PARKINSON

A ansiedade é uma manifestação psiquiátrica comum na DP e é devida, em parte, à incapacidade física trazida pela doença e, em casos de fase avançada da moléstia, à imprevisibilidade de resposta à medicação (STEIN et al., 1990). É um fato bastante conhecido que a ansiedade é um fator precipitante de piora das manifestações motoras da DP, particularmente do tremor, e frequentemente complica a depressão nos parkinsonianos. O tratamento da ansiedade na DP, quando necessário, é feito por meio do emprego dos ansiolíticos usuais, com a ressalva de que essas drogas podem piorar a instabilidade postural e a confusão mental, caso presentes. Ataques de pânico também podem ocorrer na DP (VÁSQUEZ et al., 1993).

Comportamentos repetitivos têm sido descritos sob diversos diagnósticos na DP. O transtorno obsessivo-compulsivo (TOC) pode ser observado em variadas doenças dos núcleos da base, inclusive na DP, sendo contraditória a literatura sobre tais sintomas na DP. Alguns estudos evidenciam associação positiva com DP, e outros mostram resultado contrário (MAIA et al., 2003; KURLAN, 2004). Em pacientes com DP que apresentam TOC, o tratamento segue as mesmas linhas terapêuticas utilizadas para o TOC primário.

Referências bibliográficas

ARNULF, I. et al. Hallucinations, REM sleep, and Parkinson's disease. A medical hypothesis. *Neurology*, v. 55, p. 281-288, 2000.

ASKENAZY, J. J. Sleep disorders in parkinsonism. *Journal of Neural Transmission*, v. 110, p. 125-150, 2003.

AARSLAND, D.; HUTCHINSON, M.; LARSEN, J. P. Cognitive, psychiatric and motor response to galantamine in Parkinson's disease with dementia. *Int J Geriatr Psychiatr*, 2003.

AARSLAND, D. et al. Prevalence and characteristics of dementia in Parkinson's disease: a 8-year prospective study. *Archives of Neurology*, v. 60, p. 387-392, 2003.

BARBOSA, E. R.; LIMONGI, J. C. P.; CUMMINGS, J. Parkinson's disease. *Psychiat Clin*, v. 20, p. 769-790, 1997.

BARBOSA, E. R. et al. Disfunções neuropsicológicas na doença de Parkinson. Estudo de 64 casos.*Arquivos de Neuropsiquiatria*, v. 44, p. 55-59, 1986.

BARONE, P. et al. Pramipexole versus sertraline in the treatment of depression in Parkinson's disease. A national multi-center parallel-group randomized study. *J Neurol*, v. 253, p. 601-607, 2006.

BECKER, T. et al. Parkinson's disease and depression: evidence for an alteration of the basal limbic system detected by transcranial sonography. *Journal of Neurology, Neurosurgery & Psychiatry*, v. 63, p. 590-596, 1997.

BERGMAN, J.; LERNER, V. Successful use of donepezil for the treatment of psychotic symptoms in patients with Parkinson's disease. *Clin Pharmacol*, v. 25, p. 107-110, 2002.

BRONNICK, K. et al. Neuropsychiatric disturbances in Parkinson's disease clusters in five groups with different prevalence of dementia. *Acta Psychiatr Scand*, v. 112, p. 201-207, 2005.

BULLOCK, R.; CAMERON, A. Rivastigmine for the treatment of dementia and visual hallucinations associated with Parkinson's disease. *Current Medical Research and Opinion*, 2002.

BURCKARD, P. R. et al. Death by suicide after deep brain stimulation. *Mov Disord*, v. 19, p. S316, 2004. Suplemento 9.

CELESIA, G. G.; BARR, A. N. Psychosis and other psychiatric manifestations of levodopa therapy. *Archives of Neurology*, v. 23, p. 193, 1970

CALNE, D. B. Selegiline in Parkinson's disease. *B M J*, v. 311, p. 1583-84, 1995.

CANTELLO, R. et al. Major depression in Parkinson's disease and the mood response to intravenous methylphenidate: possible role of the "hedonic" dopamine synapse. *Journal of Neurology, Neurosurgery & Psychiatry*, v. 52, p. 724-731, 1989.

CHOI, C. H.; SOHN, Y. H.; KIM, J. S. Depression in patients with Parkinson's disease: A follow-up comparative study after long-term levodopa therapy. *Mov Disord*, v. 12, p. 125, 1997. Suplemento 1.

CUMMINGS, J. L. Depression and Parkinson's Disease: A Review. *Am J. Psychiatry*, v. 149, p. 4, 1992.

DIEDERICH, N. J.; GOETZ, C. G.; STEBBINS, G. T. Repeated visual hallucinations in Parkinsons's disease as disturbed external/internal perceptions: focused review and a new integrative model. *Mov Disord*, v. 20, p. 130-140, 2005.

EMRE, M. Dementia associated with Parkinson's disease. *The Lancet Neurology*, v. 2, p. 229-237, 2003a.

EMRE, M. What cause mental dysfunction in Parkinson's disease? *Mov Disord*, v. 18, p. S63-S71, 2003. Suplemento 6.

EMRE, M. et al. Rivastigmine for dementia associated with Parkinson's disease. *The New England Journal of Medicine*, v. 351, p. 2509-2518, 2004.

FENELON, G. et al. Hallutinations in Parkinson's disease: prevalence, phenomenology and risk factors. *Brain*, v. 123, p. 733-745, 2000.

FREGNI, F. F. et al. Comparison of rapid-rate transcranial magnetic stimulation and fluoxetine in depressed patients with Parkinson's disease: a randomized trial. *Journal of Neurology, Neurosurgery & Psychiatry*, v. 75, n. 8, 2004.

FREGNI, F. et al. Effects of antidepressant treatment with rTMS and fluoxetine on brain. perfusion in PD patients *Neurology*, v. 66, p. 1629-1637, 2006.

GOODWIN, F. K. Psychiatric side effects of levodopa in man. *JAMA*, v. 218, p. 1915, 1971.

HORNYKIEWICZ, O. Brain neurotransmitter changes in Parkinson's disease. In: Marsden, C. D.; Fahn, S. *Movement Disorders*. London: Butterworth, 1982. p. 41-58.

Huang, X. et al. Apolipoprotein E and dementia in Parkinson disease: a meta-analysis. *Archives of Neurology*, v. 63, p. 189-193, 2006.

Janvin, C. C. et al. Subtypes of mild cognitive impairment in Parkinson's disease: Progression to dementia. *Mov Disord*, v. 21, p. 1343-1349, 2006.

JELLINGER, K. A.; PAULUS, W. clinico-pathological correlations in Parkinson's disease. *Clin Neurol Neurosurg*, v. 94, 1992. Suplemento.

JUNCOS, J. L. Management of psychotic aspects of Parkinson's disease. *J Clin Psychiatr*, v. 60, p. 42-53, 1999. Suplemento 8.

KLATKA, L. A.; LOUIS, E. D.; SCHIFFER, R. B. Psychiatric features in diffuse Lewy body disease: A clinicopathologic study using Alzheimer's disease and Parkinson's disease comparison groups. *Neurology*, v. 47, p. 1148-52,1996.

KLEIN, C. et al. Clozapine in Parkinson's disease psychosis: 5-year follow-up review. *Clin Neuropharmacol*, v. 26, p. 8-11, 2003.

KOSTIC, V. S. et al. Effect of age at onset on frequency of depression in Parkinson's disease. *Journal of Neurology, Neurosurgery & Psychiatry*, v. 57, p. 1265-7, 1994.

KURITA, A. et al. The beneficial effect of donepezil in visual hallucinations in three patients with Parkinson's disease. *J Geriatr Psychiatry Neurol*, 2003.

KURLAN, R. Repetitive behaviors in Parkinson's disease. *Mov Disord*, v. 19, p. 433-469, 2004.

MARDER, K.; COTE, L.; TANG, M. The risk and predictive factors associated with dementia in Parkinson's disease. In: Korczyn, A. *Dementia in Parkinson's Disease*. Bologna: Monduzzi, 1994. p 51-54.

MAIA, A. F. et al. Obssessive compulsive symptoms, obssessive compulsive disorder and related disorders in Parkinson's disease. *The Journal of Neuropsychiatry and Clinical Neurosciences*, v. 15, p. 371-374, 2003.

MAYEUX, R. et al. Alterad serotonin metabolism in depressed patients with Parkinson's disease. *Neurology*, v. 34, p. 642-646, 1984.

MAYEUX, R. et al. Clinical and biochemical features of depression in Parkinson's disease. *American Journal of Psychiatry*, v. 143, p. 756-759, 1986.

MAYBERG, H. S. et al. Selective hypometabolism in the inferior frontal lobe in depressed patients with Parkinson's disease. *Annals of Neurology*, v. 28, p. 57-64, 1990.

McDONALD, W. M.; RICHARD, I. H.; DELONG, M. R. Prevalence, etiology, and treatment of depression in Parkinson's disease. *Biol Psychiatry*, v. 54, p. 363-375, 2003.

OKUN, M. S.; WATTS, R. L. Depression in Parkinson's disease. *Neurology*, v. 58, p. S63-S70, 2002.

POLACK, P. et al. Clozapine in drug induced psychosis in Parkinson's disease: a randomized, placebo-controlled study with open follow up. *Journal of Neurology, Neurosurgery & Psychiatry*, v. 74, p. 689-695, 2004.

Poewe, W. et al. Long-term benefits of rivastigmine in dementia associated with Parkinson's disease: an active treatment extension study. *Mov Disord*, v. 21, p. 456-61, 2006.

PRADO, R. C.; BARBOSA, E. R. Depression in Parkinson's Disease.Arquivos de Neuropsiquiatria, v. 63, p. 766-771, 2005.

RAVINA, B. et al. Donepezil for dementia in Parkinson's disease: a randomised, double blind, placebo controlled, crossover study *Journal of Neurology, Neurosurgery & Psychiatry*, v. 76, p. 934-939, 2005.

READING, P. J.; LUCE, A. K.; McKEITH, I. G. Rivastigmine in the treatment parkinsonian psychosis and cognitive impairment; preliminary findings of an open trial. *Mov Disord*, v. 16, p. 1171-1174, 2001.

REDDY, S. et al. The effect of quetiapine on psychosis and motor function in parkinsonian patients with and without dementia. *Mov Disord*, v. 17, p. 676-681, 2002.

RICHARD, I. H.; KURLAN, R. A survey of antidepressant drug use in Parkinson's disease. *Neurology*, v. 49, p. 1168-1170, 1997.

ROJO, A. et al. *Parkinsonism Related Disorders*, v. 10, p. 23-28, 2003.

SANCHEZ-RAMOS, J. R.; ORTOLL, R.; PAULSON, G. W. Visual hallucinations associated with Parkinson disease. *Archives of Neurology*, v. 53, p. 1265-1268, 1996.

SCARAVILLI, T. et al. Helth-related quality of life and sleep disorders in Parkinson's disease. *Neurological Science*, v. 24, p. 209-210, 2003.

SHULMAN, L. M. et al. Comorbidity of the nonmotor symptoms of Parkinson's disease. *Mov Disord*, v. 16, p. 507-510, 2001.

STARKSTEIN, S. E. et al. Depression in Parkinson's disease. *Journal of Nervous and Mental Disease*, v. 178, p. 27-31, 1990.

STARKSTEIN, S. E. et al. Depression in classic versus akinetic-rigid Parkinson's disease. *Mov Disord*, v. 13, p. 29-33, 1998.

STEIN, M. B. et al. Anxiety disorders in Parkinson's disease. *American Journal of Psychiatry*, v. 147, p. 217-220, 1990.

VÁSQUEZ, A. et al. "Panic attacks" in Parkinson's disease. ACTA *Neurologica Scandinavica*, v. 87, p. 14-18, 1993.

VOON, V. et al. Suicide risk in patients with Parkinson's disease undergoing subthalamic stimulation. *Mov Disord*, v. 19, p. S323, 2004. Suplemento 9.

SWAMBERG, M. M.; FOTI, D.; CUMMINGS, J. Neurobehavioral Aspects of Movement Disorders. In: WATTS, R. L.; KOLLER, W. C. *Movement Disorders: Neurological Principles and Practice*. New York: McGraw-Hill, 2004. p. 17-34.

WEINTRAUB, D. et al. Antidepressant studies in Parkinson's disease: a review and metanalysis. *Mov Disord*, v. 20, p. 1161-1169, 2005.

Avaliação e Intervenção Neuropsicológica e Psicológica em Adultos

NEUROPSICOLOGIA: CONCEITOS FUNDAMENTAIS

Eliane Correa Miotto

Introdução

Relatos de distúrbios relacionados à cognição datam da era antes de Cristo. Em 3500 a.C., já havia descrição,por meio dos papiros de Edwin Smith, de dificuldades de linguagem em pessoas. Desde essa época, diversos outros relatos e estudos foram citados ao longo da história. No século XIX, Gall, com a doutrina da frenologia em 1809, especulava que a superfície do cérebro era associada a diferentes órgãos cerebrais, cada órgão com uma função. Ele também associava traços de caráter com as saliências e reentrâncias do cérebro. Posteriormente, um seguidor desta escola, Paul Broca, em 1861, demonstrou, por intermédio de estudos anatômicos e clínicos, que o hemisfério esquerdo estava relacionado com a linguagem, particularmente, com a fala e dominância manual. Broca nomeou o distúrbio desta função como "afasia motora", o que, para muitos, marcou o início da neuropsicologia. Alguns anos depois, Carl Wernicke, em 1874, descreveu a associação entre a lesão no giro temporal esquerdo e a afasia sensorial ou de compreensão.

Essa subdivisão e localização de centros específicos da linguagem começaram a florescer como uma nova escola, a "localizacionista" (*diagram makers*). Nessa época, Wernicke caracterizava a afasia sensorial como um quadro em que a fala estava preservada, embora não apropriada, e a compreensão prejudicada. Ele ainda considerou outro quadro de afasia, a "afasia de condução", em que a lesão ocorreria nas fibras que conectam o giro temporal ao giro frontal no hemisfério esquerdo. Nesse quadro, o paciente compreendia a linguagem dos outros e era capaz de falar normalmente, mas apresentava distúrbio grave da repetição de palavras ou de frases. Na época, outros estudos também foram publicados associando áreas cerebrais a determinadas funções cognitivas, como o de Panizza, em 1855, que relacionou a cegueira com a região occipital (McCARTHY; WARRINGTON, 1990). Outro trabalho publicado foi o de Phineas Gage por John Harlow, em 1849, associando alterações de comportamento após lesão na área frontal (McCARTHY; WARRINGTON, 1990).

Para os "globalistas", essa visão de localização era passível de várias críticas. Eles sustentavam que a afasia era uma desordem intelectual e não um distúrbio específico de linguagem, negando a existência de centros específicos para esta e as demais funções cognitivas. Concomitantemente na Rússia, no fim do século XIX, uma escola iniciada por Vygotsky estava surgindo propondo uma abordagem alternativa à localizacionista e globalista. Vygotsky (HÉCAEN; ALBERT, 1978) atribuiu três princípios centrais às funções corticais: (1) relacionavam-se de forma plástica e modificável; (2) eram sistemas funcionais dinâmicos e (3) a realidade devia ser considerada na perspectiva da mente humana. Dessa escola, nasce a obra de Luria (LURIA, 1966, 1992) unificando psicologia, fisiologia e neurologia. Ele propôs um modelo teórico que englobava a localização das funções e visão dos processos corticais superiores como sistemas funcionais dinâmicos. Nessa época, alguns estudos enfatizavam a assimetria cerebral, ou seja, a participação do hemisfério esquerdo em funções verbais e do hemisfério direito em funções visuoespaciais. Entretanto, não havia consenso ou modelo teórico robusto para as diversas formulações.

Em 1950, surge a psicologia cognitiva propondo uma teoria baseada no "processamento de informações", com o objetivo de estudar os processos cerebrais e psicológicos em indivíduos normais, incluindo memória, linguagem, pensamento e funções perceptivas.

A união entre a neuropsicologia e a psicologia cognitiva ocorreu em Oxford, Inglaterra, após os estudos publicados por John Marshall e Frida Newcombe, na década de 1970. Na nova abordagem, chamada "neuropsicologia cognitiva", utilizava-se o paradigma de processamento de informações para a análise dos subcomponentes das habilidades cognitivas, ou seja, visava-se a entender como a informação é transformada e processada para se atingir um fim específico. Entre os princípios adotados pela neuropsicologia cognitiva para a investigação de subcomponentes das funções cognitivas, encontram-se a dissociação e a dupla dissociação (McCARTHY; WARRINGTON, 1990). Na dissociação, constata-se uma diferença no desempenho de duas tarefas pelo mesmo indivíduo, por exemplo, o sujeito apresenta desempenho normal na tarefa A, mas insatisfatório na tarefa B. Isso pode ser observado na área da linguagem, na qual um paciente com afasia de Wernicke apresenta desempenho normal em testes de linguagem de expressão (tarefa A) e alteração em testes de linguagem de compreensão (tarefa B). Entretanto, esse fato por si só não seria suficiente para se concluir que estas duas áreas da linguagem são distintas e independentes. Para tanto, é necessário haver uma dupla dissociação, exemplificada pelo caso do desempenho do paciente citado acima e a existência de outro paciente com desempenho deficitário na tarefa A e desempenho normal na tarefa B. Uma vez que tais tarefas sejam equiparáveis em termos de dificuldade ou de complexidade, pode argumentar-se sobre a possibilidade de essas duas áreas da linguagem se basearem em sistemas de processamento cerebral distintos e independentes. A utilização desses princípios na neuropsicologia cognitiva foi pioneira, permitindo a postulação e o fracionamento de diversos outros subcomponentes das funções cognitivas. A base da neuropsicologia atual é fortemente influenciada pela neuropsicologia cognitiva, devendo a esta suas recentes descobertas, principalmente no campo da memória, da atenção e das funções executivas.

Métodos de avaliação Neuropsicológica

Na prática clínica, um dos principais objetivos da neuropsicologia tem sido associado ao diagnóstico e à investigação das expressões comportamental e cognitiva de alterações ou lesões cerebrais e transtornos neurológicos e psiquiátricos (GOLDSTEIN; McNEIL, 2004). No século XXI, a expansão dessa atuação tem se estabelecido de maneira mais consistente nas áreas de reabilitação neuropsicológica e de compreensão de aspectos funcionais relacionados às alterações cerebrais. Como consequência, o diagnóstico neuropsicológico, bem como as técnicas e osminstrumentos de avaliação, foi ampliado e atualizado para atender a esse novo contexto.

A avaliação neuropsicológica é considerada procedimento fundamental, por exemplo, no diagnóstico diferencial das demências, na investigação da natureza, do grau e da extensão dos mais diversos quadros neurológicos e psiquiátricos, assim como no planejamento de intervenções direcionadas aos déficits cognitivos e comportamentais identificados por meio da avaliação.

Dentre os métodos mais comumente utilizados na avaliação neuropsicológica, ressalta-se o de processo específico, que se baseia em um conjunto de testes para avaliação das diversas funções cognitivas, tais como inteligência, memória, linguagem, funções executivas e visuoespaciais. Essa abordagem possibilita a identificação de alterações em aspectos específicos de cada uma das funções cognitivas avaliadas de maneira sistemática (CRAWFORD, 2004).

Testes psicométricos são instrumentos padronizados que podem ser utilizados para comparação dos resultados de pacientes com os de uma amostra representativa da população normal. Testes que possuem normas satisfatórias abrangem o maior número de fatores que influenciam o desempenho, como idade, escolaridade, gênero e nível socioeconômico. Os resultados são comumente expressos em média com desvio padrão ou percentil que indica a porcentagem do grupo de referência que pontua na mesma faixa ou não que o paciente.

Embora os testes padronizados sejam considerados os melhores instrumentos para quantificar o grau de comprometimento cognitivo, é importante que se considerem aspectos qualitativos por meio da observação ou mesmo da aplicação de tarefas funcionais ou questionários e escalas comportamentais. Por exemplo, muitos dos testes formais que avaliam funções executivas podem não ser sensíveis aos problemas da vida diária envolvendo planejamento, iniciativa e resolução de problemas. Por isso, devem ser complementados, sempre que possível, por testes ecológicos como o *Behaviour Assessment of the Dysexecutive Syndrome* (BADS) (WILSON et al., 1996), ou por tarefas funcionais, tais como planejar e preparar uma refeição, receber e transmitir recados, ou, ainda, por tarefas múltiplas (SHALLICE; BURGESS, 1991; MIOTTO et al., no prelo). A inclusão desses dados pode ser útil, principalmente, em se tratando de avaliação neuropsicológica com objetivo de planejar programas de reabilitação neuropsicológica.

Avaliação das funções cognitivas

Pacientes com lesões cerebrais podem apresentar diversos graus de alterações em uma ou em várias funções cognitivas, incluindo memória, atenção, linguagem, funções executivas, percepção e funções intelectuais, dentre outras. A avaliação neuropsicológica deve abordar, dentro das possibilidades, uma investigação sistemática de todas as funções cognitivas passíveis de serem avaliadas. A seguir, as principais funções cognitivas serão descritas de forma sucinta.

Funções Intelectuais

Historicamente, inteligência tem sido definida de várias formas. Spearman, na década de 1920, propôs a existência de uma inteligência geral, ou "fator g", e, embora nunca tivesse oferecido uma apropriada definição para o "fator g", ele o associava a um índice de habilidade mental envolvido em raciocínio, operações dedutivas e velocidade de atividade intelectual. Assim como Spearman, diversos outros pesquisadores demonstraram a importância da avaliação psicométrica, sustentando que instrumentos de avaliação da inteligência incorporavam diversos processos mentais superiores (SATTLER, 1992). A avaliação das funções intelectuais possibilita não apenas a identificação de possível deterioração em relação ao funcionamento pré-mórbido, mas também demonstra alterações em áreas específicas que necessitam investigação mais detalhada.

Memória

Desde a década de 1960, quando foi demonstrado que a memória não é um sistema unitário, diversos modelos teóricos e métodos de avaliação foram desenvolvidos e aprimorados. De acordo com esses modelos, a memória pode ser dividida inicialmente em memória de curto prazo, também chamada memória operacional, e memória de longo prazo. A memória de curto prazo armazena temporariamente informações por períodos de segundos, enquanto que a memória de longo prazo armazena permanentemente informações adquiridas entre minutos a décadas atrás (BADDELEY, 1986; ALVAREZ; SQUIRE, 1995). A memória também se distingue em termos de acessibilidade à lembrança consciente, podendo ser declarativa ou explícita, quando a informação é evocada de forma consciente e propositada e não declarativa, ou implícita, quando não acessível à consciência (SQUIRE, 1992).

Tulving (1972) postulou que a memória também fosse subdividida em termos de sistema de armazenamento semântico, ou fatos e conhecimentos gerais, e armazenamento episódico, ou informações e eventos pessoalmente vividos em um determinado tempo e espaço. O primeiro sistema pode ser exemplificado pelos conhecimentos gerais adquiridos por meio de exposições repetidas ao material a ser armazenado, como saber que canário é um pássaro. O sistema episódico armazena informações como saber onde estivemos e o que fizemos ontem. A memória ainda pode ser classificada em memória de evocação, chamada de recordação, e de reconhecimento. Por exemplo, para recordar informações lidas no dia anterior em um jornal, utiliza-se a memória de evocação, que pode ser imediata ou tardia de acordo com o tempo transcorrido entre a exposição à informação e a recordação. A memória de reconhecimento é utilizada quando ocorre a exposição à determinada informação que pode ser ou não aquela armazenada. Alterações em um ou mais desses sistemas, ocasionadas por lesões cerebrais, estão associadas aos diversos quadros de déficits de memória, incluindo o quadro de amnésia, no qual ocorre predominantemente alteração da memória de longo prazo episódica, incluindo a capacidade de armazenar e de evocar novas informações (memória anterógrada) e informações anteriores ao incidente (memória retrógrada).

Deve ressaltar-se que fatores como humor, motivação, déficit atencional, de linguagem e de funções executivas podem influenciar substancialmente no desempenho de testes de memória. Portanto, é imprescindível a obtenção de resultados de outras funções cognitivas, como informações sobre o estado psicológico e o humor do paciente, quando se avalia a memória.

Linguagem

A linguagem abrange diversos subcomponentes e níveis de processamento fonológico, lexical, sintático e semântico. Do ponto de vista clínico, é possível avaliar esses subcomponentes considerando-se a fluência do discurso, a compreensão auditiva, a nomeação, a repetição, a leitura e a escrita. As alterações ocasionadas por lesões ou distúrbios cerebrais em um ou mais dos subcomponentes resultam nos diversos quadros de afasias hoje conhecidos (CASTRO-CALDAS, 2004). Na perspectiva da afasiologia tradicional, podemos encontrar os seguintes quadros afásicos: (1) Afasia de Broca (motora ou de expressão) – caracterizada pela redução da produção oral, dificuldade de repetição e de nomeação, alteração sintática e simplificação gramatical, com compreensão razoavelmente preservada; (2) Afasia de Wernicke (sensorial ou de compreensão) – alteração da compreensão, repetição e nomeação, com alteração da produção oral no início do quadro (jargão); (3) Afasia Transcortical Motora – redução da produção oral e ocasional presença de perseverações e ecolalia, com preservação da repetição, compreensão e leitura; (4) Afasia Transcortical Sensorial – alteração da compreensão, nomeação e da produção oral no início do quadro; a repetição encontra-se preservada; (5) Afasia de Condução – dificuldade de repetição de frases e de palavras, nomeação, com razoável preservação da produção oral e da compreensão; (6) Afasia Anômica – alteração da capacidade de nomeação; (7) Afasia Global – prejuízo em todas as modalidades da produção oral, compreensão, leitura e escrita (MANSUR; SENAHA, 2003).

A classificação das afasias deve ser considerada com restrições, devido ao número limitado de casos com características bem definidas, como as descritas acima.

Funções Visuoperceptivas e Visuoespaciais

Os principais processos cognitivos associados à identificação e ao reconhecimento de objetos incluem os processos visuais primários, os processos aperceptivos e os processos associativos (McCARTHY; WARRIGNTON, 1990). Os processos visuais primários estão associados à acuidade visual, discriminação de formas, cor, movimentos e posição, funções que se relacionam às áreas cerebrais de projeções primárias (BA 17), tanto no hemisfério esquerdo quando no direito. Os processos aperceptivos integram os processos visuais primários em estruturas perceptivas coerentes, possibilitando perceber a forma de um objeto. Áreas visuais associativas, tais como o córtex parietal e o têmporo-occipital no hemisfério direito, estão particularmente relacionadas a essas funções, cuja alteração pode produzir o quadro de agnosia aperceptiva. Os processos associativos são responsáveis pela análise semântica do objeto ou o reconhecimento do seu significado, vinculando-se às regiões têmporo-occipitais no hemisfério esquerdo. Quadros específicos associados à alteração das funções visuoperceptivas e visuoespaciais abrangem, dentre outros: (1) Prosopagnosia – incapacidade de reconhecer faces familiares e famosas como consequência de comprometimento da região têmporo-occipital, especialmente giro fusiforme, no hemisfério direito; (2) Negligência Visual Unilateral – refere-se à incapacidade de perceber o meio externo e o hemicorpo contralateral à lesão, especialmente no hemisfério direito; (3) Praxia Construtiva – incapacidade de copiar ou reproduzir um modelo ou figura.

Atenção e Funções Executivas

Assim como as funções anteriormente descritas, a atenção e as funções executivas não são sistemas unitários, e sim compostos por diferentes subcomponentes. A atenção pode ser classificada em: (1) atenção sustentada – refere-se à capacidade de manter o foco atencional em uma tarefa por determinado período de tempo; (2) atenção alternada – capacidade de alternar o foco atencional em duas ou mais atividades; (3) atenção seletiva – habilidade de direcionar a atenção para um determinado estímulo, ignorando os demais presentes (MUIR, 1996; POSNER, 1990).

As funções executivas são as habilidades que possibilitam a criação de novos padrões de comportamentos e formas de pensar, especialmente em situações não rotineiras. Permitem, assim, a criação de metas, planos, estratégias, decisões, realização das metas, monitoração, detecção e resolução de problemas, flexibilidade mental, inibição, iniciativa e capacidade de memória operacional (NORMAN; SHALLICE, 1986; BURGESS, 2004).

Prejuízos dessas funções podem ocasionar alterações comportamentais incluindo quadros de apatia, autocrítica reduzida ou quadros de impulsividade com ausência de controle inibitório. No plano cognitivo, as alterações abrangem dificuldade de tomar decisões, de planejar e organizar atividades da vida diária, e de concentrar-se em uma atividade ignorando estímulos irrelevantes.

REABILITAÇÃO NEUROPSICOLÓGICA

A reabilitação neuropsicológica, como campo da neuropsicologia, tornou-se reconhecida, especialmente, após a Primeira e a Segunda Guerra Mundial, quando métodos de remediar e minimizar distúrbios cognitivos foram desenvolvidos e aplicados em soldados sobreviventes. Ela visa a remediar, compensar ou aliviar déficits cognitivos, problemas emocionais, comportamentais e motores de pacientes com lesões ou comprometimento cerebral (WILSON, 1989; PRIGATANO, 1997). A Organização Mundial de Saúde (OMS, 1980) classificou as sequelas ocasionadas pelas lesões cerebrais em deficiências (prejuízos cognitivos e mentais), inabilidades ou incapacidades (consequências nas atividades da vida diária geradas pelas deficiências) e desvantagens (limitações encontradas no âmbito social), estruturando os diferentes níveis de atuação da reabilitação. Mais recentemente, a OMS (2001) criou a Classificação Internacional da Funcionalidade, dividindo o sistema de classificação em cinco componentes: função corporal, estrutura do corpo, atividade social, participação social e ambiente, permitindo avaliar de forma mais eficaz o impacto da doença sobre o paciente, sua qualidade de vida e seu ambiente, levando-se em consideração suas potencialidades. Nesse contexto, as técnicas de reabilitação neuropsicológica mais conhecidas, como treino cognitivo e estratégias compensatórias, atuariam não só na função e na estrutura do corpo, mas também na atividade e na participação social, respectivamente. Neste livro, alguns dos capítulos abordarão tais técnicas em contextos específicos de reabilitação e população de pacientes.

Neuropsicologia: presente e futuro

Além da avaliação e da reabilitação neuropsicológica, o campo da neuropsicologia engloba atuações em áreas específicas, como na judicial, por meio de laudos periciais, e na área acadêmica, em projetos de pesquisa, tais como a criação de novos paradigmas em neuroimagem, tradução, adaptação, padronização de testes internacionais na população brasileira e criação de instrumentos diagnósticos adequados à população de baixa escolaridade. No Brasil, após a regulamentação da prática neuropsicológica como especialidade da Psicologia em 2004, por intermédio da Resolução 002/2004 do Conselho Federal de Psicologia (CFP), os profissionais com formação em instituições reconhecidas pelo CFP podem adquirir registro e título de especialista nesse campo. Até o presente momento, há duas instituições credenciadas pelo CFP que oferecem cursos de especialização em neuropsicologia, dentre elas o Centro de Estudos Psicocirúrgicos (CEPSIC) da Divisão de Psicologia, Instituto Central, e o Hospital das Clínicas da Faculdade de Medicina da Universidade de São Paulo.

Um dos grandes desafios da neuropsicologia no Brasil é expandir seu campo de atuação nos diversos estados e realizar pesquisa de ponta contribuindo para o avanço da neuropsicologia nos âmbitos nacional e internacional. Diversos centros de excelência no Brasil já contam com profissionais especializados e capacitados para esse empreendimento. Mais incentivadora ainda é a produção científica desses centros, com publicações em periódicos internacionais. O futuro da neuropsicologia no Brasil dependerá em grande parte da capacidade, dedicação e eficiência dos novos profissionais que se especializarão nesse campo que, embora recentemente regulamentado, há vários anos vem sedimentando um fértil terreno para seu desenvolvimento contínuo.

Referências bibliográficas

ALVAREZ, P.; SQUIRE, L. R. Memory consolidation and the medial temporal lobe: A simple network model. *Proceedings of the National Academy of Science*, USA, v. 91, p. 7041-7045, 1995.

BADDELEY, A. D. *Working Memory*. Oxford: Oxford University Press, 1986.

BURGESS, P. W.; Alderman, N. Executive dysfunction. In: GOLDSTEIN, L. H.; McNEIL, J. E. (Org.). *Clinical neuropsychology: a practical guide to assessment and management for clinicians*. England: Wiley & Sons Ltd, 2004.

CASTRO-CALDAS, A. Neuropsicologia da linguagem. In: ANDRADE, V. M.; SANTOS, F. H.; BUENO, O. F. A. (Orgs.). *Neuropsicologia hoje*. Artes Médicas.

CRAWFORD, J. R. Psychometric foundations of neuropsychological assessment. In: GOLDSTEIN, L. H.; McNEIL, J. E. (Org.). *Clinical neuropsychology: a practical guide to assessment and management for clinicians*. England: Wiley & Sons Ltd, 2004. GOLDSTEIN, L. H.; McNEIL, J. E. *Clinical neuropsychology: a practical guide to assessment and management for clinicians*. England: Wiley & Sons Ltd, 2004.

HÉCAEN, H.; Albert, M. L. *Human neuropsychology*. New York: Wiley, 1978.

LURIA, A. R. *Higher cortical functions in man*. New York: Basic Books, 1966.

LURIA, A. R. *A construção da mente*. São Paulo: Ícone, 1992.

MANSUR, L. L.; SENAHA, M. L. H. Distúrbios de linguagem oral e escrita e hemisfério esquerdo. In: NITRINI, R.; CARAMELLI, P.; MANSUR, L.L. (Org.). *Neuropsicologia das bases anatômicas à reabilitação*. HCFMUSP, 2003.

McCARTHY, R. A.; Warrington, E. K. *Cognitive neuropsychology: a clinical introduction*. London: Academic Press Ltd, 1990.

MIOTTO, E. C. et al. *Rehabilitation of executive dysfunction: a controlled trial of an attention and problem solving treatment group*. No prelo.

MUIR, J. L. Attention and stimulus processing in the rat. *Cognitive Brain Research*, v. 3, p. 215-225, 1996.

NORMAN, D.; SHALLICE, T. Attention to action. In: DAVIDSON, R. J.; SCHWARTZ, G. E.; SHAPIRO, D. (Eds.). *Consciousness and Self-Regulation*. New York: Plenum Press, 1986. p. 1-18.

PRIGATANO, G. P. Learning from our successes and failures: reflections and comments on cognitive rehabilitation: how it is and how it might be. *Journal of the International Neuropsychological Society*, v. 3, p. 497-499, 1997.

POSNER, M. I. The attention system of the human brain. *Annual Review of Neuroscience*, v. 13, p. 25-42, 1990.

SATTLER, J. M. *Assessment of children*. 3rd ed. San Diego: Sattler, 1992.

SHALLICE, T.; Burgess, P. W. Deficits in strategy application following frontal lobe damage in man. *Brain*, v. 114, p. 727-741, 1991.

SQUIRE, L. R. Declarative and non-declarative memory: Multiple brain systems supporting learning and memory. *Journal of Cognitive Neuroscience*, v. 4, p. 232-243, 1992.

TULVING, E. Episodic and semantic memory. In: TULVING, E.; DONALDSON, W. (Eds.). *Organization of Memory*. New York: Academic Press, 1972. P. 381-403.

WILSON, B. A. Models of cognitive rehabilitation. In: WOOD, R. L.; EAMES, P. (Org.). *Models of Brain Injuryury rehabilitation*. London: Chapman e Hall, 1989.

WILSON, B. A. et al. *Behavioural Assessment of the Dysexecutive Syndrome*. Bury St Edmunds: Thames Valley Test Company, 1996.

A MENTE HUMANA NA PERSPECTIVA DA NEUROPSICOLOGIA

Benito P. Damasceno

Resumo

A neuropsicologia e a neurociência cognitiva contemporâneas superaram os velhos conceitos de "faculdade" mental e "centro" cerebral, passando a conceber a mente humana como uma "atividade" complexa que envolve processos mentais e cerebrais interconexos (sua estrutura sistêmica ou "em rede"), os quais representam o mundo físico e o social por meio de signos (seu caráter mediado, semiótico) e resultam da internalização (ou apropriação pelo indivíduo) da atividade histórico-cultural externa. A atividade mental requer um conjunto dinâmico de componentes psicológicos (volitivos, cognitivos, afetivos) e regiões cerebrais inter-relacionadas, cada uma contribuindo com operações básicas para a realização da atividade como um todo. Essa abordagem sistêmica ou "em rede" pressupõe que: (1) cada região cerebral, especialmente nas zonas de convergência, contém os substratos neural (operação básica; por exemplo, raciocínio espacial) de diferentes funções complexas (por exemplo, cálculo aritmético, montagem de uma cadeira, orientação no labirinto da floresta) e podem, portanto, pertencer a várias redes neuronais parcialmente superpostas; (2) lesão limitada a uma região afeta diferentes funções complexas, resultando, portanto, em múltiplos sintomas ou síndromes neuropsicológicas; e (3) diferentes componentes ou operações básicas de uma mesma função complexa podem ser afetados por lesões em diferentes regiões ou nas vias que as interconectam. O caráter mediado (semiótico) da mente decorre do fato de que as ações materiais do homem são precedidas e acompanhadas por ações mentais, ou seja, por representações simbólicas das coisas, projetos e programas. E, em sua origem, a atividade mental é uma reconstrução interna ("virtual") de operações externas com as coisas e com as pessoas, mediadas por instrumentos e signos, principalmente os da linguagem. Da interação argumentativa com as pessoas nasce a capacidade de reflexão e de julgamento.

Estrutura sistêmica

Todo ato mental (percepção de um objeto, enunciado verbal, resolução de um problema) é levado a cabo por um "sistema funcional complexo" (VYGOTSKY, 1978; LURIA, 1980; ANOKHIN, 1935), também concebido como "rede neurofuncional" (MESULAM, 1990), "representação distribuída em paralelo e em série" (RUMELHART; McCLELLAND, 1986), e como "modelo de esboços múltiplos" (DENNET, 1991), que se constitui de um conjunto dinâmico e interconexo de componentes psicológicos (volitivos, afetivos, cognitivos) e de regiões cerebrais, cada uma delas contribuindo com operações básicas para o funcionamento do sistema ou do ato como um todo. Seu caráter dinâmico deve-se ao fato de que sua estrutura psicológica e sua organização cerebral mudam a cada instante, na mesma medida em que mudam as tarefas em pauta. Cada tarefa requer um conjunto diferente de operações psíquicas básicas adequadas aos seus objetivos, além dos componentes motivacionais e emocionais sempre presentes. De acordo com esse conceito, apenas certas operações ou mecanismos básicos podem ser localizados em determinadas regiões cerebrais, não a própria função psíquica superior, e apenas os objetivos ou os resultados finais da atividade permanecem constantes, devendo variar seus mecanismos ou operações básicas na medida em que mudam as condições em que se realizam.

Os avanços das neurociências nas últimas décadas, especialmente com os estudos de neuroimagem funcional, têm confirmado esses conceitos, cuja pré-história data do século XIX, com a hipótese de Hughlings Jackson (1932) de que as funções psíquicas têm estrutura psicológica organizada em diversas regiões cerebrais e diferentes níveis de complexidade e abstração (nível voluntário, consciente, e nível involuntário, inconsciente, automático). Um exemplo clássico é o do paciente que, após mostrar-se incapaz de dizer a palavra "não" numa tarefa metalinguística de repetição, pôde fazê-lo ao dizer "Doutor, *não* consigo". Em qualquer atividade linguística da vida real (por exemplo, ao produzir um enunciado numa conversação cotidiana), temos os níveis fonológico, sintático, semântico-lexical e pragmático, com suas interdependências e interações recíprocas. Outro exemplo é a percepção visual de um objeto (por exemplo, quando mostro uma caneta e pergunto "O que é isto?"). Aí temos diversos componentes: análise e síntese das informações visuais para a formação da imagem (nas regiões occipitotemporais mediais); busca ativa de novas informações e testagem de hipóteses, tais como "caneta?", "lápis?", "lapiseira?", "apontador a laser?" (nas regiões pré-frontais em interação com as occipitais); codificação do objeto (percepto) no sistema semântico da linguagem (no neocórtex associativo terciário temporoparietal e frontal posteroinferior, particularmente do hemisfério esquerdo); permanência transitória do percepto na memória operacional, a curto prazo (nas regiões pré-frontais em interação com as occipitotemporais), e seu registro a longo prazo no córtex cerebral, facilitado pelo processamento inicial no sistema hipocampal.

A MENTE COMO REPRESENTAÇÃO E MEDIAÇÃO

O caráter mediado da mente humana deve-se a que o indivíduo se relaciona com as coisas e os fenômenos externos, não de forma direta e imediata, mas indiretamente, com os sinais e signos que os representam. É evidente que as ações do homem sobre as coisas são diretas, pois ele é apenas um entre os vários seres ou forças materiais que participam de sua atividade, mas as ações materiais são precedidas por ações mentais (representações simbólicas, projetos, programas). Durante a ontogênese do psiquismo individual, esses sinais e signos se tornam cada vez mais generalizados e abstratos, e, assim, segundo Rubinstein (1972), o indivíduo destaca-se cada vez mais da realidade, ao mesmo tempo em que se une a ela cada vez com mais força. A gênese e a natureza do fenômeno psíquico não podem ser encontradas nas profundezas do código genético nem nas alturas insondáveis do espírito, mas no processo interacional da vida, tal como admitia Bakhtin (1988) há mais de sessenta anos, ao analisar a consciência humana:

> O psiquismo subjetivo localiza-se no limite do organismo e do mundo exterior... É nessa região limítrofe que se dá o encontro entre o organismo e o mundo exterior, mas esse encontro não é físico (direto): o organismo e o mundo encontram-se no signo. A atividade psíquica constitui a expressão semiótica do contato entre o organismo e o meio exterior. (BAKTHIN, 1988)

O homem é um ser consciente, ou seja, ele toma consciência de si e destaca-se de sua própria atividade vital ("espelha-se"), que é o processo de transformação recíproca entre o sujeito e o objeto, em que o objeto adquire sua forma subjetiva (imagem mental) e a atividade do sujeito transforma-se em seus resultados objetivos (produtos), ou, de acordo com Marx (1973): no processo de produção (trabalho social), o sujeito é objetivado, e no sujeito, o objeto é subjetivado. Também de acordo com Marx (1976), "[...] não existe a consciência [como 'faculdade' mental isolada, *das Bewusstsein*], mas sim o ser consciente [*das bewusste Sein*]; e o ser dos homens é o seu processo da vida real". O ser é sua atividade, que se apresenta simultaneamente em três formas interdependentes e interconexas: objetal, mental e cerebral-organísmica.

Diferentemente do que ocorre no restante do mundo animal, a atividade consciente é mediada por instrumentos de produção (ferramentas) e instrumentos psicológicos (signos), sendo ambos produtos da evolução histórico-cultural; assim a relação do indivíduo com a natureza é mediada pela relação entre ele e os outros indivíduos da sociedade. O instrumento de trabalho e o signo (linguístico) objetivizam a relação homem-natureza e homem-homem, sendo ambos produtos sociais tanto pela sua origem (construção), quanto pelo seu uso. Com eles, a transmissão da experiência de uma geração a outra deixa de ser biológica (genética) e passa a ser sociocultural.

A atividade consciente é altamente dependente do neocórtex de associação, principalmente o da região pré-frontal e da zona de superposição dos analisadores sensoriais (temporo-parieto-occipital). Aqui nos referimos ao nível mais complexo de funcionamento da consciência, exclusivamente humano, chamado por Damásio (2000) de "consciência ampliada", que fornece ao organismo um "eu autobiográfico", com vivências passadas e futuras.

Origem social-histórico-cultural

A criança neonata começa com o exercício repetido dos reflexos inatos e condicionados, os quais, na interação com o meio, se complexificam dando origem aos hábitos e esquemas primários, isolados. A seguir, esses esquemas se coordenam entre si, sendo esse um passo essencial na construção mental do objeto, pois, de acordo com Piaget (1978), assim que o objeto é assimilado simultaneamente a múltiplos esquemas (visual, tátil-proprioceptivo), ele adquire um conjunto de significações e, por conseguinte, consistência. No desenvolvimento cognitivo do bebê, o ponto culminante é a aquisição da "conduta da vara", ou seja, a utilização de qualquer objeto como instrumento, com o qual a criança atinge outro objeto que satisfaz sua necessidade (PIAGET, 1978).

Na fase seguinte, de invenção de novos meios pela combinação de esquemas mentais, a criança prevê quais operações terão êxito e quais fracassarão. A experimentação externa com os objetos que se encontram em seu campo perceptivo é substituída pela experimentação interna, mental, com as representações (imagens simbólicas) de coisas e relações, incluindo as relações (ações) do sujeito com as coisas. Se na fase anterior bastava a percepção, nesta é necessária a representação, que permite operar sobre objetos ausentes. Piaget (1978) admite que, na transição de uma fase a outra, desempenha papel relevante a imitação (ele considera a imitação como uma "representação em atos", e a representação como uma imitação interiorizada).

As imagens representativas são signos (significantes), cujo significado é o próprio esquema sensório--motor da atividade objetal que se desenrola no plano material; elas "[...] são as ferramentas do pensamento nascente" (PIAGET, 1978), além de constituírem condição *sine qua non* para a aquisição da linguagem, na medida em que passam a ser representadas por palavras (significantes de significantes).

Vygotsky (1978) chama a atenção para este momento do desenvolvimento intelectual da criança, quando a fala e a atividade prática, até então seguindo duas linhas completamente independentes, convergem-se, dando origem a formas especificamente humanas de inteligência prática e abstrata. É o momento da internalização ou reconstrução interna (mental) de operações externas (materiais), tal como ocorre com a aquisição do signo linguístico. Quando a criança deseja algum objeto que está fora do alcance de suas mãos, ela estira seu braço na direção dele e faz movimentos de pegar, sem sucesso, ação interpretada pela mãe como um gesto de apontar, indicativo do objeto. Na realidade, do ponto de vista da criança, trata-se então apenas de um esquema sensório-motor (de preensão), desencadeado pelo objeto. Mais tarde, com a repetição dessa experiência, a criança apropria-se do significado (gesto indicativo) estabelecido de fora pela mãe. E, então, ocorre uma mudança na função de seu movimento: inicialmente orientado pelo objeto, ele torna-se um movimento dirigido para outra pessoa, um meio de estabelecer relações. Aos poucos, o movimento de pegar vai transformando-se no ato de apontar, resultando num verdadeiro gesto, mediante sua simplificação (bastando estirar o braço e o dedo indicador). De fato, ele só se torna um verdadeiro gesto após manifestar objetivamente para os outros todas as funções do apontar, e ser entendido também pelos outros como tal gesto.

Na relação entre a criança e a mãe, quando a criança aponta o objeto, a mãe geralmente o nomeia. Assim, a criança aprende duas funções básicas do signo linguístico: (1) a função referencial, indicativa do objeto ou de algo existente ou imaginado, e (2) a função comunicativa, pragmático-discursiva, como meio de influir no comportamento dos outros, obtendo destes o que deseja, ou fazendo com que façam o que ela quer que eles façam. Independentemente do tipo de cultura, o desenvolvimento da linguagem falada passa por cinco fases distintas (KUHL, 2000; GESELL; AMATRUDA, 1954): (1) arrulhos, similares a vogais (um a quatro meses); (2) balbucio, com produção de séries de consoantes-vogais, como "babababa" ou "mamamama" (cinco-dez meses); (3) imitação da fala dos adultos, com esboços de palavras ou primeiras palavras (dez-quinze meses), e uso consistente de uma forma fonética para se referir a um objeto, por exemplo, "dalili" ou "mimi" para "dormir" (dez-quinze meses); (4) enunciados de duas palavras, com determinado sentido (dezoito-24 meses); (5) sentenças com três ou mais palavras (acima de 24 meses). As interações social e linguística precoces com os adultos são necessárias para que os balbucios (universalmente similares) deem lugar a determinada língua materna (KUHL, 2000).

Leontiev (1981b) prefere o termo "apropriação", em vez de "internalização", para designar o caráter ativo da aprendizagem. O conceito de internalização dá maior valor ao papel da sociedade (do exterior) na gênese das funções psicológicas superiores, enquanto o de apropriação ressalta o papel (do interior) do sujeito, de sua personalidade, de seus aspectos emocionais e motivacionais, os quais lhe fornecem a razão fundamental e a energia necessária para se engajar ativamente nas tarefas. No processo de apropriação, o papel primário e decisivo cabe às ações práticas do sujeito com as pessoas, instrumentos e objetos do mundo natural e cultural, ou seja, às ações objetais do próprio sujeito e não das outras pessoas, uma vez que, do ponto de vista psicogenético, não se trata da formação da *imagem* da ação, mas sim da *ação* ideal (GALPERIN, 1976), do próprio sujeito; tampouco se trata da realização de uma imagem mental ou consciência que existe *a priori* e vai manifestando-se à medida que o cérebro, por determinações puramente biológicas, atinge sua plena maturação.

Na aquisição de suas habilidades práxicas e funções psicológicas, a criança não só aprende por imitação das ações dos outros, como também se apropria de sua linguagem ("instruções verbais") durante as brincadeiras e as tarefas. Graças à palavra (linguagem), os aspectos puramente relacionais das coisas, da mesma forma que as nuances de nossas relações sociais, passam a ter vida material e a exercer sua influência no indivíduo com a mesma força das coisas materiais.

A palavra representa, portanto, uma rede de relações e significados, a qual constitui a matriz do pensamento categórico e discursivo, "[...] introduzindo a coisa nomeada em um sistema de complexos enlaces, constituindo um meio para analisar os objetos, abstrair e generalizar suas características" (LURIA, 1987). As características do conceito e da palavra fazem com que, em termos cerebrais, eles só possam ser apreendidos mediante sínteses multimodais, processadas no córtex associativo terciário.

Dos três aos sete anos de idade, observa-se o crescente papel regulador da linguagem na formação de programas complexos e na organização do comportamento. A partir dos três anos de idade, aos poucos a criança passa a dominar o uso de frases desenvolvidas, cada vez mais complexas. Como mostrou Vygotsky (1978), inicialmente, a verbalização consiste na descrição e na análise da situação, adquirindo aos poucos o caráter de "planejamento", expressando possíveis caminhos para a solução do problema. À medida que a criança vai experimentando novas situações, dos quatro aos seis anos de idade, sua fala externa vai internalizando-se cada vez mais, tornando-se mental (linguagem interna, condensada na sua forma e predicativa no seu conteúdo), e constituindo um instrumento poderoso de autorregulação e, portanto também, de controle dos pontos de vista, das ações e dos comportamentos do indivíduo, pelo modo de produção e ideologia dominante da sociedade em que vive.

Nesse período, com a aquisição da linguagem interna, ocorre a (re)construção mental dos objetos, fenômenos e relações do mundo segundo um sistema de valores exclusivamente humanos, bem como a transformação de funções psicológicas naturais (ou seja, as formas de percepção, memória, raciocínio intelectual, etc., que compartilhamos com os animais) em funções psicológicas culturais ou "superiores".

Depois dos seis-sete anos, as zonas corticais terciárias continuam seu desenvolvimento (embora mais lento) até pelo menos a adolescência, permitindo o raciocínio à base de operações lógico-gramaticais, lógico--formais e discursivas, bem como a capacidade de reflexão e o julgamento moral. A linguagem desempenha aqui papel relevante e decisivo. Quando interagimos por meio dela, sempre temos determinados objetivos, pretendemos atuar sobre o(s) outro(s) e obter dele(s) determinadas reações ou comportamentos (verbais ou não verbais). Nas situações da vida real, o uso da linguagem é essencialmente argumentativo, especialmente nas discussões em que a criança tem de defender seus pontos de vista contrariados pelo(s) outro(s), tem de ajustar suas argumentações às do(s) outro(s), e assim ela aprende a usar conscientemente as conjunções ("operadores argumentativos" de Ducrot) (1976), tais como "mas", "senão", "porque", "se", "embora", "entretanto", "logo", "portanto", "desde que", etc. Por um lado, as conjunções, ao estabelecer relações entre proposições e ideias, permitem a construção das matrizes lógica e discursiva do pensamento. Por outro lado, a internalização das argumentações e contra-argumentações dá origem à capacidade de refletir e de tomar decisões. A reflexão é, na realidade, uma discussão interior, um coro de "vozes" e opiniões dos outros. Desse modo, a criança adquire novas funções psicológicas superiores e seus correspondentes sistemas funcionais cerebrais.

Assim, nos diálogos e nas discussões da vida real, a criança constitui-se como sujeito discursivo e pragmático, embora heterogêneo e, de certo modo, assujeitado, uma vez que a sua tomada de decisão não é só sua, resultando também das opiniões dos outros sujeitos que o integram (BAKHTIN, 1988; DUCROT, 1987). Nesse "jogo" do discurso, a criança aprende a respeitar as regras conversacionais (relevância tópica, respeito ao turno do interlocutor, etc.), a estabelecer estratégias e a manipular as "formações imaginárias" propostas por Pêcheux (1990) e Osakabe (1999). Em termos cerebrais, o córtex pré-frontal parece ser o mais bem equipado para tais habilidades.

Em conclusão, a atividade mental é uma parte do processo da vida real (ou do "ser dos homens", nos termos de Marx), em que as ações objetais, mentais e cerebrais (organísmicas) constituem uma unidade dialética de interações e de influências recíprocas, mediante as quais são adquiridas as funções psíquicas superiores e seu substrato neural, as neoformações mais sofisticadas do córtex associativo. Fatores biológicos (genéticos) fornecem apenas a possibilidade desse desenvolvimento, que não ocorre sem a prática do indivíduo, sem sua experiência sensorial e social, tal como verificado em crianças e macacos criados em isolamento no período crítico para o desenvolvimento do comportamento social (SPITZ, 1946; HARLOW, 1958; KANDEL; JESSEL; SANES, 2000).

Referências bibliográficas

ANOKHIN, P. K. *Problems of centre and periphery in the physiology of nervous activity*. Gorki: Gozizdat, 1935.

BAKHTIN, M. *Marxismo e filosofia da linguagem*. São Paulo: Hucitec, 1988.

DAMÁSIO, A. *O mistério da consciência*. São Paulo: Companhia das Letras, 2000.

DENNET, D. C. *Consciousness explained*. Boston: Little, Brown & Co., 1991.

DUCROT, O. *O dizer e o dito*. Campinas: Pontes, 1987.

DUCROT, O. *Princípios de semântica linguística*. São Paulo: Cultrix, 1976.

GALPERIN, P. Y. *Introducción a la psicología*. Moscú: Universidad Estatal, 1976.

GESELL, A.; AMATRUDA, C. S. *Developmental diagnosis: normal and abnormal child development*. 2nd ed. New York: Hoeber-Harper, 1954.

HARLOW, H. F. The nature of love. *Am Psychol*, v. 13, p. 673-685, 1958.

JACKSON, J. H. On the nature of the duality of the brain. In: *Selected writings of John Hughlings Jackson*. London: Hodder & Stoughton, 1932. v. 2

KANDEL, E. R.; JESSEL, T. M.; SANES, J. R. Sensory experience and the fine-tuning of synaptic connections. In: KANDEL, E. R.; SCHWARTZ, J. H.; JESSEL, T. M. (Eds.). *Principles of neural science*. 4th ed. New York: McGraw-Hill, 2000. p. 1115-1130.

KUHL, P. K. Language, mind, and brain: experience alters perception. In: Gazzaniga, M. S. (Ed.). *The new cognitive neurosciences*. Cambridge: The MIT Press, 2000. p. 99-115.

LEONTIEV, N. A. *Problems of the development of the mind*. Moscou: Progresso, 1981b.

LURIA, A. R. *Higher cortical functions in man*. 2nd ed. New York: Basic Books, 1966/1980.

LURIA, A. R. *Pensamento e linguagem – As últimas conferências*. Porto Alegre: Artes Médicas, 1987.

MARX, K.; ENGELS, F. *A ideologia alemã*. Lisboa: Editorial Presença, 1976.

MARX, K.; ENGELS, F. *Obras escogidas*, v. III. Moscú: Editorial Progresso, 1973.

MESULAM, M. M. Large-scale neurocognitive networks and distributed processing for attention, language, and memory. *Annals of Neurology*, v. 28, p. 597-613, 1990.

OSAKABE, H. *Argumentação e discurso político*. 2a ed. São Paulo: Martins Fontes, 1999.

PÊCHEUX, M. Análise automática do discurso (AAD-69). In: Gadet, F.; Hak, T. (Orgs.). *Por uma análise automática do discurso*. Campinas: Editora da UNICAMP, 1990.

PIAGET, J. *O nascimento da inteligência na criança*. 4a ed. Rio de Janeiro: Zahar Editores, 1978.

RUBINSTEIN, S. L. *Princípios de psicologia geral*. Lisboa: Estampa, 1972.

RUMELHART, D. E.; McCLELLAND, J. L. *Paralllel distributed processing*. Cambridge: The MIT Press, 1986.

SPITZ, R. A. Hospitalism: a follow-up report on investigation described in Volume 1, 1945. *Psychoanal Study Child*, v. 2, p. 113-117, 1946.

VYGOTSKY, L. S. *Mind in society: the development of higher psychological processes*. In: COLE, M. et al. (Eds.). Cambridge: Harvard University Press, 1978.

ATUALIZAÇÕES NO CONCEITO DE MEMÓRIA

Orlando F. A. Bueno

SISTEMAS MÚLTIPLOS DE MEMÓRIA

A noção de que a memória não é uma entidade única tem origem em estudos tanto da moderna neuropsicologia como da psicologia cognitiva. O estudo de pacientes amnésicos levou diversos autores a propor que a memória é composta de múltiplos sistemas, o que é uma abordagem relativamente recente, refletindo em grande medida o desenvolvimento da neuropsicologia, que enfatiza a relação cérebro-mente e cérebro-comportamento.

Uma das primeiras distinções nessa área de estudos foi entre memória declarativa e memória de procedimento, dissociadas tanto funcional como anatomicamente (COHEN, 1984; SQUIRE, 1986). A memória declarativa é a habilidade de armazenar e recordar ou reconhecer conscientemente fatos e acontecimentos; a lembrança pode ser declarada, isto é, trazida à mente, verbalmente, como uma proposição, ou, não verbalmente, como uma imagem (SAINT-CYR et al., 1988; Squire, 1986); esse tipo de memória está afetado em pacientes amnésicos. A memória de procedimento é a capacidade de adquirir gradualmente uma habilidade perceptomotora ou cognitiva por meio da exposição repetida a uma atividade específica que segue regras constantes. Tal capacidade é implícita e independe da consciência, só podendo ser aferida por meio do desempenho do paciente (SAINT-CYR et al., 1988; SQUIRE, 1986). Pacientes amnésicos preservam este tipo de memória.

Outra diferenciação semelhante é entre memória implícita e memória explícita. Segundo Schacter (1987), a memória implícita se revela quando

> [...] experiências prévias facilitam o desempenho de uma tarefa que não requer recuperação intencional ou consciente daquelas experiências; a memória explícita é revelada quando o desempenho de uma tarefa requer recuperação consciente das experiências prévias. (SCHACTER, 1987)

Ainda segundo esse autor, os conceitos de memória explícita e implícita são descritivos e referentes à experiência psicológica do sujeito na hora da evocação, não implicando a existência ou não de sistemas independentes de memória. No entanto, apesar das intenções do autor, esses termos têm sido frequentemente usados como sinônimos de memória declarativa e não declarativa, respectivamente, sendo a memória de procedimento considerada uma variedade desta última. Para os propósitos deste trabalho, não faremos distinção entre os conceitos de memória explícita e memória declarativa. Porém, o termo memória implícita, por ser mais genérico do que memória de procedimento, permite acomodar melhor, nesta categoria, o efeito de pré-ativação que pode ser observado após uma única exposição a um estímulo.

A pré-ativação (*priming*) não envolve recuperação consciente ou explícita de experiências prévias (TULVING; SCHACTER, 1990). O protótipo experimental de pré-ativação consiste de dois estágios. No primeiro, estímulos-alvo são apresentados ao sujeito. No segundo estágio, pistas reduzidas ou degradadas são apresentadas, e o sujeito deve refazer os estímulos-alvo. O que torna os testes de pré-ativação diferentes de testes de memória explícita é que o sujeito não necessita de recuperação consciente dos estímulos-alvo anteriormente apresentados; basta que seu desempenho seja influenciado por eles. O exemplo mais comum de pré-ativação consiste na demonstração de que o preenchimento de fragmentos de palavras ou a complementação de letras iniciais de palavras com as primeiras palavras que vêm à mente são influenciados pela exposição prévia às mesmas palavras.

A memória declarativa ou explícita incluiria as memórias episódica e semântica. A memória não declarativa ou implícita abrigaria um conjunto díspar de memórias, compreendendo habilidades (motoras, perceptuais e cognitivas), pré-ativação, condicionamento clássico, habituação, sensitização e tudo que foi aprendido, mas que só pode ser aferido por meio do desempenho (SQUIRE, 1986). Todos esses diversos tipos de memória são considerados como pertencentes à memória de longo prazo, contraposta à de curto prazo, conceito que, por sua vez, já há tempos havia sido englobado pelo de memória operacional (*working memory*). Este quadro taxinômico das memórias, embora didático e heuristicamente interessante, está sendo revisto e implementado atualmente. Neste capítulo referir-nos-emos sucintamente ao desenvolvimento de dois construtos apenas, o de memória episódica e o de memória operacional. Para revisões em português, consultar Oliveira e Bueno, 1993; Bueno e Oliveira, 2004.

Memória episódica e memória semântica

Não só a neuropsicologia, porém, desenvolveu uma visão múltipla da memória; a psicologia cognitiva também o fez, desenvolvendo suas classificações baseadas inteiramente em dados psicológicos. Uma importante distinção foi proposta por Endel Tulving em artigo de 1972, e depois aprofundada em livro de 1983.

A memória contém tanto informações de conhecimento geral como informações sobre acontecimentos específicos, distinção que veio a ser conhecida como a diferença entre memória semântica e memória episódica.

Nas palavras de Tulving:

Memória episódica é um sistema que recebe e armazena informação sobre eventos ou episódios temporalmente datados, e as relações temporoespaciais entre eles [...] Memória semântica é a memória necessária para o uso da linguagem. É um dicionário mental, o conhecimento organizado que uma pessoa possui a respeito de palavras e outros símbolos verbais, seu significado e referentes, a respeito de relações entre eles, e a respeito de regras, fórmulas, e algoritmos para a manipulação dos símbolos, conceitos, e relações.[...] O sistema episódico é provavelmente muito susceptível de transformação e perda de informação, ao passo que a evocação de informação do sistema semântico deixaria inalterado o seu conteúdo, e, em geral, é menos susceptível à perda de informação do que o sistema episódico.(TULVING, 1983, p. 21)

A memória episódica refere-se a acontecimentos que ocorreram em lugares particulares, em ocasiões particulares, ou seja, sobre "o que", "onde" e "quando" (NYBERG et al., 1996).

Diz Tulving (2002) que os experimentos tradicionais (de recordação livre, por exemplo) se preocupam apenas com um destes aspectos, com "o que" aconteceu, mas, para lembrar-se do "que" aconteceu, a pessoa precisa frequentemente tentar colocar o acontecido no seu tempo e lugar, isto é, contextualizá-lo no tempo e no espaço. Assim, o conceito de memória episódica, já nas primeiras formulações de seu autor, sugere o desdobramento do ato de lembrar nesses três componentes: o que, quando e onde. Outro aspecto a se destacar é que tal memória se refere a uma experiência consciente de recuperação daquilo que aconteceu no passado. É esse aspecto, interpretado como trazer de volta à consciência, que aproxima tal conceito dos conceitos de memória declarativa e memória explícita. Daí o uso indiscriminado dos três termos para denominar o mesmo fenômeno, a memória consciente, contraposta à memória inconsciente.

Tulving e colaboradores, porém, desenvolveram posteriormente o construto de memória episódica (WHEELER et al., 1997; TULVING, 2001, 2002).Quando o sujeito se lembra conscientemente da ocorrência de algo que aconteceu no passado, um item a ser lembrado numa lista, por exemplo, a consciência pode ser de dois tipos. Um deles, denominado de consciência noética, equivale ao estado consciente que acompanha o conhecimento a respeito do mundo; o outro se refere à experiência subjetiva da lembrança. A essência da memória episódica reside na conjunção de três conceitos: eu (*self*), consciência autonoética e tempo subjetivo (TULVING, 2002). A memória episódica é que permite aos seres humanos "viajar" para o passado por meio do tempo subjetivo e experienciar de novo suas (ou seja, do eu de cada pessoa) experiências anteriores, por intermédio da consciência autonoética (conhecimento de si). Portanto, a memória episódica compreende a consciência do mundo (*noesis*) e a consciência de um eu subjetivo (*autonoesis*). É, segundo seu autor, um sistema que surgiu apenas recentemente na evolução, provavelmente com o advento da espécie humana, derivado de sistemas mais antigos, entre os quais o de memória semântica. Ilustrando as consequências da perda completa da memória episódica autonoética, Tulving cita o caso do paciente K.C.:

> Sua amnésia episódica cobre sua vida inteira, do nascimento até o presente. A única exceção é a experiência que ele tem, em qualquer momento, dos últimos um ou dois minutos. Não importa quanto tempo e quão específica é a informação que lhe é fornecida sobre qualquer acontecimento particular do passado, quão memorável seja esse evento pelos padrões normais, quanto tempo ele durou, ou quantas vezes lhe foi perguntado sobre ele antes. Ele sempre nega qualquer lembrança e não reconhece sequer qualquer senso de familiaridade com o evento. (TULVING, 2002)

Para revisão do caso K.C., sugere-se consultar Rosenbaum e colaboradores (2005).

Todavia, o acesso ao passado não se dá apenas por meio da lembrança autonoética, mas também do que se convencionou chamar de conhecimento (*knowing*), contraposto à lembrança (*remembering*). Como lembra Tulving (2002), "Remembering and knowing: two means of access to the personal past", título do artigo de Suparna Rajaram (1993), sintetiza bem o que ele próprio pensa sobre o assunto. Nesse artigo, a autora emprega no contexto de acesso ao passado pessoal esses dois conceitos (lembrança e conhecimento), que se revelaram de grande importância para o estudo da memória de reconhecimento (*recognition memory*) (GARDINER; RICHARDSON-KLAVEHN, 2000). Vale lembrar, ainda, que a memória episódica é mais vulnerável a lapsos e disfunções do que os sistemas de memória cristalizada, o que se reflete nas frequentes queixas de memória de pessoas normais, no decaimento de memória em idosos e nas patologias amnésicas de etiologias diversas, como nas demências, na amnésia por lesão adquirida, e outras.

É importante assinalar que as operações da memória episódica dependem, mas vão além, do funcionamento da memória semântica e de outros sistemas de memória cristalizada. Para ilustrar essa dependência, basta lembrar que situações que permitem o processamento semântico de uma palavra resultam na sua melhor evocação do que situações em que apenas os seus aspectos não semânticos são atendidos (DEMB et al., 1995; GARDINER, 1974; HYDE; JENKINS, 1969). Isso ocorre porque "[...] palavras são basicamente unidades semânticas e não serão lembradas como palavras a menos que elas sejam mediadas pela memória semântica" (BELLEZZA et al., 1977).

Memória de curto prazo e memória de longo prazo

Outra dicotomia clássica na Psicologia é a distinção entre memória de curto e de longo prazo. Ainda em 1890, William James chamou a atenção para distinção entre memória primária e memória secundária, conceitos reavivados a partir dos anos 1950 por vários teóricos influenciados pela teoria da informação, geralmente sob a rubrica de memória de curto prazo e memória de longo prazo. Os conceitos são centrados na ideia de que existe um sistema de memória efêmero, com capacidade de processamento e de armazenamento de poucos itens, o qual decai rapidamente com o tempo, contraposto a outro, com capacidade ilimitada de armazenamento e com duração indefinida (ATKINSON; SHIFFRIN, 1968; BROADBENT, 1958; BROWN, 1958; MILLER, 1956; PETERSON; PETERSON, 1959; SACHS, 1967; WAUGH; NORMAN, 1965).

Miller, em seu clássico artigo de 1956, estimou que o número de itens que podemos processar de uma só vez é sete mais ou menos dois. Este número "mágico" se aplica à percepção e também à memória, pois gira ao redor dele o número de itens, tais como números ou palavras, que podemos repetir logo após tê-los ouvido, capacidade limitada que corresponde ao *span* de dígitos. A perda de informação foi atribuída a um processo de decaimento que entrava em ação quando a repetição subvocal era dificultada. E exatamente essa perda rápida de informação, da ordem de segundos, é uma das características da memória de curto prazo.

O modelo de Atkinson e Shiffrin (1968) foi um marco na constituição do pensamento sobre a memória de curto prazo. Segundo ele, conhecido posteriormente como o modelo modal, o fluxo de informação passa sucessivamente por três estágios interligados. Inicialmente a informação é processada por uma série de depósitos sensoriais transitórios que armazenam a informação sensorial. Daí a informação passa para um depósito de curto prazo e de capacidade limitada que se comunica, por sua vez, com um depósito de longo prazo e de capacidade ilimitada. O papel do depósito de curto prazo é crucial neste modelo. Primeiramente, porque, para atingir o depósito de longo prazo, a informação precisa passar necessariamente pelo de curto prazo, o que equivale a dizer que toda memória permanente já conheceu antes uma forma lábil. Em segundo lugar, porque o portão de saída do depósito de longo prazo é também a memória de curto prazo. E, finalmente, porque é ali o local onde se desenvolve a vida mental consciente. Além de armazenar informação por curtos períodos, a atividade do depósito de curto prazo compreende processos de controle, dos quais a repetição subvocal ou reverberação (*rehearsal*) é um exemplo. O sujeito pode decidir se repete ou não determinados itens, os quais recirculam pelo depósito de curto prazo se a escolha foi positiva. Na concepção dos autores, quanto mais tempo um determinado item permanece no depósito de curto prazo, maior é a probabilidade de que ele venha a ser transferido para o de longo prazo.

A importância da codificação e da decodificação para o funcionamento do sistema de memória é sublinhada por Atkinson e Shiffrin: a informação tem de ser armazenada em alguma forma de código, que deve ser reconvertida como informação quando a lembrança ocorre, assim como o sistema telefônico transforma a voz humana em ondas eletromagnéticas e novamente em voz humana do outro lado da linha. O processo de memorização envolveria, então, três estágios: codificação, armazenamento e decodificação, termos emprestados à teoria da informação, correspondentes a aquisição, consolidação e evocação.

Memória operacional

Vários aspectos do modelo modal foram refutados por resultados experimentais. Primeiro, a informação não precisa passar necessariamente pelo sistema de curto prazo para atingir o de longo prazo, ou seja, eles podem não ser sequenciais, mas em paralelo (SHALLICE; WARRINGTON, 1970; VALLAR; BADDELEY, 1984; WARRINGTON; SHALLICE, 1969). Segundo, o sistema de curto prazo não é um sistema único, pois pode ser subdividido em subsistemas específicos e independentes para diferentes modalidades de estímulos, tendo sido identificados dois deles, o fonológico e o visuoespacial, por Baddeley e seus colaboradores (BADDELEY et al., 1975; BADDELEY; LIEBERMAN, 1980; SALAMÉ; BADDELEY, 1987; VALLAR; BADDELEY, 1984). Sendo independentes, prejuízo na memória de curto prazo para eventos verbais não afeta a memória de curto prazo para eventos visuoespaciais. Por exemplo, o teste clássico de *span* de dígitos, se realizado durante a articulação de sílabas, leva a uma diminuição do *span* porque as duas tarefas envolvem a alça fonológica. Entretanto, a supressão articulatória (por meio da emissão contínua de uma sílaba sem significado relevante para a tarefa) durante a realização do teste de Corsi, um teste de memória de curto prazo visuoespacial, não prejudica o desempenho, pois essas duas tarefas se apoiam em dois subsistemas diferentes.

Baddeley e Hitch propuseram em 1974 um modelo de memória operacional, conceito posteriormente desenvolvido em livro que apresenta um corpo de pesquisas relacionadas ao tema (BADDELEY, 1986). O modelo postula um sistema integrado que permite tanto o processamento ativo quanto o armazenamento transitório de informações, sendo ambos envolvidos em tarefas cognitivas tais como compreensão, aprendizado e raciocínio (BADDELEY, 1992). Uma definição em uso para memória operacional especifica que ela é responsável pelo armazenamento de curto prazo e pela manutenção da informação para a execução de funções cognitivas superiores, como linguagem, planejamento e solução de problemas (COHEN et al., 1997). A memória operacional é formada por uma série de subsistemas. Um deles é denominado de executivo central, sistema controlador da atenção que não exibe especificidade modal, possui capacidade limitada e é supostamente responsável pelo processamento de tarefas cognitivas (BADDELEY, 1992). Os outros dois subsistemas são específicos para modalidades diferentes de estímulos, têm capacidade limitada, são subordinados à central executiva e por ela recrutados quando necessário. Um deles, a alça fonológica (*phonological loop*), é organizado de forma temporal e sequencial, codificando informações fonéticas, mantendo-as por curto período e reciclando-as por meio de um subcomponente, a alça articulatória (*articulatory loop*). O papel do outro subsistema, o esboço visuoespacial (*visuospatial scratchpad*), é codificar e manter temporariamente informações visuoespaciais. Desse modo, a memória de curto prazo, única e geral, foi substituída por dois sistemas independentes e dedicados a materiais de natureza diferente. Evidências recentes têm levado os autores a fracionar o esboço visuoespacial em componentes diferentes, um especializado em material visual e o outro, em material com conteúdo espacial (DELLA SALA et al., 1999; PICKERING, 2001), ou entre espaço e objetos (SMITH et al., 1995). Também têm sido propostos outros sistemas de memória de curto prazo específicos para outras modalidades sensoriais, como a memória tátil de curto prazo (HARRIS et al., 2001).

Segundo Conway e colaboradores (2005, p .), a memória operacional é um "[...] sistema de múltiplos componentes responsável pela manutenção ativa de informação diante de processos em andamento e/ou de distração". O sistema de memória operacional permite ao organismo ativamente armazenar e recuperar informação durante a execução de tarefas cognitivas complexas. Medidas da capacidade da memória operacional (*working memory capacity*) mostraram-se de extrema importância ao revelar diferenças individuais e correlações com a capacidade intelectual geral ou inteligência fluida e raciocínio, leitura, matemática (CONWAY et al., 2003; ENGLE et al., 1999; JARROLD; TOWSE, 2006; KANE; ENGLE, 2002; KYLLONEN; CHRISTAL, 1990). Ao contrário do *span* simples de memória, que é uma medida universal, o *span* de memória operacional (também chamado ultimamente de *span* complexo) comporta diferenças individuais que refletem, segundo Engle e colaboradores (1999), diferenças na habilidade de atenção controlada, particularmente em situações que envolvem interferência ou distração. A capacidade da memória operacional reflete a habilidade de, simultaneamente, manter e manipular informação, capacidade que ultrapassa o simples *span* tradicional de memória, medido, por exemplo, pelo *span* de dígitos.

Já há bastante tempo, Daneman e Carpenter (1980) propuseram uma medida da capacidade de memória operacional, chamada de *span* de leitura (*reading span*). A tarefa requer que o sujeito leia ou escute uma série de sentenças e retenha a última palavra de cada uma delas; a medida de capacidade é o número total das últimas palavras que foram lembradas. Outras tarefas de uso comum que obedecem ao mesmo princípio são o *span* de contagem de figuras (*counting span*) (CASE et al., 1982) e o *span* de operação (*operation span*) (TURNER et al., 1989). Essas tarefas são planejadas, segundo Conway e colaboradores. (2005), para forçar o armazenamento de determinado material diante do processamento de outro material distrator, engajando processos executivos atencionais. Uma antiga tarefa, conhecida como a tarefa de Brown-Peterson (BROWN, 1958; PETERSON; PETERSON, 1959), que era considerada uma medida da memória de curto prazo, também contém as características próprias da tarefa de capacidade de memória operacional. Para uma revisão crítica das principais tarefas de capacidade da memória operacional, ver Conway e colaboradores (2005).

Segundo Baddeley (2003), seu modelo tripartite encontrou dificuldade para lidar com a questão da interação com a memória de longo prazo. Essa dificuldade ficou evidente com o estudo de um paciente amnésico que, apesar de grande prejuízo em testes de memória de longo prazo, mostrou memória imediata normal para passagens em prosa de cerca de 25 unidades, muito acima da capacidade da alça fonológica. Potter (1993) já havia observado que a quantidade de palavras recordadas imediatamente é muito maior quando estas são integradas em frases do que quando não estão, indicando a necessidade de um conceito de memória de curto prazo semântica ou conceitual, pois, pelo modelo tripartite, a memória de curto prazo fica restrita à alça fonológica e ao esboço visuoespacial. Outra lacuna séria do modelo original provém da conceituação do executivo central como um sistema puramente atencional, incumbido da tarefa de focar, dividir e alternar a atenção (REPOVS; BADDELEY, 2006), não comportando, pois, nenhum mecanismo que permita a suplementação da memória de curto prazo por informações provenientes da memória de longo prazo, assim como não há espaço algum em que a manipulação de informação possa ser realizada. Também não fica claro como os subsistemas da alça fonológica e do esboço visuoespacial interagem.

Para sanar essas dificuldades, Baddeley (2000) acrescentou recentemente outro componente a seu modelo, o retentor episódico (*episodic buffer*), subordinado também ao executivo central. Seu papel é o de armazenar por certo período informações que se ligam entre si formando episódios e, para isso, contém mecanismos de codificação multidimensional permitindo a integração de diferentes sistemas. Ele é acessível à consciência, provendo espaço para a ligação consciente de informações variadas e para o processo de evocação. No modelo anterior, a memória de curto prazo era modal-específica, ao contrário da memória de curto prazo do modelo modal, que não distinguia entre diferentes tipos dessa memória. No novo modelo, a memória de curto prazo tornou-se ainda mais complexa, abrindo campo para memórias modais e memória com material significante, ou seja, material proveniente da memória semântica. A adição do retentor episódico ao modelo permite, assim, a integração dos dados referentes à capacidade de memória operacional, que, como vimos, tem alcance muito superior ao das alças fonológica e visuoespacial (*span* complexo diante de *span* simples). Para uma revisão recente do modelo de memória operacional, ver Repovs e Baddeley (2006).

De certo modo, o desenvolvimento desses conceitos teóricos que procuram explicar vários aspectos da memória consciente nos remete de volta a William James:

> Um objeto que é lembrado, no sentido próprio do termo, é um que esteve ausente da consciência inteiramente, e agora retorna mais uma vez. Ele é trazido de volta, recordado, pescado por assim dizer de um reservatório no qual ele estava junto com inúmeros outros objetos, enterrado e perdido de vista. Mas um objeto da memória primária não é trazido de volta dessa maneira; ele nunca esteve perdido; seu período na consciência não foi nunca seccionado do momento imediatamente presente... Ele chega até nós como se pertencendo à parte de trás do presente espaço de tempo, e não ao passado genuíno. (JAMES, 1890)

Referências bibliográficas

ATKINSON, R. C.; SHIFFRIN, R.M. Human memory: a proposed system and its control processes. In: SPENCE, K.W. (Ed.). *The Psychology of learning and motivation: Advances in research and theory 2*. New York: Academic Press, 1968. p. 89-195.

BADDELEY, A. D.; HITCH, G. Working memory. In: Bower, G. (Ed.). *Recent advances in learning and memory*. v. 8, New York: Academic Press, 1974, p. 68-84.

BADDELEY, A. The episodic buffer: a new component of working memory? *Trends in Cognitive Sciences*, v. 4, p. 417-423, 2000.

BADDELEY, A. Working memory. *Science*, v. 255, p. 556-559, 1992.

BADDELEY, A. Working memory: looking back and looking forward. *Nature Reviews*, n. 4, p. 829-839, 2003.

BADDELEY, A. D.; HITCH, G. J. Recency re-examined. In: DONIC, S. (Ed.). *Attention and performance*. v. 6. Hillsdale: Erlbaum, 1977. p. 647-667.

BADDELEY, A. D.; LIEBERMAN, K. Spatial working memory. In: NickerSon, R. (Ed.). *Attention and performance*. v. VIII. Hillsdale: Lawrence Erlbaum, 1980. p. 521-539.

BADDELEY, A. D. et al. Imagery and visual working memory. In: Rabbitt, P. M. A.; DORNIC, S. (Eds.). *Attention and performance VI*. Londres: Academic Press, 1975. p. 205-217.

BELLEZZA, F. S.; CHEESMAN, F. L.; REDDY, B. G. Organization and semantic elaboration in free recall. *Journal of Experimental Psychology: Human Learning and Memory*, v. 3, p. 539-550, 1977.

BROADBENT, D. E. *Perception and communication*. Londres: Pergamon Press, 1958.

BROOKS, D. N.; BADDELEY, A. D. What can amnesic patients learn? *Neuropsychologia*, v. 14, p. 11-22, 1976.

BROWN, J. Some tests of the decay theory of immediate memory. *Quarterly Journal of Experimental Psychology*, v. 10, p. 12-21, 1958.

BUENO, O. F. A.; OLIVEIRA, M. G. M. Memória e amnésia. In: ANDRADE, V. M.; SANTOS, F. H.; BUENO, O. F. A. (Eds.). *Neuropsicologia Hoje*. São Paulo: Artes Médicas, 2004. p. 135-163.

CASE, R.; KURLAND, M. D.; GOLDBERG, J. Operational efficiency and the growth of short-term memory span. *Journal of Experimental Child Psychology*, v. 33, p. 386-404, 1982.

COHEN, J. D. et al. Temporal dynamics of brain activation during a working memory task. *Nature*, v. 386, p. 604-608, 1997.

COHEN, N. J. Preserved learning capacity in amnesia: Evidence for multiple memory systems. In: Squire, L.; Butters, N. (Ed.). *Neuropsychology of Memory*. New York: Guildford Press, 1984.

CONWAY, A. R. A.; KANE, M. J.; ENGLE, R. W. Working memory capacity and its relation to general intelligence. *Trends in Cognitive Sciences*, v 7, p. 547-552, 2003.

CONWAY, A. R. A. et al. Working memory span tasks: A methodological review and user's guide. *Psychonomic Bulletin & Review*, v. 12, n. 5, p. 769-786, 2005.

DANEMAN, M.; CARPENTER, P. A. Individual differences in working memory and reading. *Journal of Verbal Learning and Verbal Behavior*, v. 19, p. 450-466, 1980.

DELLA SALA, S. et al. Pattern span: a tool for unwelding visuo-spatial memory. *Neuropsychologia*, v. 37, p. 1189-1199, 1999.

DEMB, J. B. et al. Semantic encoding and retrieval in the left inferior prefrontal cortex. A functional MRI study of task-difficulty and process specificity. *Journal of Neuroscience*, v. 15, p. 5870-5878, 1995.

ENGLE, R. W. Working memory span tasks: A methodological review and user's guide. *Psychonomic Bulletin & Review*, v. 12, p. 769-786, 2005.

ENGLE, R. W. et al. Working memory, short-term memory and general fluid intelligence: A latent variable approach. *Journal of Experimental Psychology: General*, v. 128, p. 309-331, 1999.

GARDINER, J. M.; RICHARDSON-KLAVEHN, A. Remembering and knowing. In: TULVING, E.; CRAIK, F. I. M. (Eds.). *The Oxford Handbook of Memory*. New York: Oxford University Press, 2000.

GARDINER, J. M. Levels of processing in word recognition and subsequent free recall. *Journal of Experimental Psychology*, v. 102, p. 101-105, 1974.

HARRIS, J. A.; HARRIS, I. M.; DIAMOND, M. E. The topography of tactile working memory. *Journal of Neuroscience*, v. 15, p. 8262-8269, 2001.

HYDE, T. S.; JENKINS, J. J. Differential effects of incidental tasks on the organization of recall of a list of highly associated words. *Journal of Experimental Psychology*, v. 82, p. 472-481, 1969.

JAMES, W. *The Principles of Psychology*. Chicago: Encyclopaedia Brittanica, 1990.

JARROLD, C.; TOWSE, J. N. What is working memory and how can we study it? Individual differences in working memory. *Journal of Neuroscience*, v. 139, p. 39-50, 2006.

KANE, M. J.; ENGLE, R. W. The role of prefrontal cortex in working memory capacity, executive attention, and general fluid intelligence: An individual-differences perspective. *Psychonomic Bulletin & Review*, v. 9, p. 637-671, 2002.

KYLLONEN, P. C.; CHRISTAL, R. E. Reasoning ability is (little more than) working-memory capacity? *Intelligence*, v. 14, p. 389-433, 1990.

MILLER, G. A. The magical number seven, plus or minus two: Some limits on our capacity for processing information. *Psychological Review*, v. 63, p. 81-97, 1956.

NYBERG, L. et al. General and specific brain regions involved in encoding and retrieval of events: what, where, and when. *Proc. Natl. Acad. Sci.*, v. 93, p. 11280-11285, 1996.

OLIVEIRA, M. G. M.; BUENO, O. F. A. Neuropsicologia da memória. *Psicologia USP*, v. 4, p. 117-138, 1993.

PETERSON, L. R.; PETERSON, M. J. Short-term retention of individual verbal items. *Journal of Experimental Psychology*, v. 58, n. 3, p. 193-198, 1959.

PICKERING, S. J. Cognitive approaches to the fractionation of visuo-spatial working memory. *Cortex*, v. 37, p. 457-473, 2001.

POTTER, M. C. Very short-term conceptual memory. *Memory and Cognition*, v. 2, p. 156-161, 1993.

RAJARAM, S. Remembering and knowing: two means of access to the personal past. *Memory and Cognition*, v. 21, p. 89-102, 1993.

REPOVS, G.; BADDELEY, A. The multi-component model of working memory: explorations in experimental cognitive psychology. *Neuroscience*, v. 139, p. 5-21, 2005.

ROSENBAUM, R. S. et al. contributions of a memory-impaired person to memory theory. *Neuropsychologia*, v. 43, n. 7, p. 989-1021, 2005.

SACHS, J. S. Recognition memory for syntactic and semantic aspects of connected discourse. *Perception and Psychophysics*, v. 2, p. 437-442, 1967.

SAINT-CYR, J. A.; TAYLOR, A. E.; LANG, A. E. Procedural learning and neostriatal dysfunction in man. *Brain*, v. 111, p. 941-59, 1988.

SALAMÉ, P.; BADDELEY, A.D. Noise, unattended speech and short-term memory. *Ergonomics*, v. 30, p. 1185-1193, 1987.

SCHACTER, D. L. Implicit memory: History and current status. *Journal of Experimental Psychology: Learning, Memory and Cognition*, v. 13, p. 501-518, 1987.

SHALLICE, T.; Warrington, E. K. Independent functioning of verbal memory stores: A neuropsychological study. *Quarterly Journal of Experimental Psychology*, v. 22, p. 261-273, 1970.

SMITH, E. E. Spatial versus object working memory: PET investigations. *Journal of Cognitive Neuroscience*, v. 7, p. 337-358, 1995.

SMITH, E. E. et al. Spatial versus object working-memory: PET investigations. *Journal of Cognitive Neuroscience*, v. 7, p. 337-356, 1995.

SQUIRE, L. R. Mechanisms of memory. *Science*, v. 232, p. 1612-1619, 1986.

TULVING, E. *Elements of episodic memory*. Oxford: Clarendon Press, 1983.

TULVING, E. Episodic and semantic memory. In: TULVING, E.; DONALDSON, W. (Eds.). *Organization of memory*. Nova York: Academic Press, 1972, p. 381-403.

TULVING, E. Episodic memory: From mind to brain. *Annual Review of Psychology*, v. 53, p. 1-25, 2002.

TULVING, E.; SCHACTER, D. L. Priming and human-memory systems. *Science*, v. 247, p. 301-306, 1990.

TULVING, E. The origin of autonoesis in episodic memory. In: ROEDIGER, H. L.; NAIRNE, J. S.; SUPRENANT, A. M. *The Nature of Remembering: Essays in Honor of Robert G. Crowder*. Washington: American Psychological Association, 2001.

TURNER, M. L.; ENGLE, R. W. Is working memory capacity task dependent? *Journal of Memory & Language*, v. 28, p. 127-154, 1989.

VALLAR, G.; BADDELEY, A. D. Fractionation of working memory. Neuropsychological evidence for a phonological short-term store. *Journal of Verbal Learning and Verbal Behavior*, v. 23, p. 151-161, 1984.

WARRINGTON, E. K.; SHALLICE, T. The selective impairment of auditory verbal short-term memory. *Brain*, v. 92, p. 885-896, 1969.

WAUGH, N. C.; NORMAN, D. A. Primary memory. *Psychological Review*, v. 72, p. 89-104, 1965.

WHEELER, M. A.; STUSS, D. T.; TULVING, E. Toward a theory of episodic memory: the frontal lobes and autonoetic consciousness. *Psychological Bulletin*, v. 121, p. 331-354, 1997.

NEUROPSICOLOGIA NO CONTEXTO HOSPITALAR

Carla Cristina Adda

A avaliação neuropsicológica visa a caracterizar o *status* cognitivo e o emocional do paciente, desde o nascimento até a senescência. O neuropsicólogo é o profissional que aplica os princípios de avaliação e de intervenção baseados no estudo científico do comportamento humano e suas relações com o funcionamento normal e anormal do sistema nervoso central (RAO, 1996).

O termo neuropsicologia foi utilizado pela primeira vez em 1913, em conferência nos Estados Unidos, proferida por Sir William Osler (BRUCE, 1985 apud KRIATENSEN; ALEMIDA; GOMES, 2001). Apareceu ainda como um subtítulo na obra de Donald Hebb, em 1949, chamada *The Organization of Behavior: A Neuropsychological Theory*. Na Antiguidade, os médicos hipocráticos conheciam a inervação contralateral e a associação entre déficit motor no hemicorpo direito e transtorno da linguagem. É dito que Galeno afirmava que uma lesão na cabeça podia levar à perda da memória das palavras. Médicos renascentistas levantaram a hipótese, diante de um caso de afasia após lesão cerebral, que o transtorno fora provocado por fragmentos da calota craniana penetradas no cérebro (KRISTENSEN; ALMEIDA; GOMES, 2001).

A Neuropsicologia deu seus primeiros passos em direção ao estabelecimento como disciplina científica a partir de observações e estudos clínicos de pacientes. O estudo de lesionados cerebrais mostrou que as funções mentais não são organizadas de maneira unitária, mas tal abordagem enfatizou excessivamente casos individuais, desconsiderando o valor de achados clínicos inconclusivos em outros pacientes (HÉCAEN; ALBERT, 1978 apud KRISTENSEN; ALMEIDA; GOMES, 2001). Tais críticas levaram à revisão metodológica que culminou no emprego de estudos experimentais com grupos de pacientes delimitados a partir do tipo, lado e local da lesão cerebral e/ou padrões cognitivos mais ou menos definidos (WILLMES, 1998 apud KRISTENSEN; ALMEIDA; GOMES, 2001).

O uso de testes psicológicos para a investigação das disfunções cerebrais ocorreu especialmente após a Segunda Guerra Mundial, com os estudos de Hans-Lukas Teuber, Brenda Milner, Arthur Benton e Ward Halstead. No Brasil, um dos pioneiros no estudo da neuropsicologia foi o médico neurologista Antônio Frederico Branco Lefèvre (1916-1981) (KRISTENSEN; ALMEIDA; GOMES, 2001), juntamente com sua esposa, a neuropsicóloga Beatriz Lefèvre.

Embora a história da neuropsicologia seja longa, a prática da neuropsicologia clínica é relativamente recente. Nas décadas de 1950 e 1960, a avaliação neuropsicológica respondia às perguntas sobre sinais de organicidade e localização de lesões nos hemisférios cerebrais. Com a modernização das técnicas de neuroimagem (tomografia computadorizada e imagens por ressonância magnética), a localização das lesões por meio das avaliações neuropsicológicas tornou-se menos importante. Atualmente, a neuropsicologia, por meio da avaliação das funções preservadas e prejudicadas, compreende como a lesão cerebral afeta a realização das atividades de vida diária, desempenhos escolar, vocacional (LEFÈVRE, 1998) e social.

O desenvolvimento da neuropsicologia permitiu a utilização de seus conhecimentos em vários contextos, dentre eles o hospitalar. O ambiente hospitalar propicia o atendimento ao paciente em consultas ambulatoriais ou em unidades de internação (enfermaria, pronto atendimento e unidade de terapia intensiva), assim como entrevistas e orientação aos cuidadores em qualquer uma dessas situações. O procedimento pode ser solicitado para auxílio no diagnóstico médico, acompanhamento do quadro clínico ou tratamento medicamentoso, em situação pré e pós-operatória, orientação para retorno a atividades profissionais e/ou escolares, ou seja, sempre que existe uma pergunta da equipe (médica, de fisioterapia, de psicologia hospitalar, de enfermagem, entre outras) sobre o funcionamento cognitivo do paciente.

Frequentemente o neuropsicólogo utiliza testes organizados em baterias, fixas ou flexíveis (RAO, 1996). A opção por uma ou outra bateria depende da finalidade da avaliação, clínica ou para pesquisa, do tempo possível para o procedimento, do grau de acometimento do paciente e da experiência do neuropsicólogo. As baterias fixas costumam ter maior tempo de duração, enfatizam mais os dados quantitativos e nem sempre estão de acordo com o grau de colaboração de todos os pacientes. O neuropsicólogo pode optar por protocolos de avaliação baseados no conhecimento de funções mais acometidas em determinadas doenças, como protocolos para esclerose múltipla, epilepsia, transtorno do déficit de atenção e hiperatividade, acidente vascular cerebral, demências, entre outros (LEZAK, 1995). As baterias flexíveis podem ser mais adequadas ao tipo de acometimento e colaboração do paciente, mas são mais dependentes do grau de experiência do examinador, pois ele seleciona a bateria conforme a observação do caso e desempenho nos testes que estão sendo aplicados.

É importante salientar que, seja qual for a bateria selecionada, seu tempo de aplicação deve ser analisado, principalmente na situação de internação, por diversos fatores: (1) os pacientes podem estar ansiosos ou entristecidos pela necessidade de internação e/ou investigação diagnóstica; (2) podem ficar fatigados com rapidez, seja por decorrência da doença, do estado de humor, pela ingestão de medicamentos, pelo exame clínico de vários tipos de profissionais da saúde, seja pela junção desses fatores; (3) a avaliação ocorre concomitantemente a outros exames diagnósticos e num tempo geralmente curto de internação.

Independentemente do tempo disponível para a avaliação e do ambiente em que esta ocorra, a prática clínica exige o exame das várias funções cognitivas: alerta e habilidades atencionais, funções executivas, percepção, raciocínio e abstração, memória, linguagem, humor e visuoconstrução (LEZAK, 1996; WEINTRAUB, 2000).

O programa de reabilitação neuropsicológica no contexto hospitalar pode ter abordagem individual e grupal, com foco tanto nas estratégias de estimulação/ compensação das funções cognitivas quanto no convívio social.

Referências bibliográficas

KRISTENSEN, C. H.; ALMEIDA, R. M. M.; GOMES W. B. Desenvolvimento Histórico e Fundamentos Metodológicos da Neuropsicologia Cognitiva. *Psicologia: Reflexão e Crítica*, v. 14, n. 2, p. 259-274, 2001.

LEFÈVRE, B. H. Avaliação Neuropsicológica do adulto. In: CAPPOVILLA, F. C.; GONÇALVES, M. J.; MACEDO, E. C. (Orgs.). *Tecnologia em (Re) Habilitação Cognitiva: uma perspectiva multidisciplinar*. São Paulo, Edunisc, 1998. p. 72-76.

LEZAK, M. D. *Neuropsychological assessment*. 3rd ed. New York: Oxford University Press, 1995.

RAO, S. Neuropsychological assessment. In: FOGEL, B.S.; SCHIFFER, R.B. (Eds.). *Neuropsychiatry*. Baltimore: William & Wilkins, 1996.

WEINTRAUB, S. Neuropsychological assessment of mental state. In: MESULAM, M. M. *Principles of behavioral and cognitive neurology*. 2nd ed. New York, Oxford Press, 2000.

REABILITAÇÃO NEUROPSICOLÓGICA DA DISFUNÇÃO EXECUTIVA

Eliane Correa Miotto

A evidência sobre a eficácia de intervenções neuropsicológicas direcionadas aos déficits de funções executivas (FE) permanece limitada, devido à ausência de estudos controlados que demonstrem a efetividade de técnicas específicas, bem como à falta de consenso sobre a definição do termo função e disfunção executiva. Na literatura, esse termo tem sido associado a uma variedade de funções atribuídas predominantemente aos lobos frontais e suas conexões com outras áreas cerebrais (FUSTER, 1997). O termo "síndrome disexecutiva" foi posteriormente criado com o objetivo de abranger o conjunto de alterações cognitivas decorrentes de lesões nos lobos frontais (BADDELEY, 1986), as quais comprometem a capacidade de resolução de problemas, a memória operacional, o planejamento antecipatório, a organização, a iniciação e o monitoramento de respostas (BADDELEY; WILSON, 1988; MIOTTO, 1994; MIOTTO et al., 2006). Mais recentemente, Cicerone e colaboradores (2006) fracionaram o termo FE em quatro domínios: (1) *funções executivas cognitivas*, associadas ao controle e ao direcionamento de ações por meio do planejamento, da monitoração, da ativação e da inibição, memória operacional envolvendo o córtex pré-frontal dorsolateral (CPFDL); (2) *funções comportamentais autorregulatórias*, relacionadas à busca de recompensa e regulação do comportamento, envolvendo o córtex pré-frontal ventral (CPFV); (3) *funções de regulação das ativações*, responsáveis pela modulação da estimulação do comportamento associadas à apatia ou à abulia envolvendo a região medial; e (4) *processos metacognitivos*, tais como personalidade, cognição social e autocrítica, envolvendo os polos frontais principalmente no hemisfério direito. Essa definição possibilita a integração de aspectos cognitivos e comportamentais dentro do conceito de FE, além de relacioná-los a sistemas anatômicos distintos no córtex pré-frontal.

Um dos modelos teóricos aplicados à FE de maior expressão na atualidade é o proposto por Norman e Shallice (1986). De acordo com os autores, o controle e o direcionamento das ações são realizados por dois sistemas, o *contention scheduling* (CS) e o *supervisory attentional system* (SAS). O CS é conceituado como uma rede hierarquicamente estruturada de sequências de ações ou esquemas aprendidos ao longo dos anos, e o SAS, como um sistema modulador do CS utilizado em situações novas quando há a necessidade de inibir ou ativar esquemas específicos e não habituais para se atingir um objetivo. Posteriormente, Shallice e Burgess (1996) relacionaram a estrutura interna do SAS à capacidade de resolução de problemas, fracionando-a em subsistemas. Em situações novas, a interação entre SAS e CS se efetivaria por meio de: (1) processo de planejamento gerando a construção (pelo SAS) de novos esquemas temporários; (2) um sistema de memória operacional que manteria a informação relevante *on-line* para a implementação do esquema novo temporário e (3) um sistema responsável por monitoração e avaliação que autoriza ou não ações para a solução do problema. Em reabilitação neuropsicológica, esse modelo possui a vantagem de identificar de forma mais precisa os componentes da FE que estão preservados ou comprometidos.

As abordagens de tratamento da disfunção executiva descritas na literatura podem ser classificadas em intervenções com o objetivo de: (1) restabelecer o funcionamento cognitivo; (2) compensar o déficit executivo por meio do uso de estratégias internas ou externas; (3) promover a modificação do ambiente ou do comportamento por meio do trabalho com os cuidadores, familiares e uso de técnicas comportamentais e (4) intervenções farmacológicas. Até o presente momento, a evidência da efetividade de intervenções em cada uma das abordagens é parca. É possível encontrar alguns estudos publicados sobre intervenções em grupo ou estudo de caso em pacientes com disfunção executiva (VON CRAMON; VON CRAMON; MAI, 1991; ROBERTSON, 1996; LEVINE et al., 2000; RATH et al., 2003).

Evans (2003) desenvolveu um programa de intervenção grupal chamado *attention and problem solving* (APS), adaptado dos programas propostos por Von Cramon e colaboradores (1991) e Robertson (1996). A intervenção grupal APS foi criada como parte do programa holístico de reabilitação do Oliver Zangwill Centre em Ely, Cambridge, com duração de oito-dez semanas e frequência de duas vezes na semana, cada sessão com uma hora de duração. O objetivo das sessões iniciais é abordar as dificuldades atencionais, e as demais sessões introduzem e treinam o uso de uma estrutura sequencial de ações de resolução de problemas no formato de lista de checagem e exercícios associados. Essa intervenção tem como princípio geral estimular os participantes a adotar uma abordagem sistemática para identificar maneiras de solucionar problemas da vida diária, evitando ações impulsivas e monitorando a implementação de metas por meio do desenvolvimento de uma rotina de verificação mental das metas a serem atingidas.

Miotto e colaboradores (no prelo) investigaram, pela primeira vez fora do contexto de ambiente de reabilitação holística, a efetividade da intervenção grupal APS em um grupo de trinta pacientes com lesões pré-frontais utilizando método balanceado e cruzado (*cross-over design*) e dois grupos controles. Participaram deste estudo dezesseis pacientes com lesões frontais em hemisfério esquerdo (FE), e catorze no direito (FD), sendo que 23 dos pacientes foram submetidos à cirurgia para retirada de tumor (nove casos de meningiomas e catorze de gliomas de baixo grau) e sete eram vítimas de traumatismo cranioencefálico. O local das lesões incluiu o córtex orbitofrontal (OF, N=9), dorsolateral (DL, N=8) e orbitofrontal combinado com dorsolateral (OF/DL, N=13). O tempo médio transcorrido entre a lesão e a inclusão no tratamento era de 2,4 anos (D.P.=1.04). Dos trinta participantes, quinze eram do gênero masculino e quinze, do feminino, faixa etária entre 25 e sessenta anos (média = 41,7, D.P=9,72), anos de escolaridade entre cinco e dezesseis (média = 9,17, D.P.=2,88), com ocupação variando entre "empregado tempo integral" (N=3), "empregado meio período" (N=8), "desempregado" (N=19). Os trinta pacientes foram distribuídos em três grupos (G1, G2, e G3), cada um com dez pacientes.

Após a avaliação *baseline* 1, o grupo G1 foi submetido a dez sessões semanais de intervenção grupal APS, com frequência de uma vez na semana e duração de 1h30 cada sessão. O grupo G2 recebeu material educativo e informativo (EI) com conteúdo sobre lesão cerebral, consequências cognitivas, comportamentais e sociais, sugestões de exercícios cognitivos e com a única instrução de lerem cuidadosamente o material e realizar em casa os exercícios nele contidos. O G3 não recebeu nenhum tipo de intervenção neuropsicológica ou educativa; apenas tratamento de fisioterapia, quando necessário. Após o período de dez semanas, todos os grupos foram reavaliados (*baseline* 2) e, em seguida, os grupos G2 e G3 foram submetidos à intervenção grupal APS. Transcorridas as dez semanas de tratamento desses dois grupos, todos os grupos foram reavaliados (*baseline* 3) e, seis meses após o término da última intervenção grupal APS, todos os grupos foram reavaliados (*follow up*).

Além de testes reconhecidos e padronizados de FE, foi desenvolvido para este estudo um teste funcional, o *Modified Multiple Errands Task* (MMET), com o objetivo de investigar a generalização de estratégias aprendidas por meio do grupo APS, para situações da vida real. Nesse teste, os participantes foram levados a uma rua com lojas na cidade de São Paulo e solicitados a realizar uma série de atividades que envolviam planejamento, estratégia, sequenciamento e monitoração, utilizando uma quantia específica de dinheiro fornecido no início do teste.

A intervenção grupal APS consistiu de dez sessões com enfoque inicial na apresentação de informações sobre funções cognitivas, áreas cerebrais e problemas na vida real associados aos diversos tipos de atenção (seletiva, sustentada e alternada e dividida). Em seguida, foram introduzidas técnicas de estratégias internas e externas para as dificuldades de atenção, treino do uso de técnicas de administração de metas (LEVINE et al., 2000). Nas sessões subsequentes, foram introduzidas as técnicas de estrutura sequencial de resolução de problemas e exercícios com problemas hipotéticos, inicialmente, e reais da vida de cada participante, posteriormente.

Os resultados foram inicialmente analisados considerando-se a presença de melhora no desempenho cognitivo nos testes neuropsicológicos após os três tipos de intervenções. Houve leve melhora após a intervenção grupal APS nos testes de FE (*Wisconsin Card Sorting Test*, Fluência Verbal e Virtual, *Planning Test*– VIP, MIOTTO; MORRIS, 1998), no questionário DEX do *Behavioural Assessment of Dysexecutive Syndrome* (BADS) e no teste funcional (MMET). Apesar da melhora, os testes de FE ainda demonstravam presença de alterações em grau leve. Uma possível explicação para a melhora nos testes de FE seria os efeitos de prática por meio da utilização repetida deles nos diversos *baselines*, uma vez que esses testes não possuem formas paralelas. Entretanto, se isso tivesse de fato ocorrido, o efeito deveria estar presente em todos os três grupos no mesmo momento. É possível que com a intervenção grupal APS os pacientes tenham de aplicar estratégias aprendidas em alguns dos testes administrados. Essa explicação é consistente com o princípio de que, para a maioria dos pacientes com lesões cerebrais, a melhora advém, principalmente, do uso eficaz de estratégias compensatórias, e não do restabelecimento da função *per se*. É importante notar que a melhora obtida no teste funcional (MMET), utilizando-se outras localidades e atividades similares nos demais *baselines*, sugere possível generalização das estratégias aprendidas para as atividades da vida real. Em termos do retorno às atividades ocupacionais, foi constatado no *follow up* que seis pacientes estavam empregados por período integral (antes da intervenção havia três), quatorze estavam empregados por meio período (antes da intervenção havia oito) e cinco permaneceram desempregados (antes da intervenção havia dezenove).

Do ponto de vista teórico, os instrumentos de que dispomos atualmente para avaliação cognitiva não foram desenvolvidos com o objetivo de identificar quais dos estágios específicos do funcionamento executivo estão alterados. Entretanto, com base na observação dos profissionais envolvidos na intervenção grupal APS, nos resultados dos testes funcionais e no questionário DEX, o estágio de maior dificuldade dos pacientes era o de planejamento ou, usando a terminologia de Shallice e Burgess (1986), a fase em que um novo esquema temporário é desenvolvido. Embora houvesse pacientes com dificuldade de iniciativa e de monitoramento, um dos principais obstáculos encontrados era a incapacidade de gerar soluções alternativas para os problemas. Tal fase é considerada uma das mais complexas, recrutando uma grande variedade de subprocessos cognitivos associados a diversas áreas no córtex pré-frontal e, portanto, mais vulnerável a comprometimento. Por exemplo, grande parte dos pacientes apresentou dificuldades quanto ao pensamento divergente no momento de criar soluções alternativas aos problemas, tais como em situações em que se esqueceram de levar um documento importante para a perícia médica a fim de se obter uma extensão do período de afastamento ou como se certificar de que todas as luzes na casa foram apagadas antes de sair. Após algumas sessões trabalhando em soluções alternativas para os vários problemas, por meio da estrutura sequencial de resolução de problemas, a grande maioria dos pacientes foi capaz de gerar soluções apropriadas para outros problemas, demonstrado pelas respostas nas folhas de exercícios.

No que tange as lesões cerebrais dos pacientes, houve presença de associação entre o tamanho da lesão (>ou< que 4,5 cm2) e desempenho nos testes. Assim, pacientes com lesões maiores que 4,5 cm2 demonstraram pior desempenho no teste VIP, no teste funcional (MMET) e no questionário DEX. Esses achados são consistentes com os de estudos que mostram que lesões maiores do que 5 cm2 nos lobos frontais estão associados a sequelas cognitivas significativas (LEIMKUHLER; MESULAM, 1985; GOTO et al., 2003). O local (OF, DL e OB/DL) e o hemisfério da lesão não produziram diferenças significativas, o que talvez esteja relacionado ao fato de que a maioria dos testes utilizados são medidas complexas que dependem de múltiplos aspectos do funcionamento cognitivo. Se esse é o caso, emerge daí uma importante questão: a de que se é possível desenvolver procedimentos de avaliação capazes de, ao mesmo tempo, prognosticarem o desempenho em atividades complexas da vida real e identificarem os estágios e os processos específicos das FE alterados, possibilitando intervenções neuropsicológicas específicas destes estágios. Além disso, existe uma limitação inerente ao uso dos testes neuropsicológicos atuais para a avaliação de procedimentos de reabilitação neuropsicológica, ou seja, tais testes medem o "prejuízo" ou o "déficit" cognitivo e não as incapacidades e as desvantagens ou atividade e participação social (OMS, 1986, 2001), essas últimas abrangendo repercussões na vida social do paciente, o que seria um dos principais alvos das intervenções neuropsicológicas. Portanto, um dos mais relevantes desafios na área de reabilitação neuropsicológica é a criação de instrumentos sensíveis a esses aspectos, permitindo uma avaliação mais fidedigna das técnicas de intervenção neuropsicológica.

Apesar de escassos, os estudos sobre intervenções neuropsicológicas aplicadas aos déficits de FE demonstram benefícios importantes aos pacientes com essas alterações. As intervenções tornam-se ainda mais relevantes se considerarmos que há possíveis implicações positivas não apenas no contexto individual de cada paciente, mas também na economia, uma vez que, como demonstrado nos estudos, uma parcela dos pacientes retorna a algum tipo de atividade ocupacional.

Referências bibliográficas

BADDELEY, A. D. *Working Memory*. Oxford: OUP, 1986.

BADDELEY, A. D.; WILSON, B.A. Frontal amnesia and the dysexecutive syndrome. *Brain and Cognition*, v. 7, p. 212-230, 1988.

CICERONE, K. et al. Cognitive rehabilitation interventions for executive function: moving from bench to bedside in patients with traumatic Brain Injuryury. *Journal of Cognitive Neuroscience*, v. 18, n. 7, p. 1212-1222, 2006.

VON CRAMON, D.; MATTHES-VON CRAMON, G.; MAI, N. Problem-solving deficits in Brain Injuryured patients: A therapeutic approach. Neuropsychological *Rehabilitation*, v. 1, p. 45-64, 1991.

EVANS J. J. Rehabilitation of executive deficits. In: WILSON, B. A. (Ed.). *Neuropsychological Rehabilitation: Theory and Practice*. Lisse: Swets and Zeitlinger, 2003.

FUSTER, J. M. *The Prefrontal Cortex: Anatomy, Physiology, and Neuropsychology of the Frontal Lobe*. New York: Raven, 1997.

GOTO, H. et al. Improvement in cognitive function after radical excision of an anterior skull base meningioma: a report of 2 cases. *J Clin Neuroscience*, v. 10, p. 375-8, 2003.

LEIMKUHLER, M. E.; MESULAM, M. M. Reversible go-no go deficits in a case of frontal lobe tumor. *Annals of Neurology*, v. 18, p. 617-9, 1985.

LEVINE, B. et al. Rehabilitation of executive functioning: An experimental-clinical validation of Goal Management Training. *Journal of the International Neuropsychological Society*, v. 6, p. 299-312, 2000.

MIOTTO, E. C. Neuropsychological approach to the frontal lobes. *Rev. ABP APAL*, v. 16, p. 52-56, 1994.

MIOTTO, E. C.; MORRIS, R. G. Virtual planning in patients with frontal lobe lesions. *Córtex*, v. 34, p. 639-657, 1998.

MIOTTO, E. C. et al. Bilateral activation of the pré-frontal cortex after strategic semantic cognitive training. *Human Brain Mapping*, v. 27, n. 4, p. 288-95, 2006.

MIOTTO, E. C. et al. *Rehabilitation of executive dysfunction: a controlled trial of an attention and problem solving treatment group*. No prelo.

NORMAN D. A.; SHALLICE, T. Attention to action: Willed and automatic control of behavior. In: DAVIDSON, R.; SCHWARTZ, G.; SHAPIRO, D. (Eds.). *Consciousness and self regulation: advances in research and theory*. v. 4. New York: Plenum Press: 1986. p. 1-18.

RATH J. F. et al. Group treatment of problem solving deficits in outpatients with traumatic Brain Injuryury: a randomized outcome study. *Neuropsychological Rehabilitation*, v. 13, p. 461-488, 2003.

ROBERTSON, I. H. *Goal Management Training: A clinical Manual*. Cambridge: PsyConsult, 1996.

SHALLICE, T. *From Neuropsychology to Mental Structure*. Cambridge: Cambridge University Press, 1988.

SHALLICE, T.; BURGESS, P. The domain of the supervisory process and temporal organisation of behaviour. *Philosphical Transactions: Biological Sciences*, v. 351, p. 1405-1412, 1996.

REABILITAÇÃO NEUROPSICOLÓGICA NA DEMÊNCIA DE ALZHEIMER

Jacqueline Abrisqueta-Gomez

"É tempo de remediar com ciência o que a natureza por infortúnio provocou nos doentes."

Castro Caldas

Passaram-se cem anos desde que Alois Alzheimer apresentou o histórico clínico e os resultados da autópsia de uma paciente que, mais tarde, seria identificada como o primeiro caso da doença de Alzheimer (DA). A partir desse momento, foram conduzidos diversos estudos sobre os mecanismos do funcionamento do cérebro e os fatores psicossociais envolvidos nessa patologia. Nas últimas décadas, desenvolveram-se drogas capazes de retardar a progressão da doença, mas ainda se está longe da cura.

De certa forma, a preocupação por tentar remediar as alterações cognitivas e comportamentais em tais pacientes tem sido mais baseada num princípio de compaixão do que num modelo racional e científico de interpretação de sinais e de elaboração de estratégias de intervenção (CASTRO CALDAS, 2006; CLARE et al., 2003; DE VRESSE ET al., 2001; ABRISQUETA-GOMEZ, 2006a).

Neste capítulo, faremos uma breve revisão sobre as intervenções cognitivo-comportamentais e as pesquisas científicas dirigidas ao idoso com demência e suas implicações na reabilitação neuropsicológica (RN).

BREVE HISTÓRICO DAS INTERVENÇÕES NÃO FARMACOLÓGICAS NA DA

Apesar de as intervenções não farmacológicas no tratamento de idosos demenciados terem sido descritas há aproximadamente 45 anos, continuam sendo um tema polêmico no contexto clínico, devido aos poucos estudos sistemáticos que existem comprovando sua eficácia (CLARE et al., 2003; DE VRESSE ET al., 2001). Os programas iniciais para idosos demenciados eram mais direcionados a reduzir a deficiência sensorial, que se pensava ser a causa da confusão do paciente. Programas com vários tipos de estimulação sensorial e social e atividades úteis continuam sendo utilizados em diversas instituições (WOODS, 2006).

As intervenções em geral visam a aliviar as manifestações iniciais da doença, que vão desde sutil esquecimento, progredindo para profunda perda de memória, disfunção cognitiva, distúrbios comportamentais e emocionais, alterações que interferem na habilidade do paciente em desempenhar suas atividades cotidianas (GREEN, 2001). As sequelas da doença determinam crescentes níveis de cuidados e culminam na supervisão constante em seus estágios finais.

Durante as últimas décadas, as técnicas mais utilizadas em pacientes demenciados incluíam a Terapia de Orientação para a Realidade (TOR) (FOLSOM, 1968), que tinha como meta manter ou restaurar a orientação temporal e a espacial do paciente, apresentando estímulos ambientais e dados de sua realidade de forma organizada. Entretanto, esse tipo de abordagem suscitou reações controversas, pois sua utilização indevida trouxe dúvidas sobre sua eficácia, motivo pelo qual surgiram formas variadas e alternativas dessa prática (SPECTOR et al., 2000; ZANETTI et al., 1998). As terapias de Validação (FEIL, 1985) e Reminiscência (BUTTLER 1963) muitas vezes contrastaram com a TOR e se tornaram muito populares, uma vez que os pacientes se sentiam menos angustiados trabalhando suas emoções e mais confortados em lembrar suas experiências pessoais do passado.

Tais técnicas tentavam reduzir as demandas cognitivas sobre os pacientes e assumiam que todos sofriam de distúrbios cognitivos similares, não conseguindo realizar estudos controlados com quantidade suficiente de idosos demenciados, a fim de demonstrar sua eficácia. Contudo, num estudo mais recente, Spector (2006) argumentou que intervenções baseadas no princípio da TOR poderiam resultar em efeitos positivos para a cognição e o comportamento dos pacientes demenciados, e propôs uma forma de "reabilitar" e implementar essa técnica, modificando alguns dos seus aspectos.

Por outro lado, as abordagens comportamentais no tratamento de idosos com DA foram bastante pesquisadas nos últimos quarenta anos, devido ao fato de que alterações de humor e distúrbios de comportamento (depressão, agitação/agressão e distúrbios do sono, entre outros) ocorrem na maioria, senão em todos os idosos no curso da DA (TERI et al., 2002). Qualquer que seja a causa, são problemas prevalentes, difusos e perturbadores, acarretando muitas vezes a exaustão do cuidador e a institucionalização do paciente.

De acordo com diversos consensos e guias sobre como tratar a DA, os tratamentos não farmacológicos são muitas vezes recomendados como a estratégia inicial mais apropriada para lidar com os distúrbios de comportamento (CUMMINGS et al., 2002; DOODY et al.., 2001; ENGELHARDT et al., 2005). O risco de efeitos colaterais ou de interações com outros medicamentos é anulado, e muitas vezes trazem um benefício secundário aos cuidadores esgotados, dando-lhes oportunidade de receber apoio, informações e treinamento. Além disso, permitem identificar os estímulos que podem frequentemente ser causas de problemas de comportamento, por exemplo, fatores ambientais ou interpessoais.

Nesse tipo de abordagem, os profissionais muitas vezes alertam as famílias para utilizar estratégias a fim de adaptar o ambiente e modificar seus próprios comportamentos e, assim, lidar melhor com os pacientes. A quantidade e a popularidade desse tipo de informação cresceram exponencialmente nas últimas décadas, como se nota pela variedade de livros, material de treinamento, prospectos, vídeos e informações técnicas disponíveis pela internet. Por exemplo, o livro *O Dia de 36 Horas* (*The 36 Hour Day*) (MACE; RABINS, 1991) é considerado a base de informações para a família com pacientes com DA. Em sua segunda edição, vendeu cerca de 500 mil cópias no mundo todo.

Um vídeo com um programa de treinamento intitulado *Como lidar e entender os problemas de comportamento na DA e nos distúrbios relacionados* (TERI, 1990) tem sido utilizado na Associação de Alzheimer para ajudar grupos de profissionais, familiares e cuidadores em todo o mundo, além de fazer parte de um tratamento padronizado de instituições de internamento. Traduzido para as línguas japonesa, coreana e italiana, já foi utilizado em três estudos controlados.

Até aqui, podemos inferir que os avanços recentes na intervenção neuropsicológica de pacientes com DA foram desenvolvidos com base nos conhecimentos anteriormente citados e nas pesquisas advindas da neuropsicologia cognitiva e da reabilitação de pacientes com severa amnésia causada por lesão cerebral não progressiva.

O conhecimento dos estágios iniciais e pré-clínicos das demências também foi determinante para identificar quem tem maior possibilidade de beneficiar-se dessas técnicas, uma vez que, em fases iniciais, os pacientes ainda têm capacidade residual de aprendizado e podem aprender a lidar com estratégias compensatórias, preservando suas habilidades mesmo depois de limitados neurologicamente.

No Brasil, os atuais parâmetros práticos sobre o manejo da demência fazem recomendações e sugestões sobre intervenções cognitivas para tratar pacientes com DA em fase inicial à moderada (ENGELHARDT et al., 2005).

Uma recente revisão do subcomitê da Academia Americana de Neurologia (DOODY et al., 2001) concluiu que o treino de habilidades práticas e o reforço positivo podem aumentar a independência funcional das pessoas com demência e retardar inclusive sua institucionalização. Os estudos selecionados na elaboração do artigo indicaram que a retomada de atividades ocupacionais (treinamento da memória e outras funções cognitivas, atividades manuais/recreativas e suporte psicoterapêutico, entre outros) provou ser mais eficiente na obtenção de melhoria no desempenho cognitivo, funcionamento psicossocial, equilíbrio emocional e bem-estar subjetivo do que diversas terapias isoladas, como terapia ocupacional, fisioterapia e outras.

Embora o conjunto da descrição dos treinos e das práticas comentados na revisão faça parte da RN, o termo não é citado explicitamente. É possível que isso se deva ao fato de o termo "reabilitação" já ser bastante questionado no tratamento de pessoas com lesões adquiridas estáveis (WILSON, 1997), portanto, fica mais estranho utilizá-lo no caso de doenças progressivas ou degenerativas. Por esse motivo, algumas vezes é citado como "abordagem" ou "tratamento não farmacológico", termo que abrange diversos tipos de intervenções, inclusive as cognitivo-comportamentais, que fazem parte da RN.

Devido ao presente capítulo estar direcionado à abordagem neuropsicológica, continuaremos fazendo uso dos termos RN ou Intervenção Neuropsicológica (IN).

A RN objetiva trabalhar os aspectos preservados da cognição e desenvolver meios para compensar as deficiências nas funções que foram afetadas significativamente, de modo a melhorar ou manter a função diária e o bem-estar, e reduzir o excesso de inabilidade da pessoa com demência, além de diminuir a tensão dos cuidadores. Tais intervenções podem ser consideradas como uma forma de reabilitação, que tem como meta auxiliar as pessoas a alcançar ou a manter um "[...] nível ótimo de funcionamento físico, psicológico e social" no contexto das deficiências específicas que surgem por doenças ou lesões (WILSON, 1996), facilitando a participação nas atividades de sua preferência e no contexto social. Esse conceito é aplicável às condições tanto progressivas como não progressivas das doenças. Nas condições neurodegenerativas, como na DA, as metas de reabilitação são modificadas com o tempo, à medida que as deficiências se tornam mais severas. Para uma ampla revisão de temas de reabilitação cognitiva e RN em demência, consultar: Clare e colaboradores (2003); DeVreese e colaboradores (2001); Ávila (2004); Abrisqueta-Gomez (2006a).

Por ser um tratamento que aborda aspectos biopsicossociais, o diagnóstico clínico não é suficiente para desenvolver planos de reabilitação, necessitando da identificação de outras informações relevantes na formulação do planejamento e do objetivo a atingir. Abrisqueta-Gomez (2006b) assinala que o conhecimento do perfil neuropsicológico do indivíduo atingido pela doença nos permitirá deduzir alguns aspectos que podem auxiliar na elaboração de intervenções mais apropriadas, no entanto, é necessário que se estabeleçam os limites entre a Avaliação Neuropsicológica (AN) dirigida ao diagnóstico clínico daquela utilizada nos programas reabilitadores.

Pesquisas de intervenções cognitivo-comportamentais em DA

Recentemente, houve avanços importantes em pesquisas dessa área com medidas de resultados, que estão tornando possível a avaliação direta da qualidade de nossa intervenção em pacientes demenciados. Embora alguns estudos não tenham sido avaliados adequadamente, devido às amostras pouco significativas, já existem indicações claras de que as intervenções cognitivo-comportamentais possuem um grande valor.

As poucas publicações científicas relacionadas a técnicas cognitivo-comportamentais em pacientes com DA envolvem estudos orientados ao treino de um conjunto de tarefas, que refletem funções cognitivas particulares, como memória, atenção ou resolução de problemas ("função executiva").

Dessa forma, existem pesquisas com diversas metodologias, nas quais a prática dessas técnicas pode ser observada de forma individual (DAVIS et al., 2001; CAMP; STEVENS, 1990; FARINA et al., 2002; KOLTAI et al., 2001), em sessões grupais (ERMINI FUENFSCHILLING et al., 1998; KESSLAK et al., 1997; MOORE et al., 2001; KOLTAI et al., 2001), ou aplicadas por um membro da família com apoio do terapeuta (QUAYHAGEN et al., 1995; QUAYHAGEN et al., 2000). Algumas tarefas foram realizadas com lápis e papel

(QUAYHAGEN et al., 1995; QUAYHAGEN et al., 2000; DAVIS et al., 2001), enquanto outras foram computadorizadas (HEISS et al., 1994; HOFMANN et al., 1996), sendo que muitas envolveram inclusive atividades análogas às atividades diárias (ZANETTI et al., 1994; ZANETTI et al., 2001; FARINA et al., 2002).

No Brasil também foram realizados alguns estudos de reabilitação cognitiva e neuropsicológica com pacientes com DA, com resultados alentadores. Esses trabalhos envolveram treinos de atividades da vida diária, memória e outras funções cognitivas, incluindo a TOR, entre outras técnicas (BOTTINO et al., 2002, 2005; ABRISQUETA-GOMEZ et al., 2002; ÁVILA, 2004).

Abrisqueta-Gomez e colaboradores (2004), numa experiência pioneira, aplicaram técnicas de RN a um grupo de pacientes com DA por um período de dois anos. Os resultados obtidos comprovaram uma leve melhora ou até mesmo um discreto ganho cognitivo, funcional e comportamental, especialmente no primeiro ano de intervenção. Porém, essa melhora não se estendeu para o segundo ano, mostrando a característica neurodegenerativa da doença.

Em outra pesquisa conduzida durante um ano pela mesma equipe (usando o mesmo protocolo de RN) com doze pacientes com provável DA (fase inicial a moderada), foi observada uma leve melhora nas alterações de humor (ansiedade e depressão) e diminuição dos comportamentos disruptivos (agressividade, impulsividade, etc.), em contraste com o aumento na frequência de problemas de memória em alguns pacientes, ainda que o incremento dos problemas de memória fosse esperado, devido à progressão da doença. Todavia, neste estudo se notou uma diminuição das reações negativas da maioria dos cuidadores ante os problemas dos pacientes. Entretanto, é importante mencionar que houve diferenças em relação ao aproveitamento do programa, motivo pelo qual mais pesquisas precisam ser conduzidas, com a finalidade de entender os fatores heterogêneos da patologia que fazem que alguns pacientes e seus familiares se favoreçam mais que outros das IN (ABRISQUETA-GOMES, 2006c).

Atualmente esse protocolo de pesquisa foi adaptado às particularidades da fase moderada da doença e continua sendo trabalhado no Serviço de Atendimento e Reabilitação ao Idoso (SARI), órgão de apoio vinculado ao Departamento de Psicobiologia da UNIFESP. Paralelamente, um novo estudo vem sendo conduzido com a finalidade de investigar as atividades cognitivas e funcionais que mais beneficiam os pacientes com DA (fase inicial) e a influência do trabalho grupal e/ou individual no processo de reabilitação. O papel dos cuidadores e dos membros da família na aplicação dessas intervenções e na manutenção de seus efeitos, assim como a repercussão do tratamento na qualidade de vida dos pacientes e seus familiares, deve ser considerado nessa pesquisa.

Por outro lado, com intuito de ampliar a quantidade de participantes e replicar os resultados em diferentes contextos socioeconômicos, o mesmo protocolo com pequenas adaptações está sendo testado em pacientes do Check-up do Cérebro, um serviço de atendimento clínico, consultoria e pesquisa em neurociências cognitivas (www.checkupdocerebro.com.br).

Entretanto, por ser a demanda de RN recente em pacientes demenciados, podemos observar que a evidência de sua eficácia só existe em alguns centros especializados, com intervenções particulares e, portanto, não generalizadas. Sendo assim, a avaliação sobre a eficácia do custo-benefício raramente segue um protocolo padronizado.

Num recente encontro sobre Pesquisa Social e Comportamental na 10ª Conferência Internacional de Alzheimer (2006), Auer e Bond (2006) assinalaram que os principais desafios na pesquisa com demência neste século deverão ser direcionados para controlar estes aspectos: (1) variações inevitáveis nas características da população e na implementação da intervenção; (2) o desconhecimento dos participantes sobre a intervenção; (3) o desconhecimento dos terapeutas sobre os participantes; e (4) a escolha das medidas de resultado apropriadas.

Dessa forma, as futuras pesquisas em RN dirigidas a pacientes demenciados necessitam ser tão rigorosas como as pesquisas padronizadas com drogas, embora com pequenas modificações. As ciências sociais e os serviços de saúde deverão contribuir para a padronização dos projetos, e sobretudo as medidas dos resultados deverão ser revisadas a fim de refletir melhor as prioridades dos participantes, considerando a avaliação da qualidade de vida e do processo terapêutico integrantes fundamentais do sucesso do programa reabilitador.

Devido à existência do risco de efeitos negativos (alterações de comportamento e de humor) em qualquer abordagem mal implementada, quando a individualidade não é respeitada, intervenções bem planejadas e intensivas são de grande valia para os pacientes, já que podem favorecer o bem-estar dos familiares e/ou dos cuidadores, diminuir o excesso de inabilidade e de depressão do paciente, além de reduzir o uso de antipsicóticos evitando os efeitos adversos da droga.

Concluindo, o tratamento das síndromes demenciais exige uma estrutura mais abrangente, equivalente à abordagem "holística" utilizada por Prigatano (1997) em reabilitação de pacientes com lesão cerebral não progressiva. Partindo do princípio de que cognição e emoção não podem ser separadas, pois interagem de modo complexo, e de que modelos biopsicossociais são indispensáveis, uma vez que acentuam a importância de estados pré-mórbidos e de experiências de vida, como os responsáveis pelas estratégias que cada indivíduo utiliza para enfrentar o desafio de conviver com a demência. A esse respeito, a Reabilitação Neuropsicológica oferece uma estrutura adequada para nossa intervenção nos processos demenciais do idoso.

Referências bibliográficas

ABRISQUETA-GOMEZ, J. Introdução a Reabilitação Neuropsicológica em idosos. In: ABRISQUETA-GOMEZ, J.; DOS SANTOS, F. H. (Orgs.). *Reabilitação Neuropsicológica: da Teoria à Prática* (pp.440-450). São Paulo: Artes Médicas: 2006a. p. 440-450.

ABRISQUETA-GOMEZ J. Considerações na implementação de intervenções cognitivo-comportamentais em pacientes com comprometimento cognitivo leve e demência. In: SENNYEY, A. L. et al. (Orgs.). *Neuropsicologia e Inclusão.* Porto Alegre: SBNp – Artes Médicas, 2006b.

ABRISQUETA-GOMEZ J. Relevância das Intervenções Neuropsicológicas nas Alterações de Humor e Comportamento no Idoso com demência. In: FALCÃO, D. V. S.; BRITO DIAS, C. M. S. (Orgs.). *Maturidade e Velhice.* V. II. São Paulo: Casa do Psicólogo, 2006c. p. 407-422.

ABRISQUETA-GOMEZ, J. et al. A longitudinal Study of a Neuropsychological rehabilitation program in Alzheimer's disease. *Arq. Neuropsiquiatr,* v. 62, n. 3-B, p. 778-783, 2004.

ABRISQUETA-GOMEZ, J. et al. Neuropsychological rehabilitation program in cognitive impairment and dementia. In: BATTISTIN, L.; DAM, M.; TONIN, P. (Org.). *Proceedings of the 3rd World Congress Neurological Rehabilitation.* Venice: Monduzzi, 2002. p. 399-407.

AUER, S.; BOND, J. Challenges in Evaluating Complex Interventions for people with dementia. 10th International Conference on Alzheimer Disease – Social and Behavioral Research in Dementia Care: Non-pharmacological Treatments (NPT) and Quality of Life. *10th International Conference on Alzheimer Disease Abstracts* Madrid, 2006.

ÁVILA, R. *Reabilitação neuropsicológica dos processos de memória e das atividades da vida diária em pacientes com doença de Alzheimer leve e moderada.* Tese de mestrado, Universidade de São Paulo, São Paulo, 2004.

BOTTINO, C. M. C. et al. Cognitive Rehabilitation combined with drug treatment in Alzheimer's disease patients: a pilot study. *Clinical Rehabilitation.* v. 19, p. 861-69, 2005.

BOTTINO, C. M. et al. Cognitive rehabilitation in Alzheimer's disease patients: multidisciplinary team report. *Arq. Neuropsiquiatr,* v. 60, n. 1, p.70-79, 2002.

BUTTLER, R. N. An interpretation of reminiscence in the aged. *J Geria Psychiatry,* v. 26, p. 65-76, 1963.

CASTRO CALDAS, A. In: ABRISQUETA-GOMEZ, J..DOS SANTOS, F. H. (Orgs.). Contracapa do livro *Reabilitação Neuropsicológica: da Teoria à Prática* São Paulo: Artes Médicas, 1963.

CAMP, C. J.; STEVENS, A. B. Spaced retrieval: A memory intervention for Alzheimer's type. *Clinical Gerontologist,* v. 10, p. 58-61, 1990.

CLARE, L. et al. *Cognitive rehabilitation and cognitive training for early-stage Alzheimer's disease and vascular dementia. A Systematic Review.* Oxford: Cochrane Library, 2003.

CUMMINGS, J. L. et al. Guidelines form Managing Alzheimers Disease: Part II. Treatment. *American Family Physician,* v. 65, n. 12, p. 2525-2534, 2002.

DAVIS, R. N.; MASSMAN, P. J.; RACHELLE, S. D. Cognitive Intervention in Alzheimer Disease: A randomized Placebo-Controlled study. *Alzheimer Disease and Associate Disorders,* v. 15, n. 1, p. 1-9, 2001.

DE VREESE, L. P. et al. Memory rehabilitation in Alzheimer's disease: a review progress. *International Journal of Geriatric Psychiatry,* v. 16, p. 794-809, 2001.

ERMINI-FUNFSCHILLING, D. et al. Cognitive training for mildly demented out patients: effects on mood and cognitive functions. In: VELLAS, B. J.; FITTEN, L.J. (Org.). *Research and Practice in Alzheimer's disease.* Paris: Serdi Publisher, 1998.

DOODY, R. S. et al. Practice parameter: Management of dementia (an evidence-based review). Report of the Quality Standards Subcommittee of the American Academy of Neurology. *Neurology,* v. 56, p. 1154-1166, 2001.

ENGELHARDT, E. et al. Tratamento da Doença de Alzheimer. Recomendações e sugestões do Departamento Científico de Neurologia Cognitiva e do Envelhecimento da Academia Brasileira de Neurologia.Arquivos de Neuropsiquiatria, v. 63, n. 4, p. 1104-1112, 2005.

FARINA, E. et al. Comparing two programs of cognitive training in Alzheimer's disease: a pilot study. *Acta Neurologica Scandinavica*, v. 105, n. 5, p. 365, 2002.

FEIL, N. Validation Therapy with late onset dementia populations. In. JONES, G. M. M.; MIESEN, B. M. L. (Orgs.). *Care-Giving in Dementia*. London: Routledge, 1992. p. 199-218.

FOLSOM, J. C. Reality Orientation for the elderly mental patient. *J Geria Psychiatry*, v. 1, p. 291-307, 1968.

GREEN, R. C. *Diagnóstico e Tratamento da Doença de Alzheimer e outras Demências*. Rio de Janeiro: Editora de Publicações Cientificas Ltda, 2001.

HEISS, W. D. et al. Long-term effects of phosphatidylserine, pyritinol and cognitive training in Alzheimer's disease. *Dementia*, v. 5, p. 88-98, 1994.

HOFMANN, M. et al. Interactive computer-based cognitive training in patients with Alzheimer's disease. *Journal of Psychiatric Research*, v. 30, p. 493-501, 1996.

KESSLAK, J. P.; NACKOUL, K.; SANDMAN, C. A. Memory training for individuals with Alzheimer's disease improves name recall. *Behavioural Neurology*, v. 10, p. 137-142, 1997.

KOLTAI, D. C.; WELSH-BOHMER, K. A.; SMECHEL D. E. Influence of anosognosia on treatment outcome among dementia patients. *Neuropsychological Rehabilitation*, v. 11, n.3/4, p. 455-475, 2001.

MACE, N. L.; RABINS, P. V. *The 36 hour day*. Baltimore: Johns Hopskin University Press, 1991. p. 89-110.

MOORE, S. et al. Memory training improves cognitive ability in patients with dementia. *Neuropsychological Rehabilitation*, v. 11, n. 3;4, p. 245-261, 2001.

PRIGATANO, G. P. Learning from our successes and failures: Reflections and comments on "Cognitive Rehabilitation: How it is and how it might be". *Journal of the International Neuropsychological Society*, v. 3, p. 497-499, 1997.

QUAYHAGEN, M. P. et al. Coping with dementia: evaluation of four nonpharmacologic interventions. *International Psychogeriatrics*, v. 12, p. 249-265, 2000.

QUAYHAGEN, M. P. et al. A dyadic remediation program for care recipients with dementia. *Nursing Research*, v. 44, n. 3, p. 153-159, 1995.

SPECTOR A. et al. Reality orientation for dementia. *Cochrane Review (software)*. Oxford: The Cochrane Library, 2000.

SPECTOR, A. Cognitive Stimulation Therapy (CST) Outcome of a Randomized Controlled Trial. Symposia: Social and Behavioral Research in Dementia Care: Non-pharmacological Treatments (NPT) and Quality of Life. *10th International Conference on Alzheimer Disease Abstracts*. Madrid, 2006.

TERI, L.; LOGSDON, R. G.; McCURRY S. M. Nonpharmacologic treatment of behavioral disturbance in dementia. *Med Clin N Am*, v. 86, p. 641-656, 2002.

TERI, L. *Managing and understanding behavior problems in Alzheimer's disease and related disorders*. Seatle: University Washington, 1990. Video Tape training program

WILSON, B. A. Reabilitação das deficiências cognitivas. In: NITRINI, R.; CARAMELI, P.; MANSUR, L. *Neuropsicologia das bases anatômicas a reabilitação*. São Paulo: Clinica Neurológica do Hospital das clinicas da Faculdade de Medicina da Universidade São Paulo, 1996. p. 315-29.

WILSON, B. A. Cognitive Rehabilitation: How it is and how it might be (Critical review), *JINS*, v. 3, p. 487-496, 1997.

WOODS, B. Non-pharmacological Therapies: What do we already know ?. 10th International Conference on Alzheimer Disease – Social and Behavioral Research in Dementia Care: Non-pharmacological Treatments (NPT) and Quality of Life. *10th International Conference on Alzheimer Disease Abstracts* Madrid, 2006.

ZANETTI, O. et al. Effectiveness of procedural memory stimulation in mild Alzheimer's disease patients: a controlled study. *Neuropsychological Rehabilitation*, v. 11, p. 263-272, 2001.

ZANETTI, O. et al. Reality Orientation therapy for patients with dementia: a longitudinal study. *Neurobiol Aging*, v. 19, n. 4, p. 102-103, 1998.

ASPECTOS NEUROPSICOLÓGICOS NA ESCLEROSE MÚLTIPLA: DA AVALIAÇÃO À REABILITAÇÃO NEUROPSICOLÓGICA

Maria da Gloria de Souza Vieira

Um fenômeno é sempre biológico em suas raízes e social em sua extensão final. Mas nós não nos devemos esquecer, também, de que, entre esses dois, ele é mental.

Jean Piaget

O objetivo deste capítulo é apresentar de forma simples e objetiva o trabalho desenvolvido pelo setor de neuropsicologia da ABEM – Associação Brasileira de Esclerose Múltipla

A ABEM é um centro de neurorreabilitação sem fins lucrativos, que foi fundada em 1984, com o objetivo de dar atendimento de reabilitação aos portadores de Esclerose Múltipla, apoio e orientação a seus familiares e cuidadores. O atendimento é feito por uma equipe interdisciplinar que oferece os serviços de fisiatria, fisioterapia, terapia ocupacional, nutrição, enfermagem, psiquiatria, psicologia, neuropsicologia, urologia, acupuntura, serviço social e orientação jurídica. Além desses setores, existe também o centro de convivência, onde os pacientes e seus familiares participam de atividades lúdicas e comunitárias.

O setor de neuropsicologia está inserido nessa equipe multiprofissional e objetiva detectar e reabilitar portadores de EM que apresentam déficits cognitivos, ajudando-os, assim como seus familiares, a saber lidar melhor com as dificuldades no seu cotidiano.

A Esclerose Múltipla (EM) é uma doença crônica do Sistema Nervoso Central (SNC), ocorrendo quando a camada protetora das fibras nervosas do cérebro e da medula espinhal, chamado de mielina, é atacada e lesionada, dificultando ou impedindo a passagem dos impulsos nervosos. A desmielinização axonal pode afetar diversas áreas do Sistema Nervoso Central de forma múltipla e aleatória, o que explicaria a variabilidade e a multiplicidade de sintomas físicos, motores, sensitivos, do humor e da cognição (McKHANN,1982). O tipo de sintomas e as características das sequelas estão relacionados à localização, ao tamanho e ao volume das placas (SÍMIA, 1998). Quando não há remielinização se dá a esclerose, que é um processo de cicratização, ocorrendo a sequela irreversível.

Outra característica muito marcante na EM é sua imprevisibilidade no curso da doença, a qual não se apresenta de forma homogênea e linear, mas sim de forma diferenciada para cada paciente, dependendo da localização das placas.

Dentro dos múltiplos sintomas e dificuldades, os aspectos cognitivos na EM destacam-se devido à grande prevalência (de 40 a 60%) dos pacientes que apresentam déficits cognitivos (RAO, 1986). Diante dessa realidade clínica faz-se necessária a implementação de programas de avaliação e de reabilitação neuropsicológica para ajudar os pacientes e seus familiares a lidar melhor com tais dificuldades.

Mediante a necessidade de avaliar e de tratar pacientes de EM com déficits cognitivos, o setor de neuropsicologia da ABEM implantou o modelo de intervenção neuropsicológica, que consta de dois momentos: a avaliação dos déficits cognitivos e o programa de reabilitação neuropsicológica, os quais serão discutidos a seguir.

Avaliação neuropsicológica

Neuropsicologia é um campo do conhecimento que trata da relação entre cognição, comportamento e atividade do Sistema Nervoso Central em condições normais e patológicas. Sua natureza é interdisciplinar, tomando apoio na anatomia, fisiologia, neurologia, psicologia, psiquiatria e etologia, entre as mais importantes. A partir de uma perspectiva médica, esse conhecimento visa ao tratamento dos distúrbios da cognição e do comportamento secundários ao comprometimento do Sistema Nervoso (NITRINI, 1996).

O método neuropsicológico investiga como se dá o processo em nível cerebral, característica que o torna diferente dos estudos psicológicos que tipicamente enfatizam os aspectos emocionais.

É um método de investigação que tem como base o cérebro; assim, procuram-se avaliar os:

- **aspectos cognitivos:** inteligência, atenção, concentração, aprendizagem, memória, funções visuoespaciais, linguagem, funções motoras e executivas;
- **aspectos afetivo–emocionais:** humor, comportamento, ansiedade, depressão, personalidade;
- **aspectos socioculturais:** escolaridade, profissão, ocupação, raça;
- **aspectos funcionais:** atividades da vida diária e qualidade de vida.

A avaliação neuropsicológica utiliza testes psicométricos e neuropsicológicos os quais podem ser realizados por meio de baterias fixas ou flexíveis. As baterias flexíveis são mais usadas e apropriadas para a investigação clínica, pois estão mais voltadas para as dificuldades específicas dos pacientes. Os testes deverão estar de acordo com as características do paciente e do contexto socioeconômico e do cultural a que ele pertence. A maioria dos instrumentos disponíveis são adaptações de outras culturas, e a correta interpretação exige o raciocínio clínico do avaliador, já que nada o substitui (MADER, 1996).

Os dados sobre as consequências cognitivas e comportamentais de uma lesão são obtidos por meio de alguns recursos fundamentais, tais como diagnóstico clínico, exames realizados pelo paciente, medicação prescritas, dados de anamnese contendo história e observação formal e informal do paciente e os resultados de testes psicológicos e neuropsicológicos (LEFÈVRE, 1989). Os objetivos da avaliação neuropsicológica são basicamente auxiliar o diagnóstico referencial, estabelecer a presença ou não de disfunção cognitiva e o nível de funcionamento em relação ao nível socioeconômico e ao cultural, localizar alterações sutis a fim de detectar as disfunções ainda em estágios iniciais. Contribui ainda para o planejamento e o tratamento de reabilitação neuropsicológica (MADER, 1996).

Na Esclerose Múltipla, é importante que sejam usados testes compreensíveis, de fácil acesso, que venham ao encontro das necessidades do portador e de suas dificuldades, pois aspectos como a fadiga, a depressão, a acuidade visual e a coordenação motora influenciam na avaliação neuropsicológica.

Quanto aos aspectos cognitivos na EM, as funções a serem avaliadas são: inteligência, atenção, concentração, aprendizagem, memória, linguagem, processamento da informação, funções visuoespaciais, funções motoras e executivas.

Segundo Rao (1986), dentre as funções mentais a memória é a mais afetada, apesar de os distúrbios cognitivos na EM serem frequentes; assim, de 30 a 40% dos pacientes apresentam déficits cognitivos, e apenas em 5% deles ocorre um prejuízo cognitivo grave, característico de uma síndrome demencial (HAASE et al., 2004).

Em outro estudo realizado em São Paulo (ANDRADE et al., 1999), uma amostra de 25 pacientes foi investigada e comparada com pessoas sadias da mesma idade e escolaridade; os portadores de EM apresentaram o seguinte quadro: prejuízo da memória, da fluência verbal, lentificação motora, prejuízo na aprendizagem; a capacidade intelectual mostrou-se intacta. Na nossa experiência clínica na ABEM, outras funções bastante afetadas são as atencionais e executivas, em especial a flexibilidade cognitiva.

Vários fatores podem interferir na avaliação dos dados obtidos a partir de uma avaliação neuropsicológica. O diagnóstico neuropsicológico sofre influências de toda uma série de variáveis importantes. Rao (1996) sugere que os testes neuropsicológicos são frequentemente influenciados pela idade, educação, raça, cultura, pelos estados socioeconômico e cultural, pela personalidade e por perturbações emocionais e psiquiátricas, assim como fatores motivacionais seriam influenciados pelo grau de cooperação e de esforço desenvolvido pelo sujeito. Na Esclerose Múltipla, os aspectos motivacionais e afetivos influenciam bastante os resultados dos testes neuropsicológicos.

Importância dos Aspectos Afetivos Emocionais na Avaliação e Reabilitação Neuropsicológica

Na EM, é relevante a influência dos aspectos afetivos e emocionais dos pacientes, em especial a adaptação e a aceitação da doença, assim como os transtornos depressivos resultantes da patologia, tanto no processo de avaliação quanto de reabilitação neuropsicológica.

A aceitação e a adaptação do paciente de EM após o diagnóstico não é fácil, devido ao curso da doença, incerto e variável para todos os pacientes, além das perdas que ele sofre em vários aspectos de sua vida pessoal, profissional, familiar e social.

Portanto, o processo de aceitação e de adaptação da EM é difícil e doloroso, seguindo algumas fases de reação emocional, tais como:

- **choque:** reação resultante do impacto do diagnóstico;
- **ansiedade:** entendida como uma reação de pânico resultante do reconhecimento da doença;
- **negação:** tida como uma mobilização de defesa contra a dolorosa realidade do indivíduo;
- **depressão:** manifesta-se devido à incapacidade de ficar dependente dos outros, do futuro incerto e até do medo da morte;
- **raiva (internalizada):** tida como a demonstração de amargura e de ressentimento associados a sentimentos de culpa e autoacusação;
- **hostilidade (externalizada):** reação direcionada a pessoas, tais como amigos ou familiares, a qual ocorre quando o portador parece revoltado contra as limitações funcionais impostas pela doença, principalmente quando há aumento da cronicidade;
- **aceitação:** processo de equilíbrio emocional quando o paciente já aceitou a doença;
- **adaptação:** envolve a modificação de hábitos e comportamentos mais adaptativos, havendo com isso uma melhoria da qualidade de vida do paciente (ANTONAK, 1995).

Na EM, há uma certa regularidade entre todos os portadores dessas fases, ainda que uns com mais intensidade que outros, mas todos passam pelo mesmo processo. Assim como os pacientes, todos os membros da família terão de se adaptar à doença e às suas consequências, e na grande maioria das vezes passam por algumas fases desse processo de adaptação também (VIEIRA, 2004).

Outro aspecto emocional na EM que se destaca é o transtorno depressivo entre os portadores, o qual se caracteriza por uma multiplicidade de sintomas, tais como: irritabilidade, inquietação, tristeza, pensamentos negativos, desânimo, angústia, distúrbios do apetite, do sono e sexuais, culpa, falta de sentido para vida, dificuldades de atenção, de concentração, de memória e de tomada de decisões. Alguns estudos apontam que a depressão acomete entre 7 a 50% dos pacientes com EM (VIEIRA, 2004).

Devido às dificuldades cognitivas resultantes da depressão, é importante o encaminhamento para atendimento e tratamento psiquiátrico (medicamentoso) e psicológico (especificamente a terapia cognitivo-comportamental), para que haja uma melhora dos sintomas depressivos e consequentemente a melhora dos aspectos emocionais e cognitivos. Muitas vezes o paciente está bastante deprimido, sendo encaminhado para avaliação neuropsicológica, e na anamnese o neuropsicólogo deverá em primeiro lugar, por meio da entrevista clínica e de escalas psicológicas, avaliar o estado emocional do paciente, em especial a depressão. Após o tratamento, o paciente estará apto para realizar a avaliação neuropsicológica. Esse processo é fundamental para se fazer um diagnóstico diferencial dos déficits atencionais e de memória, visto que são funções bastante acometidas também na Esclerose Múltipla.

Havendo uma melhora dos sintomas depressivos, o paciente então deverá ser encaminhado para avaliação neuropsicológica, pois o resultado dos testes será fidedigno para determinar os déficits cognitivos, em especial os relacionados à atenção, à concentração e à memória.

Os aspectos emocionais antecedem aos cognitivos, sempre.

Após o processo de avaliação neuropsicológica, o paciente poderá ser encaminhado para o programa de reabilitação neuropsicológica (PRN), caso ele apresente déficits cognitivos.

Programa de Reabilitação Neuropsicológica na Esclerose Múltipla

Reabilitação, segundo a Organização Mundial de Saúde (OMS), é um processo contínuo, coordenado, com o objetivo de restaurar o indivíduo incapacitado para ter o mais completo desempenho físico, mental, social, econômico e vocacional, o que permitirá a sua integração social.

A Reabilitação Neuropsicológica é um tratamento biopsicossocial e objetiva ajudar pacientes e familiares a conviver e a lidar com as deficiências cognitivas, contorná-las, reduzi-las ou superá-las, levando em consideração os aspectos emocionais, comportamentais, de personalidade, sociais e de motricidade e fazendo com que todos passem a ter uma vida melhor, com maior autonomia e com menos rupturas nas atividades comumente realizadas. Para isso, propõe-se a ensinar aos pacientes e familiares estratégias compensatórias e organização para a produção de respostas, além de proporcionar a aquisição e o desenvolvimento de novas habilidades (ÁVILA, 2003).

Em fevereiro de 2005, foi implantado na ABEM o Programa de Reabilitação Neuropsicológica (PRN) com o objetivo de ajudar os pacientes e familiares a conviver com as dificuldades cognitivas provenientes das sequelas causadas pela EM, também tratando-as, levando em consideração os aspectos afetivos – emocionais, motivacionais, comportamentais, de personalidade e déficits físicos e motores.

Esse programa é um trabalho interdisciplinar envolvendo três setores: a neuropsicologia, a terapia ocupacional e a fonoaudiologia, no qual planejam, criam, elaboram e aplicam técnicas e atividades que contribuam para a melhoria dos déficits cognitivos de forma digna e eficaz, juntando os saberes específicos de cada área, com o objetivo de melhorar a qualidade de vida dos pacientes e de seus familiares, proporcionando-lhes mais independência, funcionalidade e autonomia nas atividades da vida diária.

Após a avaliação neuropsicológica, é realizada a formação dos grupos de acordo com os déficits cognitivos apresentados (leves, moderados e graves). As sessões terapêuticas são realizadas pela neuropsicóloga em coterapia com a terapeuta ocupacional, e outras sessões pela neuropsicóloga e pela fonoaudióloga. O atendimento de cada sessão é de noventa minutos, uma vez por semana, durante um período de seis meses.

Na primeira sessão, realiza-se uma palestra educativa para apresentação do programa que será desenvolvido nos seis meses subsequentes. Para que haja uma melhor integração dos grupos e seus familiares, a palestra é realizada aos sábados, esperando-se, assim, que todos possam participar.

As quatro sessões seguintes são realizadas e coordenadas pela neuropsicóloga, e delas participam pacientes e familiares conjuntamente, trabalhando-se aspectos motivacionais, engajamento e responsabilidade de todos durante todo o programa..

Após as quatro sessões, inicia-se o trabalho e o tratamento das principais funções cognitivas acometidas na EM: atenção, concentração, memória e funções executivas. Para cada função trabalhada é realizada a psicoeducação sobre aquela função, e nas duas sessões seguintes são realizadas tarefas e atividades cognitivas pela terapeuta ocupacional, referentes àquela função específica.

A psicoeducação é uma técnica na prática clínica que pode ser definida como a administração sistemática pelo profissional de saúde de informação sobre sintomas, etiologia, tratamento e curso da doença, com objetivos de aumentar o conhecimento e modificar comportamentos (ANDRADE, 1999).

Não só nos aspectos cognitivos, mas também nos aspectos neurológicos, psicológicos e psiquiátricos, é de suma importância que haja um momento em que pacientes, familiares e cuidadores possam receber informações e orientações acerca da doença e de seu tratamento, bem como compartilhar experiências com pessoas que estejam vivendo situações semelhantes.

Terapia Ocupacional no Programa de Reabilitação Neuropsicológica

O terapeuta ocupacional é o profissional da área de saúde que visa a desenvolver ou a restaurar funções prejudicadas por doença ou deficiência. Dentre tais funções, é objetivo da TO capacitar o indivíduo para realizar suas tarefas cotidianas (cuidados pessoais, atividades de trabalho e lazer) da forma mais independente possível. Ao realizar atividades, a TO comunica-se por meio do fazer e analisa os aspectos físicos, emocionais e cognitivos do paciente os quais precisam ser desenvolvidos para possibilitar um melhor desempenho nas atividades de rotina dele.

O papel da terapia ocupacional é realizar visitas domiciliares com o objetivo de avaliar a rotina diária do paciente e a adaptação dele em sua residência. Nessa visita, dependendo da necessidade de cada paciente, ele e seus familiares recebem orientação sobre como lidar com os déficits apresentados, por meio de adaptações e estratégias compensatórias, além de ser elaborado com o paciente um roteiro de atividades para ser desenvolvido em casa.

Nas sessões de grupo do PRN, a TO está presente em todas elas para dar suporte aos pacientes e orientá-los na execução das atividades e dos exercícios cognitivos. Dentre as atividades desenvolvidas nos grupos, uma em especial merece destaque por seu valor terapêutico: o teatro. No final do programa, os pacientes criam, elaboram e apresentam a peça de teatro apresentada em uma festividade ou em confraternização na ABEM para outros pacientes e familiares.

Outras atividades desenvolvidas pela TO para estimular as funções cognitivas são: jogar cartas em grupos, imitar gestos dos colegas utilizando música, escrever a letra de uma música ao escutá-la pausadamente, exibir filmes sobre motivação, memória, e depois refletir sobre eles, etc.

Uma atividade para ser terapêutica precisa ter um significado, ser prazerosa e estar em um contexto específico para cada grupo e paciente. Assim como cada portador é único, cada terapeuta ocupacional também é, e a escolha das atividades pode variar muito de um TO para outro; o mais importante é não só o TO ouvir a voz e a necessidade real de cada grupo, mas também utilizar as atividades de que ele tem conhecimento e domínio, para que o trabalho seja eficaz.

Dentro do conceito de reabilitação neuropsicológica, está a adaptação e a reestruturação do ambiente, o melhor desempenho das atividades da vida diária (AVDs), e para isso o mais indicado é o terapeuta ocupacional, que tem técnicas, teoria e prática clínicas para trabalhar tais aspectos. Portanto, faz-se necessário o trabalho conjunto com o TO no programa de reabilitação neuropsicológica.

A Fonoaudiologia no Programa de Reabilitação Neuropsicológica

A fonoaudiologia é a ciência que estuda os distúrbios da comunicação humana e da deglutição. Entende-se como comunicação o ato de transmitir e receber mensagens por métodos ou processos convencionados, quer por meio da linguagem falada ou escrita, quer por outros sinais, gestos ou símbolos. Para o bom funcionamento da comunicação, é importante a preservação da audição, da voz, da linguagem (expressão e compreensão oral e escrita) e da motricidade orofacial, que se relaciona aos aspectos motores das estruturas orais, importantes tanto para a fala como para a deglutição. A linguagem é uma função cognitiva também afetada na EM.

O papel do fonoaudiólogo nos grupos do PRN é avaliar e capacitar quaisquer alterações capazes de interferir na comunicação dos pacientes com EM, pois frequentemente eles esquecem o que vão falar, o nome de coisas e pessoas, tendo dificuldades de se expressar, o que lhes gera angústia, e "culpando" a memória por tais dificuldades, quando na verdade são um problema de fluência e de expressão verbal, e não de memória propriamente dita.

No PRN são realizadas três sessões com a fonoaudióloga; a primeira sessão centra-se na psicoeducação sobre a linguagem e a fala, com o objetivo de esclarecer as dificuldades da linguagem. Nas duas sessões subsequentes, a fonoaudióloga realiza exercícios e estratégias compensatórias que podem amenizar os problemas que cada portador apresenta.. Assim, também o fonoaudiólogo é o profissional mais capacitado para realizar tais intervenções referentes à linguagem.

Participação dos Familiares

A família é a base para qualquer tratamento de reabilitação, seja ele físico, psicológico ou neuropsicológico; sem a colaboração dela, quase nada os profissionais podem fazer.

Neste programa (PRN) também há uma participação efetiva e constante dos familiares e dos cuidadores durante todo o processo. Em todas as sessões de psicoeducação das funções cognitivas, eles participam juntamente com os familiares e os portadores, pois é importante que também estejam bem informados e sejam educados sobre os aspectos cognitivos dos seus pacientes. Nas duas últimas sessões, no processo de finalização do programa, é feita a avaliação e a revisão do que foi aprendido, vivenciado e treinado durante ele. Na última sessão é realizada uma confraternização com todos.

Além da interdisciplinariedade de profissionais na PRN, há também uma associação e junção de técnicas de dinâmica de grupo e cognitivo-comportamentais, com o objetivo de se trabalharem algumas dificuldades emocionais, caso apareçam no decorrer do programa com alguns pacientes. Assim, se algum paciente apresenta uma dificuldade maior, o familiar é convocado e atendido de forma individual num horário específico, que poderá ser antes ou após o grupo.

É nesse espírito de união, cooperação e interdisciplinariedade que o Programa de Reabilitação Neuropsicológica (PRN) foi implantado na ABEM, onde familiares, técnicos (terapeutas) e técnicas se associam para tratar de forma simples, porém eficaz,a reabilitação neuropsicológica de pessoas portadoras de Esclerose Múltipla.

Referências bibliográficas

ANDRADE, V. *Três tarefas de recordação livre de palavras e o perfil neuropsicológico de pacientes portadores de Esclerose Múltipla.* Tese de mestrado apresentada a UNIFESP, São Paulo, 1997.

ANDRADE, A. C. F. *De vítimas e vilões à participação ativa e responsável na manutenção do bem estar – estudo sobre um grupo psicoeducacional com pacientes bipolares.* Tese de Mestrado em psicologia clinica – PUC, São Paulo, 1999.

ANTONAK, R. F.; LIVNEH. H. Psychosocial adaptation to disability and its investigation among persons with multiple sclerosis. *Soc. Sci. Med*, v. 40, n. 8, p. 1099-1108, 1995.

ÁVILA, R. Resultados da Reabilitação Neuropsicológica em pacientes com doenças de Alzheimer leve. *Rev. Psiq. Clín*, v. 30, n. 4, p. 139-146, 2003.

HAASE, V. G. et al. In: HAUSSEN, S. R. *Esclerose Múltipla Informações Científicas para o Leigo.* Porto Alegre: Conceito, 2004.

LEFÈVRE, B. H.; Nitrine, R. Semiologia neuropsicológica. *Arquivos de Neuropsiquiatria*, v. 43, n. 2, junho 1985.

McKHANN, G. M. Multiple Sclerosis. *Annual review of neuroscience*, v. 5, p. 219-239, 1982.

MADER, M. J. Avaliação neuropsicológica. *Psicologia ciência e profissão*, n. 3, 1996.

NITRINI, R. et al. *Neuropsicologia das bases anatômicas à reabilitação.* São Paulo, Clínica Neurológica do Hospital das Clínicas, FMUSP, 1996.

RAO, S. M. Neuropsychology of multiple sclerosis. *Journal clinical experimental neuropsychology*, v. 8, p. 503-542, 1986.

RAO, S. M. White matter disease and dementia. *Brain and Cognition*, v. 31, p. 250-68, 1996.

RAO, S. M. et al. Neuropsychological assesstment. *Neuropsychiatry*, 1996.

VIEIRA, M. G. S. In: HAUSSEN, S. R. *Esclerose Múltipla – Informações Científicas para o Leigo.* Porto Alegre: Conceito, 2004.

TERAPIA COMPORTAMENTAL COGNITIVA E ESCLEROSE MÚLTIPLA

Camyla Fernandes de Azevedo

Terapia Comportamental Cognitiva ou TCC (modo mais usual) é uma técnica reeducativa que visa à melhora do paciente por meio da mudança da cognição e do comportamento, pois estão diretamente interligados. Ela pode ou não ser associada a medicamentos; entretanto, quando não há indicação para o uso de medicamento ou este cause efeitos colaterais intoleráveis ou, ainda, exista a impossibilidade clínica para o seu uso, a principal forma de tratamento passa a ser a terapia.

A expressão terapia comportamental cognitiva concilia os procedimentos utilizados nas técnicas comportamentais com aqueles utilizados na modificação de processos cognitivos (RANGÉ, 2001).

Para uma melhor compreensão do surgimento e dos pressupostos que regem esta abordagem, é interessante compreender cada uma separadamente.

A Terapia Comportamental é uma abordagem baseada na filosofia de ciência conhecida como Behaviorismo Radical e na ciência do comportamento, que influenciam e orientam o trabalho do terapeuta comportamental; este sempre busca descobrir, com seu cliente, os eventos no meio ambiente que determinam e mantêm um determinado comportamento-problema (RANGÉ, 2001).

A depressão é entendida como um conjunto de comportamentos que envolvem alterações no sono e no apetite, desesperança, choro excessivo, ideação suicida e outros. Tais comportamentos são analisados de acordo com episódios anteriores que os determinaram e situações presentes que os mantêm (BECK, 1997).

Para o terapeuta comportamental, pensamentos e sentimentos são determinados pelos comportamentos, sendo considerados aspectos diferentes e constituintes do ser humano, acessados por meio do relato verbal daquele que pensa e sente. Portanto, pensamentos e sentimentos também são levados em consideração, analisados e passíveis das intervenções do terapeuta, quando necessário.

Ajudando o paciente a mudar determinados comportamentos, o terapeuta pode mostrar que o indivíduo está deprimido e que suas conclusões generalizadas o fazem sofrer. Novos modos de ação produzem novos modos de pensar e sentir; desse modo, o paciente percebe-se capaz de conduzir sua vida de forma satisfatória, o que não acontece quando compreende o mundo de forma pessimista, prejudicando seu desempenho social. Assim, consegue reconhecer que a fonte de seu problema é um erro cognitivo, já que suas crenças restringem sua motivação e seu comportamento.

O terapeuta comportamental entende que o cliente é único e seus problemas ou dificuldades são produto de uma história particular, e isso humaniza o processo de terapia. O principal instrumento do terapeuta comportamental é a análise funcional, ou o levantamento criterioso dos eventos que estão relacionados aos comportamentos desejáveis e indesejáveis do cliente. Tendo esse entendimento, o que nem sempre é fácil, é possível propor uma estratégia eficaz no alcance do bem-estar e da melhora. "Combatem-se" os comportamentos-problema, ao mesmo tempo em que se busca instalar e aumentar a frequência de comportamentos adequados ao contexto (RANGÉ, 2001).

O pressuposto central da Teoria Comportamental é o de que um comportamento disfuncional foi aprendido e que pode ser desencadeado por sinais internos e externos associados a ele. A Terapia Comportamental auxilia o indivíduo a modificar a relação entre a situação que está criando dificuldade e as habituais reações emocional e comportamental que ele tem naquela circunstância, mediante a aprendizagem de uma nova modalidade de reação. A nova aprendizagem é conseguida por meio de técnicas apropriadas a cada caso.

Na mesma época em que as terapias comportamentais começaram a valorizar os aspectos cognitivos, surgiu, na década de 1960, a terapia cognitiva, desenvolvida por Aron Beck, a qual sofreu influências de várias abordagens e historicamente vem como precursora da terapia racional-emotiva, alcançando nos últimos vinte anos muita popularidade (RANGÉ, 1998).

Beck construiu o modelo cognitivo da depressão ao observar seus pacientes deprimidos, verificando no conteúdo dos pensamentos e sonhos deles uma forma negativista de interpretar os acontecimentos (BECK, 1997).

A terapia cognitiva, uma abordagem estruturada e diretiva utilizada no tratamento de problemas psiquiátricos, tem como pressuposto que a emoção e o comportamento de cada indivíduo são resultado, em grande parte, da forma como seu mundo é estruturado. Propõe que os transtornos são decorrentes de um modo distorcido ou disfuncional de perceber os acontecimentos, influenciando o afeto e o comportamento (RANGÉ, 2001).

Cognição é um termo amplo que se refere ao conteúdo dos pensamentos e aos processos envolvidos no ato de pensar. São aspectos da cognição as maneiras de perceber e processar as informações, os mecanismos e conteúdos de memórias e as lembranças, as estratégias e as atitudes na resolução de problemas.

A terapia cognitiva contrasta com a terapia comportamental, por dar maior ênfase às experiências internas (mentais) do paciente, como pensamentos, sentimentos e desejos. A estratégia geral diferencia-se pela investigação empírica das pressuposições dos pacientes (BECK, 1997).

O modelo cognitivo classifica o pensamento em três níveis: pensamento automático, crenças intermediárias e crenças centrais (RANGÉ, 2001).

Os pensamentos automáticos compõem o nível mais superficial da cognição e manifestam-se no dia a dia, na forma de sentença ou imagem (RANGÉ, 2001).

As crenças intermediárias equivalem ao segundo nível de pensamento, não sendo tão associadas a situações. Caracterizam-se pelo estilo condicional de pensamento, refletindo ideias mais profundas, e são mais resistentes que os pensamentos automáticos (RANGÉ, 2001).

As crenças centrais constituem o nível mais profundo da cognição; são compostas por ideias mais rígidas que o indivíduo tem acerca de si, dos outros e do mundo (tríade cognitiva) (RANGÉ, 2001). Essas crenças se desenvolvem na infância, a partir de experiências anteriores; vale ainda acrescentar que as crenças centrais também podem ser chamadas de esquemas, que conduzem o indivíduo a como lidar com as situações.

O terapeuta treina o paciente para identificar suas próprias distorções cognitivas a fim de que posteriormente consiga compreender a relação das suas cognições, suas emoções e seus comportamentos com os eventos ambientais, sendo que para um melhor resultado o paciente deve ser treinado por etapas: (1) monitorar seus pensamentos automáticos; (2) reconhecer as conexões entre cognição, afeto e comportamento; (3) examinar as evidências a favor ou contra seu pensamento distorcido; (4) substituir pensamentos automáticos por interpretações mais adequadas; (5) aprender a identificar e a alterar as crenças disfuncionais que podem distorcer suas experiências (BECK, 1997).

No tratamento com o TCC, o terapeuta visa a entender o funcionamento do paciente e sua forma de perceber o mundo, o quanto sua estrutura cognitiva influencia nessa percepção, seja de forma positiva ou negativa, para, se necessário, corrigir as distorções cognitivas, que podem resultar em comportamentos problemáticos e sentimentos inadequados. Além das técnicas cognitivas, pode lançar mão de técnicas comportamentais, uma vez identificado que a mudança de comportamento possibilitará ao paciente perceber suas distorções cognitivas, e, com mais qualidade de vida e adaptação, permitir a permanência dentro da área de conforto, de acordo com o contexto (RANGÉ, 2001).

O processo terapêutico busca produzir mudanças no pensamento e no sistema de crenças, objetivando promover mudanças emocionais e comportamentais. A abordagem visa a um processo focal e ativo, mas o tempo e a condução do processo podem variar de acordo com cada paciente.

Algumas características precisam estar presentes invariavelmente durante o processo. A aliança terapêutica é fundamental; deve ser estabelecida de forma cordial e segura, mas com os devidos cuidados para não criar uma relação de dependência, uma vez que esse modelo terapêutico tem um caráter educativo. Propiciar a participação do paciente de forma ativa no processo, para que seja seu próprio terapeuta futuramente, já que terá aprendido a identificar e a validar seus pensamentos e crenças (RANGÉ, 1998).

As cognições negativas não são simplesmente alteradas por uma mudança de comportamento, mas a mudança de comportamento possibilita uma identificação das avaliações distorcidas quando há um erro cognitivo (BECK, 1997).

As técnicas terapêuticas visam a identificar, avaliar, controlar e a modificar as conceituações e crenças distorcidas por trás das cognições (esquemas e crenças), que trazem prejuízo ao indivíduo; alguns exemplos dessas "certezas" que o indivíduo constrói por meio da experiência podem ser visualizadas: "Tenho de ser perfeito"; "Sou um incapaz"; "O mundo é perigoso".

Pode dizer-se que existem alguns modelos cognitivos, padrões definidos na forma de pensamentos, que, agrupados em categorias, facilitam a visualização das distorções cognitivas. Alguns exemplos são citados abaixo:

1- Inferência arbitrária: chegar a uma conclusão mesmo na ausência de evidências.

2- Abstração seletiva: focalizar um detalhe fora de contexto, desconsiderando o todo, e conceituar a experiência apenas no detalhe.

3- Hipergeneralização: aplicar uma conclusão de um fato isolado a situações relacionadas e não relacionadas indiscriminadamente.

4- Desqualificação do positivo: insistir que experiências positivas não contam.

5- Personalização: relacionar eventos a si, sem evidências para tal.

6- Catastrofização: esperar negativamente o desfecho de uma situação e superestimar a probabilidade do acontecimento.

7- Leitura mental: esperar atitudes negativas das pessoas para consigo.

8- Pensamento dicotômico: tendência a interpretar as situações de forma polarizada e oposta (BECK, 1997; RANGÉ, 1998).

A grande maioria dos pacientes deprimidos requer uma combinação de técnicas comportamentais e cognitivas (BECK, 1997).

Após entender os conceitos que permeiam a Terapia Comportamental Cognitiva, é possível fazer a correlação com a aplicação prática desse modelo, quando há um acontecimento que traz comprometimentos ao indivíduo, como uma nova circunstância em sua vida a qual pode modificar planos e metas anteriormente traçados.

Podemos tomar como exemplo os portadores de Esclerose Múltipla que, após a descoberta da doença, precisam reformular e adaptar conceitos e metas antes estabelecidos, já que a doença exige adaptações no cotidiano como um todo.

Os problemas psicológicos de pessoas com EM não dependem somente de sintomas clínicos, mas também da insegurança do prognóstico, pois é uma doença crônica e de evolução variável e incerta, com a perda progressiva de autonomia, sendo necessária a modificação de planos para o futuro.

Devido às características da doença, incluindo-se a evolução variável, muitos sentimentos são despertados, como angústia, raiva e frustração. Pessoas com bons prognósticos sofrem com o temor da possibilidade do agravamento da situação física, da perda progressiva de sua autonomia, até o temor da cadeira de rodas.

Após o diagnóstico, é comum que muitos se sintam desamparados e assustados diante da nova circunstância, gerando um misto de sentimentos que podem comprometer a qualidade de vida deles.

As reações emocionais diante do diagnóstico podem ser distintas e estarão relacionadas com fatores distintos: apoio familiar, características de personalidade, sintomas da doença, experiências de vida, falta de informação.

O aspecto psicológico do portador de esclerose múltipla é extremamente importante, pois estudos comprovam que o equilíbrio emocional, quando abalado, interfere de forma negativa no prognóstico da doença.

Para qualquer pessoa é difícil reagir diante de situações dramáticas e comprometedoras, mas todas são capazes; basta aprender a como responder às adversidades. Logo, a orientação de um psicólogo é importante para ajudar no processo de aprendizagem e de adaptação.

O acompanhamento de um profissional capacitado para compreender as alterações que a doença provoca em todas as áreas da vida, quando não realizado, pode trazer complicações ao equilíbrio emocional, acarretando o desenvolvimento de transtornos psiquiátricos, sendo a depressão o mais comum.

Os sintomas afetivos e comportamentais da depressão são influenciados pelos padrões cognitivos negativistas. De acordo com o modelo cognitivo, o indivíduo deprimido apresenta pensamentos distorcidos, tornando a tríade cognitiva, extremamente negativa, percebendo-se como inadequado e derrotado e vendo o futuro cheio de obstáculos (BECK, 1997).

Portanto, as experiências de vida e novas circunstâncias na vida de cada pessoa moldam a forma como ela interage, com o mundo externo e o interno. Quando identificado qualquer comprometimento na qualidade de vida e funcionalidade de um indivíduo, ou a falta de habilidades para lidar com um problema, o terapeuta comportamental cognitivo entra em cena e, junto com o paciente, caminha para que a funcionalidade seja restabelecida. Assim, o processo de reeducação pode ser finalizado quando o paciente se tornar seu próprio terapeuta, sendo capaz de aplicar as técnicas aprendidas em qualquer nova circunstância que possa representar perigo na maneira adequada de funcionamento.

No caso do portador de esclerose múltipla, o terapeuta tem a função de identificar crenças e comportamentos que interferem na funcionalidade do paciente, a fim de que, juntos, façam as adaptações necessárias para a melhora da qualidade de vida e possibilidade de produção do paciente nas áreas de sua vida, comprovando que sentimentos de inadequação, incapacidade e inutilidade não são verdadeiros, quando há uma percepção coerente entre contexto e possibilidades.

Referências bibliográficas

BECK, A. T. *Terapia Cognitiva da Depressão*. Porto Alegre: Artes Médicas, 1997.

RANGÉ, B. (Org.). *Psicoterapia Comportamental e Cognitiva: Pesquisa, Prática, Aplicações e Problemas*. Campinas: Editorial Psy, 1998.

RANGÉ, B. (Org.). *Psicoterapias Cognitivo-Comportamentais: Um diálogo com a psiquiatria*. Porto Alegre: Artmed, 2001.

EPILEPSIA: A AVALIAÇÃO NEUROPSICOLÓGICA PRÉ-OPERATÓRIA

Maria Joana Mäder

As epilepsias

As epilepsias compõem um conjunto de doenças que tem em comum a ocorrência de crises epilépticas (GUERREIRO et al., 2000). Palmini e Costa (1998) definem as epilepsias como disfunções cerebrais caracterizadas clinicamente por alterações subjetivas ou comportamentais súbitas, as quais tendem a se repetir ao longo da vida do paciente. As crises refletem uma atividade elétrica anormal, de início súbito, e acometem uma ou várias áreas do córtex cerebral. Essas alterações da atividade elétrica cortical, por sua vez, podem ser causadas por diferentes patologias estruturais ou neuroquímicas.

As crises epilépticas são classificadas a princípio como *parciais* ou *generalizadas*. Quando as manifestações clínicas e eletroencefalográficas indicam a ativação de uma parte de um hemisfério em primeiro lugar, a crise é classificada como *parcial*. *Crises parciais simples* (CPS) ocorrem sem a perda da consciência, já as *crises parciais complexas* (CPC) comprometem a capacidade do indivíduo de perceber e interagir com o ambiente. As crises *generalizadas* atingem ambos os hemisférios ao mesmo tempo, sem uma localização específica (GUERREIRO et al., 2000; PALMINI; COSTA, 1998).

A Classificação Internacional das epilepsias e síndromes epilépticas e condições relacionadas baseia-se na semelhança entre os tipos de crises e os sinais neurológicos e eletroncefalográficos. Basicamente as síndromes são classificadas como *localizadas, generalizadas, indeterminadas e especiais*. As epilepsias *idiopáticas* são geneticamente determinadas e são mais frequentes em certas faixas etárias, enquanto as epilepsias *sintomáticas* têm etiologia definida, e as *criptogênicas* não têm etiologia definida, mas apresentam presumível base orgânica. Sendo assim as síndromes localizadas e generalizadas podem abranger epilepsias idiopáticas, sintomáticas e criptogênicas (GUERREIRO et al., 2000; PALMINI; COSTA, 1998).

As crises epilépticas podem ser decorrentes de causas agudas ou remotas, uma doença ativa ou sequela. Fatores genéticos, perinatais, doenças infecciosas, fatores tóxicos, traumas, distúrbios vasculares, metabólicos ou nutricionais estão entre as causas possíveis, assim como doenças degenerativas. O exame de eletroencefalografia é essencial para a investigação das epilepsias, e o traçado eletroencefalográfico deve ser interpretado por neurofisiologista e correlacionado com os dados clínicos, pois o diagnóstico das epilepsias é clínico (GUERREIRO et al., 2000).

O tratamento medicamentoso das epilepsias é sintomático e o objetivo é controlar as crises. Cerca de 65% dos pacientes terão bom controle das crises com um medicamento; dos 35% com controle insatisfatório, apenas 10% controlarão as crises com duas drogas e 25% continuarão a apresentá-las. Há pacientes que mesmo com mais de duas drogas combinadas para o tratamento poderão ainda apresentar crises. As novas medicações conseguem controlar uma parte, mas de 15 a 20% dos pacientes serão considerados candidatos ao tratamento cirúrgico (GUERREIRO et al., 2000).

As manifestações das crises epilépticas variam de acordo com as áreas cerebrais envolvidas, portanto o estudo das epilepsias permite melhor compreensão dos funcionamentos cognitivo e comportamental. Compreende-se, então, a aproximação de neuropsicólogos e epileptologistas. Existem várias síndromes epilépticas, mas as epilepsias de lobo temporal e de lobo frontal trazem um particular interesse para a neuropsicologia por suas correlações com as funções cognitivas.

As *Epilepsias do Lobo Frontal* (ELF) são caracterizadas por uma combinação de crises parciais simples, complexas e secundariamente generalizadas. Tais crises podem generalizar-se mais rapidamente que as de lobo temporal, têm manifestações motoras exuberantes e automatismos gestuais complexos frequentes desde o início. O padrão das crises varia conforme as áreas envolvidas, mas a propagação pode ser muito rápida, gerando dificuldades diagnósticas em alguns casos (LIMA, 1998).

As *Epilepsias de Lobo Temporal* (ELT) podem manifestar-se como crises parciais simples, complexas, com ou sem generalizações, que podem vir acompanhadas de automatismos oroalimentares, postura distônica de mão, alucinações olfatórias, gustativas e visuais complexas, além de confusão pós-ictal Podem ser separadas, de acordo com as regiões mais atingidas do lobo temporal, em crises da região límbica (amígdala e hipocampo) e crises temporolaterais.Uma razoável parcela dos adultos com epilepsias são portadores de ELT e, com frequência, são refratários ao tratamento medicamentoso, razão pela qual são os pacientes que mais procuram os centros especializados (CENDES; KOBAYASHI, 2000; LIMA, 1998).

As ELT podem estar associadas à *Esclerose Mesial Temporal* (EMT) unilateral (direita ou esquerda) ou bilateral observada em exames de ressonância magnética. Os pacientes portadores de ELT com EMT que não atingem bom controle medicamentoso das crises epilépticas podem beneficiar-se do tratamento cirúrgico, a *Lobectomia Temporal Anterior* (LTA) (CENDES; KOBAYASHI, 2000). Mas a investigação preparatória para a LTA é bastante detalhada e segue critérios relativamente homogêneos nos centros (MADER et al., 2001).

A LTA consiste na excisão da região anterior do lobo temporal, incluindo hipocampo e amígdala, mas a indicação cirúrgica exige uma série de exames para determinar mais precisamente as áreas epileptogênicas, áreas cerebrais que desencadeiam as crises. A decisão pela opção cirúrgica é determinada pelos exames de videomonitorização (eletroencefalografia concomitante à monitorização com vídeo), ressonância magnética (RM) e exame neuropsicológico.

A NEUROPSICOLOGIA

A neuropsicologia participou do estudo das alterações cognitivas e comportamentais dos pacientes portadores de epilepsias submetidos aos tratamentos cirúrgicos desde o início. O caso HM, talvez um dos mais conhecidos da história da neuropsicologia, foi exaustivamente estudado no Montreal Neurological Institut (MNI), no Canadá, e, a partir de 1966, no Massachusetts Institute of Technology (MIT), nos EUA (CORKIN, 2002).

HM foi submetido a uma cirurgia experimental em 1953 pelo neurocirurgião William Scoville, do MNI. Como HM apresentava crises epilépticas com características temporais bilaterais, Dr. Scoville realizou uma lobectomia temporal bilateral, ressecando as regiões hipocampais e parahipocampais de ambos hemisférios. A neuropsicóloga Brenda Milner avaliou HM antes da cirurgia e o acompanhou por vários anos, utilizando as escalas Wechsler (Wechsler Bellevue, WAIS e WMS) para documentar as alterações. Observou uma profunda amnésia anterógrada após a cirurgia, mas HM mantinha as habilidades intelectuais intactas. A partir dessas primeiras descrições, foram construídas hipóteses e métodos de investigação da memória para testar o paciente (MILNER et al., 1968; PARKIN, 1996). HM colaborou nas investigações de vários pesquisadores em Montreal e, a partir de 1966, em MIT, nos EUA. Esses trabalhos determinaram a princípio que HM havia perdido a capacidade de adquirir novas informações, mostrando prejuízo da memória declarativa episódica, incluindo a aquisição de novos conhecimentos semânticos. Os estudos demonstraram também que ele conseguia preservar a memória de curto prazo, embora não conseguisse manter a informação por longo tempo (CORKIN, 2002).

O caso HM é um marco tanto para as cirurgias de epilepsias como para a neuropsicologia. O Teste de Wada, a princípio um exame para determinação da lateralização da linguagem, foi redesenhado para tentar prever um possível prejuízo da memória (MILNER et al., 1962). Testes neuropsicológicos foram construídos para investigar as diferenças entre memória episódica e semântica, memória para material verbal e visual e inferir a localização das áreas disfuncionais.

Nas últimas cinco décadas, a eletroencefalografia evoluiu; hoje é possível monitorar um paciente durante o exame com videoeletroencefalografia, um procedimento obrigatório em todos os serviços diagnósticos para cirurgia de epilepsia. A tomografia computadorizada surgiu na década de 1970 e a ressonância magnética, na década de 1980. Os métodos de imagem estão hoje cada vez mais precisos, com técnicas específicas para medir o volume hipocampal e discriminar áreas de displasias corticais, permitindo, assim, melhor definição para as etiologias das epilepsias.

Acompanhando essa evolução tecnológica, pergunta-se qual o papel atual da neuropsicologia. Três vertentes tomaram corpo nos últimos anos, dentro desse contexto: as adaptações culturais de testes; as normatizações amplas e as pesquisas com ressonância magnética funcional. A neuropsicologia desenvolveu novos enfoques teóricos, novos métodos para avaliação formal e vem participando ativamente na elaboração de protocolos para avaliação associada ao exame de ressonância magnética funcional (LERITZ et al., 2006).

O EXAME NEUROPSICOLÓGICO ORIENTADO PARA EPILEPSIAS

O Exame Neuropsicológico na fase pré-operatória tem por objetivo determinar o grau de comprometimento das funções cognitivas, principalmente memória, e as possíveis correlações entre as áreas cerebrais e as funções alteradas. Genericamente, as ELT em hemisfério esquerdo tendem a comprometer as capacidades de memória verbal, enquanto as ELT em hemisfério direito estão mais associadas às disfunções de memória visual (MILNER 1968; JONES-GOTMAN, 2000; HERMANN et al., 1997; LORING, 1997).

O papel da neuropsicologia no contexto da avaliação pré-operatória, antes dos avanços da neuroimagem, era gerar informações para auxiliar a localização das áreas de comprometimento neurológico. Atualmente, a participação da neuropsicologia é mais voltada para qualificar o nível de comprometimento das funções cognitivas e suas correlações com as áreas cerebrais, de modo que a discriminação mais elaborada de disparidades no funcionamento cognitivo sugere as disfunções. A conjunção das informações obtidas por meio da eletroencefalografia, da ressonância magnética e da avaliação neuropsicológica permite uma inferência dos riscos e dos benefícios da cirurgia.

Os protocolos de avaliação neuropsicológica pré-cirúrgica são, em geral, abrangentes, ainda que alguns aspectos sejam particularmente investigados. Considerando que as ELT estão entre as epilepsias de difícil controle mais comuns e que os pacientes com frequência apresentam alterações de memória, os testes de memória para material específico são considerados fundamentais. Considerando as epilepsias extratemporais, alguns aspectos relacionados às funções executivas são mais investigados (RISSE, 2006).

A escala de nível intelectual mais utilizada é a Escala de Inteligência Wechsler para Adultos (WAIS, do inglês *Wechsler Adult Intelligence Scale*). A WAIS foi publicada em 1955, uma forma modificada da *Wechsler-Bellevue Intelligence Scale* (1939). A estrutura global da escala permanece semelhante, mas vários itens sofreram adaptações ao longo das décadas. Em 1981, foi publicada a versão revisada, WAIS R (*Wechsler Adult Intelligence Scale Revised*), e mais recentemente chegou a terceira revisão, desta vez com modificações mais substanciais na forma e na normatização, WAIS III (*Wechsler Adult Intelligence Scale- Third Edition*, 1997). Essa escala traz várias mudanças, desenhos coloridos, itens mais elaborados e novos subtestes. As tabelas abrangem faixas etárias avançadas, uma necessidade importante com o aumento médio da expectativa de vida em muitos países.

Pela primeira vez no Brasil a escala WAIS foi adaptada e normatizada para a população brasileira (NASCIMENTO; FIGUEIREDO, 2005). Como a introdução de um novo método necessita de tempo para comprovar sua eficácia, muitos pesquisadores trabalham com o WAIS R, no Brasil e no exterior. Contudo, só recentemente a literatura tem mostrado os resultados referentes às novas versões (ALVES et al., 1999; ALESSIO et al., 2004; NOFFS et al., 2006; MADER et al., 2006).

Situação semelhante acontece com a Escala Wechsler de Memória (WMS), publicada pela primeira vez em 1945, revisada em 1987 e novamente reorganizada em 1997. A terceira revisão, *Wechsler Memory Scale – Third Edition* (WMS III), também traz muitas modificações, subtestes incluídos na versão R são abandonados e outros subtestes modificados. Por exemplo, a versão WMS-R continha subtestes com reconhecimento de desenhos e pares visuais que foram excluídos; já a versão WMS-III trouxe os subtestes de reconhecimento de faces e memória para cenas. O subteste de pares verbais incluía palavras relacionadas e não relacionadas, mas a versão WMS-III inclui apenas pares de palavras não relacionadas. Do mesmo modo que a WAIS III, alguns autores ainda utilizam a versão WMS R enquanto estas modificações estão sendo analisadas (ALESSIO, 2004; NOFFS, 2002; ESCORSI-ROSSET et al., 2005).

Estudos recentes têm investigado a sensibilidade da WMS III para avaliação de memória de material específico, verbal e visual (DOWSON et al., 2006) e a comparação das duas versões, WMS III e WMS R (FUERST et al., 2006). Os pacientes com ELT de hemisfério esquerdo tendem a apresentar mais alterações de memória verbal que aqueles cuja epilepsia se origina no hemisfério direito. As funções de linguagem, para a maioria dos destros, estão localizadas no hemisfério esquerdo, portanto, as funções de memória para material verbal (palavras, histórias, números) tendem a lateralizar nesse hemisfério. Já as funções visuoespaciais e a memória para material visual e visuoespacial tendem a estar localizadas no hemisfério direito.

Os subtestes de memória para material verbal da WMS III mais utilizados são: Memória Lógica, Lista de Palavras e Pares de Palavras Associados. Em vários trabalhos esses subtestes são analisados individualmente e comparados com os testes de memória visual, Reconhecimento de Faces e Reprodução de Figuras. Os testes da WMS III de memória verbal tendem a apresentar resultados mais consistentes que os de memória visual.

A WMS não é a única bateria de testes de memória referendada na literatura nacional e na internacional; os testes de listas de palavras, tais como o clássico *Rey Auditory Verbal Learning Test* (PORTUGUEZ, 1998; DINIZ et al., 2000) e outros mais recentes, como o *Califórnia Verbal Learning Test* e o *Buschke Selective Reminding Test* são utilizados revelando resultados consistentes na avaliação de memória verbal (HERMANN et al., 1997; LORING, 1997).

Em contrapartida, a memória visual continua sendo um ponto controverso; poucos são os métodos que confirmam a memória visual em relação às áreas temporais de hemisfério direito. Tanto os subtestes da WMS III como os clássicos métodos de André Rey, Figura Complexa de Rey e Aprendizagem de Desenhos de Rey, não são absolutos na lateralização da memória visual (LORING et al., 1988). Segundo Vaz (2004), o teste de Reconhecimento de Faces de Warrington (*Warrington Recognition Memory Test for Faces*) seria capaz de produzir resultados consistentes na avaliação de memória não verbal. Resultados semelhantes foram obtidos por Chiavalloti e Glosser (2004) comparando um teste de memória espacial semelhante aos cubos de Corsi (*Spatial Sequential Learning Task*) e um teste de reconhecimento de faces (*The Graduate Hospital Facial Memory Test*). Esses resultados estão consistentes com aqueles obtidos por Milner em 1968.

Dois pontos direcionam a avaliação neuropsicológica pré-operatória para as Lobectomias Temporais Anteriores (LTA). Em primeiro lugar, a avaliação do funcionamento cognitivo, estabelecendo uma linha de base e especificando as diferenças entre as funções verbais e visuais (visuoespaciais ou não verbais), principalmente as funções de memória para material específico. Em segundo lugar, a investigação sobre a lateralização das disfunções a fim de permitir uma inferência sobre a *reserva funcional* (do hemisfério que não será operado) em comparação à *capacidade funcional* (das áreas que serão operadas).

Considerando o primeiro aspecto mencionado, os testes de memória são fundamentais. As áreas temporais, mais especificamente as regiões hipocampais e a amígdala, são regiões fortemente relacionadas às funções de memória episódica. Já a memória semântica é mais independente do sistema hipocampal, conforme ficou demonstrado desde o caso HM. Esses resultados determinaram utilização de testes de memória episódica para material verbal e visual nos protocolos de avaliação pré e pós-operatória. Desde então, vários métodos têm sido estudados com o objetivo de determinar qual é o melhor teste. Os testes para memória verbal já estão bem definidos, mas para memória visual ainda há controvérsias, na medida em que muitos deles, utilizando desenhos, permitem uma parcial verbalização das imagens, com exceção dos testes que utilizam faces. As baterias de memória mais utilizadas já foram mencionadas.

Considerando ainda a avaliação de linha de base outros aspectos devem ser observados. O início prematuro das crises, a alta frequência delas e a presença de alteração estrutural (esclerose mesial temporal) estão relacionados a maior comprometimento das funções cognitivas, principalmente memória. Helmstaedter e Kockelmann (2006) sugerem que as alterações cognitivas presentes em parte dos pacientes portadores de epilepsias de difícil controle poderiam anteceder inclusive o início da epilepsia. Argumentam que o início prematuro das epilepsias interfere no desenvolvimento cognitivo, mas, por outro lado, permite, por meio da plasticidade neuronal, a compensação e a reorganização das funções, uma possível explicação para as configurações atípicas observadas em alguns casos.

O Teste de Wada e, mais recentemente, a ressonância magnética funcional entram em questão a fim de determinar justamente o segundo ponto mencionado, a avaliação de *reserva e capacidade funcional*.

O Teste de Wada permite a avaliação da linguagem e da memória, sob efeito da inativação temporária de um hemisfério cerebral. O procedimento é realizado através da injeção de *amobarbital* na artéria carótida interna. Através da anestesia de um hemisfério, é possível avaliar o funcionamento do outro, fornecendo dados sobre a lateralização da linguagem e da memória. Enquanto o hemisfério esquerdo está anestesiado, é o hemisfério direito que está a cargo da memorização das informações, e vice-versa (LORING, 1997; JONES-GOTMAN et al., 1997).

O Teste de Wada é realizado por uma equipe com neuropsicólogo, neurologista e neurorradiologista. O exame é realizado através de uma punção da artéria femoral e cateterismo seletivo das artérias carótidas internas. Em seguida ao cateterismo, é realizada uma angiografia cerebral convencional. Determinado esse aspecto, o cateter é posicionado na artéria carótida interna e injetado o amobarbital. Primeiramente é anestesiado o hemisfério ipsilateral à lesão, área que se pretende operar. O amobarbital tem ação rápida e, portanto, o tempo de anestesia (e consequentemente de testagem) é restrito a poucos minutos. A eficácia da anestesia pode ser determinada pelo tempo do retorno motor (RAUPP, 1998).

Os principais objetivos do Teste de Wada são estabelecer a lateralização da linguagem, predizer o risco de amnésia (ou alterações de memória) pós-operatória e auxiliar na identificação da lateralização da disfunção. A lateralização da linguagem é avaliada por meio da ocorrência ou não de alterações da linguagem após a injeção. Já a premissa fundamental para a interpretação dos resultados nos exercícios de memória estabelece que, quando um hemisfério é anestesiado, os estímulos são apresentados para o outro hemisfério e, se o hemisfério não anestesiado estiver comprometido, o material não pode ser memorizado. A disparidade de resultados nos exercícios de memória é o ponto central da interpretação. As variações no tempo de anestesia e no retorno das funções motoras não podem ser previstos com antecedência, mas podem comprometer a validade dos resultados. Dessa forma, o Teste de Wada é um procedimento sujeito a variáveis difíceis de controlar e a resultados controversos (LORING et al., 1997; MADER; ROMANO, 2001; MADER et al., 2004).

Apesar de grande parte das equipes multidisciplinares especializadas em cirurgia de epilepsia utilizar o Teste de Wada para avaliação tanto de memória como de linguagem, não há um acordo ou um protocolo específico para o teste. Alguns autores utilizam estímulos para serem memorizados e evocados durante a anestesia; outros apresentam estímulos para serem memorizados durante a anestesia, evocados e reconhecidos depois. Cada grupo de pesquisa organiza seu próprio protocolo, portanto a dificuldade maior reside em encontrar o ponto ótimo entre um protocolo completo e eficaz. Observa-se uma tendência para um protocolo mais simplificado como o de Loring e colaboradores (1997).

Além das variações entre os procedimentos, encontram-se significativas variações entre critérios para considerar resultados positivos ou negativos. Alguns protocolos baseiam o resultado final na quantidade de acertos (estímulos corretamente memorizados); outros consideram os resultados a partir da assimetria entre a proporção de acertos obtidos nos dois hemisférios (DADE; JONES-GOTMAN, 1997; DODRILL; OJEMAN, 1997). A *Proporção de Acertos* refere-se ao total de estímulos corretamente memorizados, mas os resultados aceitos como positivos, isto é, indicativos de boa capacidade de memória, variam de 51 a 68%. A *Assimetria* é a diferença de desempenho dos dois hemisférios nos exercícios de memória. Os cálculos de assimetria variam da simples diferença de dois ou mais estímulos memorizados até 20 ou 25% de diferença entre as proporções de acertos (MADER; ROMANO, 2004).

De acordo com Chelune (1995), os resultados nos exercícios de memória podem ser analisados por meio da *Reserva Funcional*, capacidade de memória do hemisfério contralateral à cirurgia que pode suporte para a memória após a cirurgia, e por meio da *Capacidade Funcional* da área a ser operada, relacionada, portanto, ao risco de perdas funcionais pós-operatórias. Portanto, o resultado ideal do Teste de Wada seria uma ótima reserva e uma péssima capacidade.

Além das dificuldades inerentes ao protocolo, outros problemas surgiram nos últimos anos. Dificuldades na produção e na obtenção do medicamento amobarbital geraram pesquisas sobre outros medicamentos que possam causar o mesmo efeito, no entanto a utilização deve ser acompanhada em protocolos de pesquisa para verificação desta possível substituição. Jones-Gotman e colaboradores (2006) referem que o *etomidato* pode ser um bom substituto para o *amobarbital*, mas ainda está em estudo.

Dessa forma, o Teste de Wada (TW) ou Procedimento de Amobarbital Intracarotídeo (PAI) ainda está sob questionamento, embora seja considerado como um padrão para comparação com a ressonância magnética funcional, o que divide opiniões (ABOU-KHALIL; SCHLAGGAR, 2002; GROTE; MEADOR, 2005).

A ressonância magnética funcional permite a visualização das áreas cerebrais envolvidas no processamento de uma determinada função. É um método de investigação não invasivo e muito promissor para as neurociências, baseado na ativação das áreas estudadas e não na inativação como o TW. Atualmente há uma profusão de pesquisas sobre as possibilidades e os achados neuropsicológicos, mas o método ainda está em desenvolvimento. Os protocolos para a localização da linguagem estão mais bem estabelecidos, mas a investigação das funções de memória semântica, episódica e memória operacional ainda necessitam de estudos mais aprofundados (PORTUGUEZ et al., 2005; LERITZ et al., 2006; BRANCO; COSTA, 2006).

Durante o processo de avaliação pré-operatória, obtém-se uma linha de base do desempenho do paciente nas medidas de atenção e memória para posteriormente comparar com os resultados na fase pós--operatória. Esses dados são revisados para avaliação dos efeitos da cirurgia. A idade de início das crises e a frequência de crises parecem ser os fatores clínicos mais relacionados com o prejuízo das funções cognitivas (HELMSTAEDTER; KOCKELMANN, 2006).

Para Jones-Gotman e colaboradores (2000), as alterações cognitivas pós-operatórias nas lobectomias temporais estão relacionadas às habilidades do paciente antes da cirurgia. Aqueles com boa capacidade de memória na avaliação pré-operatória podem apresentar déficit pós-operatório, principalmente nos casos de lobectomia temporal dominante. Vários fatores podem influencia o pós-operatório nas LTA, principalmente a percepção subjetiva do paciente em relação a suas capacidades antes de depois da cirurgia (BAXENDALE; THOMPSON, 2005). A qualidade de vida dos pacientes portadores de epilepsias de difícil controle vem sendo investigada por meio da adaptação de instrumentos reconhecidos internacionalmente (SILVA et al., 2006).

Considerações finais

A neuropsicologia é a ciência que estuda as relações entre comportamento, cognição e as áreas cerebrais. O objetivo não é, entretanto, apenas sugerir uma possível localização das lesões cerebrais, pois, de fato, as lesões cerebrais são mais bem diagnosticadas pelos exames de imagem. A grande contribuição da neuropsicologia está em discriminar e detalhar as alterações cognitivas e comportamentais decorrentes do comprometimento cerebral. Lezak publicou *Neuropsychological Assessment* em 1979, provavelmente o livro de mais referência sobre testes neuropsicológicos; a obra foi revisada em 1983, 1995 e 2004. Na quarta edição, a autora, agora com a colaboração de outros neuropsicólogos, reavalia os rumos da neuropsicologia no século XXI. As normas e os padrões para os testes vêm sendo revalidados, e novos grupos e novas faixas etárias foram estudados por meio do refinamento da estatística. A validade ecológica e os estudos sobre os componentes dos testes estão sendo reexaminados (LEZAK; HOWIESON; LORING, 2004). Os neuropsicólogos desafiados pelos problemas das avaliações com populações idosas e de outras culturas enriqueceram a produção bibliográfica nestes campos (ARDILA, 2005).

No Brasil, várias universidades brasileiras contam com programas de pós-graduação em ciências ou neurociências, formando profissionais de diferentes áreas e produzindo pesquisas sobre os métodos de avaliação neuropsicológica. As escalas Wechsler de Inteligência, para adultos e crianças, foram traduzidas e validadas para a população brasileira (NASCIMENTO; FIGUEIREDO, 2005). O Teste Wisconsin e muitos outros testes e escalas internacionalmente conhecidos vêm sendo estudadospor meio de pesquisas com amostras brasileiras. Mesmo assim, este é apenas início do processo.

A ciência neuropsicológica está em construção no Brasil e no mundo. Citando Alves (2000), "[...] enquanto as ferramentas funcionam bem e os problemas são resolvidos, não as abandonamos"; portanto as ferramentas estão em construção embora aquelas classicamente referendadas ainda sejam muito utilizadas. O trabalho de adaptação e a criação de técnicas de avaliação neuropsicológica no Brasil ainda precisam de tempo. Tempo não apenas para a elaboração das dissertações e teses no campo acadêmico, mas também para a aplicação em grandes amostras de pacientes a fim de se verificar sua validade para a prática clínica.

Referências bibliográficas

ABOU-KHALIL, B.; SCHLAGGAR, B. Is it time to replace the Wada test? *Neurology*, v.59, p.160-161, 2002.

ALESSIO, A. et al. Differences in memory performance and other clinical characteristics in patients with mesial temporal lobe epilepsy with and without hippocampal atrophy. *Epilepsy and Behaviour*, v. 5, p.22-27, 2004.

ALVES, A. V. et al. Alterações de memória verbal e não verbal na lateralização da epilepsia de lobo temporal. *Brazilian Journal of Epilepsy and Clínical Neuropsysiology*, v. 5, n. 1, p. 7-11,1999.

ALVES, R. *Filosofia da Ciência. Introdução ao jogo e suas regras*. 10a ed. São Paulo: Loyola, 2000.

ARDILA, A. Cultural Values Underlying Psychometric Cognitive Testing. *Neuropsychology Review*, v.15, n. 4, 2005.

BAXENDALE, S.; THOMPSON, P. Defining meaningful postoperative change in epilepsy surgery: measuring the unmeasurable? *Epilepsy & Behaviour*, v. 6 p.207-211, 2005.

BRANCO,D.; COSTA,J. C. Ressonância Magnética Funcional de memória: onde estamos e onde podemos chegar. *J. Epilepsy Clin Neurophysiology*, v. 11, n. 3, p. 25-30, 2006.

CENDES, F.; KOBAYASHI, E. Epilepsia de Lobo Temporal. In: GUERREIRO, C. A. M. et al. (Eds.). *Epilepsia*. São Paulo: Lemos Editorial, 2000. p.201-213.

CHELUNE,G. Hipocampal adequacy versus functional reserve: predicting memory functions following temporal lobectomy. *Archives of Clinical Neuropsychology*, v. 10, n. 5, p. 413-432, 1995.

CHIAVARAVALLOTI, N. D.; GLOSSER, G. Memory for faces dissociates from memory for location following anterior temporal lobectomy. *Brain and Cognition*, v. 54, p. 35-42, 2004.

CORKIN, S. What is new with the amnestic patient HM? *Nature Reviews Neuroscience*, v.3, p.153-160, 2002.

DADE, L. A; JONES-GOTMAN, M. Sodium mobarbital memory tests: What do they predict? *Brain and Cognition*, v. 33, p. 189-209,1997.

DAWSON, K. et al. Pre-Surgical Cognitive Functioning of Right and Left Temporal Lobe Epilepsy Patients: Further Evaluation of Material Specific Memory with the WMS-III, ABSTRACT *American Epilepsy Society*, 2006.

DINIZ, L. F. M. et al. O teste de aprendizagem auditivo-verbal de Rey: normas para uma população brasileira. *Rev. Bras. Neurol.*, v.36, p. 79-83, 2000.

DODRILL, C. B.; OJEMANN, G. A. An exploratory comparison of three methods of memory assessment with the amobarbital procedure. *Brain and Cognition*, v. 33, p. 210-223, 1997.

ESCORSI-ROSSET,S. et al. Memory tests are not good predictors of surgical outcome in patients with mesial temporal lobe epilepsy associated with hippocampal sclerosis. *J. Epilepsy Clin Neurophysiology*, v. 11, n. 3, p. 127-130, 2005.

FUERST, D. et al. Wechsler Memory Scale-III Logical Memory and Visual Reproduction Subtests Do Not Lateralize Temporal Seizure Focus Better Than the Revised Version. ABSTRACT – *American Epilepsy Society*, 2006.

GROTE, C.; MEADOR, K. Has amobarbital expired? *Neurology*, v. 65, p.1692-1693, 2005.

GUERREIRO, C. A. M. et al. Considerações Gerais. In: GUERREIRO, C. A. M. et al (Eds.). *Epilepsia*. São Paulo: Lemos Editorial, 2000. p.1-10.

HELMSTAEDTER, C.; KOCKELMANN, E. Cognitive outcomes in patients with chronic temporal lobe epilepsy. *Epilepsia*, v. 47, p 96-98, 2006. Suplemento 2.

HELMSTAEDTER, C.; KURTHEN, M. Validity of the Wada test. *Epilepsy and Behaviour*, v. 3, p. 558-567, 2002.

HERMANN, B. P. et al. Neuropsychological characteristics of the syndrome of mesial temporal lobe epilepsy. *Arch. Neurol*, v. 54, p. 369-376, 1997.

JONES-GOTMAN, M.; ROULEAU, I.; SNYDER, P. J. Clinical and research contributions of the amobarbital procedure to neuropsychology. *Brain and Cognition*, v. 33, p. 1-6,1997.

JONES-GOTMAN, M. et al. Etomidate speech and memory test (eSAM) A new grug and improved itracarotid procedure. *Neurology*, v. 65, p. 1723-1729, 2005.

JONES-GOTMAN, M.; HARNADEK, M.; KUBU,C. Neuropsychological assessment for temporal lobe epilepsy surgery. *Can.J.Sci.*, v. 27, p. 39-43, 2000.

LERITZ, E. C.; GRANDE, L.; BAUER, R. M. Temporal lobe epilepsy as a model to understand human memory: the distinction between explicit and implicit memory. *Epilepsy & Behaviour*, v. 9, p. 1-13, 2006.

LEZAK, M. D. *Neuropsychological Assessment*. 4a ed. New York: Oxford University Press, 2004.

LIMA, J. M. L; Síndromes Epilépticas mais comuns no adulto. In: COSTA, J. C. et al (Eds.). Fundamentos Neurobiológicos das Epilepsias. Aspectos clínicos e cirúrgicos. v. 1. São Paulo: Lemos Editorial, 1998. p.315-335.

LORING, D. W. Neuropsychological evaluation in epilepsy surgery. *Epilepsia*, v. 38, p. 18-23, 1997.

LORING, D. et al. Effect of Wada memory stimulus type in discriminating lateralized temporal lobe impairment. *Epilepsia*, v. 38, n. 2, p. 219-224, 1997.

MADER, M. J.; ROMANO, B. W. Teste de Wada: a diversidade de protocolos. *Brazilian Journal of Epilepsy and Clinical Neurophysiology*, v. 7, n. 2, p.70-75, 2001.

MADER, M. J. et al. The Wada test: contributions to standartization of the stimulus for language and memory assessment. *Arquivos de Neuropsiquiatria*, v. 62, n. 3-A, p. 582-587, 2004.

MADER, M. J. et al. Critérios Mínimos para Procedimentos de Avaliação Neuropsicológica Pré e Pós Cirúrgica. Liga Brasileira de Epilepsia – Comissão de Neuropsicologia. *Journal Epilepsy and Clinical Neurophysiology*, v.7, n. 3 p. 104-105, 2001.

MADER, M. J. et al. O WAIS III e seu papel na Avaliação Neuropsicológica em pacientes candidatos a cirurgia de epilepsia. Análise dos resultados através das normas brasileira e americana. *Journal Epilepsy and Clinical Neurophysiology*,,v.12, n. 2, p. 70, 2006. Suplemento 2.

MILNER, B. Visual recognition and recall after right temporal-lobe excision in man. *Neuropsychologia*, v. 6, p. 191-209, 1968.

MILNER, B.; BRANCH, C.; RASMUSSEN, T. Study of short term memory after intracarotid injection of sodium amytal. *Transactions of the American Neurological Association*, v. 87, p. 224-226, 1962.

MILNER, B.; CORKIN, S.; TEUBER, H. L. Further analysis of the hippocampal amnestic syndrome: 14 year follow up study of HM. *Neuropsychologia*, v. 6, p. 215-234, 1968.

NASCIMENTO, E.; FIGUEIREDO, V. A Terceira Edição das Escalas Wechsler de Inteligência. In: PRIMI, R. (Org.). *Temas de Avaliação Psicológica*. São Paulo: Casa do Psicólogo, 2005. Capítulo 8.

NOFFS, M. H. et al. Desempenho cognitivo de pacientes com epilepias do lobo temporal e epilepsia mioclonica juvenil: avaliação por meio da Escala WAIS III.j *Epilepsy Clin Neurophysiology*, v. 12, n. 1, p. :7-12, 2006.

NOFFS, M. H. S. et al. Avaliação Neuropsicológica de pessoas com epilepsia. Visão crítica dos testes empregados na população brasileira. *Rev. Neurociências*, v. 10, p. 83-93, 2002.

PALMINI,A.; COSTA, J. C. Introdução à Epileptologia Clínica e Classificação das Epilepsias e Crises Epilépticas. In: COSTA, J. C. (Ed.). *Fundamentos Neurobiológicos das Epilepsias. Aspectos clínicos e cirúrgicos.* v. 1. São Paulo: Lemos Editorial, 1998. p149-161.

PARKIN, A. H. M. The medial temporal lobe and memory. In: CODE, C. et al. (Eds.). *Classical Cases in Neuropsychology.* Earlbaum: Psychology Press, 1996. p.337-347.

PORTUGUEZ, M. W. *Memória, epilepsia e lobectomia temporal. Um estudo neuropsicológico*. 1998. 78p. Tese Doutorado – Departamento de Psicobiologia – Universidade Federal de São Paulo, 1998.

PORTUGUEZ, M. W.; COSTA, D. I.; MARRONI, S. P. Novas perspectivas na avaliação neuropsicológica em pacientes com epilepsia refratária. *J. Epilepsy Clin Neurophysiology*, v. 11, n. 4, p. 26-30, 2005. Suplemento 1.

RAUPP, E. F. Teste do amobarbital sódico: técnica, aspectos angiográficos e complicações. In: COSTA, J. C. et al. Fundamentos Neurobiológicos das *Epilepsias – Aspectos Clínicos e Cirúrgicos*. São Paulo: Lemos, 1998. v. 2. p.975-983.

RISSE, G. Cognitive outcomes in patients with frontal lobe epilepsy. *Epilepsia*, v. 47, p. 87-89, 2006. Suplemento 2.

SILVA, T. I. et al. Tradução e adaptação cultural do Quality of Life in Epilepsy (QUOLIE 31). *J. Epilepsy Clin Neurophysiology*, v. 12, n. 2, p. 107-110, 2006.

VAZ, S. A. M. Nonverbal memory functioning following right anterior temporal lobectomy: a meta-analytic review. *Seizure*, v. 13, p. 446-452, 2004.

PSEUDOEPILEPSIA: A FAMÍLIA FRENTE AO DIAGNÓSTICO

Alessandra Santiago Vieira

Resumo

A pseudoepilepsia é uma doença de difícil diagnóstico e tratamento, provocando intensas repercussões psicossociais na vida do indivíduo que apresenta esse transtorno. As crises pseudoepilépticas são episódios semelhantes às de epilepsia, porém não epilépticas na sua origem, pois têm sido consideradas como crises histéricas, no sentido de que seriam manifestações de distúrbios emocionais e não de quadros neurológicos.

Pensando em uma terapêutica para melhorar a qualidade de vida dos indivíduos que sofrem com as crises pseudo-epilépticas, em 2001 o Serviço de Epilepsia da Divisão de Clínica Neurológica do Instituto Central do Hospital das Clínicas da Faculdade de Medicina da Universidade de São Paulo (ICHC-FMUSP) passou a solicitar a intervenção psicanalítica de pacientes diagnosticados com pseudoepilepsia. Os pacientes eram encaminhados à Divisão de Psicologia do ICHC-FMUSP após o registro de crises não epilépticas por meio de monitorização contínua por videoeletroencefalografia, e submetidos à psicoterapia de orientação psicanalítica por um período que variou de seis a doze meses.

O fragmento do caso clínico descrito e discutido neste trabalho foi um dos casos atendidos em pesquisa pelo período de quinze meses. No entanto, o enfoque da análise foi a posição da família frente ao diagnóstico de pseudoepilepsia.

Considerando-se que a família é o primeiro berço das relações do indivíduo, ela pode, ou não, inscrever este ser como "Ser Psíquico". As famílias também se organizam de tal forma que mantêm o indivíduo doente, ou promovem que adoeça, podendo, assim, manter a doença como forma de sobrevivência dos vínculos.

Palavras-chave: Pseudoepilepsia, histeria, família, diagnóstico.

Cuidar não significa eliminar algo, mas estar em uma disposição de ser cuidado.
Fábio Herrmann

Introdução

A pseudoepilepsia é uma doença de difícil diagnóstico e tratamento, provocando intensas repercussões psicossociais na vida do indivíduo que apresenta esse transtorno. As crises pseudoepilépticas são episódios semelhantes às de epilepsia, porém não epilépticas na sua origem, pois têm sido consideradas como crises histéricas, no sentido de que seriam manifestações de distúrbios emocionais e não de quadros neurológicos.

Em *Publicações Pré-psicanalíticas e Esboços Inéditos* (1886-1889/1996), Freud descreve o verbete "Histeroepilepsia" como uma "epilepsia" de caráter psicogênico, na qual a neurose está calcada em uma organização histérica. Podemos dizer que se tratava de uma "epilepsia afetiva", diferente da epilepsia orgânica. Desde então, os sintomas histéricos têm sido compreendidos de diferentes maneiras, predominantemente como somatoformes e dissociativos, embora seja comum que esses sintomas coexistam.

As crises epilépticas e as não epilépticas podem coexistir no mesmo indivíduo (DAVIES et al., 2000). Tais episódios podem variar em sua etiologia e em suas manifestações. De acordo com Perez e colaboradores (2000), muitas vezes, com a diminuição da frequência das crises epilépticas, surgem as psicogênicas, cujo objetivo é o de manter o papel de enfermo para o controle da dependência familiar. Segundo Abubakr e colaboradores (2003), as dramáticas manifestações das crises não epilépticas psicogênicas podem gerar um "lugar" protegido que confere certos direitos ao indivíduo, aliviando-o de algumas obrigações, ou melhor dizendo, autorizando-lhe ganhos secundários. Simultaneamente, o indivíduo evita lidar com seus conflitos psíquicos subjacentes.

Para Stella e Pereira (2003), tem sido comum escutar entre os profissionais de saúde mental que a histeria dos tempos de Charcot não existe mais, contudo, o que se vê é que as manifestações mais exuberantes do espectro histérico continuam amplamente presentes nas sociedades ocidentais, só que com novas inscrições na cultura e menos comuns no contexto de consultório, com mais expressão na saúde pública.

O diagnóstico e seu desdobramento, no sentido da etiologia das crises, decorrem da dificuldade em se efetuar um diagnóstico positivo desses casos, bem como pelo fato de a doença se manifestar no corpo com ausência de evidências de acometimentos orgânico. O diagnóstico negativo refere-se à epilepsia, pois, em virtude das semelhanças sintomáticas das crises, recebe a denominação de histeroepilepsia, pseudoepilepsia, crises não epilépticas psicogênicas e pseudocrise. Para Stella e Pereira (2003), o termo pseudocrise é inapropriado por apresentar a crise de forma pejorativa, pois sua origem está associada a processos psíquicos inconscientes e, do ponto de vista de quem a experimenta, é real, mesmo não tendo alterações bioelétricas cerebrais; sendo assim, a denominação mais correta é de crises não epilépticas psicogênicas.

Segundo Timary e colaboradores (2002), os indivíduos com pseudoepilepsia passam cerca de dez anos com diagnóstico equivocado, pois muitas vezes apresentam alterações no eletroencefalograma (EEG). Essa inadequação de diagnóstico acarreta problemas para esses indivíduos, uma vez que passam anos realizando tratamentos farmacológicos com drogas antiepilépticas, e muitos recorrem ao auxílio-doença e à aposentadoria por invalidez por estar convencidos de que estão séria e organicamente comprometidos, sem condições emocionais e laborativas adequadas.

Enfim, fazer o diagnóstico das crises pseudoepilépticas supõe a realização de anamnese detalhada, exames psiquiátrico e neurológico minuciosos, e exames subsidiários como EEG, telemetria e o vídeoeletroencefalografia (vídeo-EEG – exame que registra a atividade elétrica do cérebro simultaneamente às imagens do indivíduo), além da exclusão de crises epilépticas generalizadas.

O tratamento é interdisciplinar pela própria natureza psicopatológica. Os indivíduos que sofrem com as crises pseudoepilépticas necessitam de uma abordagem psicanalítica para superação de seu quadro mórbido, sendo o tratamento complexo no início, pois o sofrimento não é traduzido em palavras; ele aparece pela expressão corporal por meio das convulsões. Assim, vemos o caráter regressivo desses casos, bem como os ganhos que proporcionam e que dificultam o indivíduo a considerar o sofrimento implicado nos sintomas, a fim de poder retificar sua posição subjetiva. Cabe lembrar que mero controle dos sintomas não pode ser o objetivo do trabalho com esses pacientes, uma vez que as crises indicam a existência de conflitos psíquicos intensos e, por vezes, intrincados na personalidade do indivíduo (STELLA; PEREIRA, 2003).

Para Berlinck (2000), torna-se necessária a implementação de situações que permitam ao indivíduo compreender que a crise, em si, representa um sofrimento que se manifesta além da palavra, por intermédio das próprias convulsões, pois a elaboração do símbolo patológico constitui o foco da ação terapêutica. Outra forma de tratamento é o psicodrama, na medida em que, devido à vivência dos processos emocionais, os sofrimentos psíquicos nas convulsões psicogênicas são simbolizados, com a programação não verbal que auxilia o indivíduo a compreender as manifestações semiológicas da doença (STELLA, 2000).

Para Stella e Pereira (2003), o encaminhamento à psiquiatria deverá ser feito quando houver comorbidades psiquiátricas associadas, sobretudo quando ocorrer depressão grave, risco de suicídio e outros transtornos mentais. Já para tratamento de ambas as crises é necessário o intercâmbio entre todas as especialidades que aqui foram abarcadas – neurologia, psiquiatria, psicanálise, psicologia, etc.

Pensando em uma terapêutica para melhorar a qualidade de vida dos indivíduos que sofrem com as crises pseudoepilépticas, em 2001 o Serviço de Epilepsia da Divisão de Clínica Neurológica do Instituto Central do Hospital das Clínicas da Faculdade de Medicina da Universidade de São Paulo (ICHC-FMUSP)[1] passou a solicitar a intervenção psicanalítica de pacientes diagnosticados com pseudoepilepsia. Os pacientes eram encaminhados à Divisão de Psicologia após o registro de crises não epilépticas por meio de monitorização contínua por vídeoeletroencefalografia (vídeo-EEG), e submetidos à psicoterapia de orientação psicanalítica por um período que variou de seis a doze meses[2]. Os atendimentos foram realizados no Centro de Estudos em Psicologia (CEPSIC) da Divisão de Psicologia do ICHC-FMUSP Saúde, mediante encaminhamento médico.

O fragmento do caso clínico[3] que será descrito e discutido posteriormente foi atendido em pesquisa, e neste trabalho será analisado sob o enfoque da família frente ao diagnóstico de pseudoepilepsia.

Fragmentos de um caso clínico

Carla, 37 anos, é casada e tem duas filhas, de onze e catorze anos respectivamente Refere-se a leves crises, como sonolência e ausências desde a adolescência. Como sentia muito sono e não conseguia trabalhar, pois tinha dificuldades de acordar cedo, a família achava melhor então que ficasse em casa.

Contudo, as crises vieram agravando-se com a passagem dos anos. Perda do namorado da adolescência, perda da avó e separação dos pais devido ao alcoolismo do pai (separação de corpos, pois continuaram morando da mesma casa) foram os motivos que, segundo Carla, contribuíram para a exacerbação de seus sintomas.

Carla casa-se e continua morando no mesmo quintal dos pais e irmãos, por questões financeiras e por ser mais fácil de ser cuidada, caso tivesse crises. Suas crises agravaram-se, nessa época, por conta da decepção com o casamento, porém como casou "para não se separar", teria de aguentar a situação. Nos últimos anos, as crises constavam de desmaios, paralisias temporárias de membros e prejuízo de fala, sendo frequentadora assídua de pronto-socorro. Nos três últimos anos anteriores ao início do tratamento, quando seu pai faleceu, as crises agravaram-se a tal ponto que acometiam de paralisia o sistema respiratório, exigindo internações em Unidade de Terapia Intensiva (UTI) para que Carla fosse entubada, pois corria o risco de parada respiratória.

Nessa época, Carla engravida de sua filha caçula; uma gravidez não planejada, como foi a primeira. Um acidente, segundo ela, pois estava paralisada e o marido, alcoolizado, e não teve condições de se defender ou chamar a família para socorrê-la dele. Sua família, quando soube, ficou "indignada". Para eles, fora um ato irresponsável.

A família de Carla a trata praticamente como inválida, pois, quando do nascimento da filha caçula, entregou-a para sua avó criá-la, por sentir-se sem condições para tal função. Além disso não poder andar sozinha, por prescrição médica e pelo risco de ter crises, faz com que Carla não saia de casa e dependa de uma

---

[1] Foi desenvolvido um projeto de pesquisa em conjunto com a doutora Mara Cristina Souza de Lúcia, diretora da Divisão de Psicologia do Instituto Central da Faculdade de Medicina da Universidade de São Paulo, e psicólogos colaboradores.

[2] O objetivo do estudo foi investigar a inter-relação dos fenômenos convulsivos e histéricos frequentemente apresentados pelos pacientes que recebem o diagnóstico de Pseudoepilepsia, identificando o processo de mimetização do quadro comicial que configura o campo psíquico do tratamento psicanalítico a partir da Teoria dos Campos, como ficou conhecida a obra do psicanalista Fábio Herrmann.

[3] O caso descrito trata-se de uma paciente que apresentava apenas crises não epilépticas psicogênicas, sendo tratada por dez anos como portadora de Epilepsia de Difícil Controle.

acompanhante, seu marido ou a sogra. Seu irmão, que é pastor evangélico, acredita que o problema de Carla é espiritual.

Em sua última internação, por recaída dos sintomas, ela e a família passaram a exigir dos médicos uma nova exploração diagnóstica, e assim, em função da potência dos sintomas, ficou internada por 52 dias.

Construções sobre a família

O método psicanalítico, segundo Herrmann (1999), nos permite aumentar nossa visão dos fenômenos humanos, e por meio dele podemos tratar um grupo de pessoas, uma família, uma comunidade etc. A tentativa talvez aqui seja interpretar o acontecimento no mundo, ou seja, analisar o fenômeno humano que nas relações acontecem.

A história natural de cada família é transmitida de geração a geração, por meio de condutas que se repetem; os fenômenos são entendidos como na teoria psicanalítica, via determinismo psíquico, considerando os problemas individuais como familiares, com sua raiz em fatos passados transmitidos de pais para filhos (BURD; BAPTISTA, 2004).

Segundo Roudinesco (2003), a família para Freud põe em cena homens, mulheres e crianças que agem inconscientemente como heróis trágicos e criminosos. Nascidos condenados, eles desejam-se, dilaceram-se ou matam-se.

Neste trabalho, será levado em consideração, para análise, o que Carla pôde relatar sobre suas relações familiares e como isso repercutiu em sua vida e na de sua família. E, assim, já podemos observar alguns fenômenos: os sintomas desde a adolescência e a questão da identidade.

O devir do sujeito passa por um processo de cuja constituição Carla apresenta falha. Para Bollas (2000), considerando as concepções de Arnaldo Model, a mãe enfurece seu bebê, a ponto de a criança lidar com a falta de confiabilidade nela livrando-se da dependência, o que daria início ao "eu" como um substituto do outro. Nasceria então um novo ser "psíquico", e todos passamos por esse processo para "sermos".

Quando chega a adolescência, ela se apresenta para todos com inseguranças, incertezas e mudanças, inquietação com as diferenças do próprio corpo, depressão em face às perdas dos referenciais infantis. Porém, para Carla, essas mudanças abarcam sintomas que a impedem de expressar seus desejos. Na impossibilidade de viver o desejo conflituoso de assumir o destino edipiano[4], uma vez que está conjugado com temor de não sobreviver a sua realização, surge o sintoma como resolução do conflito (KAUFMANN, 1996). As crises convulsivas, ou melhor, conversivas, nada mais são que faces da resolução que pode dar ao conflito – faces de uma neurose histérica.

Carla vive continuamente numa relação incestuosa em que não é possível existir um terceiro, na qual dois se unem e um tem de ser excluído. A gravidez da filha caçula tem essa relevância incestuosa, pois ela concebe um filho de um homem alcoólatra, que poderia ser o pai em sua fantasia. Ela, após o nascimento, entrega à mãe os cuidados desse bebê. Parece-nos claro que Carla não poderia ter um filho do pai, por isso a permissão de que a mãe se apropriasse dessa filha.

No entanto, com o trabalho analítico, as conquistas de Carla acontecem, porém assustam seu marido e sua família parental. Quando ela desejava sair para trabalhar e poder ser útil, o marido queria impedi-la de vir às sessões. Quando decidiu trazer a filha para junto de si, sua mãe e a irmã ameaçaram de romper os vínculos com ela, pois acreditavam que uma inválida não conseguiria cuidar de alguém, uma vez que não podia nem cuidar de si.

---

[4] Freud afirma a universalidade dos desejos edipianos por meio da diversidade das culturas e dos tempos históricos: "Todo ser humano se vê diante da tarefa de superar o complexo de Édipo. O Édipo é a estrutura que organiza o devir humano em torno das diferenças dos sexos e da diferença de gerações" (KAUFMANN, 1996, p. 135).

Carla consegue reaver a filha, à custa de muitos conflitos, e teve de mudar toda a dinâmica de sua casa, como ter uma cama também para Clara, e, além disso, sai do quintal de sua mãe para morar no da sogra. Aparece o começo do vir a "ser", ou seja, começa a ser conquistada a identidade de Carla.

A família, nesse caso, ajudava-a a manter-se com ajuda deles, como bode-expiatório, para permanecer a dinâmica e os vínculos, com os quais já estavam habituados.

No caso de o marido de Carla modificar as condições com que ela já vinha sendo cuidada lhe causou resistência; ele já sabia como lidar com a doença da mulher e, a partir das mudanças, não a reconhecia, e com isso sentia os vínculos com a esposa ameaçados.

Quando um dos membros de uma família sofre de uma doença psíquica, para Bortoleto (2002), há uma relação entre esta e o doente, não sendo possível entender as peculiaridades de um dos membros sem relacioná-lo com o outro. Às vezes o conteúdo desse relacionamento revela fatos que precisam ser negados, por ser insuportáveis de lidar com eles.

Isso nos direciona a pensar em Pichon-Rivière, citado pela mesma autora, que desenvolve a ideia de que o doente é porta-voz das ansiedades do grupo e, ao mesmo tempo, depositário das tensões e dos conflitos, e esse cenário se repete na constelação familiar.

Sob a ótica da família do doente que sofre de problemas psíquicos, Melman (2001) nos mostra que os indivíduos se sentem inseguros e impotentes diante de situações cotidianas que envolvem a família, principalmente quando o prognóstico é desanimador e a duração dos sintomas perdura por muito tempo; além dos fracassos sociais, a dificuldade de comunicação e de interação gera esvaziamento das perspectivas familiares em relação ao paciente. Essa sobrecarga vivenciada pela família varia de acordo com seus valores e suas representações sobre a doença psíquica, os quais resultam de sua história cultural, social, religiosa e de vida.

Outro fenômeno de grande relevância a ser observado são os sintomas próprios da neurose histérica apresentada por Carla, os quais a impedem, ou pelo menos a impediam, de escrever outra história.

No entanto, pacientes com histeria conversiva geralmente obtêm benefícios externos, em geral afetivos, esquiva de responsabilidades não desejadas, isenção de compromissos profissionais, além da atenção da equipe médica, ao manter-se doente – ganho secundário. Esses ganhos se referem às gratificações suplementares obtidas em consequência do surgimento dos sintomas, tais como cuidados e atenção (STELLA; PEREIRA, 2003).

Nasio, em seu livro A histeria: Teoria e Clínica Psicanalítica (1991), com muita clareza diz que a histeria não é uma doença que afeta um indivíduo, mas o estado doentio de uma relação humana que assujeita uma outra pessoa. Ela nada mais é do que o nome dado ao laço e aos nós que o neurótico tece em sua relação com os outros a partir de sua fantasias, ou seja, o histérico é aquele que, sem ter conhecimento disso, impõe na relação afetiva com o outro a lógica doentia de sua fantasia inconsciente, ocupando invariavelmente o papel do excluído.

Segundo Bortoleto (2002), tanto a literatura mais antiga quanto a mais moderna sobre família e doença mental trazem a importância e a influência da família no contexto psicopatológico e no social do membro familiar do portador do sintoma. É unânime a ideia de que o doente ou o portador do sintoma não está só em sua enfermidade e que sofre influências, negativas e positivas, dos familiares. E a sobrecarga familiar surge pela patologia e pelas consequências sociais.

Considerações finais

Pudemos pensar, a partir dessas construções, incluindo o caso clínico, que a família é o primeiro berço das relações do indivíduo com o mundo, e, como tal, pode ou não inscrevê-lo como ser psíquico. Além disso, as famílias organizam-se de tal forma que mantêm ou promovem a doença do indivíduo, podendo, ainda, mantê-la como forma de sobrevivência dos vínculos.

Mesmo assim, Mello Filho (2004) chama atenção para o fato de que, embora haja muitas críticas quanto à estrutura e às funções da família, ela ainda é o melhor contexto para se promover o desenvolvimento do ser humano, uma vez que é rica em experiências humanas, em modos diferentes de ser; é também a forma natural de crescimento do ser humano, em seus processos de identificação, seleção e constituição de uma identidade. Nesse sentido, Roudinesco (2003) conta-nos que a família ainda é hoje reivindicada como único valor seguro a que ninguém quer renunciar: "Ela é amada, sonhada, desejada por homens, mulheres e crianças de todas as idades, de todas as orientações e de todas as condições" (ROUDINESCO, 2003, p. 198).

Assim, como diz Freud em seu texto *Mal-estar na Civilização* (1886-1889/1996), a vida é árdua, pois nos proporciona sofrimentos, decepções e tarefas impossíveis. Visamos à ausência de sofrimento e de desprazer e, por outro lado, à experiência de intensos sentimentos de prazer. Porém, o sofrimento ameaça-nos a partir de três direções: do nosso corpo, do mundo externo e finalmente dos relacionamentos com os outros, sendo que o último pode ser o mais penoso.

Referências bibliográficas

ABUBAKR, A.; KABLINGER, A.; CALDITO, G. Psychogenic Seizures: Clinical Featuresand Psychological Analysis. *Epilepsy & Behavior*, v. 4, p. 241-245, 2003.

BERLINCK, M. T. Comunicação Oral. *V Congresso Brasileiro de Psicopatologia Fundamental*. Campinas, São Paulo, 2000.

BOLLAS, C. *Hysteria*. São Paulo: Escuta, 2000.

BORTOLETO, V. *Representações de Familiares de Pacientes Psicóticos sobre a Doença Mental através do Discurso do Sujeito Coletivo*. Dissertação de Mestrado, Universidade Metodista de São Paulo, São Bernardo do Campo, 2002.

BURD, M.; BAPTISTA, C. Anamnese da Família: Genograma e Linha do Tempo. In: MELLO FILHO, J. de; BURD, M. (Org.). *Doença e Família*. São Paulo: Casa do Psicólogo, 2004. p. 92-110.

DAVIES, K. G. et al. De Novo Nonepileptic Seizures After Craniel Surgey for Epilepsy: Incidence and Risk Factores. *Epilepsy & Behavior*, v. 1, p. 436-443, 2000.

FREUD, S. Publicações Pré-Psicanalíticas e Esboços Inéditos. In: _____. *Edição Standard Brasileira das Obras Psicológicas Completas de Sigmund Freud*. Rio de Janeiro: Imago, 1996 [1886-1889]. v. II.

FREUD, S. O Mal Estar na Civilização. In:_____. *Edição Standard Brasileira das Obras Psicológicas Completas de Sigmund Freud*. Rio de Janeiro: Imago. (1930[1929]/1996). v. XXI.

HERRMANN, F. *O que é Psicanálise – para iniciantes ou não...* São Paulo: Psique, 1999.

KAUFMANN, P. *Dicionário Enciclopédico de Psicanálise: O legado de Freud a Lacan*. Rio de Janeiro: Jorge Zahar, 1996.

BURD, M.; BAPTISTA, C. Sexualidade e Família. In: MELLO FILHO, J. de; BURD, M. *Doença e Família*. São Paulo: Casa do Psicólogo, 2004. p. 57-74.

MELMAN, J. *Família e Doença Mental: Repensando a Relação entre Profissionais de Saúde e Familiares*. São Paulo: Escrituras, 2001.

NASIO, J. D. *A Histeria: Teoria e Clínica Psicanalítica*. Rio Janeiro: Jorge Zahar, 1991.

PEREZ, A. G.; IMAZ, F. T.; ADÀN, C. M. Epilepsia Y Psiquiatria. *Atención Primária*, v. 26, n. 10, p. 703-710, 2000.

ROUDINESCO, E. *Família em Desordem*. Rio Janeiro: Jorge Zahar, 2003.

STELLA, F. Comunicação Oral. *V Congresso Brasileiro de Psicopatologia Fundamental*. Campinas, São Paulo, 2000.

STELLA, F.; PEREIRA, M. E. C. Semiologia e Características Clínicas das Crises Pseudo-epilépticas. *Revista Latinoamericana de Psicopatologia Fundamental*, São Paulo, v. 5, n. 1, p. 109-129, 2003.

TIMARY, P. et al. Nonepileptic Seizures: Delayed Diagnosis in Patients Presenting with Electroencephalographic or Clinical Signis of Epileptic Seizures. *Seizure*, v. 11, p. 193-197, 2002.

AVALIAÇÃO NEUROPSICOLÓGICA NA DOENÇA DE PARKINSON

Kátia Osternack Pinto

Avaliar pessoas portadoras de Doença de Parkinson (DP) é tarefa que requer técnica, experiência clínica e o convívio com as particularidades dos doentes. O psicólogo que inicia sua atividade em ambiente hospitalar se sente sensibilizado pela incapacidade que a doença provoca no cotidiano, pelos constantes episódios depressivos e pela falta de perspectivas. Apesar dos esforços que a medicina tem feito para diminuir os efeitos da doença, ainda dispomos de muito pouco para melhorar a qualidade de vida desses indivíduos.

Participando ao longo dos anos da equipe que trata dos portadores de DP no Instituto Central do Hospital das Clínicas da FMUSP, havia a necessidade de investigar pacientes candidatos à cirurgia, última alternativa para minimizar os sintomas dos que se encontram em estágio mais avançado da doença, em que o tratamento medicamentoso já não surte mais efeito. As técnicas disponíveis na literatura científica pouco se adequavam em termos de precisão diagnóstica, não eram adaptadas para a clientela do SUS do Brasil e não tomavam em consideração a influência dos sintomas na execução dos testes ou o estado emocional do paciente no momento da avaliação. Uma situação difícil, pois, se o resultado do exame neuropsicológico apontasse determinado grau de rebaixamento cognitivo, não era indicada a realização da cirurgia.

Foi assim que, valendo-me da experiência clínica, dos conhecimentos em neuropsicologia e das técnicas de entrevista e de observação dadas pela psicologia tradicional, elaborei um método diagnóstico capaz de fornecer critérios para avaliação neuropsicológica mais objetiva dos portadores de DP.

Este capítulo fornecerá ao leitor subsídios para a escolha dos instrumentos, para a interpretação qualitativa dos resultados e parâmetros para diagnóstico neuropsicológico diferencial dos portadores de DP, considerando sua história, a influência dos sintomas e da situação emocional durante a avaliação como fatores intervenientes que necessitam ser levados em conta.

CARACTERIZAÇÃO DA DOENÇA

A DP é uma enfermidade crônica, caracterizada por alterações no controle dos movimentos (KANDEL; SCHWARTZ; JESSELL, 2003; TAPIA-NÚÑEZ; CHANÁ-CUEVAS, 2004), que pode desenvolver-se acompanhada de disfunções cognitivas ou psíquicas em 40 a 90% dos doentes (BARBOSA et al., 1987; MARIÉ; DEFER, 2003; ZGALJARDIC et al., 2003; PILLON; CZERNECKI; DUBOIS, 2003). As perdas cognitivas caracterizam-se, basicamente, por alterações das funções executivas, incluindo memória operacional, iniciação e execução de movimentos dependentes de processamento interno da informação (MARIÉ; DEFER, 2003; GURD; MASTER; OLIVEIRA, 2001; REKTOROVÁ et al., 2005), inabilidade para elaborar internamente um comportamento orientado, redução do controle inibitório e da regulação do comportamento e decréscimo dos recursos de processamento e controle da atenção (PILLON; CZERNECKI; DUBOIS, 2003). Os doentes têm dificuldade para identificar a natureza da informação processada em um alvo específico do putâmen (alça motora) e núcleo caudado (alça cognitiva), regiões subcorticais mais gravemente privadas de dopamina. As atividades sob controle da área motora suplementar e as atividades cognitivas sob comando do córtex pré-frontal dorsolateral apresentam maiores dificuldades (ZGALJARDIC et al., 2003).

Os portadores de DP apresentam inabilidade na programação da ação e na tomada de decisão para reter informação e reduzir, por meio da prática, a carga atencional requerida para a produção. No nível motor, o comportamento é reduzido a passos individuais. As rotinas automáticas sofrem perda de prontidão interna (SHALLICE, 1988; TAYLOR; SAINT-CYR, 1995). Apresentam dificuldade para antecipar o movimento e tendem a adotar uma estratégia de resposta por meio da informação sensorial mais que da antecipação, ou seja, são "ambiente-dependentes" (THOMAS et al., 1996).

Além da disfunção executiva, outros estudos têm apontado alterações na memória, percepção visuo-espacial, linguagem e velocidade de processamento (ZGALJARDIC et al., 2003; PILLON; CZERNECKI; DUBOIS., 2003; TAYLOR; SAINT-CYR, 1995; OSTROSKY-SOLLIS, 2000; GROSSMAN et al., 2001; SÁNCHEZ-RODRÍGUEZ, 2002; CARBON; MARIÉ, 2003). A presença desses outros comprometimentos cognitivos nos doentes leva à possibilidade de demência, que, segundo a literatura, pode ocorrer em 15 a 40% dos pacientes com DP (PILLON; CZERNECKI; DUBOIS, 2003; OSTROSKY-SOLLIS, 2000; NAGANO-SAITO et al., 2005).

Na prática clínica, o diagnóstico de demência é determinado pelo exame neurológico acompanhado de avaliação neuropsicológica. No entanto, a sobreposição de sintomas e a falta de protocolos definidos dificultam o diagnóstico preciso. Em estudo de revisão da literatura (SALLEM et al., 2003), encontramos mais de sessenta diferentes instrumentos para avaliação dos portadores de DP, compondo uma diversidade de protocolos e sugerindo a necessidade de estudos controlados considerando a produção singular de cada paciente (BARBOSA et al., 1987; PILLON; CZERNECKI; DUBOIS, 2003; TAYLOR; SAINT-CYR, 1995).

Embora tenham sido desenvolvidos esforços no sentido de estabelecer baterias adequadas à investigação cognitiva dos portadores de DP (DEFER et al., 1999), a diversidade cultural e a falta de instrumentos adequados à população brasileira têm dificultado sua utilização. Em nosso grupo (OSTERNACK-PINTO; SOUZA DE LUCIA; LEFÈVRE, 2001), investigamos nove pacientes portadores de DP de longa data, com resposta insatisfatória ao tratamento clínico e indicação de neurocirurgia utilizando o protocolo internacional. As dificuldades de adequação dos instrumentos propostos alertaram-nos para a importância de determinar a especificidade das disfunções cognitivas e estabelecer critérios mais objetivos para diagnóstico diferencial desses doentes.

Em estudo posterior (PINTO, 2005), investigamos quarenta portadores de DP com diferentes níveis de evolução da doença e vinte idosos normais com idade e nível de instrução semelhante aos doentes, com o objetivo de comparar a produção cognitiva, identificar as características da sua produção e definir critérios para diagnóstico diferencial cognitivo. Os sessenta sujeitos eram 32 homens e 28 mulheres, com idade média de 66 anos e nível de instrução de seis anos em média. Os vinte sujeitos neurologicamente saudáveis se apresentaram. Para avaliação neuropsicológica, foram aplicados 22 testes neuropsicológicos, cujas pontuações foram analisadas em 49 variáveis que identificam as diferenças na produtividade dos doentes em relação aos indivíduos normais. Os critérios de avaliação neuropsicológica propostos no presente capítulo foram baseados nesse estudo.

Apresentamos abaixo o Quadro 1 comparando as diferenças entre a produção dos portadores de DP e dos idosos sem alterações neurológicas.

Quadro 1 – Comparativo da produção dos portadores de doença de Parkinson e indivíduos normais de mesma faixa etária e mesmo nível de instrução [20]

Produção semelhante aos idosos normais	Prejuízo em relação aos idosos normais
Habilidades de raciocínio	Habilidades visuoconstrutivas
Linguagem expressiva	Controle atencional
Memória de retenção e reconhecimento	Funções executivas
Atenção focal e espacial	Percepção visuoespacial
Funções afetivas	Memória de evocação espontânea

Caracterização da produtividade e análise dos instrumentos

Avaliar portadores de DP não é tarefa simples, principalmente em se tratando daqueles em estágio mais avançado da doença. A necessidade de incluir sessões adicionais, a ausência aos retornos ou mesmo a total incapacidade de execução de alguns testes são apenas alguns exemplos dos fatores que permeiam o diagnóstico neuropsicológico desses doentes. É importante utilizar número reduzido de instrumentos, evitando os fatores que interferem na produtividade, como rapidez e habilidade motora. A Tabela 1 abaixo apresenta a bateria básica proposta, incluindo alguns testes de uso opcional.

Tabela 1 – Bateria neuropsicológica sugerida

Função Neuropsicológica	Teste – item
Raciocínio	Informação e Semelhanças- WAIS-III
	Opcional: Compreensão – WAIS-III
Linguagem	Categorias – Animais
Percepção visuoespacial	Hooper-VOT
Visuoconstrução	3F/3P – cópia
Memória	RAVLT
	3F/3P
	Opcional: Dígitos OD – WAIS-III
Funções atencionais e executivas	SCT
	SNL – WAIS-III
	Go-no go – modalidade não motora
	Labirinto
	WCST
	Opcional: TH

WAIS = *Wechsler Adult Intelligence Scale*.
VOT = *Hooper Visual Organization Test*.
3F/3P = Três Figuras, Três Palavras.
RAVLT = *Rey Auditory Verbal Learning Test*.
SCT = *Stroop Color Word Test*.
SNL = Sequência de Números e Letras.
WCST = *Wisconsin Card Sort Test*.
TH = Torre de Hanói [21,22,23].

Raciocínio e habilidades intelectuais

Os subtestes Informação e Semelhanças da Escala Wechsler de Inteligência para Adultos (WAIS-III) mostram-se muito úteis como indicadores do nível cultural, organização do raciocínio e nível de conceituação. O subteste Compreensão pode ser incluído como opcional para investigação da capacidade de abstração em caso de suspeita de demência cortical.

Linguagem

Os testes de fluência verbal fonológica sofrem maior influência das disfunções executivas e são mais dependentes do nível de instrução, sendo mais indicado utilizar o teste de categorias semânticas, como nomes de animais. O teste de Nomeação de Palavras de Boston também apresenta influência do nível cultural, que nem sempre corresponde aos anos de escolaridade. Se incluído na bateria, deve tomar-se em consideração, sob o ponto de vista qualitativo, o benefício obtido pela pontuação resultante dos acertos a partir das pistas fonéticas.

Percepção visuoespacial

As falhas na organização visuoespacial manifestam-se sob a forma de tendência à fragmentação e presença de confabulações visuais. Comumente também apresentam dificuldade em realizar análise contextual e inibir a resposta mais imediata solicitada pelo estímulo. Muitos obtêm baixa pontuação porque respondem prontamente devido a falhas no controle inibitório. Na avaliação, os testes Completar Figuras (WAIS) e Organização Visual de Hooper mostram-se bastante proveitosos. O Julgamento da Orientação de Linhas pode ser incluído como opcional para investigação mais apurada da angulação, mas, por ser de aplicação muito extensa, deve ser observada a possibilidade de queda do nível atencional.

Visuoconstrução

Nas reproduções gráficas, as dificuldades dos doentes mostram-se marcantes. Na cópia de uma figura complexa, os piores resultados dos indivíduos normais não se comparam às produções dos portadores de DP. Mesmo na reprodução das figuras mais simples, alguns sujeitos apresentam deformidades demonstrando incapacidade para organizar a forma em uma imagem coesa. Por isso, os testes tradicionais são pouco indicados. O ideal é utilizar cópia de figuras mais simples, como o teste de Três Figuras e Três Palavras, a cópia do cubo e/ou o desenho do relógio, mesmo que proporcionem avaliação apenas qualitativa.

Memória

Os sujeitos com DP são capazes de reter e evocar novas informações, porém dependem do fornecimento de pistas para evocação do conteúdo aprendido. Além disso, demoram mais tempo para processar as informações e, portanto, sua curva de aprendizagem é baixa nas fases iniciais, alcançando resultados normais nas apresentações finais dos estímulos. É comum também a presença de intrusões. As listas de palavras de Rey são importantes na investigação da curva de aprendizagem verbal e para detectar presença de intrusões. Têm a vantagem de apresentar a lista por cinco vezes, permitindo que aqueles com maior lentidão de processamento adquiram a informação. A memória figurativa deve ser avaliada com o cuidado de partir de estímulos de fácil execução. O teste Três Figuras e Três Palavras tem a vantagem de ser tanto verbal quanto figurativo e permite o estabelecimento da curva de aprendizagem.

Funções atencionais e executivas

Na investigação do controle atencional, os testes do tipo *go-no go* são importantes, mas também acarretam muita dificuldade para os doentes com sintomatologia mais avançada. Seria conveniente, portanto, optar por modalidades não motoras. No teste de trilhas (parte A), a realização torna-se demasiado penosa. O tempo despendido que, normalmente, não leva mais que sessenta segundos, chega a ultrapassar cinco minutos. Na parte B, que exige alternância entre números e letras, as dificuldades ultrapassam as possibilidades de execução, e muitos chegam a abandonar a tarefa. Na utilização dos cartões de Stroop, assim como do Trail Making, devem-se valorizar os erros cometidos mais que o tempo utilizado para sua execução.

Na avaliação da memória operacional, o teste de Dígitos é de fácil aplicação desde que seja apresentado com padronização que permita pontuação distinta entre ordem direta e ordem inversa. O subteste SNL (WAIS) é mais indicado, pois se mostra capaz de evidenciar a função com maior sensibilidade.

A dificuldade em estabelecer e manter um plano heurístico na presença do componente motor é evidente. Na Torre de Hanói, os portadores de DP conseguem encontrar a solução, porém demoraram mais para adquirir eficácia executiva. Alguns chegam a utilizar, em média, mais de cinquenta movimentos para as seis tentativas com quatro peças, quando quinze são suficientes. O tempo utilizado e a incidência de abandono são frequentes.

Os testes de Labirinto mostram-se eficientes para investigação do planejamento. Os pacientes com doença mais avançada chegam a utilizar o triplo do tempo dos normais, com o dobro do número de erros.

O teste da Escolha de Cartões de Wisconsin é de fundamental importância, inclusive por ser não motor. Recomenda-se utilizar sua versão completa, de modo a permitir melhor investigação da flexibilidade mental, perseveração e falhas na manutenção do *set*. A Torre de Hanói, embora apresente problemas de execução para alguns sujeitos, mostra-se de grande utilidade na investigação da função executiva, pois permite visualizar as dificuldades na manutenção das instruções e do plano heurístico traçado pelo paciente.

É importante manter sempre um inventário de depressão.

Método diagnóstico diferencial

A seguir, apresento o método para realização do diagnóstico diferencial cognitivo para os portadores de DP, o qual permite estabelecer critérios mais objetivos e nortear a interpretação qualitativa.

Organizando os fatores identificados como presentes na situação de testagem, deve ser estabelecida uma classificação que considere três diferentes níveis de gravidade:

I – Protocolo normal – sem anormalidades neuropsicológicas definidas;

II – Disfunções neuropsicológicas específicas – presença de uma ou de duas funções com prejuízo moderado ou grave, excetuando alterações da memória;

III – Protocolo compatível com declínio cognitivo – presença de mais que duas funções de comprometimento moderado a grave, incluindo alterações da memória.

Para cada nível de gravidade devem ser considerados os fatores que comumente se apresentam na história pregressa e os sintomas da doença que se mostram mais frequentes na situação de testagem neuropsicológica dos doentes.

Fatores relacionados à história pregressa:

a – Raciocínio pouco habituado ao trabalho mental devido ao baixo nível cultural[1];
b – Sintomas afetivos duradouros ou não.

Sintomas da DP:

c – Lentidão de processamento e/ou de iniciação;
   – Alterações motoras manuais – tremor, rigidez, discinesia;
   – Alterações motoras da fala – disartria, perda de volume ou de ritmo.

Assim, cada sujeito pode ser classificado em um dos três níveis de gravidade, associado ou não a um ou mais fatores intervenientes na situação de avaliação, formando um quadro (Quadro 2) de duas entradas:

	A	B	C
I			
II			
III			

Desse modo, um determinado sujeito que tiver pontuação indicativa de Distúrbio Neuropsicológico Específico (Nível II) pode tratar-se de uma pessoa cognitivamente normal (Nível I), que teve sua produtividade rebaixada por influência de um dos fatores intervenientes (a, b e/ou c). Do mesmo modo, um sujeito com pontuação indicativa de declínio cognitivo (Nível III) pode tratar-se de um indivíduo com alguns distúrbios neuropsicológicos específicos e que teve sua produção prejudicada por um ou mais dos fatores intervenientes. Estabelecemos então os critérios para classificação diagnóstica, como demonstrado a seguir.

Para aqueles que apresentaram perda moderada ou grave de uma ou de duas funções neuropsicológicas, excetuando alterações da memória (sugestivas de nível II), o diagnóstico diferencial será entre:

– normalidade, com prejuízo na pontuação de alguns testes em decorrência de estados situacionais (Ia, Ib e/ou Ic); ou
– pontuação coerente com *disfunção neurológica específica*, diagnosticada ou não, que não pode ser explicada apenas pela presença de fatores situacionais.

Para os casos que apresentaram perda moderada ou grave de duas ou mais funções, incluindo alterações da memória (sugestivas de nível III), deve ser estabelecido o diagnóstico diferencial entre:

– alterações neuropsicológicas coerentes com *disfunção neurológica específica*, com pontuação das demais funções prejudicada por interferência dos estados situacionais (IIa, IIb e/ou IIc); ou
– presença de perdas coerentes com *declínio cognitivo* as quais não podem ser explicadas pelas interferências situacionais (nível III).

Desse modo, estrutura-se um método de diagnóstico mais objetivo para a análise qualitativa, evitando "falsos positivos" ou, ainda, o julgamento intuitivo do examinador, que pode subestimar anormalidades presentes pela atribuição de causalidade apenas aos eventos situacionais. A análise mais cuidadosa dos resultados, considerando todos os elementos capazes de influenciar a produtividade do doente, permite evitar erros diagnósticos e fornece evidências mais consistentes para confirmar o diagnóstico de declínio cognitivo com maior segurança.

---

[1] Para detalhes a respeito das influências culturais na produção do sujeito, ver Lezak et al. (2004, cap. 4-5).

Referências bibliográficas

BARBOSA, E. R. et al. Disfunções Neuropsicológicas na Doença de Parkinson – estudo de 64 casos. *Separatum dos Arquivos de Neuro-Psiquiatria*, v. 45, n. 2, p. 109-18, 1987.

CARBON, M.; MARIÉ, R. M. Functional imaging of cognition in Parkinson's disease. *Current Opinion in Neurology*, v. 16, p. 475-80, 2003.

DEFER, G. L. et al. Core assessment program for surgical interventional therapies in Parkinson's disease. *Movement Disorders*, v. 14, n. 4, p. 572-84, 1999.

GROSSMAN, M. et al. Dopamine supports sentence comprehension in Parkinson's disease. *Journal of the Neurological Sciences*, v. 184, p. 123-30, 2001.

GURD, J. M.; MASTER, N.; OLIVEIRA, R. M. A method for investigating the relation between cognitive and motor functions in Parkinson's disease. *Journal of Neurolinguistics*, v. 14, p. 45-57, 2001.

KANDEL, E. R.; SCHWARTZ, J. H.; JESSELL, T. M. *Princípios da Neurociência*. 4a ed. Barueri: Manole, 2003.

LEZAK, M. D. *Neuropsychological Assessment*. 3rd ed. New York: Oxford University Press, 1995.

LEZAK, M. D.; HOWIESON, D. B.; LORING, D. W. *Neuropsychological Assessment*. 4rd ed. New York: Oxford University Press, 2004.

MARIÉ, R. M.; DEFER, G. L. Working memory and dopamine: clinical and experimental clues. *Current Opinion in Neurology*, v. 16, p. S29-35, 2003. Suplemento 2.

NAGANO-SAITO, A. et al. Cerebral atrophy and its relation to cognitive impairment in Parkinson disease. *Neurology*, v. 64, n. 2, p. 224-9, 2005.

OSTERNACK-PINTO, K. *Análise comparativa das funções neuropsicológicas de portadores de doença de Parkinson em estágios inicial e avançado*: uma determinação de padrões para diagnóstico em população brasileira. 2005. Tese (Doutorado em Ciências). Departamento de Neurologia, Faculdade de Medicina, Universidade de São Paulo, São Paulo, 2005. Disponível em: http://www.teses.usp.br/teses/disponiveis/5/5138/tde-08022006-081724/pt-br.php.

OSTERNACK-PINTO, K.; SOUZA DE LUCIA, M. C.; LEFÈVRE, B. H. W. *Avaliação neuropsicológica em portadores de Doença de Parkinson indicados para neurocirurgia: um estudo-piloto*. São Paulo: SIBi-USP, 2001.

OSTROSKY-SOLLIS, F. Neuropsychological characteristics of Parkinson's disease. *Revista de Neurología*, v. 30, n. 8, p. 788-96, 2000.

PILLON, B.; CZERNECKI, V.; DUBOIS, B. Dopamine and cognitive function. *Current Opinion in Neurology*, v. 16, p. S17-22, 2003. Suplemento 2.

REKTOROVÁ, I. et al. Cognitive performance in people with Parkinson disease and mild or moderate depression: effects of dopamine agonists in an add-on to L-dopa therapy. *European Journal of Neurology*, v. 12, p. 9-15, 2005.

SALLEM, F. A. S. et al. Alterações cognitivas em pacientes portadores de Doença de Parkinson submetidos a procedimentos cirúrgicos. *O Dendrito*, v. 9, n. 4, p. 80-6, 2003.

SÁNCHEZ-RODRÍGUEZ, J. L. Neuropsychological deficit in Parkinson's disease. its relation with clinical variables. *Revista de Neurología*, v. 35, n. 4, p. 310-7, 2002.

SHALLICE, t. *From Neuropsychology to mental structure*. Cambridge: Cambridge University Press, 1988.

SPREEN, O.; STRAUSS, E. *A Compendium of Neuropsychological Tests: Administration, Norms, and Commentary*. 2nd ed. New York: Oxford University Press, 1998.

TAPIA-NÚÑEZ, J.; CHANÁ-CUEVAS, P. Diagnosis of Parkinson's disease. *Revista de Neurologia*. v. 38, n. 1, p. 61-7, 2004.

TAYLOR, A. E.; SAINT-CYR, J. A. The neuropsychology of Parkinson's Disease. *Brain and Cognition*, v. 28, p. 281-96, 1995.

THOMAS, V. et al. Assessment of procedural memory in Parkinson's disease. *Prog. Neuro-Psychopharmacol. & Biol. Psychiat*, v. 20, p. 641-50, 1996.

ZGALJARDIC, D. J. et al. A review of the cognitive and behavioral sequelae of Parkinson's disease: relationship to frontostriatal circuitry. *Cognitive and Behavioral Neurology*, v. 16, n. 4, p. 193-210, 2003.

AVANÇOS RECENTES EM REABILITAÇÃO NEUROPSICOLÓGICA

Barbara A. Wilson

Introdução

Desde o início de meu trabalho no campo da reabilitação neuropsicológica, há 27 anos, venho observando inúmeros avanços que certamente contribuíram para melhorar essa área. Entretanto, tais avanços não são todos recentes, uma vez que Poppelreuter descrevia alguns deles já em 1917. Na verdade, os programas de reabilitação delineados para os soldados alemães que sobreviveram a ferimentos na cabeça causados por armas na Primeira Guerra Mundial são melhores que muitos programas existentes na atualidade. Apesar disso, é fascinante estar trabalhando, em pleno início do século XXI, em reabilitação, e o futuro parece promissor. No meu entender, os mais importantes e influentes avanços na última década são os descritos abaixo.

1 - A reabilitação é agora compreendida como uma parceria entre pessoas com lesão cerebral, familiares e equipes de serviços de saúde.

2 - O planejamento de metas se está tornando consistentemente um dos principais métodos estabelecidos na delineação de programas de reabilitação.

3 - Déficits cognitivos, problemas emocionais e psicológicos estão interligados e devem ser abordados nos programas de intervenções neuropsicológicas.

4 - A tecnologia está desempenhando (e continuará desempenhando) uma grande função na compreensão das lesões cerebrais e das dificuldades apresentadas pelas pessoas com lesões cerebrais.

5 - A reabilitação vem sendo utilizada em pacientes de unidades de terapia intensiva, além dos casos clinicamente estáveis.

6 - Uma das premissas fortemente sustentadas é a de que a reabilitação neuropsicológica é um campo que necessita de uma base teórica incorporando modelos e métodos provenientes de diferentes áreas.

Reabilitação como uma parceria entre clientes, famílias e equipes de saúde

McLellan (1991) definiu reabilitação como um processo que inclui pessoas incapacitadas pela lesão ou doença, equipes de saúde e membros da comunidade. Ele acreditava que, diferentemente de cirurgia ou medicação, reabilitação não é um procedimento que nós "fazemos" ou "prescrevemos" às pessoas. Na verdade, o paciente é parte desse processo interativo, concepção que representou um avanço importante. Durante muitos anos, dizia-se às pessoas com incapacidades o que esperar da reabilitação; assim, a equipe de reabilitação determinava quais áreas deviam ser trabalhadas, quais as metas a serem atingidas, o que era alcançável ou não. Na década de 1980, a filosofia começou a mudar, pelo menos em alguns centros, de maneira que hoje clientes e familiares relatam suas expectativas, e as metas de reabilitação são discutidas e negociadas com todas as partes envolvidas. O foco do tratamento é a melhora de aspectos da vida diária e, como dizem Ylvisaker e Feeney (2000), "[...] reabilitação precisa envolver temas, atividades, contextos e interações pessoalmente significativas para os pacientes". Wilson, Evans e Keohane (2002) descreveram o tratamento de um paciente com acidente vascular cerebral (AVC) e traumatismo cranioencefálico (TCE), o qual objetivava, entre outras coisas, voar novamente em seu helicóptero, meta que há trinta anos não teria sido considerada no tratamento.

Evans (2003) ilustrou esta abordagem na descrição do caso David, um homem com dificuldades atencionais e de planejamento decorrentes de um AVC. Tate, Strettles e Osoteo (2003) também relataram a importância da parceria no trabalho de reabilitação de pacientes com lesões cerebrais, e Clare (2003) descreveu como pessoas com demências selecionam suas próprias metas para o tratamento. Este é um contexto mais realístico comparado ao contexto em que se oferece ao paciente material experimental ou artificial para trabalhar. Além disso, há um aumento da motivação porque o trabalho é voltado aos problemas da vida real e, assim, as dificuldades de generalização podem ser evitadas.

Planejamento de metas como meio de delinear programas de reabilitação

Uma das maneiras de se implementar a abordagem centrada no cliente e alcançar uma parceria genuína é utilizar o planejamento de metas para criar programas de tratamento. O planejamento de metas permite que o tratamento seja desenvolvido de acordo com as necessidades individuais das pessoas com lesões cerebrais e seus familiares. Embora não seja uma abordagem inovadora por ter sido utilizada em contexto de reabilitação há alguns anos, nos últimos dez anos um número crescente de centros de reabilitação tem adotado esse método no planejamento de programas de reabilitação. O planejamento de metas mostra-se apropriado para a equipe de profissionais, para os clientes e para seus familiares.

Houts e Scott (1975) sugeriram cinco princípios básicos envolvidos no planejamento de metas: primeiro, motive o paciente; segundo, estabeleça junto a ele e seus familiares metas realísticas; terceiro, descreva o comportamento do paciente quando a meta é atingida; quarto, defina um prazo para o cumprimento da meta; quinto, descreva em detalhes o método para que qualquer pessoa que o leia saiba como proceder. McMillan e Sparkes (1999) acrescentaram elementos à lista, enfatizando que as metas devem ser centradas no cliente, ser realísticas e potencialmente atingíveis, claras e específicas, possuindo um prazo definido, e ainda mensuráveis. Eles também relatam que há a necessidade de se estabelecerem metas de longo prazo e metas de curto prazo. As metas de longo prazo devem ser voltadas às incapacidades e às desvantagens, uma vez que o propósito da reabilitação é melhorar o funcionamento na vida diária, e tais metas devem ser alcançadas até o momento da alta do paciente do centro de reabilitação. As metas de curto prazo são as etapas que devem ser atingidas para se alcançarem as metas de longo prazo.

O processo de planejamento de metas abrange a seleção de um coordenador, formulação de um plano de avaliação, reuniões de planejamento de metas, elaboração de uma lista de problemas e planos de ação, e o registro dos resultados, ou seja, se as metas foram ou não atingidas e por que não foram atingidas. As principais vantagens desse sistema são, em primeiro lugar, que os objetivos da admissão se tornam claros e documentados; em segundo lugar, pacientes ou clientes, seus familiares e cuidadores são todos envolvidos; em terceiro lugar, algumas medidas de resultado são incorporadas nos programas de tratamento e, em quarto lugar, as diferenças artificiais entre resultados e atividades do paciente/cliente são eliminadas. Embora, em princípio, seja possível eleger metas muito simples e fáceis de serem atingidas, existem maneiras de se administrar essa questão. McMillan e Sparkes (1999) relatam que é possível evitar a elaboração de metas muito simples por meio de treinamento e da experiência com equipe de profissionais, enquanto Malec (1999) sugere o uso de escalas para verificação da obtenção ou não de metas, possibilitando uma medida de comparação entre as diferentes metas. De fato, pode dizer-se que o planejamento de metas é uma das mais sensíveis medidas de resultado, mas deve ser usado juntamente com outros instrumentos padronizados, incluindo medidas de incapacidade, humor, funcionamento psicossocial e medidas demográficas. Wilson e colaboradores (2002) descrevem detalhadamente o planejamento de metas utilizado no tratamento bem-sucedido de um homem com TCE e AVC. Manly (2003) enfatiza o objetivo do tratamento por meio de metas funcionais. Williams (2003) argumenta que os procedimentos de elaboração de metas são um dos principais componentes de programas de tratamento em pacientes com distúrbios emocionais e cognitivos. Na Inglaterra, com raras exceções, todos os centros de reabilitação adotam a abordagem de planejamento de metas (WILSON; SOPENA, 2005).

Os déficits cognitivos, emocionais e psicossociais estão interligados

Embora a ênfase da reabilitação neuropsicológica esteja voltada aos déficits cognitivos, os problemas emocionais e psicossociais, que estão intimamente relacionados, decorrentes das lesões cerebrais devem ser abordados nas intervenções neuropsicológicas. Afinal, as emoções podem interferir no modo de se pensar e de se comportar e os déficits cognitivos podem ser exacerbados pela angústia e pelo sofrimento psíquico, talvez causando alterações comportamentais. As dificuldades psicossociais também podem ocasionar problemas emocionais e comportamentais, e a ansiedade pode reduzir a efetividade dos programas de reabilitação neuropsicológica. Portanto, existe uma forte interação entre todos esses aspectos do funcionamento humano, reconhecida por aqueles que utilizam a abordagem holística. Essa abordagem, desenvolvida por Diller (1976), Ben-Yishay (1978) e Prigatano (1986), preconiza que os aspectos cognitivos, psiquiátricos e funcionais sejam abordados juntamente com as emoções, sentimentos e autoestima. Os programas holísticos abrangem terapia grupal e individual com o objetivo de encorajar os pacientes a se tornarem mais conscientes das suas potencialidades e limitações; além disso, tais programas oferecem estratégias compensatórias para as dificuldades cognitivas, orientação vocacional e apoio. Prigatano (1994) relata que eles resultam em menor desconforto emocional, autoestima elevada e maior produtividade. Prigatano (1999), Sohlberg e Mateer (2001) reiteram a importância de se intervir de maneira integrada nas sequelas cognitivas, emocionais e psicossociais das lesões cerebrais. Wilson e colaboradores (2000) descreveram um modelo britânico de programa holístico baseado nos princípios de Ben-Yishay (1978) e Prigatano (1986), o qual tem sido implementado no Centro de Reabilitação Neuropsicológica Oliver Zangwill, em Ely, Cambridge. Embora tais programas pareçam onerosos a curto prazo, eles tornam-se mais econômicos a longo prazo (WILSON; EVANS, 2002; PRIGATANO; PLISKIN, 2002).

Williams (2003), ao enfatizar a importância da reabilitação das dificuldades emocionais após lesões cerebrais, relata que os pacientes apresentam maior risco de desenvolver quadros de alteração de humor, sendo esta uma das principais áreas em desenvolvimento nos serviços neurológicos. As alterações comportamentais foram bem descritas e abordadas por Alderman (2003), que desenvolve tal trabalho em uma unidade no Reino Unido que trata de pacientes com graves distúrbios comportamentais e cognitivos decorrentes de lesões cerebrais.

Tecnologia a serviço da reabilitação

O crescente uso de aparelhos sofisticados como a tomografia por emissão de pósitrons (PET) e a ressonância magnética funcional (fMRI) tem contribuído para o avanço da nossa compreensão sobre o cérebro e as lesões que o acometem (MENON et al., 1998). Em breve poderemos constatar o quanto esses métodos participarão no desenvolvimento e na melhoria dos programas de reabilitação. O que tem sido demonstrado até o momento é a importante contribuição da tecnologia na redução de problemas da vida diária de pessoas com lesões cerebrais.

Um dos principais temas em reabilitação diz respeito à adaptação da tecnologia em benefício dos indivíduos com déficits cognitivos. Por exemplo, os computadores têm sido utilizados como estratégia compensatória, instrumento de avaliação ou de treinamento. Uma vez que a área de informação tecnológica continua em amplo crescimento, é provável que os avanços alcançados na próxima década sejam de grade valia para a área de reabilitação neuropsicológica. Kurlychek (1983) publicou um dos primeiros trabalhos utilizando auxílio eletrônico em um paciente com lesão cerebral, o que foi importante no sentido de demonstrar o uso de tal auxílio em um problema da vida real, neste caso, ensinando o paciente a verificar sua agenda. Em 1986, Glisky, Schacter e Tulving treinaram um grupo de pessoas com déficit de memória para utilizarem computadores, e um dos participantes foi posteriormente empregado como operador de computadores. Kirsch, Levine e colaboradores (1987) desenvolveram um sistema interativo orientador de tarefas para assessorar pacientes neurológicos a executarem tarefas funcionais, e, a partir desses estudos, inúmeros trabalhos foram publicados comprovando o papel relevante da tecnologia em pacientes com danos cerebrais. Wilson e colaboradores (2001) demonstraram o uso de um sistema de Pager para reduzir problemas da vida diária de pacientes com déficits de memória e planejamento, por meio de um estudo controlado e randomizado. Boake (2003) analisa e discute a utilização de computadores nos programas de reabilitação cognitiva.

A Realidade Virtual (RV) é outra área onde a tecnologia tem contribuído para simular situações da vida real, auxiliando tanto no diagnóstico como no tratamento de pacientes. Rizzo e colaboradores (2004) discutem o papel da RV na reabilitação, em artigo que se encontra em uma edição especial do periódico *Neuropsychological Rehabilitation* sobre o tema tecnologia a serviço da reabilitação (GREGOR; NEWELL, 2004).

A REABILITAÇÃO COMEÇA NA UNIDADE DE TERAPIA INTENSIVA (UTI)

Uma das grandes mudanças em reabilitação nos últimos anos diz respeito à avaliação e ao tratamento de pessoas em estado de consciência reduzida, ou seja, em coma, estado vegetativo ou minimamente conscientes (COLEMAN, 2005; JENNETT, 2002). Jennett e Teasdale, autores e criadores da Escala Glasgow de Coma, definem coma da seguinte forma: "[...] sem resposta verbal, incapaz de obedecer a comandos e de abertura ocular de forma espontânea ou em resposta a estimulação" (JENNETT; TEASDALE, 1977, p. 878). O relatório do Royal College of Physicians Working Group (1996) descreve as características de pessoas em estado vegetativo, e Giacino e colaboradores (2002) discutem o estado minimamente consciente.

Desde a criação da Escala de Coma Glasgow, há mais de 25 anos, vários outros instrumentos de avaliação foram desenvolvidos para investigar o comportamento de pessoas em estado de consciência reduzida. Um dos mais recentes é a *Wessex Head Injury Matrix* (WHIM) (SHIELH et al., 2000), que pode também ser usada para estabelecer metas de tratamento. A abordagem de planejamento de metas nesse caso é semelhante àquela descrita anteriormente, com exceção do fato de o paciente não participar na seleção das metas. As metas, naturalmente, serão diferentes daquelas estabelecidas para pessoas nos estágios finais ou posteriores de recuperação. Por exemplo, enquanto a meta para um paciente em um centro de reabilitação, um ou dois anos após ter adquirido a lesão, pode estar relacionada com retorno ao trabalho ou uso de um sistema compensatório, a meta para um paciente emergindo do coma pode estar associada ao aumento do contato pelo olhar ou ao estabelecimento de um método de comunicação. As metas para esse último grupo de pacientes podem estar direcionadas à redução do prejuízo, enquanto que para os pacientes nos estágios finais da recuperação podem enfatizar a diminuição das desvantagens ou o aumento da participação em sociedade.

Shiel (2003) discute a reabilitação de pessoas em estado de consciência reduzida e apresenta quatro estudos de caso para ilustrar alguns dos princípios envolvidos. Andrews (2005) delineia a prática da reabilitação em pacientes que sofreram lesão cerebral grave, e Elliot e Walker (2005) apresentam propostas de intervenções de reabilitação para pacientes em estado vegetativo ou minimamente consciente.

Reabilitação neuropsicológica é um campo que necessita de uma base teórica ampla; uma vez que os pacientes com lesões cerebrais apresentam dificuldades múltiplas, incluindo alteração nas esferas cognitiva, social, emocional e alteração de comportamento, um modelo ou um grupo de modelos teóricos não são suficientes para lidar com todas essas dificuldades. Dentre as diversas teorias direcionadas à reabilitação, quatro áreas são de importância particular: teorias do funcionamento cognitivo, da emoção, do comportamento e da aprendizagem. Além disso, devem considerar-se as teorias sobre avaliação, recuperação e compensação. Wilson (2002) argumenta sobre a importância de um modelo amplo e propõe um modelo de reabilitação compreensivo ou abrangente. Boake (2003) descreve os diferentes métodos que influenciaram alguns dos principais autores neste campo. Manly (2003) discute diferentes teorias de atenção que influenciam na abordagem de tratamentos nesta área complexa. Entre os diversos modelos de emoção, Williams (2003) sugere o tratamento com Terapia Cognitiva Comportamental, que é certamente uma das abordagens mais investigadas e com trabalhos publicados. O modelo neurocomportamental de Wood (1987, 1990) influenciou o trabalho de Alderman no tratamento de pessoas com lesões cerebrais apresentando alterações graves de comportamento (ALDERMAN, 2003). Finalmente, McMillan (2003) descreve os componentes e a estrutura de serviços de reabilitação de pessoas com danos cerebrais. Dessa forma, poder ser constatado que o tratamento de reabilitação neuropsicológica efetivo e ético requer uma síntese e a integração de diversos campos, teorias e métodos para se atingirem seus objetivos e garantir uma prática clínica eficaz.

Referências bibliográficas

Alderman, N. Rehabilitation of behaviour disorders. In: WILNOS, B. A. (Ed.). *Neuropsychological rehabilitation: Theory and practice.* Lisse: Swets & Zeitlinger, 2003. p. 171-196.

Andrews, K. Rehabilitation practice following profound brain damage. *Neuropsychological Rehabilitation,* v. 15, n. 3-4, p. 461-472, 2005.

Ben-Yishay, Y. (Ed.). *Working approaches to remediation of cognitive deficits in brain damaged persons (Rehabilitation Monograph).* New York: New York University Medical Center, 1978.

Boake, C. Stages in the history of neuropsychological rehabilitation. In: WILSON, B. A. (Ed.). *Neuropsychological rehabilitation: Theory and practice.* Lisse: Swets & Zeitlinger, 2003. p. 11-21.

Clare, L. Rehabilitation for people with dementia. In: WILSON, B. A. (Ed.). *Neuropsychological rehabilitation: Theory and practice.* Lisse: Swets & Zeitlinger, 2003. p. 197-215.

Coleman, M. The assessment and rehabilitation of vegetative and minimally conscous patients. *Neuropsychological Rehabilitation, Special Edition,* v. 15, n. 3/4, 2005.

Diller, L. A model for cognitive retraining in rehabilitation. *The Clinical Psychologist,* v. 29, p. 13-15, 1976.

Elliott, L.; Walker, L. Rehabilitation interventions for vegetative and minimally conscious patients. *Neuropsychological Rehabilitation,* v. 3-4, p. 480-493, 2005.

Evans, J. J. Rehabilitation of executive deficits. In: WILSON, B. A. (Ed.). *Neuropsychological rehabilitation: Theory and practice.* Lisse: Swets & Zeitlinger, 2003. p. 53-70.

Giacino, J. T. et al. (2002). The minimally conscious state: definition and diagnostic criteria. *Neurology,* v. 58, p. 349-353, 2002.

Glisky, E. L.; Schacter, D. L.; Tulving, E. Computer learning by memory impaired patients: Acquisition and retention of complex knowledge. *Neuropsychologia,* v. 24, p. 313-328, 1986.

Gregor, P.; Newell, A. (Eds.). *Neuropsychological Rehabilitation. Special issue on technology in cognitive rehabilitation.* Hove: Psychology Press, 2004.

Houts, P. S.; Scott, R. A. *Goal planning with developmentally disabled persons: Procedures for developing an individualized client plan.* Hershey, Department of Behavioral Science, Pennsylvania State University College of Medicine, 1975.

Jennett, B. *The Vegetative State: Medical facts, ethical and legal dilemmas.* Cambridge: Cambridge University Press, 2002.

Jennett, B.; Teasdale, G. Aspects of coma after severe head injury. *Lancet,* v. 1, p. 878-881, 1977.

Kirsch, N. L. et al. The microcomputer as an "orthotic" device for patients with cognitive deficits. *Journal of Head Trauma Rehabilitation,* v. 2, p. 77-86, 1987.

Kurlychek, R. T. Use of a digital alarm chronograph as a memory aid in early dementia. *Clinical Gerontologist,* v. 1, p. 93-94, 1983.

Malec, J. F. Goal attainment scaling in rehabilitation. *Neuropsychological Rehabilitation,* v. 9, p. 253-275, 1999.

Manly, T. Rehabilitation for disorders of attention. In: WILSON, B. A. (Ed.). *Neuropsychological rehabilitation: Theory and practice.* Lisse: Swets & Zeitlinger, 2003. p. 23-52.

McLellan, D. L. Functional recovery and the principles of disability medicine. In: Swash, M.; Oxbury, J. (Eds.). *Clinical neurology.* Edinburgh: Churchill Livingstone, 1991. p. 768-790.

McMillan, T.; Sparkes, C. Goal planning and neurorehabilitation: The Wolfson Neurorehabilitation Centre approach. *Neuropsychological Rehabilitation,* v. 9, p. 241-251, 1999.

McMillan, T. M. (2003). Rehabilitation services and their delivery. In: WILSON, B. A. (Ed.). *Neuropsychological rehabilitation: Theory and practice.* Lisse: Swets & Zeitlinger, 2003. p. 271-291.

Menon, D. K. et al. Cortical processing in the persistent vegetative state revealed by functional imaging. *Lancet*, v. 352, p. 200, 1998.

Poppelreuter, W. *Disturbances of lower and higher visual capacities caused by occiptal damage*. Oxford: Clarendon Press, 1917.

Prigatano, G. P. Personality and psychosocial consequences of Brain Injuryury. In: Prigatano, G. P. et al. (Eds.). *Neuropsychological rehabilitation after Brain Injuryury*. Baltimore; London: The Johns Hopkins University Press, 1986. p. 29-50.

Prigatano, G. P. Individuality, lesion location, and psychotherapy after Brain Injuryury. In: Christensen, A. L.; Uzzell, B. P. (Eds.). *Brain Injuryury and neuropsychological rehabilitation*. Hillsdale: Lawrence Erlbaum Associates, 1994. p. 173-186.

Prigatano, G. P. *Principles of neuropsychological rehabilitation*. New York: Oxford University Press, 1999.

Prigatano, G. P.; Pliskin, N. H. (Eds.). *Clinical neuropsychology and cost outcome research: A beginning*. Hove: Psychology Press, 2002.

Rizzo, A. A. et al. Analysis of assets for virtual reality applications in neuropsychology. *Neuropsychological Rehabilitation*, v. 14, n. 1-2, p. 207-239, 2004.

Royal College of Physicians Working Group. The permanent vegetative state. *Journal of the Royal College of Physicians*, v. 30, p. 119-121, 1996.

Shiel, A. Rehabilitation of people in states of reduced awareness. In: WILSON, B. A. (Ed.). *Neuropsychological rehabilitation: Theory and practice*. Lisse: Swets & Zeitlinger, 2003. p. 253-269.

Shiel, A. et al. The Wessex Head Injury Matrix (WHIM) main scale: A preliminary report on a scale to assess and monitor patient recovery after severe head injury. *Clinical Rehabilitation*, v. 14, p. 408-416, 2000.

Sohlberg, M. M.; & Mateer, C. A. *Cognitive rehabilitation: An integrative neuropsychological approach*. New York: Guilford Press, 2001.

Tate, R. L.; Strettles, B.; Osoteo, T. Enhancing outcomes after traumatic Brain Injuryury: A social rehabilitation approach. In: WILSON, B. A. (Ed.). *Neuropsychological rehabilitation: Theory and practice*. Lisse: Swets & Zeitlinger, 2003. p. 137-169.

Williams, W. H. Neuro-rehabilitation and cognitive behaviour therapy for emotional disorders in acquired Brain Injuryury. In: WILSON, B. A. (Ed.). *Neuropsychological rehabilitation: Theory and practice*. Lisse: Swets & Zeitlinger, 2003. p. 115-136.

Wilson, B. A. Towards a comprehensive model of cognitive rehabilitation. *Neuropsychological Rehabilitation*, v. 12, p. 97-110, 2002.

Wilson, B. A. et al. Reducing everyday memory and planning problems by means of a paging system: A randomised control crossover study. *Journal of Neurology, Neurosurgery and Psychiatry*, v. 70, p. 477-482, 2001.

Wilson, B. A. et al. The Oliver Zangwill Centre for Neuropsychological Rehabilitation: A partnership between health care and rehabilitation research. In: Christensen, A. L.; Uzzell, B. P. (Eds.). *International handbook of neuropsychological rehabilitation*. New York: Kluwer Academic/Plenum Publishers, 2000. p. 231-246.

Wilson, B. A.; Evans, J. J. Does cognitive rehabilitation work? Clinical and economic considerations and outcomes. In: Prigatano, G. (Ed.). *Clinical neuropsychology and cost-outcome research: An introduction*. Hove: Psychology Press, 2002. p. 329-349.

Wilson, B. A.; Evans, J. J.; Keohane, C. Cognitive rehabilitation: A goal-planning approach. *Journal of Head Trauma Rehabilitation*, v. 17, n. 6, p. 542-555, 2002.

Wilson, B. A.; Sopena, S. The practice of neuropsychological rehabilitation. *Brain Impairment*, v. 6, n. 2, p. 117-118 (abstract), 2005.

Wood, R. L. *Brain Injuryury rehabilitation: A neurobehavioural approach*. London: Croom Helm, 1987.

Wood, R. L. *Neurobehavioural sequelae of traumatic Brain Injuryury*. London: Taylor & Francis Ltd, 1990.

Ylvisaker, M.; Feeney, T. Reconstruction of identity after Brain Injuryury. *Brain Impairment*, v. 1, p. 12-28, 2000.

NEUROCIÊNCIAS E PSICOPATOLOGIA EM PSICANÁLISE: (DES)ARTICULAÇÕES POSSÍVEIS

Maria Lívia Tourinho Moretto

Do ponto de vista epistêmico, todas as articulações entre os diferentes campos se fazem possíveis, especialmente se o que se deseja é, justamente, estudar as relações entre eles. Nesse sentido, convém afirmar, desde o princípio: abordar diferentes campos do conhecimento, diferentes paradigmas, não é a mesma coisa, necessariamente, de abordar campos opostos. Se as relações entre paradigmas opostos constituem diferenças, não é sempre que podemos afirmar que paradigmas diferentes são opostos. Este capítulo trata de propor (des)articulações – é preciso decidir – possíveis entre as neurociências e a psicanálise, no que tange ao sofrimento humano, mais especificamente no campo da psicopatologia.

Para começar, neurociências e psicanálise são campos epistêmicos articulados, independentemente da vontade dos neurocientistas e dos psicanalistas. Se os cientistas que trabalham tomando como referência paradigmas diferentes guardam entre si posições opostas – desarticulando-se, mantendo-se avessos à interlocução –, é preciso não confundir oposições pessoais com diferentes paradigmas. É justamente a existência das diferenças entre os campos, a existência de diferentes paradigmas que possibilita o que podemos definir como interdisciplinaridade (MORETTO, 2005).

No campo da psicopatologia, pode dizer-se que duas abordagens teóricas possibilitaram a construção de conceitos, na seguinte ordem: primeiro a psiquiátrica, depois a psicanalítica (QUINET, 2001). Fundado pela pesquisa psiquiátrica – a partir da observação, descrição e classificação dos fenômenos psicopatológicos –, esse campo de conhecimento foi, no final do século XIX, atravessado pelo jovem médico neurologista Sigmund Freud, que, atento às patologias evidentes no corpo, deparou com o sofrimento psíquico, tomando-o como importante fator de sua pesquisa a respeito de manifestações patológicas.

A passagem de Freud pelo campo epistêmico da psicopatologia não se fez sem consequências para o médico Freud e para o próprio campo da psicopatologia. Para o médico Freud, a consequência foi nada menos que o surgimento da psicanálise e a passagem a um Freud psicanalista, posição inédita até então. Mas de que forma isso se deu, obrigando-o, inclusive, a construir a diferença entre os conceitos de corpo para a psicanálise e para a medicina?

Enquanto médico, ocupava-se do corpo biológico, este que podemos chamar "organismo", objetivado pela ciência e por ela estudado em termos de suas funções (digestão, respiração, etc.), do funcionamento específico dos vários órgãos e seus tecidos, do funcionamento das células (MORETTO, 2006). Desde seus estudos sobre a histeria, o corpo é tomado como diferente do organismo. O psicanalista trata de um corpo tecido pela sexualidade e pela linguagem (PRISZKULNIK, 2000). "Freud não apenas desvincula a histeria do campo da doença orgânica, mas rompe com o discurso da Medicina, na medida em que separa o órgão de sua função puramente biológica" (CUKIERT, 2000, p. 12).

A partir disso, ele propõe a diferença entre organismo e corpo, entre biologia e psicanálise. Evidentemente, a noção de organismo, como se pode ver, é construída pela Medicina e, portanto, como noção, é um elemento simbólico, que varia ao longo do tempo. O que hoje é organismo difere do que era em outros momentos da história, e a cada dia a ciência e a tecnologia se incumbem de atualizá-lo. Isso posto, esclarecemos que a noção de organismo utilizada aqui se refere ao corpo no campo anatomopatológico, objeto de estudo da biologia, submetido aos cânones da ciência positiva. A constatação da diferença entre o organismo que se oferece às intervenções médicas e o corpo pulsional, recoberto por fantasias e palavras, que se oferece à escuta, coincide com a própria elaboração dos conceitos psicanalíticos. Não é verdade que só os psicanalistas de hoje estão começando a se preocupar com as questões referentes ao corpo, pois é no cerne mesmo dessa questão que a psicanálise surge.

A partir de então, Freud (1915) sempre levou em conta a diversidade expressiva do corpo, especialmente com a noção de pulsão e seus destinos, tendo sido rigoroso no tocante às bases do método psicanalítico, lembrando que a psicanálise não poderia ser incluída entre as disciplinas médicas, não pertencendo nem à biologia, nem à psicologia. No entanto, não as refuta nem as contradiz, pois, como afirma Mannoni (1989), é por meio da verdade neurológica que tenta refutar as paralisias histéricas, e assim Freud descobriu que não há nada no sistema neurológico que as fundamente. Devido à verdade da ciência, Freud fundamenta a hipótese psicanalítica, o que nos impõe a clareza da articulação entre os dois campos.

Voltando às consequências da passagem de Freud para o campo da psicopatologia, a primeira é que em tal campo de conhecimento, antes de domínio exclusivo da Psiquiatria, passamos a trabalhar com duas "portas de entrada", com duas abordagens teóricas possíveis (MILLER, 1997).

No sentido da construção de conceitos – na teorização dos fenômenos e das estruturas psicopatológicas –, outra consequência não deixa de se fazer notar no próprio campo da psiquiatria, dividindo os psiquiatras em, essencialmente, dois grupos: os clássicos e os psicodinâmicos, sendo esses últimos os psiquiatras que se deixaram afetar pela influência do saber psicanalítico, o que implica mudanças menos em concepções diagnósticas e mais em propostas terapêuticas.

Foi só a partir da década de 1950 (QUINET, 2001) e mais enfaticamente a partir da segunda metade do século XX que, a partir do avanço na área das pesquisas em Psicofarmacologia, começaram a surgir as primeiras medicações que vieram a ser utilizadas na clínica psiquiátrica, e o sucesso da administração delas se justifica por sua atuação no sistema nervoso central.

Isso possibilitou o surgimento do que atualmente se conhece como psiquiatria biológica, ao mesmo tempo em que é a principal justificativa dada pelas neurociências para reivindicar seu lugar do destaque no campo das psicopatologias. É nesse sentido que cada vez mais – e especificamente neste texto – se faz evidente a articulação entre neurociências e psicanálise.

No entanto, a ideia da desarticulação entre os dois campos não só se faz presente, mas também se torna insistentemente repetitiva em nosso meio acadêmico-científico. Essa insistência – tal como qualquer outra – não deve passar em branco aos olhos e ouvidos do psicanalista. O que se passa?

Uma hipótese pode esclarecer-nos tal questão se retomarmos um antigo e conhecido debate de posições diferentes a respeito do tema: o "inato" *versus* o "adquirido", as quais, em Psicologia, se poderiam nomear como "natura" *versus* "cultura", ou, respectivamente, "personalismo" (os atos dependem da pessoa, da personalidade) *versus* "situacionismo" (os atos dependem da situação) (CALLIGARIS, 2006).[1]

Trata-se aí de posições que buscam, cada uma a seu modo, o entendimento para o comportamento considerado psicopatológico e, mais que isso, de posições que sustentam diferentes Escolas, diferentes grupos de pesquisa, diferentes modos de conceber o psiquismo e, portanto, diferente modos de atuação terapêutica. Consideremos, assim, que são sustentadas pela noção de que uma patologia psíquica se deve à natureza tanto física quanto psíquica da pessoa, corrente em que se amarram tanto a biologia (os fatores ditos orgânicos) quanto – em certo sentido – a própria psicanálise (quando propõe a ideia de personalidade, de aparelho psíquico como determinante dos atos).

É fácil lembrar que na história da psicologia americana vence com vigor a corrente situacionista, o que fortalece os adeptos da psicologia do comportamento e favorece imensamente o avanço no campo da pesquisa experimental, provando que mudanças na situação (no meio) implicam mudanças de comportamento. Em outra vertente, mas ainda sustentada pela mesma corrente, vêm à frente do cenário os representantes da psicologia social, quase sempre se **opondo** a tomar como referência conceitos tanto biológicos quanto psicanalíticos no exercício de sua prática.

Embora na verdade nem biólogos nem psicanalistas jamais tenham excluído os fatores situacionais no entendimento do que estudam, sendo os personalistas derrotados no sentido do fomento à continuidade de suas pesquisas – mas nunca no avanço delas–, é no campo das neurociências que os adeptos do personalismo retomam suas forças no meio científico. É aqui que, novamente, psicanálise e neurociências se articulam, na medida em que ambas buscam – cada uma a seu modo – um dispositivo no próprio sujeito. Se a primeira entende que um sujeito é, por exemplo, agressivo em função do funcionamento de seu aparelho psíquico, a segunda entende que o mesmo se dá em função de problemas no córtex cerebral. E mais uma vez cabe lembrar: uma versão não exclui – ao menos não deveria pretender excluir – a outra.

Por fim, o mais curioso é que, se as diferenças nos permitem articulações, são por elas também que os representantes dessas disciplinas as desarticulam. E a pergunta que fica é: mas não é essa uma falsa questão? O debate insistente e repetitivo entre essas duas posições não poderia ser, aos olhos de um psicanalista, um falso debate? Vejamos por quê.

Se a explicação última para o ato de uma pessoa estivesse *exclusivamente* (aqui no sentido também de exclusão) na personalidade, ou, ainda, estivesse exclusivamente na situação, a psicanálise vem lembrar que as situações produzem mudanças nas pessoas, e estas produzem mudanças na situação. Sendo um pouco mais radical do ponto de vista freudiano: a personalidade não se constitui fora da situação de alteridade, e vice-versa. Da mesma forma, vimos de perto que a verdade psicanalítica só surgiu e só se sustentou graças à verdade neurológica – negar a última é negar a primeira. É com esperança que apostamos que a verdade neurológica se sustente sem precisar *recalcar*, sintomaticamente, sua filha bastarda.

Referências bibliográficas

CUKIERT, M. *Uma contribuição à questão do corpo em Psicanálise: Freud, Reich e Lacan*. 2000. 223 p. Dissertação de mestrado. Instituto de Psicologia da USP, São Paulo, 2000.

FREUD, S. *Os instintos e suas vicissitudes*. In: Obras completas de Sigmund Freud, Rio de Janeiro: Imago, 1974. v. XIV.

MANNONI, O. *Freud: uma biografia ilustrada*. Rio de Janeiro: Jorge Zahar, 1989.

MILLER, J. A. Psiquiatria e Psicanálise. In: *Lacan Elucidado: palestras no Brasil*. Rio de Janeiro: Jorge Zahar Editor, 1997. p. 441-444.

MORETTO, M. L. T. *O que pode um analista no hospital?* São Paulo: Casa do Psicólogo, 2005.

MORETTO, M. L. T. *O psicanalista num programa de transplante de fígado: a experiência do "outro em si"*. 2006. 251 p. Tese (Doutorado). Instituto de Psicologia da USP, São Paulo, 2006.

QUINET, A. (Org.). *Psicanálise e psiquiatria: controvérsias e convergências*. Rio de Janeiro: Rios Ambiciosos, 2001.

PRISZKULNIK, L. Clínica(s): diagnóstico e tratamento. In: *Psicologia USP*, São Paulo, v. 11, n. 1, p. 11-28, 2000, ISSN 0103-6564.

PROCESSAMENTO AUDITIVO

Ana Alvarez
Maura Lígia Sanchez

Ouvir é tornar o som parte integrante das nossas vidas. A função auditiva é mediada pela ação do sistema auditivo periférico e central, cujo funcionamento, assimilando grupos de informação e analisando suas diferenças, é decisivo para os processos perceptuais auditivos. Esses processos ocorrem nos centros auditivos localizados no tronco encefálico e no cérebro, podendo ser subdivididos nas seguintes áreas gerais: atenção, envolvendo habilidades relacionadas à maneira pela qual o indivíduo atenta à fala, aos sons do seu meio ambiente e os seleciona eletivamente; discriminação, envolvendo habilidades relacionadas à capacidade de distinguir características diferenciais entre os sons; integração, envolvendo habilidades relacionadas à união de informações auditivas a informações de diferentes modalidades sensoriais; e prosódia, envolvendo habilidades relacionadas à recepção e à interpretação dos padrões suprassegmentais, não verbais, da mensagem recebida, como ritmo, entonação, ênfase e contexto (SANCHEZ; ALVAREZ, 2005). Se considerarmos a relação da audição com outras modalidades sensoriais e com a linguagem, podemos ainda citar as funções de associação que abrangem as habilidades relacionadas à capacidade de estabelecer uma correspondência entre o estímulo sonoro e outras informações já armazenadas de acordo com as regras da língua, e a organização, que abrange um conjunto de habilidades de seriação, organização e evocação de informações auditivas para o planejamento, emissão e verificação de respostas.

Em outras palavras, processamento auditivo (PA) é um conjunto de habilidades específicas das quais o indivíduo depende para compreender o que ouve. É uma atividade mental, isto é, uma função cerebral e, assim sendo, não pode ser estudada como um fenômeno unitário, mas sim como uma resposta multidimensional aos estímulos recebidos por meio da audição (SANCHEZ; ALVAREZ, 2005).

Apesar de as estruturas auditivas periféricas e centrais estarem formadas ao nascimento, só amadurecem funcionalmente a partir de reorganizações químicas e estruturais que dependem tanto das informações que chegam do meio externo como do meio próprio e interno do organismo. Em outras palavras, ao longo da vida, experimentamos práticas auditivas que, juntamente com os processos de maturação intrínsecos ao organismo, determinam nossa competência em tarefas auditivas de atenção, discriminação, integração, prosódia, associação e organização da resposta. Os feixes que interligam as várias regiões do cérebro adquirem, com o processo de maturação, capas de mielina que funcionam como isolantes elétricos e permitem a condução mais rápida e eficiente dos impulsos. De fato, o aumento na eficiência sináptica, os processos de poda de excesso de sinapses e o desenvolvimento de novas sinapses alcançam seu pico durante a adolescência (HERCULANO-HOUZEL, 2005) e continuam durante a vida adulta, sendo que há evidências de que a plasticidade neural está presente até em pacientes idosos com demência por doença de Alzheimer (ROSENWEIG, 1996). As operações que dependem da maturação do tronco encefálico estarão em pleno uso funcional mais cedo que aqueles dependentes da integridade do corpo caloso.

Alteração do processamento auditivo pode ser definida como um déficit no processamento da informação especificamente auditiva, e pode estar associada a dificuldades na escuta, na compreensão, no desenvolvimento da linguagem e na aprendizagem. Em sua forma mais pura, a alteração de processamento auditivo é considerada como um déficit no processamento da aferência auditiva decorrente de disfunção das vias auditivas centrais. Possíveis causas a serem elencadas incluem atraso na maturação das vias auditivas, comprometimento orgânico-funcional, ou ainda envelhecimento das vias.

Embora as alterações do processamento auditivo não sejam ainda consideradas como um diagnóstico em si, poderiam, numa perspectiva mais ampla, fazer parte da classificação de Transtornos Específicos do Desenvolvimento, os quais agrupam vários tipos de desordens que aparecem na infância relacionadas à aprendizagem e ao desempenho escolar. As alterações de processamento auditivo, assim como esses transtornos, podem manifestar-se desde muito cedo e estender-se por toda a vida e, conquanto demandem avaliação audiológica específica para detectá-las e descrevê-las, os achados nela evidenciados frequentemente levam a medidas de intervenção com enfoque educacional.

Sob o ponto de vista do diagnóstico neuropsicológico, as alterações do processamento auditivo poderiam ser descritas dentro das seguintes síndromes maiores: Disfunção do Processamento Verbal, Disfunção do Processamento Não Verbal e Disfunções da Atenção (com ou sem hiperatividade).

A Disfunção de Processamento Verbal decorre de inabilidades de fala/linguagem, e os sinais mais comuns são baixa habilidade de discriminação fonêmica, vocabulário de recepção e de emissão pobre, dificuldade de articulação fonêmica, dificuldade em evocação de palavras, substituições grafêmicas secundárias às substituições fonêmicas e comprometimento de leitura, tanto no aspecto de recodificação fonêmica (relação letra-som) como no de compreensão. Nesse quadro, as funções visuoespaciais e as de prosódia são geralmente bem desenvolvidas. As disfunções podem referir-se ao funcionamento dos sistemas neurocognitivos do hemisfério esquerdo e podem representar comprometimentos primários do processamento auditivo, tanto em sua forma mais pura, que envolve apenas a função das vias auditivas ascendentes, como nas condições de relação entre a audição, os outros sistemas sensoriais e a linguagem.

Com relação à Disfunção do Processamento Não Verbal decorrente de inabilidades na percepção ou na produção das informações não verbais, como análise visuoespacial, formação de conceitos não verbais e prosódia, as alterações do processamento auditivo estariam representadas sempre que o déficit primário de decodificação de informações não verbais fosse relacionado à prosódia e refletisse imaturidade ou disfunções de vias auditivas do hemisfério direito.

Para a compreensão do comprometimento das vias auditivas do hemisfério esquerdo ou do direito de acordo com a qualidade do estímulo, é importante conhecer o funcionamento das vias auditivas sob estimulação dicótica. O termo dicótico refere-se à apresentação simultânea de estímulos auditivos diferentes às duas orelhas. O reconhecimento e a repetição de estímulos linguísticos eliciam um fenômeno denominado vantagem auditiva direita, isto é, respostas mais rápidas e exatas ao reportar estímulos verbais recebidos pela orelha direita (KIMURA, 1961), enquanto o reconhecimento de estímulos musicais e de sons oriundos do meio ambiente elicia uma vantagem auditiva esquerda, isto é, respostas mais robustas e precisas para os sons que chegam à orelha esquerda (KIMURA, 1964; CURRY, 1967). Esse fenômeno costuma ser explicado pela chamada teoria estrutural, que fundamenta as vantagens de orelha tomando como referência a anatomia e a fisiologia do sistema auditivo. Tal modelo enfatiza a ideia de que as vias contralaterais inibem as ipsilaterais sob audição dicótica, dando à orelha direita acesso privilegiado ao hemisfério esquerdo – responsável pelo processamento de material verbal –, e à orelha esquerda, acesso direto ao hemisfério direito – responsável pelo processamento de material não verbal (JERGER, 1995).

Os exames de audição dicótica, desde sua criação, têm sido usados nas pesquisas sobre o processamento auditivo-linguístico por ser considerados altamente preditivos para a determinação da lateralização de zonas operacionais de linguagem e sua consequente correlação com disfunções de linguagem oral e escrita, bem como com transtornos neurológicos e, de acordo com pesquisas realizadas a partir da década de 1980, psiquiátricos.

Com esse novo enfoque, relacionando a audição dicótica à emoção, emergiram dados sugestivos de padrão de lateralização ligado ao gênero, sendo homens mais fortemente lateralizados para estímulos verbais e mulheres mais fortemente lateralizadas para a percepção de estímulos não verbais (BOUCHER; BRYDEN,1997); dominância de hemisfério direito para a percepção da emoção verbal (ERHAN et al., 1998); ausência de vantagem auditiva significante para prosódia sintática (reconhecimento de frases afirmativas e interrogativas), vantagem auditiva esquerda para prosódia emocional (reconhecimento de exclamações de ira e tristeza), e vantagem auditiva esquerda para prosódia sintática com prosódia emocional (LUCKS; NUSBAUM; LEVY, 1998). Finalizando, pacientes com depressão e ansiedade teriam, aparentemente, maior propensão para ativar o hemisfério direito durante o desempenho de tarefas auditivas, enquanto aqueles com depressão sem sinais de ansiedade apresentariam assimetria hemisférica oposta (BRUDER et al., 1999), e indivíduos com demência, principalmente por doença de Alzheimer, teriam resultados típicos de audição dicótica verbal, isto é, desempenho prejudicado na orelha esquerda ou baixa eficiência em ambas as orelhas.

Os Transtornos da Atenção possuem uma sobreposição de sinais com as Disfunções do Processamento Auditivo, ou seja, queixas como dificuldade na escuta, inabilidade em seguir instruções, facilidade para se distrair e necessidade de tempo maior que a média para completar tarefas (CHERMAK et al., 1998). Ambas as afecções costumam estar associadas a dificuldades acadêmicas e socioemocionais e a déficits na memória de trabalho e no processamento da linguagem. Uma vez que a atenção é essencial ao processamento cortical de informações, déficit da atenção pode comprometer a qualidade da escuta, e a inabilidade para sustentar a atenção no estímulo auditivo pode levar a resultados sugestivos de déficit das funções auditivas centrais. Por outro lado, se a qualidade de escuta estiver comprometida, exigindo esforço extra para a decodificação do estímulo aferente, a disponibilidade do tempo de atenção estará diminuída como consequência de sobrecarga auditiva. Logo, para o estabelecimento do diagnóstico diferencial entre essas duas afecções, ao se avaliar um indivíduo com suspeita de disfunção da atenção, devem ser tomadas medidas que permitam maior controle da atenção, tais como: manutenção de contato visual, planejamento de intervalos para descanso e escolha do horário relatado como sendo o de maior alerta (SANCHEZ; ALVAREZ, 2000).

Considera-se que a avaliação do processamento auditivo teve início com Bocca e colaboradores em 1954, os primeiros investigadores a avaliarem audiologicamente a integridade do sistema auditivo central, verificando que pacientes com lesões no lobo temporal se queixavam de dificuldades de compreensão da fala, apesar de apresentarem limiares tonais dentro dos padrões de normalidade.

Atualmente, realiza-se a avaliação do processamento auditivo com o objetivo de verificar-se o *status* neuromaturacional, a integridade e o funcionamento das vias auditivas periféricas e centrais e serem descritas as habilidades auditivas em adultos com disfunção auditiva obscura, queixas de distração e/ou de alterações de memória, suspeita de lesão/disfunção cerebral, ou mesmo com presença de lesão já documentada, para que se verifiquem as alterações dela decorrentes. Também tem sido indicada para avaliar indivíduos com suspeita de dislexia, de dificuldades de aprendizagem e de linguagens oral e escrita (SANCHEZ; ALVAREZ, 2005).

O processamento auditivo pode ser avaliado por meio de medidas eletrofisiológicas e testes comportamentais, que são classificados de acordo em cinco categorias.

Tarefas Monoaurais de Baixa Redundância

Baseadas no conceito de que o ouvinte normal é capaz de entender a fala, mesmo quando incompleta ou distorcida, essas tarefas envolvem a apresentação de palavras com redução da redundância extrínseca do sinal. O objetivo dos testes monoaurais de baixa redundância é avaliar a habilidade de fechamento auditivo do ouvinte quando o sinal auditivo não é claro. São sensíveis a disfunções/lesões de tronco encefálico e córtex auditivo primário, e indivíduos com baixas habilidades de atenção seletiva podem apresentar baixo desempenho nessas tarefas.

Tarefas de Interação Binaural

Baseadas no conceito de que ouvintes normais são capazes de processar informações de maneira binaural, isto é, usando as duas orelhas, as tarefas de interação binaural envolvem a apresentação de informações auditivas não simultâneas, sequenciais e/ou complementares apresentadas às duas orelhas. Avaliam a habilidade auditiva de interação binaural, da qual dependem a localização e a lateralização de estímulos auditivos, as mudanças de limiar determinadas por meio de mascaramento, a detecção de sinais acústicos em ambientes ruidosos e a fusão binaural. São sensíveis a disfunções/lesões de tronco encefálico.

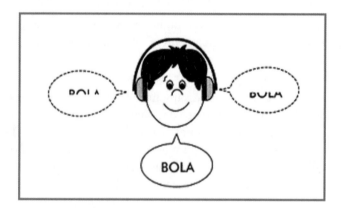

Tarefas de Escuta Dicótica

Baseadas nos princípios de que ouvintes normais são capazes de compreender duas pessoas falando ao mesmo tempo (integração binaural) e de ignorar um dos falantes e dirigir a atenção para o outro (separação binaural), estas tarefas envolvem a apresentação de estímulos diferentes a ambas as orelhas simultaneamente e têm o objetivo de avaliar as habilidades auditivas de separação e integração binaural. São tarefas que envolvem atenção e definidas como uma técnica para se estudar o nível de funcionamento e de integridade dos lobos temporais e corpo caloso e efeitos de lateralidade na modalidade sensorial auditiva. São sensíveis a disfunções/lesões de conexões inter-hemisféricas e intra-hemisféricas de hemisférios direito e esquerdo.

Tarefas de Processamento Temporal

Baseadas nos princípios de que ouvintes normais são capazes de perceber, associar e interpretar os padrões não verbais da mensagem recebida, como ritmo, entonação e ênfase, e de que a capacidade de resolução temporal do sistema auditivo auxilia o indivíduo a discriminar pequenas variações acústicas que ocorrem no sinal, portanto fundamentais na percepção da fala (KRAUS et al., 1995), um dos tipos de tais testes envolve a apresentação de tríades de sons não verbais que diferem entre si por frequência ou por duração. Avalia a habilidade de percepção, reprodução e nomeação de padrões temporais e é sensível a disfunções/lesões intra e inter-hemisféricas, sendo que a comparação das duas modalidades de resposta, reprodução, por meio de murmúrio, e nomeação, tem mostrado ser de grande utilidade no diagnóstico diferencial de déficits de hemisfério direito, inter-hemisféricos e de hemisfério esquerdo (MUSIEK; PINHEIRO, 1987). O segundo tipo envolve a apresentação de dois estímulos com intervalos entre zero e quarenta milissegundos. Avalia a habilidade de detecção de intervalos entre dois estímulos auditivos. É considerado como uma tarefa cortical relacionada ao processamento fonológico (KEITH, 2000).

A metodologia de investigação clínica utilizada na avaliação e no diagnóstico diferencial das disfunções auditivas é baseada na reunião de dados de histórico clínico-desenvolvimental, de comunicação e de linguagem, combinados a achados dos testes comportamentais e eletrofisiológicos (ALVAREZ et al., 2000).

Identificar simplesmente a presença ou a ausência de uma disfunção não é suficiente para prover uma intervenção eficiente e produtiva e delinear um planejamento educacional de longo prazo. Avaliar é apontar caminhos e soluções.

Os Quadros 1 e 2 apresentam as tendências de respostas apresentadas por indivíduos adultos com lesão de vias auditivas do sistema nervoso central nos testes comportamentais que avaliam as funções auditivas.

Quadro 1 – Tendência de resposta em indivíduos adultos quando há lesão de tronco encefálico

Lesão	Déficit – testes monoaurais de baixa redundância
Acima da ponte no tronco encefálico	orelha contralateral
Abaixo da ponte no tronco encefálico	orelha ipsilateral
Difusa ou invasiva	bilateral

Quadro 2 – Tendência de resposta em indivíduos adultos quando há lesão cerebral

Lesão	Padrão temporal murmurando	Padrão temporal nomeando	Escuta dicótica verbal
Hemisfério direito	Presença de déficit	Presença de déficit	Orelha esquerda
Hemisfério esquerdo	Ausência de déficit	Ausência de déficit	Orelha direita ou bilateral
Corpo caloso	Ausência de déficit	Ausência de déficit	Orelha esquerda

As análises apresentadas a seguir referem-se ao desempenho esperado em indivíduos destros com dominância hemisférica esquerda para linguagem.

Déficit de Decodificação Auditiva

Indivíduos com déficit de decodificação auditiva apresentam resultados alterados em testes monoaurais de baixa redundância, possível alteração nos testes de escuta dicótica com alta carga linguística e no teste de resolução temporal, e resultados dentro do padrão da normalidade nos testes de padrões temporais, sugerindo disfunção/lesão do córtex auditivo primário. Nesse mesmo subperfil, há também a possibilidade de os indivíduos apresentarem resultados alterados em testes monoaurais de baixa redundância, de interação binaural, de localização sonora, e resultados dentro do padrão da normalidade nos testes de escuta dicótica e de padrões temporais, sugerindo, nesse caso, disfunção/lesão de tronco encefálico.

A análise qualitativa dos tipos de erros apresentados evidencia omissões e substituições fonêmicas, principalmente sob escuta dicótica.

Déficit de Integração

Indivíduos com déficit de integração auditiva apresentam grande número de erros em orelha esquerda (ou não dominante) nos testes de escuta dicótica, resultados alterados, bilateralmente, em testes de padrões temporais na modalidade de resposta de nomeação e resultados dentro do padrão da normalidade nos testes monoaurais com baixa redundância, de interação binaural e na modalidade de resposta de reprodução por meio de imitação nos testes de padrões temporais, sugestivo de comprometimento de corpo caloso.

A análise qualitativa dos tipos de erros mostra lentidão de respostas e omissões de palavras recebidas em audição dicótica.

Déficit de Prosódia

Indivíduos com déficit de prosódia apresentam resultados alterados bilateralmente nos testes de padrões temporais nas modalidades de resposta de reprodução por meio de murmúrio e de nomeação, discreta alteração na orelha esquerda (ou não dominante), especificamente no teste Dicótico de Dígitos (teste de escuta dicótica com baixa carga linguística), e resultados dentro do padrão da normalidade nos testes monoaurais com baixa redundância, de interação binaural e de escuta dicótica com alta carga linguística, sugestivo de comprometimento de hemisfério direito (não dominante).

Apesar de não haver um padrão de resposta característico nos testes audiológicos referentes aos comprometimentos de funções de associação e organização auditiva, e de esses comprometimentos não serem puramente auditivos, aparecem tendências de respostas que sugerem comprometimento dessas funções, o que pode ser confirmado com a realização de exames complementares

Tendências de respostas sugestivas de comprometimento de funções de associação auditiva

Indivíduos com déficit de associação auditiva podem apresentar resultados alterados bilateralmente em testes dicóticos, alteração bilateral em testes de padrões temporais na modalidade de resposta de nomeação, e resultados dentro do padrão da normalidade nos testes monoaurais com baixa redundância, de interação binaural e de padrões temporais na modalidade de resposta de reprodução por meio de imitação.

A análise qualitativa dos tipos de erros pode evidenciar contaminações e substituições de palavras por aproximação sintagmática ou paradigmática.

Tendências de respostas sugestivas de comprometimento de funções de organização da resposta

Os indivíduos com déficit de organização podem apresentar dificuldade em tarefas de organização sequencial que envolvam mais de dois elementos críticos e com estímulos interferentes, levando a resultados alterados em alguns testes monoaurais com baixa redundância, escuta dicótica e de processamento temporal.

A análise qualitativa dos tipos de erros aponta omissão generalizada de palavras, resgate de palavras já ouvidas anteriormente à palavra-alvo e/ou inversões na ordem sequencial.

Habilitação/Reabilitação nas disfunções do processamento auditivo

A conduta terapêutica é multidisciplinar, podendo envolver fonoaudiólogos, psicólogos, neuropsicólogos, psicopedagogos, assistentes sociais, audiologistas, neurologistas e psiquiatras na assistência ao paciente. A contribuição de cada profissional depende da natureza da disfunção, das manifestações funcionais e da necessidade de uso de medicação.

O programa de intervenção inclui três âmbitos de atuação – a modificação ambiental, a intervenção direta e as estratégias compensatórias –, com o objetivo de criar um ambiente de aprendizado redundante associado a um ambiente terapêutico desafiador. A otimização do ambiente de aprendizado/trabalho e o uso de estratégias compensatórias aumentam a redundância do meio ambiente, melhorando o acesso à informação. A intervenção direta fornece oportunidade para o tratamento do déficit específico e para o ensino de estratégias compensatórias. Para finalizar, os familiares e os profissionais envolvidos no processo de habilitação/reabilitação devem ser orientados em relação à natureza e às manifestações da disfunção do processamento auditivo apresentado pelo paciente, para que possam contribuir de maneira eficiente na minimização do impacto negativo causado pela disfunção.

Apresentação de um estudo de caso (ALVAREZ; SANCHEZ; ZAIDAN, 2002)

Indivíduo do gênero masculino, dezenove anos e oito meses, canhoto, estudante com ensino médio completo, relatou o início da gagueira por volta dos doze/treze anos, sendo esta caracterizada por repetições da sílaba inicial. Segundo dados relatados pela mãe, a gagueira teve início aos oito anos, "[...] sem que ele se desse conta disso" (sic). A partir da conscientização da ocorrência da gagueira, observou que frequentemente interrompia o fluxo da fala, desorganizando-se e perdendo-se em seus próprios pensamentos. Segundo ele, não apresentava dificuldade acadêmica, social ou emocional. Não há informações sobre antecedentes familiares.

Achados Audiológicos

Os procedimentos de avaliação incluíram audiometria tonal liminar, imitanciomentria com pesquisa de reflexos estapedianos ipsilaterais e contralaterais, limiar logoaudiométrico ou *Speech Reception Threshold* (SRT), Índice Percentual de Reconhecimento de Fala não sensibilizada (IPRF), e bateria comportamental para avaliação de FAC por um teste monoaural de baixa redundância, um teste de interação binaural, dois testes de escuta dicótica e um teste de padrões temporais.

Os resultados da avaliação audiológica periférica estavam de acordo com o padrão da normalidade para a faixa etária, e os resultados da avaliação comportamental das funções auditivas centrais indicaram disfunção/lesão nas conexões intra-hemisféricas direitas. O paciente foi encaminhado para avaliação neuropsicológica, cujo resultado evidenciou déficit na etapa de armazenamento da memória de curto prazo.

Conduta terapêutica

A intervenção fonoaudiológica foi planejada tendo como base tarefas de estimulação audiológica específica que privilegiavam funções de hemisfério direito, com ênfase ao treinamento auditivo diferenciado das características psicoacústicas de frequência, intensidade e duração mediadas por estimulação tátil-cinestésica e informações visuais alusivas. Foram também utilizadas técnicas de treinamento de reconhecimento e de reprodução de pausas e padrões prosódicos distintos, além de instrumentalização para a utilização de estratégias compensatórias de memória.

O indivíduo considerou seu comportamento verbal como satisfatório após oito meses de tratamento.

Referências bibliográficas

ALVAREZ, A. M. M. A. et al. Processamento Auditivo Central: proposta de avaliação e diagnóstico diferencial. In: MUNHOZ, M. S. et al. (Ed.). *Audiologia clínica*. São Paulo: Atheneu, 2000. v. 2. p.103-20.

ALVAREZ, A.M.A.; SANCHEZ, M.L.; ZAIDAN, E. Refletindo sobre a gagueira: estudo de caso único. In: MEIRA, I. (Ed.). *Tratando gagueira: diferentes abordagens*. São Paulo: Cortez, 2002c. p. 13-23.

BADDELEY, A. D. Working Memory. *Science*, v. 255, p. 55-9, 1992.

BELLIS, T. J. *Assessment and management of central auditory processing disorders in the educational setting* – Singular Publishing Group, San Diego 1996.

BELLIS, T. J. Effects of aging on interhemispheric function: implications for auditory processing. In: Advances in auditory processing. New Hampshire, Dartmouth-Hitchcock Medical Center, 2000. *Anais*, New Hampshire 2000.

BELLIS, T.J.; NICOL, T.; KRAUS, N. Aging effects hemispheric asymmetry in the neural representation of speech sounds. *J. Neurosci.*, v. 20, p. 791-7, 2000.

BOCCA, E.; CALEARO, C.; CASSINARI, V. A new method for testing hearing in temporal lobe tumors. *Acta Otolaryngol*, v. 44, p. 219-221, 1954.

BOUCHER, R.; BRYDEN, M.P. Laterality effects in the processing of melody and timbre *Neuropsychologia*, v. 35, n. 11, p. 1467-73, Nov. 1997.

BRUDER, G. E. et al. Perceptual asymmetry differences between major depression with or without a co morbid anxiety disorder: a dichotic listening study. *J Abnorm Psychol*, v. 108, n. 2, p. 233-9, May 1999.

CHERMAK, G.D.; SOMERS, E.K.; SEIKEL, J. A. Behavioral signs of central auditory processing disorder and attention deficit hyperactivity disorder. *J. Am. Acad. Audiol*, v. 9, p. 78-84, 1998.

CURRY, F. A comparison of left-handed and right-handed subjects on verbal and non-verbal dichotic listening tasks. *Cortex*, v. 3, p. 343-352, 1967.

ERHAN H. et al. Identification of emotion in a dichotic listening task: event-related brain potential and behavioral findings. *Brain Cogn*, v. 37, n. 2, p. 286-307, Jul. 1998.

HERCULANO-HOUZEL, S. *O cérebro em transformação*. Rio de Janeiro: Objetiva Ltda., 2005.

JERGER, J. et al. Dichotic listening, event-related potentials, and interhemispheric transfer in the older people. *Ear & Hearing*, v. 16, p. 482-98, 1995.

KEITH, R. W. *Random gap detection test manual*. St. Louis: Auditec, 2000.

KIMURA, D. Cerebral Dominance and the Perception of Verbal Stimuli. *Can. J. Psychol.*, v. 15, p. 166-71, 1961a.

KIMURA, D. Some effects of temporal lobe damage on auditory perception *Can. J. Psychol.*, v. 15, p. 156-65, 1961b.

KIMURA, D. Functional asymmetries of the brain in dichotic listening. *Cortex*, v. 3, p. 163-8, 1967.

KINSBOURNE, M. Hemispheric specialization and the growth of the human understanding. *Am. Psychol.*, v. 37, p. 411-20, 1982.

KRAUS, N. et al. Auditory middle latency responses in children: effects of age and diagnostic category. *Electroencephalography*, v. 5, p. 247-287, 1995.

LUKS, T. L; NUSBAUM, H. C; LEVY, J. Hemispheric involvement in the perception of syntatic prosody is dynamically dependent on tasks demands. *Brain and Language*, v. 65, n. 2, p. 313-32, Nov. 1998.

MUSIEK, F. E.; PNHEIRO, M. L. Frequency patterns in cochlear, brainstem, and cerebral lesions. *Audiology*, v. 26, p. 79-88, 1987.

SANCHEZ, M. L.; ALVAREZ, A. M. M. A. Avaliação do PAC em crianças portadoras de transtorno de aprendizagem. *Acta Awho*, v. 19, n. 4, p. 185-188, 2000.

SANCHEZ, M. L.; ALVAREZ, A. M. M. A. Processamento Auditivo: Avaliação. In: COSTA, S. S. et al. (Ed.). *Otorrinolaringologia Princípios e Prática*. 2. ed. Porto Alegre: Artmed, 2006. p. 191-202.

ROSENZWEIG, M.R.; BENNETT, E.L. Psychobiology of plasticity: effects of training and experience on brain and behavior. *Behavioral Brain Research*, Berkley, p. 57-65, 1996.

Avaliação e Intervenção Clínica em Crianças

TRANSTORNO DO DÉFICIT DE ATENÇÃO-HIPERATIVIDADE

Umbertina Conti Reed

DEFINIÇÃO

O transtorno do déficit de atenção-hiperatividade (TDA-H) é o distúrbio neurocomportamental mais encontrado em crianças e congrega em diferentes combinações déficit de atenção, impulsividade e hiperatividade, os quais, dependendo da intensidade, levam a alterações dos convívios familiar e social, do rendimento escolar, do desenvolvimento emocional e da autoestima.

Embora seja descrito desde o começo do século XX, passou a ser reconhecido como entidade definida a partir da década de 1980, quando a Associação Psiquiátrica Americana estabeleceu critérios diagnósticos, periodicamente revistos (AMERICAN PSYCHIATRIC ASSOCIATION, 2000), para caracterizar o distúrbio em diferentes tipos:

- predominante déficit de atenção;
- predominantemente hiperativo-impulsivo;
- combinado.

Na atualidade, o reconhecimento crescente de TDA-H em adultos, com quadros de intensidade variável, torna discutíveis os critérios usados pelo DSM-IV para caracterizar o déficit de atenção e para adotar a idade de início abaixo de sete anos (FARAONE et al., 2005). Entretanto, continua importante para a identificação do quadro que os sintomas estejam persistindo há pelo menos seis meses, atinjam dois ou mais setores da atividade diária e não possam ser atribuídos a outro tipo de distúrbio mental definido.

O diagnóstico é estabelecido fundamentalmente numa base clínica e implica a necessidade de adotar precocemente procedimentos terapêuticos definidos na área neurológica, psicopedagógica e na social, a fim de prevenir o aparecimento de longo prazo de distúrbios de âmbito comportamental ou psiquiátrico. A participação dos pais e dos professores na elaboração de uma abordagem racional que diminua o impacto social é de difícil aplicação nos países subdesenvolvidos, mas altamente priorizada nos EUA (CULPEPPER, 2006; PERRIN et al., 2001; WOLRAICH, 2006).

INCIDÊNCIA E PREVALÊNCIA

É difícil precisá-las porque sintomas vagos como déficit de atenção, impulsividade e hiperatividade são de difícil caracterização e quantificação, podendo ser valorizados de forma diferente por pediatras, pais, médicos de outras especialidades, psicopedagogos e professores. No decorrer da uma última década, a prevalência tem mostrado uma sensível tendência de aumento, chegando a ser consideradas na atualidade cifras de 8 a 12% em crianças e de 3 a 5% em adultos (FARAONE, 2006).

Quadro clínico (CULPEPPER, 2006; PERRIN et al., 2001; SCHONWALD; LECHNER, 2006; WOLRAICH, 2006)

As manifestações clínicas incluem não somente os sintomas primários, como também os distúrbios associados ou comorbidades. O sintoma primário fundamental é a incapacidade para manter a atenção numa tarefa ou atividade pelo tempo necessário para realizá-la, o que mostra maior impacto na sala de aula, porque limita a quantidade de informações retidas, ocasionalmente levando a uma interação negativa com o professor que influencia a autoestima da criança.

Associadamente há uma alta propensão à distração, e a criança não consegue inibir respostas a estímulos ambientais irrelevantes para a tarefa em questão.

A impulsividade manifesta-se por autocontrole falho e incapacidade de medir as consequências das próprias ações, por exemplo, envolvendo-se em brigas ou demonstrando incapacidade de esperar a própria vez, falando em ocasiões não apropriadas, respondendo a questões sem refletir, ou terminando rapidamente e sem cuidado a atividade proposta.

A hiperatividade é o sintoma mais evidente na primeira infância, pois, apesar de o desenvolvimento neuropsicomotor ser normal, as crianças hiperativas têm tendência a se envolver em situações perigosas, machucam-se com facilidade e realizam atividades repetitivas, sem propósito. A generalização da pré-escola tornou o diagnóstico mais precoce: as crianças não conseguem se manter em círculo para ouvir as explicações e não têm equilíbrio e coordenação próprios da idade para participar das primeiras atividades educativas, lúdicas ou esportivas. No primeiro grau escolar, a estrutura da classe tradicional evidencia os comportamentos inadequados, tais como andar pela classe, perturbar os colegas e derrubar livros e objetos. A hiperatividade motora pode acompanhar-se de hiperatividade verbal: a criança fala continuamente, passando de um assunto para outro, não sendo capaz de inibir a verbalização, cantarolando ou emitindo sons repetitivos que, em situações específicas como espetáculos, cerimônias e, principalmente, na sala de aula, tornam-se altamente inconvenientes.

Na criança maior, a falta de equilíbrio e de coordenação para atividades motoras globais ou precisas torna-a desajeitada e desastrada nas atividades da vida diária e inapta para esportes. Esses aspectos negativos são agravados pela ocorrência de inconsistência, o que torna a criança imprevisível: suas dificuldades são flutuantes de dia para dia, ou até no mesmo dia. Tudo isso, aliado à impropriedade de ser inoportuna, dizendo e fazendo coisas erradas nos lugares errados e não sabendo distinguir hierarquias, dificulta o convívio social das crianças com TDA-H, que desenvolvem poucos amigos e relações estáveis.

A ansiedade pode agravar esse complicado contexto clínico, pois interfere ativamente na "performance" e, quando persiste, origina autoestima baixa e, ocasionalmente, depressão. As constantes reprimendas em casa e na escola, a rejeição por parte dos irmãos e dos amigos e o reconhecimento do próprio fracasso escolar e nos esportes criam na criança a sensação de não ser bem-vinda e de não ter possibilidade de sucesso. A adolescência pode ser o gatilho para uma franca piora da vida escolar e no plano afetivo-emocional, principalmente nos casos em que existem outros distúrbios associados ou comorbidades.

O reconhecimento dos possíveis distúrbios associados pode levar à identificação de subgrupos específicos que apresentam fatores de risco genéticos ou familiares, particularidades clínicas e quanto ao prognóstico, bem como respostas diferenciadas ao tratamento farmacológico ou multidisciplinar. Os avanços nos estudos genéticos, neurobiológicos e de neuroimagem funcional no TDA-H têm facilitado ainda mais o reconhecimento de subgrupos específicos, que na literatura recebem a denominação de endofenótipos (DOYLE et al., 2005).

Entre os distúrbios associados ou comorbidades mais frequentes, que constituem um campo polêmico em psicopatologia, devido à superposição de critérios diagnósticos imprecisos, citam-se os distúrbios da aprendizagem, da linguagem, do comportamento e da conduta (transtorno opositor-desafiante), e ainda afetivos, tipo ansiedade e síndrome de Gilles de La Tourette (SPENCER, 2006).

Etiopatogenia (Arnsten, 2006; Doyle, 2006; Faraone et al., 2005; Faraone, 2006; Willcutt et al., 2005)

No caso do TDA-H, a hereditariedade é indiscutível, sendo que pesquisas recentes com pacientes gêmeos, irmãos biológicos e irmãos adotivos comprovam a influência genética. Os estudos genéticos em crianças com TDA-H e seus familiares mostram alterações em diferentes genes, principalmente naqueles relacionados com o transporte e a recepção de catecolaminas, havendo concordância de que deve existir um mecanismo multigênico e de que cada gene alterado acrescentaria um tanto de suscetibilidade ou de risco para desenvolver TDA-H. Também existe um consenso de que na gênese do distúrbio cognitivo-comportamental do TDA-H, que mostra ampla variabilidade clínica, à predisposição genética podem associar-se fatores pré e perinatais adversos, bem como influências ambientais/sociais, todos modulando a intensidade do distúrbio. O *locus* neuroanatômico definido para o TDAH, cuja disfunção é mediada pela alteração dos neurotransmissores, sobretudo noradrenalina e dopamina, é a rede neuronal responsável pela função executiva do lobo frontal, ou seja, o córtex pré-frontal e suas conexões com o neostriado, giro cíngulo, ínsula, amígdala, hipocampo e vérmis cerebelar. Esses circuitos frontais e subcorticais guiam as respostas comportamentais, inibindo impulsos inapropriados e distrações e permitindo planejamento e organização efetiva da ação, temporoespacial e sequencialmente. A teoria mais aceita é a de que no TDA-H ocorre falência desse controle inibitório, levando essencialmente a um distúrbio da execução, sendo impossível inibir a resposta ou adiá-la para um momento mais adequado.

O cômputo geral dos inúmeros estudos de neuroimagem (RNM, PET, SPECT, RNM f) efetuados corrobora a alteração do circuito neuronal ligado à função executiva, mostrando: em meninos, redução do volume cerebral total; em ambos os sexos, redução bilateral do volume do córtex pré-frontal posterior e do núcleo caudado, bem como do globo pálido esquerdo e do vérmis cerebelar posteroinferior; de modo geral, redução volumétrica anterior (frontal e corpo caloso anterior).

Diagnóstico

É efetuado basicamente pelos aspectos clínicos.

A anamnese detalhada é imprescindível para caracterizar os sintomas primários do TDA-H, bem como os eventuais distúrbios associados. Também representa o meio de detectar alterações da dinâmica familiar, tais como rejeição por parte dos pais, superproteção, preferência por outro filho, alcoolismo, droga-dependência, dedicação profissional excessiva, violência conjugal, excesso de exigência de sucesso e de ocupação do tempo da criança, ambiente escolar contrastante com o sistema educacional, etc.

A história familiar pode revelar sintomas semelhantes nos pais e nos irmãos, tanto em relação ao TDA-H como aos eventuais distúrbios associados. A história escolar é de fundamental importância, podendo ser necessário completar a avaliação estabelecendo contatos com os professores ou encaminhando a criança para avaliações adicionais com fonoaudiólogos, psicopedagogos ou psicólogos. A aplicação aos pais e aos professores de questionários padronizados internacionalmente com a finalidade de avaliar a qualidade e a intensidade dos sintomas e dos padrões comportamentais do paciente é uma medida útil para complementar o diagnóstico e auxiliar na identificação de comorbidades. A aplicação seriada desses questionários ao longo da evolução permite avaliar os resultados do tratamento.

O diagnóstico diferencial inclui: alterações da dinâmica familiar, doenças crônicas recorrentes como epilepsia e asma brônquica, doenças sistêmicas como anemia ferropriva, intoxicações, déficit sensorial de visão e audição, deficiência mental de moderada a grave, hipotireoidismo, autismo e outras psicoses da infância, bem como a fase inicial de doenças neurodegenerativas ou de hipertensão intracraniana.

Tratamento (Allen et al., 2005; Brown et al., 2005; Perrin et al., 2001; Schonwald; Lechner, 2006; Wilens, 2006)

Tratamento medicamentoso

É amplamente utilizado baseando-se no emprego de três tipos de drogas: estimulantes, inibidores seletivos da recaptura de noradrenalina, antidepressivos tricíclicos e alfa-2 agonistas.

O metilfenidato corresponde a 93% das prescrições de estimulantes, sendo administrado em doses de 0,3 a 1,0 mg/kg, com ajustes progressivos e demonstrando alta eficácia e poucos efeitos colaterais. A atomoxetina, ainda não disponível no Brasil, tem efeito semelhante e não é considerada uma droga estimulante. Os antidepressivos tricíclicos podem ser particularmente benéficos quando há depressão ou ansiedade associada, mas têm efeitos colaterais cardiovasculares importantes. Outros antidepressivos também estão sendo usados com resultados animadores, demonstrando poucos efeitos colaterais importantes, exceto a exacerbação de eventuais tiques. Agonistas alfa-2 noradrenérgicos, como a clonidina, são empregados quando existe agressividade, tiques ou distúrbios do sono, sendo, ocasionalmente, relatada toxicidade cardiovascular.

De um modo geral, no planejamento terapêutico devem ser considerados antecedentes pessoais ou familiares de doença cardíaca, hipertensão arterial, epilepsia, tiques ou doenças psiquiátricas.

Não há regras quanto à continuidade da administração do tratamento medicamentoso, que pode ser mantido por toda a adolescência e idade adulta. Entretanto, enquanto houver continuidade será necessário o acompanhamento clínico para monitorar eventuais efeitos colaterais.

Terapia comportamental

Está indicada para aumentar a autoestima e tentar criar padrões de atuação para minorar a impulsividade, a desorganização e a falta de reflexão com as quais são abordadas as tarefas. Os pais e professores devem participar ativamente dessa abordagem, para aprender a lidar com os comportamentos indesejados e a reforçar os adequados. Quando se julga necessário tal tipo de abordagem, o tratamento deve ser mantido por um período longo o suficiente para uma avaliação adequada dos resultados, e periodicamente é importante reconsiderar se a manutenção do esquema vai continuar beneficiando a criança, ao longo do tempo.

Planejamento escolar

Devem identificar-se e tratar de forma específica os eventuais distúrbios primários da aprendizagem e orientar para conduzir a criança a classes pequenas, com poucos estímulos visuais e com um responsável sempre disponível e fisicamente próximo.

As tarefas em casa devem ser efetuadas com a supervisão de um adulto e num ambiente o mais calmo possível e sem estímulos. Entretanto, os pais precisam estabelecer um espaço de tempo para a supervisão e não ultrapassá-lo, não somente para estimular a noção de responsabilidade da criança, como também para evitar exigências excessivas, que tendem a agravar a dificuldade de convívio familiar.

Tratamento multidisciplinar

Deve ser efetuado na dependência da existência de comorbidades na área da aprendizagem ou da linguagem (pedagogo e fonoaudiólogo) e dos distúrbios do comportamento e conduta, bem como afetivo-emocionais (psicólogo e psiquiatra). Nesses casos, além da maior extensão e complexidade do tratamento, o prognóstico costuma ser mais reservado.

PROGNÓSTICO (CULPEPPER, 2006; PERRIN ET AL., 2001; SCHONWALD; LECHNER, 2006; WEISS; GADOW; WASDELL, 2006; WOLRAICH, 2006)

Apesar da resposta brilhante aos medicamentos, sobretudo estimulantes, o prognóstico da TDA-H continua sendo desanimador, embora ainda se façam necessários mais estudos prospectivos para obter dados objetivos. Utilizando o tratamento medicamentoso e o suporte psicológico e pedagógico adequado, calcula-se que cerca de 60% das crianças com TDA-H se transformem em adultos funcionais, porém mantendo, de forma modificada, a sintomatologia iniciada na infância. Na faixa dos 40% que apresentam prognóstico pior, há alta taxa de mudança de emprego e de relações afetivas instáveis, bem como índice maior de violações de trânsito, delinquência juvenil, criminalidade, alcoolismo e toxicomanias. De um modo geral, o subgrupo com predomínio do déficit de atenção tem pior prognóstico do que o grupo hiperativo/impulsivo.

Referências bibliográficas

ALLEN, A. et al. Atomoxetine treatment in children and adolescents with ADHD and comorbid tic disorders. *Neurology*, v. 65, p. 1941-9, 2005.

AMERICAN PSYCHIATRIC ASSOCIATION. *Diagnostic and Statistical Manual of Mental Disorders* (4a ed). Washington: American Psychiatric Association, 2000.

ARNSTEN, A. F. Fundamentals of attention-deficit/hyperactivity disorder: circuits and pathways. *The Journal of Clinical Psychiatry*, v. 67, p. 7-12, 2006. Suplemento 8.

BROWN, R. T. et al. American Academy of Pediatrics Committee on Quality Improvement; American Academy of Pediatrics Subcommittee on Attention-Deficit/Hyperactivity Disorder. Treatment of attention-deficit/hyperactivity disorder: overview of the evidence. *Pediatrics*, v. 115, p. e749-57, 2005.

CULPEPPER, L. Primary care treatment of attention-deficit/hyperactivity disorder. *The Journal of Clinical Psychiatry*, v. 67, p. 51-8, 2006. Suplemento 8.

DOYLE, A. E. et al. Attention-deficit/hyperactivity disorder endophenotypes. *Biol Psychiatry*, v. 57, p. 1324-35, 2005.

DOYLE, A. E. Executive functions in attention-deficit/hyperactivity disorder. *The Journal of Clinical Psychiatry*, v. 67, p. 21-6, 2006. Suplemento 8.

FARAONE, S. V. et al. Molecular genetics of attention deficit hyperactivity disorder. *Biol Psychiatry*, v. 57, p. 1313-23, 2005.

FARAONE, S. V. Advances in the Genetics and Neurobiology of Attention Deficit Hyperactivity Disorder. *Biol Psychiatry*, v. 60, p. 1025-27, 2006.

PERRIN, J. M. et al. Clinical practice guideline: Treatment of the school-aged child with attention-deficit/hyperactivity disorder. *Pediatrics*, v. 108, p. 1033-44, 2001.

SCHONWALD, A.; LECHNER, E. Attention deficit/hyperactivity disorder: complexities and controversies. *Curr Opin Pediatr*, v. 18, p. 189-95, 2006.

SPENCER, T. J. ADHD and comorbidity in childhood. *The Journal of Clinical Psychiatry*, v. 67, p. 27-31, 2006. Suplemento 8.

WEISS, M. D.; GADOW, K.; WASDELL, M. B. Effectiveness outcomes in attention-deficit/hyperactivity disorder. *The Journal of Clinical Psychiatry*, v. 67, p. 38-45, 2006. Suplemento 8.

WILENS, T. E. Mechanism of action of agents used in attention-deficit/hyperactivity disorder. *The Journal of Clinical Psychiatry*, v. 67, p. 32-8, 2006. Suplemento 8.

WILLCUTT, E. G. et al. Validity of the executive function theory of ADHD: a meta-analytic review. *Biol Psychiatry*, v. 57, p. 1336-46, 2005.

WOLRAICH, M. L. Attention-Deficit Hyperactivity Disorder. *Semin Pediat Neurol*, v. 13, p. 279-85, 2006.

(TELE)AVALIANDO O DESENVOLVIMENTO DA COMPETÊNCIA DE LEITURA EM OUVINTES E SURDOS DE ESCOLAS ESPECIAIS E COMUNS: O ESTADO DA ARTE

Fernando C. Capovilla
Alessandra G. Seabra
Elizeu C. Macedo

Este capítulo descreve parte de um programa de pesquisas dedicado às avaliações psicométrica e neuropsicológica do desenvolvimento da linguagem oral, escrita e de sinais de alunos deficientes auditivos ou surdos. Deficientes auditivos pensam e comunicam-se basicamente em língua portuguesa, graças à perda auditiva não profunda e/ou não tão precoce, e/ou ao sucesso no ajuste de próteses de amplificação ou implante coclear e de programas de reabilitação oro-aural. Surdos não pensam nem se comunicam basicamente em língua portuguesa devido à perda auditiva profunda pré ou perilingual e à falta de sucesso em obter bom desempenho auditivo com auxílio de próteses de amplificação ou implante coclear ou programas de reabilitação oro-aural. Desde que tenham tido acesso à comunidade sinalizadora, pensam e comunicam-se em Libras.

Segundo o Instituto Brasileiro de Geografia e Estatística, há 6 milhões de surdos e deficientes auditivos. Dos que estão em idade escolar, entre seis e dezoito anos, apenas 20% estão regularmente matriculados. Embora a política federal de inclusão obrigue escolas comuns a matricular os surdos que as procuram, elas são despreparadas e incapazes de receber, manter, alfabetizar, educar e avaliar apropriadamente essa população. De modo a preparar uma rede escolar competente, é preciso aprender o que funciona, para quem e em que grau, ou seja, descobrir que diferentes alocações, métodos, procedimentos e recursos de ensino são mais eficazes para diferentes alunos surdos e deficientes auditivos. Recursos para educação incluem o dicionário de Libras (CAPOVILLA; RAPHAEL, 2006) e a enciclopédia de Libras (CAPOVILLA; RAPHAEL, 2004a, 2004b, 2005a, 2005b, 2005c), além de enciclopédia eletrônica e sistemas especialistas de indexação, busca e tradução de Libras-Português-Libras (CAPOVILLA et al., 2003; DUDDUCH; CAPOVILLA, 2006). Recursos de avaliação incluem baterias completas de instrumentos capazes de mapear os parâmetros normativos de desenvolvimento das competências linguísticas do alunado surdo, os quais, por sua vez, permitem comparar a eficácia de diferentes fatores de ensino-aprendizagem com vistas a descobrir como aumentar a eficácia da educação escolar dessa população. A bateria concentra-se nas competências de leitura e escrita alfabéticas da língua portuguesa, compreensão de sinais da Libras e leitura orofacial e vocabulário também em língua portuguesa.

A primeira etapa do programa de pesquisas consistiu em desenvolver, validar e normatizar os instrumentos de avaliação da linguagem oral, escrita e de sinais do alunado deficiente auditivo e surdo. A segunda, em usar os instrumentos para mapear os parâmetros normativos de desenvolvimento da linguagem oral, escrita e de sinais desse alunado. A terceira, em analisar esse desenvolvimento como função de condições de ensino-aprendizagem, por exemplo, alocação escolar (escola especial bilíngue *versus* inclusão em escola comum), idioma de ensino (Libras-Língua Portuguesa *versus* Língua Portuguesa apenas *versus* Interlínguas ou Língua Portuguesa sinalizada), métodos de ensino (fônico-visual *versus* tradicional). O programa objetiva descobrir padrões de interações entre características do alunado (como grau e idade da perda auditiva) e características da escola (como alocação, idioma, métodos), de modo a identificar as indicações e contraindicações para cada caso. Ele baseia-se numa abordagem matricial empírica centrada na análise comparativa dos graus de eficácia relativa das diversas combinações entre características do alunado e condições de ensino-aprendizagem.

Na bateria, os instrumentos para avaliar a linguagem oral incluem as duas versões da Prova de Leitura Orofacial (PlofD e PlofFA) (F. CAPOVILLA et al., no prelo a), e do Teste de Vocabulário em Português por Leitura Orofacial (TVPlof1 e TVPlof2) (F.CAPOVILLA et al., no prelo b). Os instrumentos para avaliar a linguagem escrita incluem o Teste de Competência de Leitura de Palavras e Pseudopalavras (TCLPP) (F. CAPOVILLA; CAPOVILLA, 2006; F. CAPOVILLA et al., 2005; F. CAPOVILLA et al., 2006c; F. CAPOVILLA; RAPHAEL, 2004a; F. CAPOVILLA, VARANDA; CAPOVILLA, 2006), o Teste de Compreensão de Leitura de Sentenças (TCLS) (F. CAPOVILLA; RAPHAEL, 2005a; MACEDO et al., 2005), o Teste de Nomeação de Figuras por Escolha (TNF1-Escolha e TNF2-Escolha) (F. CAPOVILLA et al., 2006a; F.CAPOVILLA et al.,, 2006b; F. CAPOVILLA; RAPHAEL, 2005b, 2005c), e o Teste de Nomeação de Figuras por Escrita (TNF1-Escrita e TNF2-Escrita) (F. CAPOVILLA et al., 2006c; LUKASOVA et al., 2005). Os instrumentos para avaliar a linguagem de sinais incluem o Teste de Vocabulário Receptivo de Sinais da Libras (TVRSL) (F. CAPOVILLA; RAPHAEL, 2004b; F. CAPOVILLA et al., 2004), além de testes de nomeação de sinais por escolha e escrita livre (TNS-Escolha e TNS-Escrita) (MACEDO et al., 2004). Por falta de espaço, este artigo seconcentra apenas na descrição de um desses instrumentos, o Teste de Competência de Leitura de Palavras e Pseudopalavras (TCLPP).

Modelo teórico de desenvolvimento de leitura. Dislexia do desenvolvimento como estase nesse curso

A. Capovilla e F. Capovilla (2007a) descrevem um modelo de desenvolvimento da linguagem escrita que identifica três estágios na alfabetização, durante os quais se desenvolvem diferentes rotas ou estratégias de leitura. No primeiro, o *logográfico*, desenvolve-se a estratégia logográfica. A criança faz reconhecimento visual direto de certas propriedades gerais da palavra escrita com base no contexto, na forma e na cor, mas não atenta à composição precisa das letras que formam a palavra, exceto usualmente pela primeira letra. Por exemplo, se forem trocadas as letras D por B, N por M, e D por P na palavra escrita McDonald's, a criança não tenderá a notar a troca, desde que haja arcos dourados sobre fundo vermelho. Isso ocorre porque a criança trata as palavras escritas como se fossem desenhos, só conseguindo reconhecer palavras com as quais está bastante familiarizada, sendo incapaz de penetrar na composição grafêmica delas ou de ler palavras novas. Tal leitura de natureza icônica e ideográfica se limita ao reconhecimento do aspecto geral de palavras muito familiares. No segundo estágio, o *alfabético*, desenvolve-se a rota ou estratégia fonológica. A criança aprende a fazer decodificação grafofonêmica e passa a decodificar pseudopalavras e palavras novas, cuja forma ortográfica ainda não lhe é familiar. Contudo, a criança só pode ter sucesso no uso dessa estratégia se dominar a habilidade de decodificação grafofonêmica e se as palavras a serem lidas forem grafofonemicamente regulares, de modo que a imagem fonológica resultante da decodificação soe familiar à criança, como mais uma das palavras conhecidas já armazenadas em seu léxico auditivo linguístico (por exemplo, léxico fonológico). A decodificação de palavras grafofonemicamente irregulares tende a produzir erros de regularização fonológica e falhas de compreensão de leitura. Crianças com *dislexia fonológica* mostram grande dificuldade em empreender decodificação grafofonêmica competente, o que ocorre em 67% dos casos de dislexia do desenvolvimento (A. CAPOVILLA; CAPOVILLA, 2004; F. CAPOVILLA; CAPOVILLA, 2004), e usualmente tentam adivinhar o que está escrito, cometendo frequentes paralexias. No terceiro estágio, o *ortográfico*, desenvolve-se a rota ou estratégia lexical. A criança aprende a ler lexicalmente, fazendo reconhecimento visual direto da forma ortográfica das palavras, e torna-se capaz de ler palavras grafofonemicamente irregulares, não mais cometendo erros de regularização grafofonêmica, desde que as palavras a serem lidas sejam comuns e familiares para a criança. Essa dificuldade de fazer reconhecimento visual direto da forma ortográfica das palavras caracteriza cerca de 10% das crianças com dislexia. Contudo, trata-se mais de um atraso de leitura corrigível por leitura intensiva e exercícios ortográficos do que propriamente uma dislexia morfêmica, já que não há evidência de comprometimento cerebral como aquele associado à dislexia fonológica. Assim, a dislexia do desenvolvimento poderia ser compreendida como dificuldade em dominar o estágio alfabético e desenvolver a rota perilexical fonológica, que permite escrever por codificação fonografêmica e ler por decodificação grafofonêmica.

Implementando o modelo no Teste de Competência de Leitura Silenciosa de Palavras e Pseudopalavras (TCLPP)

O Teste de Competência de Leitura Silenciosa de Palavras e Pseudopalavras (TCLPP) (F. CAPOVILLA; CAPOVILLA, 2006; F. CAPOVILLA et al., 2005; F. CAPOVILLA; RAPHAEL, 2004a; F. CAPOVILLA et al., 2006c; F. CAPOVILLA; VARANDA; CAPOVILLA, 2006) avalia o estágio de desenvolvimento da leitura ao longo das etapas logográfica, alfabética e ortográfica de crianças em idade escolar. Trata-se de instrumento psicométrico e neuropsicológico cognitivo. Como teste psicométrico, é acompanhado de tabelas de normatização que permitem avaliar o grau de desvio entre o padrão de leitura de um examinando e o de seu grupo de referência conforme idade e série escolar. Como teste neuropsicológico cognitivo, permite interpretar o padrão de leitura específico da criança segundo o modelo cognitivo de desenvolvimento de leitura e escrita, e inferir o estágio de desenvolvimento (por exemplo, logográfico, alfabético, ortográfico) dessa criança, bem como as estratégias de leitura (por exemplo, ideovisual ou logográfica, perilexical ou fonológica, lexical) que prevaleçam em seu desempenho. Fornece visão integrada e aprofundada do grau de desenvolvimento e de preservação dos mecanismos, rotas e estratégias envolvidos na leitura competente, lançando luz sobre a natureza da dificuldade específica do examinando. Assim, TCLPP avalia a competência de leitura de itens escritos individuais e analisa processos de leitura em suas três vertentes: os ideovisuais logográficos, típicos do rudimentar estágio logográfico de leitura por reconhecimento grosseiro e desprovido de decodificação; os perilexicais de decodificação grafêmica, típicos do estágio de leitura alfabético; e os lexicais de reconhecimento visual direto de formas ortográficas familiares, típicos do estágio ortográfico e auxiliados pela capacidade de decodificação (cf. A. CAPOVILLA; CAPOVILLA, 2007a; F. CAPOVILLA, 2005).

O TCLPP contém 78 itens, sendo oito de treino e setenta de teste, cada qual composto de figura e elemento escrito, que pode ser palavra ou pseudopalavra. Pseudopalavras são sequências de caracteres que compõem um todo pronunciável, mas carente de significado. A tarefa consiste em circular os itens corretos e cruzar os incorretos, ou seja, aqueles em que há disparidade semântica entre figura e elemento escrito, ou incorreção ortográfica na escrita. Como há setenta itens de teste, a pontuação máxima é de setenta pontos, e como há duas respostas para cada item (circundar para aceitar *versus* cruzar para rejeitar), a pontuação de acerto casual é de 35 pontos. Os setenta itens do TCLPP dividem-se em sete subtestes com dez itens cada qual, e distribuem-se em ordem contrabalançada ao longo do teste. O Subteste 1, Aceitação de palavras corretas regulares (CR), é composto de palavras ortograficamente corretas, semanticamente corretas e grafofonemicamente regulares a serem aceitas, como a palavra escrita batata sob a figura de batata. O Subteste 2, Aceitação de palavras corretas irregulares (CI), é composto de palavras ortograficamente corretas, semanticamente corretas e grafofonemicamente irregulares a serem aceitas, como a palavra escrita EXÉRCITO sob a figura de um exército. O Subteste 3, Rejeição de palavras vizinhas semânticas (VS), é composto de palavras ortograficamente corretas, mas semanticamente incorretas a serem rejeitadas, como a palavra escrita RÁDIO sob a figura de um telefone. O Subteste 4, Rejeição de pseudopalavras vizinhas visuais (VV), é composto de pseudopalavras ortograficamente incorretas, com trocas visuais, a serem rejeitadas, como a pseudopalavra escrita ESTERLA sob a figura de uma estrela. O Subteste 5, Rejeição de pseudopalavras vizinhas fonológicas (VF), é composto de pseudopalavras ortograficamente incorretas, com trocas fonológicas, a serem rejeitadas, como a pseudopalavra escrita CANCURU sob a figura de um canguru. O Subteste 6, Rejeição de pseudopalavras homófonas (PH), é composto de pseudopalavras ortograficamente incorretas a serem rejeitadas, embora homófonas a palavras semanticamente corretas, como a pseudopalavra escrita AUMOSSU sob almoço. O Subteste 7, Rejeição de pseudopalavras estranhas (PE), é composto de pseudopalavras ortograficamente incorretas e estranhas, tanto fonológica quanto visualmente, a serem rejeitadas, como a pseudopalavra escrita XUNVACO sob a figura de uma sanfona.

Assim, há dois subtestes com itens corretos a serem circundados: os de (1) *Palavras corretas regulares* (CR) (por exemplo, FADA sob figura de fada) e (2) *Palavras corretas irregulares* (CI) (por exemplo, TÁXI sob figura de táxi), e cinco subtestes compostos de itens incorretos a serem cruzados: os de (3) *Palavras semanticamente incorretas*, que diferem das figuras às quais estão associadas, ou seja, *vizinhas semânticas* (VS) (por exemplo, palavra GATO sob figura de cão); (4) *Pseudopalavras pseudo-homógrafas com trocas visuais*, ou seja, *vizinhas visuais* (VV) (por exemplo, CAEBÇA sob cabeça); (5) *Pseudopalavras pseudo-homófonas com trocas fonológicas*, ou seja, *vizinhas fonológicas* (VF) (por exemplo, MÁCHICO sob mágico); (6) *Pseudopalavras homófonas* (PH) (por exemplo, PÁÇARU sob pássaro); e (7) *Pseudopalavras estranhas* (PE) (por exemplo, MELOCE sob palhaço). Acertos consistem em circundar itens corretos e em cruzar os incorretos; os erros, em deixar de circundar itens corretos ou de cruzar itens incorretos. A distribuição de erros entre os subtestes revela o estágio de desenvolvimento de aquisição de leitura (por exemplo, logográfico, alfabético ou ortográfico) e as respectivas estratégias de leitura empregadas pelo leitor (por exemplo, logográfica, perilexical ou lexical).

Portanto, os itens com palavras ortograficamente corretas e semanticamente corretas, tanto grafofonemicamente regulares (CR) quanto irregulares (CI), devem ser aceitos (por exemplo, circulados com o lápis), ao passo que os itens com palavras com incorreção semântica (VS) ou pseudopalavras (VV, VF, PH, PE) devem ser rejeitados (por exemplo, cruzados). O padrão de distribuição dos tipos de erro revela o tipo específico de processamento cognitivo do examinando e indica as estratégias de leitura que consegue usar e aquelas em que tem dificuldade. Esse padrão permite caracterizar a natureza particular da dificuldade de leitura de cada examinando. O erro de rejeitar palavras corretas irregulares (CI) pode indicar dificuldade com o processamento lexical ou falta dele. O erro de deixar de rejeitar pseudopalavras homófonas (PH) também pode indicar dificuldade no processamento lexical, porém em nível mais acentuado, com uso exclusivo da rota fonológica. O erro de deixar de rejeitar pseudopalavras com trocas fonológicas (VF) pode indicar tentativa de ler exclusivamente pela rota fonológica, por decodificação grafofonêmica estrita, sem fazer uso da rota lexical, mas com o agravante de dificuldades de processamento fonológico. O erro de deixar de rejeitar palavras semanticamente incorretas (VS) indica falta de acesso ao léxico semântico. O erro de deixar de rejeitar pseudopalavras com trocas visuais (VV) pode indicar dificuldade com o processamento fonológico, e recurso à estratégia de leitura logográfica. Finalmente, o erro de deixar de rejeitar pseudopalavras estranhas (PE) pode indicar sérios problemas de leitura (com ausência de processamento lexical, fonológico e, mesmo, logográfico) ou de atenção típica de transtorno de déficit de atenção e hiperatividade (A. CAPOVILLA et al.,, 2005). As relações intrínsecas aos sete subtestes do TCLPP permitem validação cruzada das evidências fornecidas em cada subteste.

Avaliando o desenvolvimento de leitura em escolares ouvintes

Num estudo recente (F. CAPOVILLA; VARANDA; CAPOVILLA, 2006), o TCLPP1.1 e seus sete subtestes foram validados e normatizados com 725 alunos ouvintes de 1º a 3º anos do ensino fundamental de uma escola municipal de Santos, SP. O estudo validou o TCLPP e seus sete subtestes por comparação com as pontuações em três testes: Teste de Compreensão de Leitura de Sentenças (TCLS) (F. CAPOVILLA;

RAPAHEL, 2005a), Teste de Vocabulário por Figuras USP (TVF-USP) (F. CAPOVILLA; PRUDÊNCIO, no prelo), e Prova de Consciência Fonológica por Produção Oral (PCF-O) (A. CPOVILLA; CAPOVILLA, 2007b). ANOVA da pontuação dos alunos ouvintes no TCLPP1.1 revelou aumento significativo na competência de leitura de 1º a 2º a 3º anos (por exemplo, de 49,4 a 55,8 a 59,9 pontos). Os maiores acertos ocorreram nos subtestes que podem ser respondidos usando a estratégia logográfica típica do estágio logográfico: rejeição de pseudopalavras estranhas (PE=9,5), rejeição de palavras com trocas semânticas (VS=9,3), e aceitação de palavras corretas regulares (CR=8,9). O acerto intermediário ocorreu no subteste que requer o uso de estratégia fonológica típica do estágio alfabético: rejeição de palavras com trocas visuais (VV=7,9). Já os menores acertos ocorreram nos subtestes que requerem o uso de estratégia lexical típica do estágio ortográfico: aceitação de palavras corretas irregulares (CI: M =7,52), rejeição de pseudopalavras com trocas fonológicas (VF = 6,9), e rejeição de pseudopalavras homófonas (PH=4,7). Assim, comparando a distribuição de acertos entre os subtestes, o estudo revelou o seguinte padrão: (PE=9,5) > (VS=9,3) > (VV=7,9) > (VF=,9) > (PH 4,7). Analisando o padrão de inter-relações das pontuações gerais no TCLPP e nos demais testes, foi observado que as habilidades mais relacionadas com a competência de leitura de palavras e pseudopalavras foram a compreensão de leitura de sentenças, o vocabulário auditivo e a consciência fonológica, nessa ordem.

Avaliando o desenvolvimento de leitura em alunos surdos de escolas bilíngues

O TCLPP1.1 foi também validado e normatizado num primeiro estudo com surdos (F. CAPOVILLA; RAPHAEL, 2004a) envolvendo 805 alunos de seis a 45 anos, estudantes do 1º ano do ensino fundamental até o 1º ano do ensino médio, provenientes de seis escolas para surdos, a maioria com surdez congênita profunda. ANOVA da pontuação dos 805 surdos no TCLP1.1 revelou aumento sistemático na competência de leitura do 1º ano do ensino fundamental até o 1º do ensino médio (por exemplo, de 36,2 a 40,9 a 45,8 a 49,9 a 53,9 a 54,3 a 56,2 a 59,5 e a 61,4 pontos). Tais dados permitiram normatizar o TCLPP1.1 por ano escolar e validá-lo por comparação com outros testes de compreensão de leitura de sentenças, vocabulário em sinais, nomeação de figuras e sinais, tanto por escolha de palavras escritas quanto por escrita livre. Como sumariado na Tabela 1, comparando a pontuação do alunado surdo das escolas especiais bilíngues desse estudo com a do alunado ouvinte da escola pública municipal de baixo NSE do estudo de F. Capovilla, Varanda e Capovilla (2006), foi observado que a pontuação do surdo de 4º ano (49,9 pontos) foi aproximadamente equivalente à do ouvinte de 1º ano (49,4 pontos); a do surdo de 7º ano (54,3 pontos), à do ouvinte de 3º ano (55,8 pontos); e a do surdo de 9º ano (59,5 pontos), à do ouvinte de 4º ano (59,9 pontos). Em termos de validade por critério de correlação com outros testes, os resultados revelaram que a competência de leitura de palavras no TCLPP1.1 esteve mais correlacionada com a competência de leitura de sentenças (TCLS) (F. CAPOVILLA et al., 2004) e com a habilidade de nomear figuras (quer por escolha, quer por escrita: TNF-Escolha: F. CAPOVILLA et al. 2006a; CAPOVILLA, 2006; ou TNF-Escrita: F. CAPOVILLA et al., 2006c), do que com a habilidade de nomear sinais (quer por escolha, quer por escrita: TNS-Escolha ou TNS-Escrita), e com esta do que com o vocabulário receptivo de sinais (TVRSL: F. CAPOVILLA et al., 2004). Ou seja, a competência de leitura de itens isolados (por exemplo, palavras e pseudopalavras) no TCLPP esteve mais correlacionada com as competências de leitura e de escrita de nomes de figuras (TNF-Escolha e TNF-Escrita) do que com as de nomes de sinais (TNS-Escolha e TNS-Escrita), e com estas do que com a compreensão de sinais de Libras (TVRSL).

Tabela 1 – Pontuação geral no TCLPP em cada série escolar dos três tipos de aluno (ouvintes de escola pública comum *versus* surdos de escolas públicas especiais *versus* deficientes auditivos de escolas públicas comuns)

número e tipo de alunos e sua escola	1ª	2ª	3ª	4ª	5ª	6ª	7ª	8ª	9ª
725 ouvintes, escola comum	49,4	55,8	59,9						
628 surdos, escola especial	36,2	40,9	45,8	49,9	53,9	54,3	56,2	59,5	61,4
44 deficientes auditivos, escolas comuns					50,5	59,5			

Esse estudo também identificou diferenças entre leitores surdos e ouvintes quanto ao padrão de acerto nos subtestes, revelando peculiaridades dos processamentos ideovisual, perilexical e semântico dos estudantes surdos. Como sumariado na Tabela 2, comparando a distribuição de acertos nos subtestes pelos 628 alunos surdos de 1ª a 8ª série de escolas especial nesse estudo (por exemplo, [VS = 8,4] > [PE = 8,0] > [PH = 7,4] > [VF = 6,5] > [VV = 6,0]) com a distribuição de acertos nos subtestes pelos 725 alunos ouvintes de 1ª a 3ª série no estudo de F. Capovilla, Varanda, e Capovilla (2006) (por exemplo, [PE = 9,2] > [VS = 8,8] > [VV = 7,9] > [VF = 6,9] > [PH = 5,9]), foram encontradas três diferenças de relevância teórica: (1) Leitores ouvintes detectaram corretamente VV mais que PH e VF (por exemplo, deixando-se enganar mais pela semelhança fonológica); já leitores surdos detectaram corretamente mais PH e VF que VV (por exemplo, deixando-se enganar mais pela semelhança visual); (2) Leitores ouvintes detectaram corretamente mais VF que PH (por exemplo, deixando-se enganar mais pela homofonia que pela semi-homofonia), já leitores surdos detectaram corretamente mais PH que VF; (3) Leitores ouvintes detectaram corretamente mais PE do que VS (por exemplo, deixando-se enganar mais por palavras ortográfica e fonologicamente familiares ainda que semanticamente inadequadas às figuras do que por pseudopalavras ortográfica e fonologicamente estranhas), já leitores surdos detectaram corretamente mais VS que PE (por exemplo, privilegiando o processamento semântico-ortográfico em vez do ortográfico-fonológico, com melhor detecção de inadequação semântica de palavras conhecidas do que de pseudopalavras, uma vez que, do ponto de vista deles, essas pseudopalavras poderiam ser simplesmente palavras que eles desconhecem).

Foi descoberto ainda que, embora em termos absolutos a ordem de pontuação dos leitores surdos de escola especial tenha sido VS > PE > PH > VF > VV, quando sua pontuação em cada subteste foi comparada à dos ouvintes, a ordem de pontuação dos leitores surdos foi a seguinte: Superioridade em PH (em que pontuaram pouco mais que os ouvintes de 3º ano) do que em VF e VS (em que pontuaram como os ouvintes entre o 1º e o 2º anos), e nestas do que em VV e PE (em que pontuaram como os ouvintes de 1º ano).

Analisando as correlações entre os subtestes no TCLPP1.1, foi descoberto que os surdos empregaram duas habilidades funcionalmente independentes: uma para aceitar palavras corretas (sendo que, quanto melhor a aceitação de CR, tanto melhor a aceitação de CI), e outra para rejeitar tanto pseudopalavras (sendo que, quanto melhor a rejeição de um tipo de pseudopalavras como VF, tanto melhor a rejeição dos outros tipos de pseudopalavras como PH, PE e VV, e vice-versa), quanto palavras semanticamente incorretas (sendo que, quanto melhor a rejeição de VS, tanto melhor a rejeição dos quatro tipos de pseudopalavra VF, PH, PE e VV). Esse estudo permitiu acompanhar o desenvolvimento da competência de leitura de itens isolados por escolares surdos, do início do ensino fundamental até o ensino médio, em termos de estratégias logográfica, perilexical e lexical, processamento ideovisual e digital, e estágios logográfico, alfabético e ortográfico.

O TCLPP1 foi validado, ainda, em dois estudos que avaliaram as habilidades de decodificação (processos perilexicais) e de reconhecimento visual direto (processos lexicais) de 805 estudantes surdos do 1º ano do ensino fundamental até o 1º ano do ensino médio. O primeiro (F. CAPOVILLA et al., 2005) empregou o TCLPP para analisar estratégias ideovisuais, perilexicais e lexicais de leitura em 805 escolares surdos de seis a 45 anos. Os resultados mostraram aumento significativo sistemático, série a série, na competência de leitura entre 1º e 5º anos, além de aumentos menos sistemáticos daí até a 1º ano do ensino médio. Comparando os padrões de erros nos subtestes de surdos e ouvintes, o estudo corroborou o achado de que ouvintes se deixam enganar mais pela semelhança fonológica, ao passo que surdos se deixam enganar mais pela visual. Enquanto ouvintes privilegiam a forma ortográfica em detrimento da correção semântica, surdos fazem o oposto. Devido à dificuldade de processamento perilexical, a leitura dos surdos mostrou-se mais limitada a mecanismos visuais diretos de reconhecimento e acesso ao significado. Esse estudo corroborou a validade do TCLPP como teste de leitura de surdos. O segundo (F.CAPOVILLA; CAPOVILLA, 2006) também revelou crescimento significativo da competência de leitura ao longo das séries escolares, e comparou o padrão de erros dos leitores surdos ao dos ouvintes. Ele corroborou que (1) leitores ouvintes deixam enganar-se mais pela semelhança fonológica, ao passo que leitores surdos deixam enganar-se mais pela semelhança visual; (2) leitores ouvintes deixam enganar-se mais pela homofonia que pela semi-homofonia, ao passo que leitores surdos não; (3) leitores ouvintes deixam enganar-se mais por palavras ortográfica e fonologicamente familiares, ainda que semanticamente inadequadas às figuras, do que por pseudopalavras ortográfica e fonologicamente estranhas, ao passo que leitores surdos privilegiam o processamento semântico-ortográfico em vez do ortográfico-fonológico, com melhor detecção de inadequação semântica de palavras conhecidas do que de pseudopalavras.

Teleavaliando o desenvolvimento de leitura em deficientes auditivos incluídos em escolas comuns

A versão computadorizada do TCLPP (TCLP1.2-Comp) foi validada num estudo de teleavaliação de deficientes auditivos por Internet (F. CAPOVILLA et al., 2006c) com 44 alunos de 5º e 6º ano de três escolas comuns públicas de ensino fundamental. Desses, 24 tinham perda auditiva profunda; nove, severa; oito, moderada; três, leve. Ancovas revelaram que a pontuação no em TCLP1.2-Comp aumentou significativamente do 5º ano (50,5 pontos) para o 6º (59,5 pontos), e que o tempo despendido em responder diminuiu significativamente. O TCLP1.2-Comp mostrou-se sensível em nível de leitura, e capaz de discriminar entre as séries. Esse estudo demonstrou a viabilidade da teleavaliação de leitura em surdos como recurso econômico, preciso e válido. Como sumariado na Tabela 1, comparando os dados de pontuação do alunado deficiente auditivo cursando a escola comum em regime de inclusão desse estudo com a do alunado ouvinte da escola pública municipal de baixo NSE do estudo de F. Capovilla, Varanda e Capovilla (2006), nota-se que a pontuação dos deficientes auditivos incluídos na 5ª série da escola comum (50,5 pontos) foi aproximadamente equivalente à dos alunos ouvintes do 5º ano (49,9 pontos), e que a pontuação dos deficientes auditivos incluídos no 7º ano da escola comum (59,5 pontos) foi exatamente a mesma dos ouvintes do 9º ano (59,5 pontos). Análises de regressão de pontuações de escrita sobre leitura, e tempos de escrita sobre leitura revelaram correlações positivas. Ancova, comparando as pontuações das duas séries nos sete subtestes, revelou aumento significativo da pontuação do 6º ano para o 7º ano apenas nos subtestes de rejeição de VV, VF, PH, e PE, nessa ordem.

Os crescimentos significativos das pontuações do 6º para o 7º ano nos diversos testes indicam o desenvolvimento de diferentes funções cognitivas. O primeiro maior crescimento em VV indica o desenvolvimento da habilidade de decodificação; o segundo maior crescimento em VF indica o refinamento dessa habilidade de decodificação; e o terceiro maior crescimento em PH indica o desenvolvimento do léxico ortográfico.

COMPARANDO OS PARÂMETROS DE DESENVOLVIMENTO DE COMPETÊNCIAS DE LEITURA NOS TRÊS GRUPOS

O presente estudo permitiu comparar a distribuição de acertos entre os subtestes do TCLPP por parte dos diferentes grupos de alunos (725 ouvintes de escola comum, os 628 surdos de escola especial, e os 44 deficientes auditivos, escolas comuns). Tal comparação revela padrões de dissociações de grande interesse teórico são reveladas. Como sumariado na Tabela 2, o padrão dos 44 alunos de 5ª e 6ª séries com perda auditiva estudando em escolas comuns sob regime de inclusão ([PE = 9,14] > [VS = 8,9] > [PH = 8,7] > [VV = 7,2] > [VF = 7,1], cf. F. CAPOVILLA et al., 2006c) diferiu do padrão dos 628 alunos surdos de 2º a 9º anos estudando em escolas especiais bilíngues para surdos ([VS = 8,4] > [PE = 8,0] > [PH = 7,4] > [VF = 6,5] > [VV = 6,0], cf. F. CAPOVILLA; RAPHAEL, 2004a), que, por sua vez, diferiu do dos 725 alunos ouvintes de 2º a 4º anos de uma escola municipal ([PE = 9,5] > [VS = 9,3] > [VV = 7,9] > [VF = 6,9] > [PH = 4,7], cf. F. CAPOVILLA, VARANDA; CAPOVILLA, 2006). Essa comparação do padrão de distribuição dos tipos de erro de leitura revelou que surdos de escolas comuns com ensino oral-aural deixam enganar-se por semelhanças fonológica e visual, enquanto surdos de escolas bilíngues em libras e língua Portuguesa deixam enganar-se mais pela semelhança visual, e ouvintes deixam enganar-se mais pela semelhança fonológica. A Tabela 2 sumaria esses dados comparativos.

Tabela 2 – Distribuição de acertos nos cinco subtestes de pseudopalavras do TCLPP, ordenados por frequência de acertos, como função do tipo de respondente (ouvinte *versus* surdo), do tipo de escola (comum com ensino em língua portuguesa *versus* especial com ensino prioritário em libras), e da série escolar.

Respondente, escola, série escolar	Subtestes ordenados por acerto decrescente				
725 ouvintes, 2º a 4º ano	PE (9,5)	VS (9,3)	VV (7,9)	VF (6,9)	PH (4,7)
628 surdos, escola especial, 2º a 9º ano	VS (8,4)	PE (8,0)	PH (7,4)	VF (6,5)	VV (6,0)
44 surdos, ensino comum, 6º e 7º anos	PE (9,1)	VS (9,0)	PH (8,7)	VV (7,2)	VF (7,1)

Comparando os dados dos estudos conduzidos com alunos ouvintes *versus* alunos com perda auditiva, e de alunos com perda auditiva estudantes de escolas especiais bilíngues com ensino em libras *versus* alunos com perda auditiva estudantes de escolas comuns em regime de inclusão, foram detectadas as seguintes dissociações reveladoras entre os padrões dos três grupos:

1 - Leitores ouvintes detectam corretamente VV mais que PH (por exemplo, deixando-se enganar mais pela semelhança fonológica); já leitores surdos de escolas para surdos e leitores deficientes auditivos incluídos em escolas comuns detectam corretamente mais PH que VV (por exemplo, deixando-se enganar mais pela semelhança visual). Contudo, quanto a trocas fonológicas (VF), o padrão dos deficientes auditivos da escola comum foi intermediário entre o padrão de surdos de escolas especiais e o padrão de ouvintes. Assim, os ouvintes detectaram corretamente VV mais que VF mais que PH, ao passo que os surdos de escolas de surdos mostraram o padrão oposto, detectando corretamente PH mais que VF mais que VV, e os deficientes auditivos de escolas comuns têm o padrão intermediário, detectando corretamente PH mais que VF ou VV. Ouvintes detectaram corretamente VV mais que VF e mais que PH por causa da primazia do processamento fonológico na leitura do ouvinte, que faz com que pseudopalavras homófonas enganem mais que as semi-homófonas, e estas, mais que as nada homófonas. Os surdos de escolas de surdos mostraram o padrão oposto, detectando corretamente PH mais que VF e mais que VV, por causa da prevalência do processamento visual na leitura do surdo sob ensino em Libras, que faz com que as pseudopalavras visualmente semelhantes enganem mais que pseudopalavras visualmente semissemelhantes, e estas mais que pseudopalavras nada visualmente semelhantes. Os deficientes auditivos de escolas comuns mostraram o padrão intermediário, detectando corretamente PH mais que VF ou VV, por causa da mescla entre a prevalência do processamento visual na leitura do surdo (que faz com que pseudopalavras visualmente semelhantes enganem mais que as demais) e a maior participação relativa do processamento fonológico, que decorre da combinação entre maior desempenho auditivo das crianças deficientes auditivas com perdas menos severas e precoces que vão para as escolas comuns (em comparação com as crianças com surdez congênita profunda que vão para as escolas especiais para surdos) e a maior ênfase na comunicação oral-aural na escola comum (em comparação com a maior ênfase na comunicação sinalizada nas escolas especiais para crianças com perda congênita profunda). Essa maior participação do

processamento fonológico na leitura acaba induzindo trocas tipicamente cometidas por leitores surdos na oralização e na leitura orofacial, o que induz a aceitação de trocas fonológicas.

2 - Leitores ouvintes detectam corretamente mais VF que PH (por exemplo, deixando-se enganar mais pela homofonia que pela semi-homofonia), ao passo que leitores surdos de escolas para surdos e deficientes auditivos de escolas comuns detectam corretamente mais PH que VF, embora a distância entre PH e VF seja maior no ensino comum que no especial, dada a prevalência da comunicação oral-aural no ensino comum, que tende a aumentar o processamento fonológico, e com ele erros induzidos por trocas fonológicas.

3 - Leitores ouvintes, bem como leitores deficientes auditivos da escola comum, detectam corretamente mais PE do que VS (por exemplo, deixando-se enganar mais por palavras ortográfica e fonologicamente familiares, ainda que semanticamente inadequadas às figuras, do que por pseudopalavras ortográfica e fonologicamente estranhas); já leitores surdos de escolas para surdos com ensino em Libras detectam corretamente mais VS que PE (por exemplo, privilegiando o processamento semântico-ortográfico do que o ortográfico-fonológico, com melhor detecção de inadequação semântica de palavras conhecidas do que de pseudopalavras, uma vez que, do ponto de vista deles, essas pseudopalavras poderiam ser simplesmente palavras que eles desconhecem). Isso indica que tanto leitores ouvintes quanto leitores deficientes auditivos de escola comum com ensino em língua portuguesa a veem como língua materna, diferentemente dos leitores surdos de escola especial para surdos com ensino em libras, que veem a língua portuguesa como língua estrangeira. Assim, quando leitores ouvintes e leitores deficientes auditivos de escola comum (que recebem ensino primariamente em língua portuguesa) deparam com um item escrito que não se parece em nada com qualquer item conhecido, seja em termos fonológicos, seja em termos visuais, eles tendem a rejeitar esse item como não pertencendo ao léxico de sua língua materna. Por outro lado, quando leitores surdos, de escola especial para surdos e que recebem ensino primariamente em Libras, deparam com um item escrito que não se parece em nada com qualquer item conhecido, eles tendem a duvidar não do item (por exemplo, de sua existência no léxico da língua portuguesa), mas, sim, de si mesmos, enquanto leitores estrangeiros. Isso se deve não apenas ao aspecto atitudinal (veem-se como membros de uma comunidade linguística separada), como também ao aspecto cognitivo (de poderem contar apenas com o estranhamento do processamento visual para rejeitar uma pseudopalavra estranha, ao passo que ouvintes podem contar com o duplo estranhamento visual e fonológico para rejeitar uma pseudopalavra estranha), sendo que esses dois aspectos coalescem sinergicamente para minar a habilidade de rejeitar pseudopalavras estranhas por parte de surdos de escolas especiais com ensino em libras.

Conclusões

Esse estudo comparou a pontuação do alunado surdo das escolas especiais bilíngues e do alunado deficiente auditivo das escolas comuns com a do alunado ouvinte de uma escola pública municipal de baixo NSE. Comparando a pontuação do alunado surdo das escolas especiais bilíngues com a do alunado ouvinte, foi observado que a pontuação do surdo de 5º ano (49,9 pontos) foi aproximadamente equivalente à do ouvinte de 2º ano (49,4 pontos); que a pontuação do surdo de 7º ano (54,3 pontos), à do ouvinte de 3º ano (55,8 pontos); e que a pontuação do surdo de 9º ano (59,5 pontos), à do ouvinte de 4º ano (59,9 pontos). Comparando a pontuação do alunado deficiente auditivo das escolas comuns em regime de inclusão com a do alunado ouvinte da escola pública municipal de baixo NSE, foi observado que a pontuação do deficiente auditivo de 6º ano (50,5 pontos) foi aproximadamente equivalente à do ouvinte do 5º ano (49,9 pontos), e que a pontuação do deficiente auditivo de 7º ano (59,5 pontos), à do ouvinte de 9º ano (59,5 pontos).

Foi observado que o padrão de rejeição correta entre subtestes típicos de ouvintes de 2º a 4º ano de escola pública (por exemplo, PE > VS > VV > VF > PH, cf. F. CAPOVILLA; VARANDA; CAPOVILLA, 2006) difere tanto do de deficientes auditivos de 6º E 7º anos incluídos em escolas regulares (por exemplo,

PE > VS > PH > VV > VF, cf. F. CAPOVILLA et al., 2006c) quanto do de surdos de 2º a 9º ano de escolas especiais (por exemplo, VS > PE > PH > VF > VV, cf. F. CAPOVILLA; RAPHAEL, 2004a). O padrão sugere que ouvintes deixam enganar-se mais pela homofonia (detectando melhor VV que PH) e mais pela homofonia que pela semi-homofonia (detectando melhor VF que PH). E que, ao contrário, surdos e deficientes auditivos deixam enganar-se mais pela semelhança visual que fonológica (detectando melhor PH que VV), e mais pela semelhança fonético-articulatória que fonológica (detectando melhor PH que VF). Sugere, também, que ouvintes e deficientes auditivos deixam enganar-se mais por palavras familiares em termos de fonologia e ortografia, ainda que inadequadas em termos semânticos, do que por pseudopalavras estranhas tanto em termos fonológicos quanto ortográficos (detectando melhor PE que VS). E que, ao contrário, surdos sob ensino em libras percebem melhor a inadequação semântica de palavras conhecidas do que a de pseudopalavras (detectando melhor VS que PE). De fato, para o surdo congênito, com seu ponto de vista estrangeiro à língua portuguesa, pseudopalavras poderiam ser simplesmente palavras desconhecidas.

Referências bibliográficas

CAPOVILLA, A. G. S.; CAPOVILLA, F. C. Etiologia, avaliação e intervenção em dislexia do desenvolvimento. In: CAPOVILLA, F. C. (Org.). *Neuropsicologia e aprendizagem: Uma abordagem multidisciplinar*. 2a ed. São Paulo: Memnon, Capes, FAPESP, 2004. CNPq. (ISBN: 85-85462-68-X), pp. 46-73.

CAPOVILLA, A. G. S.; CAPOVILLA, F. C. *Alfabetização: Método fônico*. 4a ed. São Paulo: Memnon, Fapesp, CNPq. (ISBN: 85-85462-55-8). (2007a)

CAPOVILLA, A. G. S.; CAPOVILLA, F. C. *Problemas de leitura e escrita: Como identificar, prevenir e remediar numa abordagem fônica*. 5a ed. São Paulo: Memnon, Fapesp. (ISBN: 85-85462-54-X). (2007b)

CAPOVILLA, A. G. S. et al. Funções executivas em crianças e correlação com desatenção e hiperatividade. *Temas sobre Desenvolvimento*, São Paulo, v.14, n. 82, p. 4-14, 2005. (São Paulo, SP).

CAPOVILLA, F. C. (Org.). *Os novos caminhos da alfabetização infantil: Relatório da Comissão Internacional de Especialistas em Alfabetização à Comissão de Educação da Câmara dos Deputados*. 2a ed. São Paulo: Memnon, Capes, 2005. (ISBN: 85-85462-77-9).

CAPOVILLA, F. C.; CAPOVILLA, A. G. S. Research on the role of phonology, orthography and cognitive skills upon reading, spelling and dyslexia in Brazilian Portuguese. In: SMYTHE, I.; EVERATT, J.; SALTER, R. (Eds.). *International Book on Dyslexia: A cross language comparison and practice guide*. London: John Wiley & Sons, Ltd, 2004. (ISBN: 0-471-49841-6). p. 159-172.

CAPOVILLA, F. C.; CAPOVILLA, A. G. S. Leitura de estudantes surdos: desenvolvimento e peculiaridades em relação à de ouvintes. *Educação Temática Digital*, Campinas, v. 7, n.2, p. 217-227, 2006. (ISSN: 1676-2592). Disponível na Internet em: http://143.106.58.55/revista/viewarticle.php?id=123&layout=abstract

CAPOVILLA, F. C. et al. Quando alunos surdos escolhem palavras escritas para nomear figuras: Paralexias ortográficas, semânticas e quirêmicas. *Revista Brasileira de Educação Especial*, Marília, v. 12, n. 2, p. 203-220, 2006a. (ISSN: 1413-6538).

CAPOVILLA, F. C. et al. Quando surdos nomeiam figuras: Processos quirêmicos, semânticos e ortográficos. *Perspectiva*, Florianópolis, 2006b. (ISSN: 0102-5473).

CAPOVILLA, F. C. et al. Teleavaliação de leitura e escrita em surdos de 5ª e 6ª séries incluídos em três escolas públicas comuns do ensino fundamental. In: CONSELHO REGIONAL DE PSICOLOGIA DE SÃO PAULO (Org.). *Psicologia e informática*. São Paulo: Conselho Regional de Psicologia de São Paulo, 2006c. p. 199-234. (ISBN: 85-60405-00-3). (ISBN: 978-85-60405-00-8).

CAPOVILLA, F. C. et al. Processos logográficos, alfabéticos e lexicais na leitura silenciosa por surdos e ouvintes. *Estudos de Psicologia*, Natal, v. 10, n. 1, p. 15-23, 2005. (ISSN 1413-294X). Disponível na Internet em http://www.scielo.br/scielo.php?script=sci_arttext&pid= S1413-294X2005000100003&Ing= pt&nrm=iso. (ISSN 1413-294X).

CAPOVILLA, F. C. et al. Avaliando compreensão de sinais da Libras em escolares surdos do ensino fundamental. *Interação*, Curitiba, v. 2, n. 8, p. 159-169, 2004. (Curitiba, PR). (ISSN: 1516-1854). Disponível na Internet no endereço: http://calvados.c3sl.ufpr.br/ojs2/index.php/psicologia/article/viewFile/3252/2612.

CAPOVILLA, F. C. et al. Brazilian Sign Language lexicography and technology: Dictionary, digital encyclopedia, chereme-based sign-retrieval and quadriplegic deaf communication systems. *Sign Language Studies*, v. 3, n. 4, p. 393-430, 2003.

CAPOVILLA, F. C. et al. Prova de Leitura Orofacial (Plof), normatizada e validada para surdos do ensino fundamental. No prelo a.

CAPOVILLA, F. C. et al. Teste de Vocabulário em Português por Leitura Orofacial (TVPlof), normatizado e validado para surdos do ensino fundamental. No prelo b.

CAPOVILLA, F. C.; PRUDÊNCIO, E. R. Teste de Vocabulário Auditivo por Figuras: Normatização e validação preliminares. *Revista Avaliação Psicológica*, Itatiba. (ISSN: 1677-0471). No prelo.

CAPOVILLA, F. C.; RAPHAEL, W. D. *Enciclopédia da Língua de Sinais Brasileira: O mundo do surdo em Libras*, Vol. 1: Sinais da Libras e o universo da educação; e Como avaliar o desenvolvimento da competência de leitura de palavras (processos de reconhecimento e decodificação) em escolares surdos do Ensino Fundamental ao Médio. São Paulo: Edusp, Imprensa Oficial do Estado de São Paulo, 2004a. p. 1-680. (ISBN: 85–314–0826–1, ISBN: 85–7060–269–3).

CAPOVILLA, F. C.; RAPHAEL, W. D. *Enciclopédia da Língua de Sinais Brasileira: O mundo do surdo em Libras*, Vol. 2: Sinais da Libras e o universo das artes e cultura, esportes, e lazer; e Como avaliar o desenvolvimento da compreensão de sinais (vocabulário em Libras) de escolares surdos de 1ª a 8ª série do Ensino Fundamental. São Paulo: Edusp, Imprensa Oficial do Estado de São Paulo, 2004b. p. 1-827. (ISBN: 85–314–0849–0, ISBN: 85–7060–276–6).

CAPOVILLA, F. C.; RAPHAEL, W. D. *Enciclopédia da Língua de Sinais Brasileira: O mundo do surdo em Libras*, Vol. 3: Sinais da Libras e a vida em família, relações familiares e casa; e Como avaliar o desenvolvimento da competência de leitura de sentenças (processamento sintático e semântico) de escolares surdos do Ensino Fundamental ao Médio. São Paulo: Edusp, Imprensa Oficial do Estado de São Paulo, 2005a. p. 1-857. (ISBN: 85–314–0855–5).

CAPOVILLA, F. C.; RAPHAEL, W. D. *Enciclopédia da Língua de Sinais Brasileira: O mundo do surdo em Libras*, Vol. 4: Sinais da Libras e o universo da comunicação, eventos e religião; e Como avaliar a competência de leitura (processamento quirêmico e ortográfico) de escolares surdos do Ensino Fundamental ao Médio. São Paulo: Edusp, Imprensa Oficial do Estado de São Paulo, 2005b. p. 1-1010. (ISBN: 85–314–0870–9).

CAPOVILLA, F. C.; RAPHAEL, W. D. *Enciclopédia da Língua de Sinais Brasileira: O mundo do surdo em Libras*, Vol. 8: Sinais da Libras e o mundo das palavras de função gramatical; e Como acompanhar o desenvolvimento da competência de leitura (processos quirêmicos, semânticos e ortográficos) de escolares surdos do Ensino Fundamental ao Médio. São Paulo: Edusp, 2005c. (ISBN: 85–314–0902–0).

CAPOVILLA, F. C.; RAPHAEL, W. D. *Dicionário enciclopédico ilustrado trilíngue da Língua de Sinais Brasileira*. Vols. I e II: Sinais de A a L e M a Z. 3a ed. São Paulo: Edusp e MEC-FNDE, 2006. p. 1-1620.

CAPOVILLA, F. C.; VARANDA, C.; CAPOVILLA, A. G. S. Teste de Competência de Leitura de Palavras e Pseudopalavras: normatização e validação. *Psic – Revista de Psicologia da Vetor Editora*, São Paulo, v. 7, n. 2, 2006. (ISSN: 1676-7314).

DUDUCHI, M.; CAPOVILLA, F. C. BuscaSigno: A construção de uma interface computacional para o acesso ao léxico da Língua de Sinais Brasileira. *Journal of the Association for Computing Machinery & Anais do Simpósio de Fatores Humanos em Sistemas Computacionais IHC 06*, 2006. Association for Computing Machinery e Sociedade Brasileira de Computação (Natal, RN).

LUKASOVA, K. et al. Avaliação da eficácia da versão computadorizada do teste de nomeação de figuras por escrita na World Wide Web. In: RIBEIRO DO VALLE, L. E (Org.). *Neuropsicologia e aprendizagem: para viver melhor*. São Paulo: Tecmedd, e Sociedade Brasileira de Neuropsicologia, 2005. p. 113-125. (ISBN: 85-866-5378-0).

MACEDO, E. C. et al. Development of a test battery to assess deaf language skills via WWW. In: PIMENTEL, M. G.; MUNSON, E. G. (Eds.). Institute of Electronical and Electronics Engineers: *WebMedia & LA-Web Joint Conference*. Los Alamitos: IEEE & IEE Computer Society, 2004. v. 1, p. 118-124. (ISBN: 0-7695-2237-8. Library of Congress: 2004110576). Disponível em http://ieeexplore.ieee.org/ iel5/9335/29646/01348157.pdf?tp =&arnumber=1348157 &isnumber=29646.

MACEDO, E. C. et al. Teleavaliação da habilidade de leitura no Ensino Infantil e Fundamental. *Psicologia Escolar e Educacional*, São Paulo, v. 9, n. 1, p. 127-134, 2005. (ISBN: 1413-8557).

AVALIAÇÃO E INTERVENÇÃO EM DISLEXIA DO DESENVOLVIMENTO

Alessandra G. Seabra
Fernando César Capovilla

Os distúrbios de leitura e escrita atingem de forma severa cerca de 10% das crianças em idade escolar. Se forem considerados também os distúrbios leves, esse percentual chega a 25% (PIÉRART, 1997). Logo, é fundamental avaliar tais distúrbios de leitura e introduzir intervenções apropriadas.

Conforme descrito por Grégoire (1997), o distúrbio específico de leitura é geralmente chamado de dislexia nos países de língua francesa e de distúrbio de leitura (*reading disability*) nos países de língua inglesa. Apesar das divergências quanto ao nome da síndrome, há uma razoável concordância sobre sua definição. Segundo o National Institute of Health americano, a dislexia é

> [...] um dos vários tipos de distúrbios de aprendizagem. É um distúrbio específico de linguagem de origem constitucional e caracterizado por dificuldades em decodificar palavras isoladas, geralmente refletindo habilidades de processamento fonológico deficientes. Essas dificuldades em decodificar palavras isoladas são frequentemente inesperadas em relação à idade e outras habilidades cognitivas e acadêmicas, elas não são resultantes de um distúrbio geral do desenvolvimento ou de problemas sensoriais. (Orton Dyslexia Society, 1995, p. 2)

Atualmente, com os avanços da neurociência cognitiva, é possível compreender os aspectos neurológicos e cognitivos que subjazem aos padrões comportamentais encontrados na dislexia. Torna-se possível, portanto, estabelecer a relação entre sistema nervoso, cognição e comportamento, permitindo não somente uma compreensão teórica mais abrangente da dislexia, mas também uma atuação prática mais eficaz. Segundo Frith (1997), a dislexia pode ser compreendida como resultante de uma interação entre aspectos biológicos, cognitivos e ambientais que não podem ser separados uns dos outros.

Conforme a explanação de Frith, num primeiro momento, condições biológicas (como os aspectos genéticos), em interação com condições ambientais (como a exposição a toxinas ou a baixa qualidade da nutrição da mãe durante a gestação), podem ter efeitos adversos sobre o desenvolvimento encefálico, predispondo o indivíduo a distúrbios do desenvolvimento. Num segundo momento, esse desenvolvimento neurológico não usual pode levar a sutis alterações no funcionamento cognitivo. Num terceiro momento, essa alteração cognitiva poderá levar a padrões específicos de desempenho comportamental. Tais padrões poderão ou não consistir em problemas de leitura e escrita, dependendo de fatores ambientais como o tipo de ortografia e o tipo de instrução a que a criança está exposta. A adaptação da criança diante desses problemas de leitura e escrita também dependerá de outros fatores, como motivação, relações afetivas, habilidades intelectuais gerais, idade e condições sociais.

Torna-se claro, portanto, que todos os fatores envolvidos na dislexia interagem entre si. Por exemplo, certas alterações neurológicas podem afetar o desenvolvimento encefálico (fator neurológico) e, consequentemente, prejudicar o processamento fonológico (fator cognitivo). Mas tais alterações somente levarão ao quadro disléxico se o indivíduo estiver exposto a uma ortografia alfabética, isto é, que mapeie a fala no nível fonêmico (fator ambiental), pois, nesse caso, o processamento fonológico é essencial à aquisição da leitura e da escrita (DE GELDER; VROOMAN, 1991; WIMMER, 1993). Se um indivíduo com as mesmas alterações neurológicas e cognitivas estiver exposto a uma ortografia ideomorfêmica (como o chinês), provavelmente ele não apresentará maiores dificuldades na aquisição de leitura e escrita, visto que em tais ortografias o processamento fonológico é menos importante e a maior demanda está sobre o processamento visual.

Em relação aos aspectos genéticos, há fortes evidências de que a dislexia é, ao menos em parte, devida a influências genéticas. Por exemplo, no estudo de DeFries, Alarcón e Olson (1997), foram avaliados 195 pares de gêmeos idênticos e 145 pares fraternos. A taxa de concordância para dislexia foi de 67% nos gêmeos idênticos e de 37% nos gêmeos fraternos. Análises relevaram que, em gêmeos jovens (por exemplo, com idades inferiores a 11a6m), influências hereditárias explicavam 61% do distúrbio. Em pares de gêmeos mais velhos (idades de 11a6m a 20a2m), influências hereditárias explicavam 49% do distúrbio. Ou seja, a influência da hereditariedade foi bastante forte e significativa em diferentes idades, apesar de mostrar-se menos evidente em crianças mais velhas, provavelmente devido à maior influência de outros fatores, pessoais e ambientais, como inteligência geral, motivação, condições socioeconômicas e apoio profissional.

Em relação aos aspectos neurológicos, diversos estudos têm mostrado alterações encefálicas em indivíduos disléxicos (GALABRUDA, 1993; HYND; HIEMENZ, 1997). Apesar de não se poder afirmar que tais alterações causem diretamente a dislexia, é possível relacionar os padrões de alteração encefálica com os padrões cognitivos e comportamentais observados no distúrbio. Algumas das principais alterações encontradas são as polimicrogirias (excesso de pequenos giros no córtex), as displasias corticais (desenvolvimento encefálico anormal), as anormalidades citoarquitetônicas (problemas no arranjo das células no córtex), as alterações na distribuição das fissuras e giros corticais, especialmente na região perissilviana esquerda, e alterações no tamanho do plano temporal (HYND; HIEMENZ, 1997).

Essa última alteração tem sido especialmente relacionada à dislexia do desenvolvimento. O plano temporal é uma região localizada no lobo temporal de ambos os hemisférios. O plano temporal esquerdo localiza-se na região de Wernicke, que está relacionada ao processamento fonológico e, mais especificamente, à compreensão da fala e da escrita. Na maior parte das pessoas, os tamanhos dos planos temporais são assimétricos, sendo maior o plano temporal do hemisfério dominante para a linguagem (geralmente o esquerdo), padrão denominado assimetria do plano temporal.

De fato, entre os indivíduos não disléxicos, 70% têm os planos temporais assimétricos, com o esquerdo maior que o direito. Porém, entre os disléxicos, somente cerca de 30% apresentam tal assimetria (HYND; HIEMENZ, 1997). Os demais 70% apresentam simetria (planos temporais com o mesmo tamanho) ou assimetria reversa (plano temporal direito maior que o esquerdo). A definição do tamanho dos planos temporais ocorre entre o quinto e o sétimo mês de gestação. Portanto, tal alteração nos disléxicos é congênita, podendo ocorrer devido a influências genéticas ou traumáticas. A simetria do plano temporal não é um fator diagnóstico da dislexia, visto que alguns indivíduos não disléxicos também apresentam esse padrão. Porém, a simetria é um fator de risco, especialmente quando ocorre simultaneamente com outras alterações genéticas ou anormalidades neurológicas.

Essa alteração neuroanatômica está relacionada a padrões funcionais. Paulesu e colaboradores (1996) avaliaram indivíduos adultos não disléxicos e disléxicos compensados (por exemplo, disléxicos que conseguiram alcançar um desenvolvimento esperado em provas formais de leitura) em provas de memória visual e verbal, enquanto eram expostos à PET scan (tomografia por emissão de pósitrons). Na tarefa de memória visual, houve ativação similar entre disléxicos e não disléxicos, porém, na tarefa de memória verbal, a ativação foi diferente entre os grupos. Os indivíduos não disléxicos ativaram as áreas de Wernicke (relacionadas à compreensão da fala), broca (produção da fala), ínsula (repetição da fala) e lobo parietal inferior (importante para a evocação de sequências fonológicas). Por outro lado, nos disléxicos houve menor ativação de todas essas áreas, e nenhuma ativação da ínsula, sugerindo que disléxicos apresentam severa dificuldade em evocar sons de fala internamente, bem como em analisá-los e compará-los.

Essa disfunção cerebral é condizente com os problemas de processamento fonológico presentes na dislexia (GALLAGHER et al., 1996) e com as dificuldades específicas na leitura pela estratégia alfabética. Esta é uma das três estratégias que podem ser usadas na leitura, ao lado da logográfica e da ortográfica (FRITH, 1985). Na primeira estratégia a se desenvolver na criança, a logográfica, a leitura e a escrita ainda são incipientes, pois se caracterizam pelo uso de pistas contextuais e não linguísticas, como cor, fundo e forma das palavras. Nessa estratégia, cujo exemplo é a leitura de rótulos comuns, a palavra é tratada como um desenho.

A segunda estratégia, a alfabética, com o desenvolvimento da rota fonológica, implica o conhecimento das correspondências entre letras e fonemas durante codificação e decodificação. A palavra não é mais tratada como um desenho, mas sim como um encadeamento de unidades menores (letras ou sons) que, unidas, resultam em uma unidade maior e com significado (a palavra). Assim, nessa estratégia, o leitor é capaz de converter o som em escrita (e vice-versa), conseguindo ler e escrever palavras novas e pseudopalavras.

Finalmente, na estratégia ortográfica, há o desenvolvimento da rota lexical, e os níveis lexical e morfêmico são reconhecidos diretamente, sem a necessidade de conversão fonológica, de modo que a leitura se caracteriza pelo processamento visual direto das palavras. Nesta etapa, a partir da representação ortográfica, a criança tem acesso direto ao sistema semântico. Ou seja, o leitor já possui um léxico mental ortográfico, podendo relacionar a palavra escrita diretamente ao seu significado, fazendo uma leitura competente. Torna-se possível, portanto, a leitura de palavras grafofonemicamente irregulares.

Tais estratégias não são mutuamente excludentes e podem coexistir simultaneamente no leitor e no escritor competentes. A estratégia a ser utilizada em qualquer dado momento depende do tipo de item a ser lido ou escrito, sendo influenciada pelas características psicolinguísticas dos itens, tais como lexicalidade, frequência, regularidade grafofonêmica e comprimento (CAPOVILLA; CAPOVILLA, 2004b; MORAIS, 1995).

Em função do tipo de estratégia prejudicada na dislexia, esta pode ser classificada de diferentes formas. Uma das divisões mais relevantes para a dislexia do desenvolvimento (em oposição à alexia, que se caracteriza por um problema de leitura adquirido) é entre dislexia fonológica e morfêmica. Na dislexia fonológica, há dificuldades na leitura pela estratégia alfabética, que faz uso do processamento fonológico, porém, a leitura visual-direta pela estratégia ortográfica está preservada. Logo, há dificuldades na leitura de pseudopalavras e palavras desconhecidas, mas a leitura de palavras familiares é adequada. Representa cerca de 67% dos quadros disléxicos (BODER, 1973). Já na dislexia morfêmica ou semântica há dificuldades na leitura pela estratégia ortográfica, sendo a leitura feita principalmente pela estratégia alfabética. Logo, há dificuldades na leitura de palavras irregulares e longas, com erros de regularização. Representa cerca de 10% dos quadros disléxicos.

Apesar de essa divisão ser usualmente empregada em relação à dislexia do desenvolvimento, os achados mais recentes sobre tipos de dislexia têm sido mais negativos que positivos, ou seja, há cada vez menos evidências de que as dislexias do desenvolvimento tenham, de fato, diferentes tipos com padrões de leitura distintos entre si. Ao contrário, pesquisas têm sugerido que as dislexias do desenvolvimento se caracterizam, basicamente, pelos distúrbios na leitura alfabética, e não pelos distúrbios na leitura ortográfica. A dislexia morfêmica seria mais o resultado de um atraso geral da leitura do que de um padrão desviante. Assim, poderia haver uma dificuldade generalizada de leitura (condizente com um atraso, e não com um desvio) ou uma dificuldade específica fonológica (correspondente à dislexia fonológica). Aaron e colaboradores (1999) têm destacado, ainda, a possibilidade de um outro tipo de distúrbio de leitura, que se caracterizaria por problemas específicos de compreensão.

O estudo de Stanovich e colaboradores (1997) corrobora tal hipótese. Nele foram avaliadas 68 crianças disléxicas em tarefas de leitura de palavras irregulares (por exemplo, com relações entre letra e som imprevisíveis, como *táxi*) e de pseudopalavras. Enquanto a leitura de palavras irregulares só pode ser feita corretamente pela estratégia ortográfica, a leitura de pseudopalavras só pode ser feita pela alfabética. Com base nos resultados, as crianças foram divididas em três grupos: disléxicas fonológicas (que apresentavam pobre leitura de pseudopalavras, mas boa leitura de palavras irregulares), disléxicas morfêmicas (boa leitura de pseudopalavras, mas pobre de palavras irregulares) e disléxicas mistas (leitura similar em ambas as tarefas).

Tais crianças foram, então, comparadas a 44 crianças-controle não disléxicas. Ambos os grupos tinham o mesmo nível de leitura, ou seja, foi controlado o efeito da exposição à leitura e as possíveis consequências que tal exposição poderia ter sobre o desenvolvimento cognitivo das crianças. Assim, enquanto as crianças disléxicas frequentavam o 3º ano, as crianças não disléxicas frequentavam do 1º ao 2º ano.

Quando os resultados das crianças disléxicas foram comparados aos das crianças não disléxicas com mesmo nível de leitura, mas idade cronológica inferior, foi observado que os disléxicos morfêmicos apresentaram um padrão de leitura bastante similar ao padrão das crianças-controle mais novas. Assim, os disléxicos morfêmicos tinham mais um atraso na leitura do que propriamente um desvio. Por outro lado, os disléxicos fonológicos apresentaram, de fato, um padrão desviante, na medida em que seus desempenhos não foram similares aos de crianças mais jovens. Ao contrário, enquanto sua leitura lexical foi significativamente superior à do grupo-controle mais jovem, sua leitura fonológica foi significativamente inferior. Ou seja, apesar de o escore geral ter sido o mesmo entre o grupo-controle e o grupo de disléxicos fonológicos, a distribuição dos escores foi diferente.

Além do desempenho em leitura, os disléxicos morfêmicos apresentaram desempenhos semelhantes ao grupo-controle mais jovem em consciência fonológica, processamento sintático e memória de trabalho. Por outro lado, os disléxicos fonológicos tiveram desempenhos rebaixados em relação às crianças de mesmo nível de leitura nessas três habilidades. Este estudo sugere, portanto, que a dislexia fonológica é, realmente, um padrão desviante de leitura, enquanto a dislexia morfêmica parece ser mais um atraso na leitura, apresentando um padrão consistente com um nível de leitura menos desenvolvido. Os disléxicos fonológicos parecem ter, na verdade, um processamento fonológico alterado, que não pode ser simplesmente devido à falta de exposição à leitura.

Outro achado do estudo é que grande parte dos disléxicos tem um perfil misto, isto é, apresentam dificuldades significativas em ambas as rotas fonológica e lexical. Porém, essa proporção de disléxicos mistos é maior em crianças jovens (27,9%) do que em crianças mais velhas (9,8%), sendo que os disléxicos jovens mistos podem evoluir para disléxicos fonológicos quando mais velhos. Isso provavelmente ocorre porque essas crianças conseguem desenvolver leitura lexical, com estratégias de reconhecimento visual, diminuindo, portanto, suas dificuldades com palavras irregulares de alta frequência.

Sumariando, há uma diversidade de problemas de leitura que podem ocorrer, e há evidências de que os distúrbios fonológicos são os mais frequentes entre os disléxicos de ortografias alfabéticas. De fato, em uma pesquisa realizada com crianças disléxicas brasileiras, a estratégia alfabética mostrou-se significativamente prejudicada, o que era esperado visto que a língua portuguesa possui uma ortografia razoavelmente transparente.

Naquele estudo (CAPOVILLA et al., 2006), foram avaliadas treze crianças com diagnóstico de dislexia, sem especificação de tipo, e 2196 crianças sem tal diagnóstico, cursando do 1º ao 7º ano do ensino fundamental de escolas públicas e particulares do estado de São Paulo. Todas responderam ao *Teste de Competência de Leitura de Palavras* – TCLP (CAPOVILLA; CAPOVILLA, 2004a; CAPOVILLA et al., 2004), que consiste em um instrumento neuropsicológico para a avaliação da competência de leitura silenciosa. Possui oito tentativas de treino e setenta de teste, cada qual com um par composto de uma figura e de um item escrito. A tarefa da criança é circular os pares figura-escrita corretos e marcar com um X os pares figura-escrita incorretos.

Existem sete tipos de pares, distribuídos aleatoriamente ao longo do teste, com dez itens de teste para cada tipo de par. Eles são: (1) palavras correta regulares, como fada sob a figura de uma fada; (2) palavras corretas irregulares, como táxi, sob a figura de um táxi; (3) palavras com incorreção semântica, como trem, sob a figura de um ônibus; (4) pseudopalavras com trocas visuais, como caebça, sob a figura de cabeça; (5) pseudopalavras com trocas fonológicas, como cancuru, sob a figura de um canguru; (6) pseudopalavras homófonas, como páçaru, sob a figura de um pássaro; e (7) pseudopalavras estranhas, como rassuno, sob a figura de uma mão.

Os pares figura-escrita compostos de palavras corretas regulares e irregulares devem ser aceitos, enquanto que os de incorreção semântica ou de pseudopalavras devem ser rejeitados. O padrão de erros em cada tipo de item pode ser indicativo sobre quais estratégias de leitura a criança usa e em quais ela tem dificuldade (CAPOVILLA; CAPOVILLA, 2004a). Assim, devido às relações intrínsecas ao TCLP, ou seja, entre os sete tipos de pares figura-escrita, esse instrumento permite uma checagem interna das conclusões e certa validação cruzada das evidências fornecidas em cada tipo de par figura-escrita.

Para compreender a interpretação dos erros, é importante considerar quais estratégias de leitura podem ser usadas para ler cada um dos tipos de pares figura-palavra escrita do TCLP. Há itens que podem ser lidos corretamente por qualquer uma das três estratégias, dentre logográfica, alfabética e lexical, que correspondem aos itens do tipo palavras corretas regulares, vizinhas semânticas e pseudopalavras estranhas.

Outros tipos de itens podem ser lidos corretamente por apenas duas estratégias. São as vizinhas visuais e vizinhas fonológicas (que não podem ser lidas pela estratégia logográfica, visto que, apesar de elas possuírem uma forma visual parecida com a da palavra correta, devem ser rejeitadas), e as palavras corretas irregulares (que podem ser lidas pelas estratégias logográfica ou lexical, mas não pela alfabética, pois nesse caso a aplicação das regras de correspondência grafofonêmicas levaria a erros por regularização, sendo que as palavras tenderiam a ser rejeitadas pelos respondentes, enquanto o correto seria aceitá-las).

Finalmente, as pseudopalavras homófonas somente podem ser lidas corretamente por uma única estratégia, a ortográfica, pois, se lidas pela logográfica, elas seriam aceitas, pois possuem forma visual global semelhante à palavra correta, e, se lidas pela alfabética, também seriam aceitas, pois a forma auditiva resultante seria semelhante à da palavra correta. Assim, espera-se verificar o grau de dificuldade crescente dos itens que podem ser lidos por todas as três estratégias, para os que podem ser lidos somente por duas estratégias, para os que podem ser lidos apenas por uma estratégia.

O TCLP foi aplicado individualmente a treze crianças com diagnóstico de dislexia. Às 1200 crianças sem o diagnóstico de dislexia, o instrumento foi aplicado coletivamente, em sala de aula. Foi então conduzida Análise de Covariância tendo como fator o grupo (disléxicos e não disléxicos), como covariante a série escolar, e como variáveis dependentes os escores médios em cada subteste e total no TCLP. A Tabela 1, a seguir, sumaria os resultados encontrados, com os subtestes ordenados de forma decrescente para os escores das crianças não disléxicas.

Tabela 1 – Escores médios e erros-padrão entre parênteses no TCLP total e em cada subteste para o grupo de crianças disléxicas e não disléxicas.

TCLP	Não Disléxicas	Disléxicas
Total	0,86 (0,002)	0,80 (0,030)
PE	0,97 (0,002)	0,98 (0,026)
VS	0,96 (0,002)	0,96 (0,028)
CR	0,92 (0,003)	0,92 (0,037)
VV	0,88 (0,004)	0,75 (0,047)
CI	0,84 (0,004)	0,85 (0,049)
VF	0,79 (0,005)	0,62 (0,059)
PH	0,70 (0,005)	0,54 (0,068)

Inicialmente, analisando as médias, é interessante observar que, para ambos os grupos, o grau de dificuldade dos subtestes seguiu o padrão esperado, ou seja, os subtestes mais fáceis foram aqueles que podem ser lidos corretamente por qualquer uma das três estratégias (PE, VS e CR), os subtestes intermediários foram os que podem ser lidos por duas estratégias (VV, CI e VF), e o subteste mais difícil foi o que pode ser lido apenas pela estratégia ortográfica (PH). Houve apenas uma diferença na ordenação dos subtestes entre os grupos de disléxicos e de não disléxicos, que se referiu ao conjunto dos itens que podem ser lidos por duas estratégias.

Retomando o arrazoado teórico, itens do tipo VV e VF podem ser lidos pelas estratégias alfabética ou ortográfica, mas não pela logográfica, visto que, apesar de elas possuírem uma forma visual parecida com a da palavra correta, devem ser rejeitadas. Já os itens CI podem ser lidos pelas estratégias logográfica ou ortográfica, mas não pela alfabética, pois nesse caso a aplicação das regras de correspondência grafofonêmicas levaria a erros por regularização. Observa-se que, para as crianças não disléxicas, o acerto em CI foi intermediário entre os acertos em VV e VF, sugerindo que não há preferência clara pelo uso conjunto de logográfica-ortográfica ou de alfabética-ortográfica, ou seja, o uso das estratégias alfabética e logográfica tendeu a levar aos mesmos resultados. Por outro lado, no grupo disléxico, o item CI teve maior frequência de acerto que os itens VV e VF, sugerindo que, para as crianças disléxicas, o uso de logográfica-ortográfica foi mais eficiente que o de alfabética-ortográfica. Isso é compatível com evidências de problemas fonológicos na dislexia.

Em termos inferenciais, de forma sucinta as análises conduzidas evidenciaram que as crianças disléxicas apresentaram um escore total inferior ao das crianças não disléxicas, com $F(1, 2206) = 4,01$, $p < 0,045$. No entanto, a análise da frequência de acerto em cada subteste do TCLP revelou que o desempenho dos disléxicos foi semelhante aos dos não disléxicos na leitura de palavras, porém inferior na leitura de pseudopalavras, especialmente nas pseudopalavras com trocas fonológicas ou visuais.

Assim, analisando o desempenho de ambos os grupos no TCLP e em cada um de seus subtestes, não houve diferença significativa entre ambos os grupos nas palavras corretas regulares (CR), nas vizinhas semânticas (VS) e nas pseudopalavras estranhas (PE), itens que podem ser lidos por qualquer estratégia de leitura, logográfica, alfabética ou ortográfica. Também não houve diferença significativa entre os grupos nas palavras corretas irregulares (CI). É interessante observar, no entanto, que, apesar de a diferença não ter sido significativa, o grupo disléxico obteve desempenho superior ao grupo não disléxico nesse subteste, sugerindo que as estratégias logográfica ou lexical se encontram preservadas nesses sujeitos.

Houve diferenças significativas entre os grupos em trocas visuais, trocas fonológicas e pseudopalavras homófonas. Em relação às pseudopalavras com trocas visuais (VV), o grupo disléxico teve desempenho inferior ao grupo não disléxico, com $p = 0,007$. Esse padrão sugere dificuldade com o processamento fonológico, uma vez que, se realizasse a decodificação grafofonêmica, o indivíduo perceberia as trocas visuais sem maiores dificuldades. Indica, ainda, recurso à estratégia logográfica, por meio do reconhecimento visual global de palavras semelhantes.

Também nas pseudopalavras com trocas fonológicas (VF) o grupo disléxico apresentou desempenho inferior ao grupo não disléxico, com $p = 0,003$. Tal achado sugere leitura visual global, sem uso efetivo das estratégias alfabética ou ortográfica. Finalmente, diferenças significativas foram encontradas entre os grupos para as pseudopalavras homófonas (PH), com $p = 0,021$, com o grupo disléxico apresentando desempenho inferior ao do grupo não disléxico. No geral, dificuldades na rejeição das pseudopalavras homófonas podem ser tomadas como indicativo de dificuldades no processamento lexical, com uso exclusivo do processamento fonológico. No entanto, uma análise mais cuidadosa evidencia que o escore do grupo disléxico, neste item específico, aproxima-se muito da faixa de acertos ao acaso. Somado a esse fato, pode-se tomar o desempenho do mesmo grupo em outros subtestes (VV, VF) como indicativo de uma leitura por similaridade visual.

Dessa forma, o padrão de desempenho do grupo disléxico reflete uma leitura visual global, com bom desempenho nas palavras corretas (regulares e irregulares), mas deixando-se enganar por trocas sutis que mantêm o mesmo aspecto geral do item escrito, o que poderia ser facilmente identificado por meio de um adequado processo de decodificação grafofonêmica ou por meio do acesso ao léxico ortográfico. Ou seja, as crianças disléxicas da presente amostra estão fazendo uso basicamente da estratégia de leitura logográfica, sem uso competente das estratégias alfabética ou ortográfica.

Portanto, os resultados obtidos sugerem que a dificuldade das crianças disléxicas é especialmente evidente quando a leitura não pode ser feita unicamente pela estratégia logográfica, mas é necessário usar a decodificação ou o reconhecimento ortográfico, visto que o item a ser lido, por ser uma pseudopalavra, não faz parte do vocabulário visual cotidiano da criança. Tal padrão de leitura é compatível com o arrazoado teórico anteriormente descrito sobre o desenvolvimento das estratégias de leitura. Ou seja, como as crianças apresentam grande dificuldade com o processamento fonológico, permanecem com um estilo basicamente logográfico de leitura, sem conseguir dominar a leitura alfabética e, consequentemente, avançar para a leitura ortográfica.

Os resultados apresentados no presente capítulo corroboram evidências oriundas de outros estudos (por exemplo, CAPOVILLA; CAPOVILLA, 2000; CAPOVILLA; CAPOVILLA, 2004b; CAPOVILLA; CAPOVILLA, 2004a), os quais indicam que as dificuldades em leitura e escrita se devem, em grande parte, a problemas iniciais de processamento fonológico. Estudos brasileiros têm mostrado que tais dificuldades podem ser significativamente diminuídas com a incorporação precoce de atividades fônicas logo no início da alfabetização (CAPOVILLA, 2003). Por exemplo, dois meninos, diagnosticados como disléxicos por uma equipe multidisciplinar de uma associação de dislexia brasileira, foram submetidos a uma avaliação pelo TCLP, em seguida a uma intervenção e, finalmente, foram reavaliados. Os resultados revelaram que, antes da intervenção, eles apresentavam boa leitura logográfica (escores elevados em PE, VS, CR e CI), mas leituras alfabética e ortográfica pobres (escores rebaixados em VV, VF e PH). Ou seja, eles usavam um padrão de leitura visual global, o que é esperado na dislexia do desenvolvimento.

Após a condução de um programa de intervenção para desenvolver consciência fonológica e ensinar as correspondências grafofonêmicas da língua portuguesa (CAPOVILLA; CAPOVILLA, 2004a, 2004b), os meninos foram reavaliados e demonstraram claro desenvolvimento da estratégia alfabética, o que pode ser observado principalmente pelo aumento nos escores em VV e VF. É interessante que, com o desenvolvimento da estratégia alfabética, os escores em PH tenderam a cair, achado que tem sido consistentemente observado em nossa prática. Isso é plenamente justificável visto que a leitura alfabética de itens do tipo PH tende a levar o examinando a aceitar o item, pois a pronúncia resultante é, de fato, semelhante à pronúncia da palavra-alvo (como no caso da palavra escrita bóquisse diante da figura de boxe). Ou seja, a diminuição dos escores em PH para uma frequência abaixo do acaso reflete o progresso da criança, ao passar de uma leitura basicamente logográfica para uma leitura alfabética. Tal resultado sugere que a criança passou a fazer uso da leitura alfabética e precisa, agora, a ser exposta à leitura para armazenar as formas ortográficas das palavras e, então, passar a usar também a estratégia ortográfica (SHARE, 1995).

Referências bibliográficas

AARON, P. G.; JOSHI, M.; WILLIAMS, K. A. Not all reading disabilities are alike. *Journal of Learning Disabilities*, v. 32, n. 2, p. 120-137, 1999.

BODER, E. Developmental dyslexia: A diagnostic approach based on three atypical reading-spelling patterns. *Developmental Medicine and Child Neurology*, v. 15, p. 663-687, 1973.

CAPOVILLA, A. G. S. A eficácia das instruções fônicas. *Revista de Educação Ceap*, v. 40, n. 11, p. 56-58, 2003.

CAPOVILLA, A. G. S.; CAPOVILLA, F. C. Efeitos do treino de consciência fonológica em crianças com baixo nível sócio-econômico. *Psicologia: Reflexão e Crítica*, v. 13, n. 1, p. 7-24, 2000.

CAPOVILLA, A. G. S.; CAPOVILLA, F. C. *Alfabetização: método fônico*. 3a ed. São Paulo: Memnon, 2004a.

CAPOVILLA, A. G. S.; CAPOVILLA, F. C. *Problemas de leitura e escrita: Como identificar, prevenir e remediar numa abordagem fônica*. 4a ed. São Paulo: Memnon, 2004b.

CAPOVILLA, A. G. S. et al. Como avaliar o desenvolvimento da competência de leitura de palavras em surdos do Ensino Fundamental ao Médio, e analisar processos de reconhecimento e decodificação: Teste de Competência de Leitura de Palavras. In: CAPOVILLA, F.; RAPHAEL, W. (Eds.). *Enciclopédia da Língua de Sinais Brasileira: O mundo do surdo em Libras, Vol. 1*. São Paulo: Edusp, Fundação Vitae, Feneis, Capes, CNPq, Fapesp, 2004. p. 297-680.

CAPOVILLA, A. G. S. et al. Avaliação de leitura em crianças disléxicas: Teste de Competência de Leitura de Palavras e Pseudopalavras. In: CAPOVILLA, A. G. S. (Ed.). *Teoria e pesquisa em avaliação neuropsicológica*. São Paulo: Memnon, 2006. p. 40-51.

DE GELDER, B.; VROOMAN, J. Phonological deficits: beneath the surface of reading acquisition. *Psychological Review*, v. 53, p. 88-97, 1991.

DEFRIES, J. C.; ALARCÓN, M.; OLSON, R. K. Genetic aetiologies of reading and spelling deficits: developmental differences. In: HULME, C.; SNOWLING, M. (Eds.). *Dyslexia: Biology, Cognition and Intervention*. London: Whurr Publishers Ltd, 1997. p. 20-37.

FRITH, U. Beneath the surface of developmental dyslexia. In: PATTERSON, K; MARSHALL, J.; COLTHEART, M. (Eds.). *Surface dyslexia: Neuropsychological and cognitive studies of phonological reading*. London: Erlbaum, 1985.

FRITH, U. Brain, mind and behaviour in dyslexia. In: HULME, C.; SNOWLING, M. (Eds.). *Dyslexia: Biology, Cognition and Intervention*. London: Whurr Publishers Ltd, 1997. p. 1-19.

GALABURDA, A. M. *Dyslexia and development: neurobiological aspects of extra-ordinary brains*. Cambridge: Harvard University Press, 1993.

GALLAGHER, A. M. et al. Phonological difficulties in high-functioning dyslexics. *Reading and Writing*, v. 8, p. 499-509, 1996.

GRÉGOIRE, J. O diagnóstico dos distúrbios de aquisição de leitura. In: GRÉGOIRE, J.; PIÉRART, B. (Eds.). *Avaliação dos problemas de leitura: Os novos modelos diagnósticos e suas implicações diagnósticas*. Porto Alegre: Artes Médicas, 1997. p. 35-52.

HYND, G. W.; HIEMENZ, J. R. Dyslexia and gyral morphology variation. In: HULME, C.; SNOWLING, M. (Eds.). *Dyslexia: Biology, Cognition and Intervention*. London: Whurr Publishers Ltd, 1997. p. 38-58.

MORAIS, J. *A arte de ler*. São Paulo: Unesp, 1995.

ORTON DYSLEXIA SOCIETY. *Definition adopted by general membership*. Baltimore: The Orton Dyslexia Society, 1995.

PAULESU, E. et al. Is developmental dyslexia a disconnection syndrome? Evidence from PET scanning. *Brain*, v. 119, p. 143-157, 1996.

PIÉRART, B. As dislexias do desenvolvimento: uma virada conceptual e metodológica nos modelos dos distúrbios de leitura na criança. In: GRÉGOIRE, J.; PIÉRART, B. (Eds.). *Avaliação dos problemas de leitura: Os novos modelos diagnósticos e suas implicações diagnósticas*. Porto Alegre: Artes Médicas, 1997. p. 11-18.

SHARE, D. Phonological recoding and self-teaching: sine qua non of reading acquisition. *Cognition*, v. 55, n. 2, p. 151-218, 1995.

STANOVICH, K. E.; SIEGEL, L. S.; GOTTARDO, A. Progress in the search for dyslexics sub-types. In: HULME, C.; SNOWLING, M. (Eds.). *Dyslexia: Biology, Cognition and Intervention*. London: Whurr Publishers Ltd, 1997. p. 108-130.

WIMMER, H. Characteristics of developmental dyslexia in a regular writing system. *Applied Psycholinguistics, 14*, 1-33, 1993.

NOVOS PARADIGMAS NA AVALIAÇÃO NEUROPSICOLÓGICA: ANÁLISE DOS MOVIMENTOS OCULARES NA AVALIAÇÃO DOS TRANSTORNOS INVASIVOS DO DESENVOLVIMENTO

Fernanda Orsati

Fundamentação Teórica

Atualmente, o diagnóstico dos Transtornos Invasivos do Desenvolvimento (TID), incluindo o autismo, é realizado de acordo com uma avaliação comportamental do paciente, sem que exista um marcador biológico único que possa caracterizá-lo (BAIRD et al., 2003). Os critérios diagnósticos estabelecidos são baseados na tríade de comprometimentos que acomete interação social, comunicação e interesses restritos e comportamentos estereotipados (APA, 1999). Define-se TID como um grupo de transtornos caracterizados por alterações qualitativas das interações sociais recíprocas e modalidades de comunicação e por um repertório de interesses e atividades restrito, estereotipado e repetitivo. Essas anomalias qualitativas constituem uma característica global do funcionamento do sujeito, em todas as ocasiões (OMS, 1993).

O diagnóstico psiquiátrico busca delimitar um transtorno por meio das descrições de sintomas e comportamentos, porém a utilização de diferentes sistemas de classificação diagnóstica e a maneira como a informação é obtida podem causar variação nos diagnósticos. Assim, a avaliação de indivíduos autistas requer uma equipe multidisciplinar e o uso de escalas objetivas. Técnicas estruturadas existem e devem ser utilizadas para a avaliação tanto do comportamento social das crianças, quanto da sua capacidade de imitação (GADIA; TUCHUMAN; ROTTA, 2004).

A literatura demonstra variações na estimativa da prevalência do autismo. Em 2003, Fombonne averiguou a média de prevalência de crianças com autismo e do espectro autista nos últimos 37 anos, e percebeu um aumento de 4,4/10.000 (entre 1966 e 1991) para 12,7/10.000 (entre 1992 e 2001). A estimativa atual está entre trinta e sesenta casos por 10 mil para os Transtornos Invasivos do Desenvolvimento, sendo a proporção entre meninos e meninas de 4:1 (YEARGIN-ALLSOPP et al., 2003; FOMBONNE, 2003; RUTTER, 2005).

Uma compreensão completa do quadro autístico envolve quatro níveis do conhecimento: etiologia, estruturas e processos cerebrais, neuropsicologia, sintomas e comportamento (GADIA; TUCHUMAN; ROTTA, 2004). O desenvolvimento de procedimentos de avaliação mais precisos pode, portanto, ser dirigido para a avaliação neuropsicológica e estudos de processos biológicos dessas crianças.

Estudos que analisam os aspectos neuropsicológicos do autismo têm demonstrado que anormalidades estruturais e funcionais no sistema neuronal (PENN, 2006) se correlacionam com resultados de observação e execução de ações (FECTEAU et al., 2006). Tal relação demonstra a importância de uma avaliação neuropsicológica infantil para auxiliar no diagnóstico de Transtornos Invasivos do Desenvolvimento (TID) e no autismo.

A Neuropsicologia, segundo Nitrini, Caramelli e Mansur (1996), estuda as relações entre cognição, comportamento e a atividade do sistema nervoso, tanto em condições normais quanto patológicas. É uma ciência aplicada voltada para as manifestações comportamentais e disfunções cerebrais, e conta com o auxílio da avaliação de determinadas manifestações do indivíduo para a investigação do funcionamento cerebral (LEZAK, 1995). Dessa forma, a avaliação neuropsicológica ocupa um lugar central na Neuropsicologia (LEZAK, 1995).

A avaliação torna-se um instrumento de identificação de alterações no desenvolvimento cognitivo e no comportamental pela aplicação de testes neuropsicológicos, desenvolvidos para descrição das funções (COSTA et al., 2004).

Em 1970, com trabalho de Hermelin e O'Connor, inicia-se a discussão de que algumas dificuldades cognitivas em crianças com autismo não estão relacionadas ao Quociente de Inteligência (QI). Esses autores demonstraram que nem a deficiência mental, nem problemas de *input* sensorial poderiam explicar o padrão específico de déficits no autismo. Desde então, busca-se a caracterização de tais desordens cognitivas (HAPPÉ; FRITH, 1996).

A tríade de comprometimentos (comportamento, linguagem e interação) pode ser correlacionada ao desenvolvimento cognitivo e neuropsicológico. Os comportamentos repetitivos, embora restritos, são característicos no autismo, e sua etiologia e prevalência devem ser estudadas (LOPEZ et al., 2005). Os mesmos autores descrevem uma relação direta entre déficits nas funções executivas e a rigidez dos comportamentos estereotipados e rotineiros nos autistas. Outros sintomas, como comportamento rígido, perseveração, resposta não apropriada a situações sociais, falta de habilidade em aprender com sua experiência, adaptação a modificações ambientais e falta de iniciativa, também podem ser explicados por dificuldades executivas (DAMÁSIO; MAURER, 1978; RUMSEY, 1985). Frente à existência desta correlação, as disfunções executivas no autismo têm sido estudadas como tentativa de encontrar um fator comum e preponderante para o diagnóstico.

A Função Executiva (FE) refere-se a comportamento direcionado por um objetivo futuro que envolve: intenção de inibir uma resposta ou diferenciá-la para um momento posterior mais apropriado, planejamento estratégico de sequências de ações, representação mental da tarefa, incluindo informações relevantes do estímulo memorizadas e uma meta futura (WELSH; PENNINGTON, 1988).

Funções executivas estão tipicamente deficitárias em pacientes com dano no lobo frontal, assim como em indivíduos que possuem distúrbios do neurodesenvolvimento que envolvam déficits congênitos nos lobos frontais (HILL, 2004). Alguns destes distúrbios são: Transtorno de Déficit de Atenção e Hiperatividade, Transtorno Obsessivo-Compulsivo, Síndrome de Tourette, fenilcetonúria, esquizofrenia e autismo (PENNINGTON; OZONOFF, 1996; HILL, 2004).

Desde então muitos trabalhos vêm sendo realizados na tentativa de estabelecer um perfil de alterações executivas no autismo. Pennington e Ozonoff, em 1996, descrevem dez anos de pesquisas realizadas sobre FE e autismo. Eles relatam que de 1945 a 1996 haviam sido realizados catorze trabalhos e, desse total, treze encontraram diferenças significativas entre autistas e controles em pelo menos uma medida de FE. Concluem que um dos testes mais utilizados é o WCST, mas o que possui melhor efeito discriminativo entre sujeitos autistas e não autistas é a Torre de Hanói.

O conhecimento sobre processos cerebrais complexos, assim como funções cerebrais e suas características comportamentais relacionadas, é um meio importantes de se descobrir mais sobre os distúrbios neurológicos (STAHL, 2004). O estudo de anormalidades no movimento ocular é um método neurocientífico, não invasivo e que dá pistas sobre o funcionamento cerebral. Portanto, os movimentos oculares são importantes em uma avaliação neurológica, pois seu exame avalia a distribuição dos circuitos neuronais e aponta para o comprometimento envolvido no processo de doenças (STAHL, 2004).

Duas vertentes na pesquisa de movimento ocular com população autista vêm sendo exploradas. A primeira verifica o padrão de fixações em relação a figuras sociais, para clarificação de como o autista explora seu ambiente. A segunda vertente analisa propriedades dinâmicas dos movimentos sacádicos em diferentes tipos de tarefas (SWEENEY et al., 2004).

O olhar na região dos olhos é considerado como uma característica inicial da sociabilidade. Crianças com autismo com a mesma idade evitam o olhar direto da região dos olhos; autistas olham mais para boca do que para os olhos em cenas de filmes e crianças com desenvolvimento normal despendem menos tempo em faces viradas de cabeça para baixo, mas os autistas não apresentam essa diferença (falta de discriminação ligada à falta de processamento global). Conclui-se que eles possuem ineficiência para obtenção de informações de faces humanas (FARRONNI et al., 2002; KLIN et al.,2000; KLIN et al., 2002a; KLIN et al., 2002b; PELPHREY et al., 2002; MERCADANTE et al., 2006; VAN DE GEEST et al., 2002).

Já a segunda vertente, que analisa os movimentos sacádicos, mostra, por meio das tarefas Sacada Visual Guiada (SVG), Antissacada (AS), Resposta Oculomotora Atrasada (ROA), Sacada Preditiva (SP), que a população com transtorno autista possui menor engajamento atencional nas tarefas, maior latência e número de erros em ROA, menor número de SP e dificuldade na inibição de respostas sacádicas. Ao longo das idades, o grupo de crianças com autismo demonstra baixo desempenho em memória operacional e inibição de resposta e um déficit no refinamento do processo maturacional (conexão de circuitos frontais com outros circuitos); portanto, déficits em FE (LUNA et al., no prelo; TAKARAE et al., 2004b; GOLDBERG et al., 2002; VAN DER GEEST et al., 2001; MINSHEW et al., 1999).

Frente à hipótese de um indivíduo autista ter uma anormalidade perceptiva e executiva, habilidades superiores, tais como se engajar socialmente, entender ou predizer o comportamento do outro, ficam prejudicadas.

Método

Sujeitos

Foram avaliadas dez crianças e jovens com TID, do sexo masculino. Esse grupo foi pareado por idade e sexo com dez crianças e jovens com desenvolvimento típico. A idade dos participantes variou de oito a dezenove anos, com média de 11,9 (DP 3,22). O diagnóstico clínico de TID foi dado por um profissional experiente. Como critérios de padronização do diagnóstico de TID foram utilizados três instrumentos de avaliação para comportamentos autísticos: K-SADS, ASQ (*Autism Screenning Questionnaire*) e ABC (*Autism Behavior Checklist*).

Material

Avaliação das Habilidades Cognitivas e das Funções Executivas

1) Escala Wechsler Infantil
2) Teste *Trail Making*
3) Teste da Figura Complexa de Rey
4) Teste da Torre de Hanói

Tarefas de Rastreamento Ocular

Tarefa de Sacada Preditiva (SP): é requerido que o sujeito olhe alternadamente entre dois pontos de fixação localizados 10o à direita ou à esquerda do ponto central. Esta tarefa avalia a habilidade executiva de *regulação de atenção, preparação para resposta e antecipação.*

Tarefa de Antissacada (AS): requer que sujeito não olhe para o ponto de fixação periférico, mas sim realize uma sacada na direção oposta. As habilidades executivas avaliadas nesta atividade foram: *planejamento, inibição de resposta e automonitoramento*.

Tarefa de Acompanhamento: realizar movimentos lentos de perseguição acompanhando o estímulo com o olhar. A habilidade avaliada por essa tarefa foi a *capacidade de acompanhamento e flexibilidade cognitiva*.

Rastreamento de Faces: foram apresentadas 24 faces humanas, em branco e preto, e o participante deveria simplesmente inspecioná-las por quatro segundos.

Os estímulos foram aleatorizados controlando-se as seguintes variáveis:

(1) Posição: normal ou rotacionada em 180°;

(2) Gênero: masculino ou feminino;

(3) Manipulação dos olhos: olhos presentes ou ocultados.

Todos os parâmetros de movimento ocular foram medidos por meio do equipamento Tobii® 1750 (*Tobii Technology*). O equipamento consiste em duas câmeras acopladas em um computador e diodos embutidos que emitem raios infravermelho necessários para gerar luminosidade e reflexão dos olhos do sujeito, possibilitando a identificação da direção do olhar.

Procedimento

As avaliações foram realizadas na Universidade Presbiteriana Mackenzie em duas sessões de duas horas de duração. Os responsáveis pelos sujeitos autorizaram a participação na pesquisa e assinaram o termo de informação e de consentimento livre e esclarecido.

Resultados

A avaliação de inteligência revelou que o Quociente de Inteligência (QI) do grupo TID (M=77,33) foi significativamente pior do que o do grupo-controle (M=115,40). O mesmo padrão é encontrado na análise do QI Verbal e no de Execução.

Comparações entre grupo foram conduzidas via Teste Mann-Whitney para cada um dos subtestes. Resultados revelaram diferenças significativas entre os dois grupos para todos os subtestes Verbais. Entre os subtestes de Execução há diferenças significativas entre os participantes com TID e controles para Completar Figuras e Códigos. Embora a pontuação ponderada nestes dois subtestes tenham sido abaixo do controle, os participantes com TID apresentaram desempenho pior na prova de Códigos. Não foram encontradas diferenças nos demais subtestes, sendo que a pontuação ponderada nos Cubos foi muito parecida entre os dois grupos com média de dois pontos acima do esperado.

No **Teste Trail Making**, a média do tempo de execução tanto na parte A quanto na B foi significativamente maior para o grupo TID (MA=82 e MB=171,2) do que para o grupo-controle (MA=49,8 e MB=107). O tempo para realização da parte B foi aproximadamente o dobro da parte A para ambos os grupos.

Os resultados do **Teste da Figura Complexa de Rey** indicam não haver diferença significativa com relação ao tempo de execução da cópia da figura de Rey. No entanto, a pontuação em percentil foi menor no grupo TID (M=27) do que no controle (M=57), sendo as diferenças mais evidentes para as reproduções de memória. Observou-se, ainda, que no grupo-controle há uma grande variação nos percentis, mas no grupo TID há um predomínio de percentis 0 na produção da figura de memória.

Os resultados da **Torre de Hanói** mostram que todos os dez participantes do grupo-controle foram capazes de realizar a tarefa mais simples com três discos. No grupo TID, apenas quatro conseguiram realizar a tarefa, e seis não conseguiram nem mesmo realizar a tarefa mais fácil. Nas tarefas com quatro e cinco discos, o número de participantes com TID capaz de realizar a tarefa foi muito menor que o do grupo-controle.

Na **Tarefa SP**, a análise de acertos, quando o movimento ocular alcança o quadrante do estímulo-alvo, mostrou que os controles acertaram em média 26,7 das 28 tarefas de SP, enquanto que os TID apenas 20,2. O número de erros cometidos foi significativamente maior no grupo TID (M=6,78) do que no controle (M=0,8), e a latência, avaliada pelo tempo que o sujeito leva para iniciar o movimento, foi significativamente maior para os sujeitos com TID (M=326,89) em relação aos controles (M=256,65). A Figura 1 ilustra o movimento ocular na Tarefa SP.

Foram conduzidas comparações entre os dois grupos para as todas as medidas da **Tarefa de AS**. Em uma análise do número de erros seguidos de acerto observa-se uma média significativamente menor do grupo TID (M = 6,33) se comparado ao grupo-controle (M=12,1).

Na **Tarefa de Acompanhamento**, o número de Sacadas Diretas (quando o sujeito faz apenas um movimento sacádico e alcança o alvo) e a velocidade média nesse tipo de movimento foi semelhante nos dois grupos. Nas Sacadas Intermediárias (quando o sujeito realiza diversos movimentos sacádicos mais curtos para alcançar o alvo), observa-se um número de sacadas significativamente menor para o grupo TID (M=21,56) do que para o grupo-controle (M=28), assim como a média da velocidade significativamente menor no grupo TID (0,30 graus/segundo) se comparada ao grupo-controle (0,40 graus/segundo).

No **Rastreamento de Faces**, nas comparações do tempo de fixação na face e na região dos olhos, observa-se maior tempo de fixação para o grupo-controle, se comparado ao grupo TID em todas as variáveis. Foram conduzidas análises estatísticas entre os grupos e encontrada diferença no tempo de fixação nas faces para as seguintes variáveis: Masculino (p=0,04), Invertido (p=0,02) e Olhos Ocultados (p=0,01). Já para o número de fixações na região dos olhos foi observada diferença significativa entre os grupos para as figuras Invertidas, sendo o menor tempo de fixação para o grupo TID. Para as outras variáveis e números de fixação não foram encontradas diferença significativas.

Discussão

O grupo TID apresenta grandes dificuldades cognitivas gerais e verbais em relação aos controles. Apresenta ainda dificuldade no QI Executivo, porém o valor da média está dentro do esperado para a população. Portanto, os componentes da habilidade executiva, de uma maneira geral, mantêm-se preservados, porém desviados qualitativamente do que seria esperado. Logo, os padrões de dificuldade executiva podem ser pesquisados e descritos da população com TID.

Os resultados indicam maiores variâncias dentro do grupo TID, tanto para habilidade verbal quanto de execução. Esse dado traduz uma diversidade na caracterização das habilidades da população inserida na mesma classificação diagnóstica: Transtornos Invasivos do Desenvolvimento, como já discutido na literatura em um artigo de revisão de Rutter (2005).

Os resultados do WISC III por subteste demonstram, dentre as provas verbais, que o grupo TID possui desempenhos significativamente menores do que o grupo-controle. Os subtestes Informação, Semelhanças, Vocabulário e Compreensão foram os que demonstraram habilidades mais discrepantes entre os grupos. Tais dados denotam uma grande dificuldade em compreender o ambiente ao seu redor, retirar desse ambiente informações e conceitos necessários e posteriormente relacioná-los verbalmente.

Quando se avalia o perfil de execução do WISC III, apenas dois subtestes mostram diferenças significativas: Completar Figuras e Códigos. Isso demonstra dificuldades específicas de compreender o contexto como um todo e capacidade de regular atenção. Habilidades como organização perceptual e sequenciamento temporal aparecem com desempenhos abaixo dos sujeitos controles, porém, sem diferença significativa. A habilidade de visuoconstrução aparece preservada e com média muito semelhante ao grupo-controle. Tal padrão replica os dados presentes na literatura com pico do desempenho no subteste Cubos, e pior em Compreensão (HAPEE & FRITH, 1996). O estudo descreve que essas diferenças não são explicadas acerca das diferenças entre habilidade verbal e executiva, pois se encontra bom desempenho em Dígitos e grandes dificuldades no Arranjo de Figuras. No presente estudo, Dígitos foi o subteste verbal com melhor média dentre os outros subtestes para o grupo TID, e Arranjo de figuras teve, juntamente com Códigos, os piores escores de execução, porém sem diferenças significativas para os sujeitos controle. Esse perfil é descrito como típico do quadro de autismo e não é encontrado entre outras deficiências.

Os comprometimentos executivos encontrados no grupo TID em relação ao grupo controle corroboram achados da literatura (PENNINGTON & OZONOFF, 1996). Encontrou-se significativamente pior habilidade de sequenciamento visuomotor, regulação de atenção e principalmente grande dificuldade de flexibilidade cognitiva avaliadas pelo **Trail Making**.

Por outro lado, foi constatado, por meio da **Figura Complexa de Rey**, que os sujeitos com TID não apresentam dificuldade significativa de construção visuo-motora, o que corrobora os dados indicados anteriormente, no presente estudo, pelo WISC III. No entanto, apresentam um padrão deficitário de memória, tanto imediata, quanto tardia, quando a mesma envolve organização perceptual.

Dentre os participantes que foram capazes de realizar a Torre de Hanói, não houve diferença no desempenho em relação ao grupo-controle, o que corrobora dados encontrados com a execução Torre de Londres (JUST et al., 2006). Porém um dado que ficou muito evidenciado foi a dificuldade significativa na iniciação de comportamento, na elaboração de estratégia para *execução* de ação planejada e inibição de comportamentos não compatíveis (como movimentar os discos aleatoriamente) dos participantes com TID.

A **Tarefa SP** mostrou pior acurácia do grupo TID, o que corrobora dados descritos na literatura que encontram diferenças significativas para desempenho de sacada guiada para crianças e não em adolescentes ou adultos (LUNA et al., no prelo; MINSHEW et al., 1999). Essas diferenças denotam uma dificuldade de regulação de atenção visual da população com TID.

Observando-se a latência, o presente estudo aponta um valor médio de latência significativamente menor no grupo-controle, e uma maior variabilidade nos valores de latência para o grupo TID, sendo que esse último dado corrobora achados de Goldberg e colaboradores (2002). Os autores destacam essa variabilidade como uma dificuldade dos sujeitos com TID na habilidade de manter um intervalo consistente para iniciação de um movimento de acordo com as dicas visuais. Um estudo recente destaca essa latência aumentada como uma dificuldade na preparação para a resposta, o que pode influenciar a eficiência na organização, o planejamento e a iniciação de uma resposta voluntária (LUNA et al., no prelo).

Quanto à capacidade de inibição avaliada na **Tarefa AS**, são encontradas diferenças significativas para o número de erros seguidos de acertos, que foram as tentativas em que o participante não consegue inibir, porém, depois ele é capaz de se organizar e realizar a sacada correta. O número desse tipo de movimento automonitorado é significativamente menor para o grupo TID. Em suma, os indivíduos com TID participantes deste estudo apresentam dificuldade em inibir um movimento ocular não apropriado em direção ao aparecimento de um alvo, e depois direcioná-lo para a posição correta, o que demonstra uma deficiência no controle executivo sobre um comportamento reflexivo (MINSHEW et al., 1999) e dificuldades envolvidas com a falta de capacidade de inibir respostas mais preponderantes (LUNA et al., no prelo).

Discute-se que na **Tarefa de Acompanhamento** o movimento realizado de maneira a agrupar sacadas intermediárias é o que deve ser considerado no acompanhamento de sacada (*smooth pursuit*) em detrimento da sacada direta (*catch up saccade*). No presente trabalho, o grupo TID realizou um menor número dessas sacadas, o que mostrou que eles possuem dificuldade em realizar esse tipo de movimento modulado de acompanhamento, corroborando dados da literatura e denotando uma dificuldade na flexibilidade cognitiva (TAKARAE et al., 2004b).

Conclusão

Foi encontrado um perfil de dificuldades executivas no autismo composto pela falta de regulação da atenção voluntária, dificuldade em inibir um comportamento e direcioná-lo ao objetivo proposto na tarefa, dificuldade de planejamento de ação, dificuldade para iniciação de resposta voluntária e dificuldade na flexibilidade cognitiva em ambas as avaliações de FE, tradicionais e de movimento ocular.

Referências bibliográficas

AMERICAN PSYCHIATRIC ASSOCIATION – APA. *Diagnostic and statistical manual of mental disorders: DSM-IV.* Washington: APA, 1999.

BAIRD, G.; CASS, H.; SLONIMS, V. Diagnosis of autism. *Brit. Méd. J,* v. 327, p. 488-493, 2003.

COSTA, D.I. et al. Avaliação Neuropsicológica da Criança. *Jornal de Pediatria,* v. 80, n. 2, p. 111-116, 2004.

DAMASIO, A.R.; MAURER, R.G. A neurological model for childhood autism. *Archives of Neurology,* v. 35, p. 387-393, 1978.

FARRONI, T. et al. Eye contact detection in human from birth. *PNAS,* v. 99, n. 14, p. 9902-9905, 2002.

FECTEAU, S.; LEPAGE, J.F.; THEORET, H. Autism Spectrum Disorder: Seeing Is Not Understanding. *Current Biology,* v. 21, n. 16, p. 131-133, 2006.

FOMBONNE, E. Epidemiological surveys of autism and other pervasive developmental disorders: an update. *Journal of Autism and Developmental Disorders,* v. 33, n. 4, p. 365-382, 2003.

GADIA, C. A.; TUCHMAN, R.; ROTTA, N.T. Autismo e doenças invasivas de desenvolvimento. *J. Pediatr,* v. 80, n. 2, p. 83-94, 2004.

GOLDBERG, M.C. et al. Deficits in the initiation of eye movements in the absence of a visual target in adolescents with high functioning autism. *Neuropsychologia,* v. 40, p. 2039-2049, 2002.

HAPPÉ, F.; FRITH, U. The neuropsychology of autism. *Brain,* v. 119, p. 1377-1400, 1996.

HILL, E. L. Executive dysfunction in autism. *Trends in Cognitive Sciences,* v. 8, n. 1, p. 26-32, 2004.

JUST, M. A. et al. Functional and Anatomical Cortical Underconnectivity in Autism: Evidence from an fMRI Study of an Executive Function Task and Corpus Callosum Morphometry. *Cereb. Cortex,* 2006. No prelo.

KLIN, A. Attributing social meaning to ambiguous visual stimuli in higher-functioning autism and Asperger syndrome: the social attribution task. *J. Child Psychol. Psychiat,* v. 41, n. 7, p. 831-46, 2000.

KLIN, A. et al. Defining and Quantifying the Social Phenotype in Autism. *American Journal of Psychiatry,* v. 159, p. 895-908, 2002a.

KLIN, A. et al. Visual fixation patterns during viewing of naturalistic social situations as predictors of social competence in individuals with autism. *Archives of General Psychiatry,* v. 59, n. 9, p. 809-16, 2002b.

LEZAK, M. D. *Neuropsychological Assessment.* New York: Oxford University Press, 1995.

LOPEZ, B. R. et al. Examining the Relationship between Executive Functions and Restricted, Repetitive Symptoms of Autistic Disorder. *Journal of Autism and Developmental Disorders,* v. 35, n. 4, 2005.

LUNA, B. et al. Maturation of Executive Function in Autism. *Biol. Psychiatry,* 2006. No prelo.

MERCADANTE, M. T. et al. A study of Autism and saccadic movements using: eye-tracking strategiestechnology in individuals with autism spectrum disorders. *Arquivos de Neuro Psquiatria,* 2006. No prelo.

MINSHEW, N.J.; LUNA, M.D.; SWEENEY, J.A. Oculomotor evidence for neocortical systems but not cerebellar dysfunction in autism. *Neurology,* v. 52, p. 917-922, 1999.

NITRINI, R. ; CARAMELLI, P. ; MANSUR, L. L. *Neuropsicologia: das bases anatômicas à reabilitação.* São Paulo: Clínica Neurológica do Hospital das Clínicas da Faculdade de Medicina da Universidade de São Paulo, 1996.

ORGANIZAÇÃO MUNDIAL DA SAÚDE. *CID-10: Classificação Estatística Internacional de Doenças e Problemas Relacionados à Saúde.* 10a ed. São Paulo: EDUSP, 1993.

PELPHREY, K. A. et al. Visual scanning of faces in autism. *Journal of Autism and Developmental Disorders,* v. 32, n. 4, p. 249-61, 2002.

PENN, H. E. Neurobiological correlates of autism: a review of recent research. *Neuropsychol Dev Cogn C Child Neuropsychol*, v. 12, p. 57-79, 2006. Suplemento 1.

PENNINGTON, B. F.; OZONOFF, S. Executive functions and developmental psychopathology. *J. Child. Psychol. Psychiatry*, v. 37, p. 51-87, 1996.

RUMSEY, J. M. Autistic children as adults: psychiatric, social, and behavioral outcomes. *J. Am. Acad. Child Psychiatry*, v. 24, p. 465-473, 1985.

RUTTER, M. Autism research: lessons from the past and prospects for the future. *J. Autism Dev Disord*, v. 35, n. 2, p. 241-57, 2005.

STAHL, J. S. Using eye movements to assess brain function in mice. *Vision Research*, v. 44, n. 28, p. 3401-10, 2004.

SWEENEY, J. A. et al. Eye movements in neurodevelopmental disorders. *Current Opinion in Neurology*, v. 17, p. 37-42, 2004.

TAKARAE, Y. et al. Pursuit eye movement deficits in autism. *Brain*, v. 127, n. 12, 2004b.

VAN DER GEEST, J. N. et al. Eye movements, visual attention, and autism: a saccadic reaction time study using gap and overlap paradigm. *Biological Psychiatry*, v. 50, p. 614-619, 2001.

VAN DER GEEST, J. N. et al. Gaze behavior of children with pervasive developmental disorder toward human faces: a fixation time study. *J Child Psychol Psychiatry*, v. 43, n. 5, p. 669-78, 2002.

WELSH, M.C.; PENNINGTON, B.F. Assessing frontal lobe functioning in children: views from deveopmental psychology. *Developmental Neuropsychology*, v. 4, p. 199-230, 1988.

YEARGIN-ALLSOPP, M. et al. Prevalence of autism in a US metropolitan area. *JAMA*, v. 289, n. 1, p. 49-55, 2003.

NOVOS PARADIGMAS NA AVALIAÇÃO NEUROPSICOLÓGICA: ANÁLISE DOS MOVIMENTOS OCULARES NA AVALIAÇÃO DOS PROBLEMAS DE APRENDIZAGEM

Katerina Lukasova
Elizeu Coutinho de Macedo

Grande parcela dos problemas de aprendizagem pode ser atribuída ao transtorno específico de aprendizagem conhecido como dislexia, diagnosticada em entre 2,5% (SIEGEL, 2004) e 5% (ANDERSON, 2004) das crianças na idade escolar com dificuldades de aprendizagem. O diagnóstico da dislexia baseia-se na avaliação das habilidades cognitivas, tais como: leitura e escrita, consciência fonológica, vocabulário, memória fonológica e nomeação. Nos últimos vinte anos, as habilidades de leitura têm sido avaliadas também por meio dos movimentos oculares que oferecem medidas mais refinadas sobre o processamento cognitivo em situação normal de leitura (RAYNER, 1998).

O movimento ocular durante a leitura adquire um padrão específico, diferente daquele observado em outros tipos de tarefas (MACEDO et al., 2005). Em leitores experientes, os olhos movimentam-se pelo espaço de sete a nove letras para local de fixação. A fixação numa palavra dentro da frase tem duração média de 225 a 275 milésimos de segundo; já numa palavra isolada, este tempo é maior (RAYNER, 1998). A fixação inicial geralmente acontece na primeira metade da palavra. Caso a palavra seja processada com sucesso, o olho é movido para outra palavra; no caso de insucesso, uma segunda fixação de maior duração é efetuada perto do final da palavra (HYÖNÄ; OLSON, 1995).

O comprimento da palavra determina a localização da primeira fixação e também o número de fixações e refrações dentro da palavra (POLLATSEK; RAYNER, 1982). Bons leitores tendem a ajustar, aumentar ou diminuir a amplitude da sacada de acordo com a amplitude da palavra, aumentando a velocidade de leitura (O'REGAN, 1980). Em maus leitores, essa capacidade foi encontrada reduzida em palavras com mais de cinco letras (MACKEBEN et al., 2004).

A frequência da palavra é determinada por meio da contagem de sua ocorrência na forma impressa de uma determinada língua. Assim, palavras de alta frequência são aquelas com alto índice de ocorrência, sendo mais familiares aos leitores. Maior familiaridade com a palavra, tanto como maior previsibilidade contextual, leva à diminuição na duração e no número de fixações (MONAGHAN; ELLIS, 2002; RAYNER, 1998).

O comprimento e a frequência da palavra são duas variáveis que afetam propriedades do padrão de movimentos oculares de bons leitores, tais como tempo da primeira fixação, tempo total das fixações na palavra e o tempo de leitura (JUHASZ; RAYNER, 2005). Em leitores fracos, espera-se um padrão similar, porém menos eficiente, isto é, leitura com maior número e tempo de fixações e refixações.

Ashby e colaboradores (2005) estudaram a leitura de palavras de alta e baixa frequência em leitores experientes e medianos. Encontraram, em todos eles, tempos médios de fixações maiores em palavras de baixa frequência. O achado interessante foi o fato de que a diferença entre o tempo total de fixação nas palavras de alta frequência *versus* palavras de baixa frequência variou entre os grupos, sendo de onze milésimos de segundo para leitores experientes e de quarenta milésimos de segundo para leitores medianos. Isso indica que os leitores medianos têm um pronunciado decréscimo na eficiência de leitura das palavras de baixa frequência. Uma vez que a decodificação grafofonêmica pode ser considerada fluente em leitores medianos, o efeito de frequência indica ter relação com os processos de acesso lexical (ASHBY et al., 2005).

Macedo e colaboradores (2006) controlaram as mesmas propriedades psicolinguísticas no estudo com universitários de leitura de palavras isoladas. As diferenças significativas no tempo médio e no número de fixação foram encontradas para frequência e comprimento, sendo que para a regularidade foi observada diferença somente para o tempo médio de fixação. Os resultados indicam mudanças no padrão de leitura, ao passo que o leitor se torna fluente, sendo que o registro de movimento ocular se mostra sensível para a mensuração desse processo.

Hutrzler e Wimmer (2005) estudaram crianças alemãs disléxicas e bons leitores em tarefas de leitura de texto e de pseudopalavras. Os disléxicos apresentaram maior número e tempo de fixação, assim como maior duração da primeira fixação na palavra. Quando a análise foi feita em função do comprimento, observou-se um aumento significativo na diferença entre o tempo total de fixações nas palavras curtas e longas. O efeito de frequência, também observado no estudo anterior, foi muito maior para os leitores fracos. O mesmo se repetiu para o efeito de comprimento.

Objetivo

O estudo objetivou avaliar as propriedades de movimento ocular (número de fixações e tempo total de fixação) e sua relação com as propriedades psicolinguísticas (frequência, comprimento e lexicalidade) na leitura de crianças diagnosticadas com dislexia e crianças consideradas bons leitores.

Metodologia

Sujeitos

Participaram do estudo dez crianças com diagnóstico de dislexia e dez controles pareados por idade, sexo e série. A caracterização dos sujeitos está descrita na Tabela 1.

Tabela 1 – Caracterização dos sujeitos

Disléxicos		Controles		F (1,19)	*p*	
média	dp	média	dp			
Número de sujeitos	10		10			
Meninos	8		8			
Meninas	2		2			
Idade (anos)	10,63	1,07	10,74	1,4	0,049	0,83
Escolaridade (anos)	4,42	1,37	4,5	1,45	0,021	0,89

Instrumentos

Movimentos oculares foram registrados em três provas: (1) Prova de leitura de palavras isoladas, (2) Prova de leitura de pseudopalavras, (3) Prova de leitura de sílabas. As provas encontram-se descritas a seguir.

A Prova de leitura de palavras isoladas é composta por 72 palavras. A seleção das palavras foi realizada de acordo com três variáveis psicolinguísticas: frequência, tamanho e regularidade. Em relação à frequência, as palavras foram selecionadas do banco de dados elaborado pela Associação Brasileira de Dislexia (ABD) e aferidas com as do banco de dados do Corpus NILC Universidade de São Carlos. Na regularidade, selecionaram-se palavras regulares, regras e irregulares. Foram consideradas palavras do tipo regular aquelas em que cada letra corresponde a apenas um som e vice-versa (por exemplo, a palavra *pata*); palavras do tipo regra são aquelas em que a correspondência letra-som é regulada por regras de posição e relação com as letras vizinhas (por exemplo, a palavra *casa*, em que a letra "s" soa como /z/ porque está entre duas vogais); palavras do tipo irregulares são aquelas em que a correspondência não segue regra nenhuma, sendo a leitura totalmente arbitrária dependendo de acesso ao léxico da palavra. Foram consideradas palavras irregulares aquela contendo "x" intervocálico (por exemplo, a palavra *exército*, em que a letra "x" soa como /z/) (LEMLE, 1991; PIMENTA, 1993). Em relação ao comprimento, foram escolhidas palavras das três categorias: palavras curtas, com de três a cinco letras, palavras médias, com de seis a oito letras, e palavras longas, de dez a catorze letras.

A Prova de leitura de pseudopalavras é composta por 36 palavras criadas a partir das palavras de alta frequência da lista de Prova de palavras isoladas, com as seguintes modificações: para as palavras curtas, foi trocada uma letra, para as palavras médias, duas letras, e para as palavras longas, três letras. As letras modificadas foram preferencialmente as consoantes, sendo que a substituição se deu dentro de mesmo grupo sonoro (RUSSO; BEHLAU, 1993). O comprimento e a regularidade da palavra foram mantidos.

A prova de leitura de sílabas é composta por quarenta sílabas, sendo 24 sílabas simples com a construção consoante (C) – vogal (V) ou VC, e dezesseis sílabas compostas, com estrutura CCV ou CVC. As sílabas são partes retiradas das palavras de Prova de palavras isoladas. A apresentação das sílabas é a mesma das provas anteriores.

Procedimento

Cada criança foi avaliada individualmente em uma sessão de quarenta a cinquenta minutos. A aplicação do procedimento de avaliação ocorreu entre agosto e novembro de 2006, no Laboratório Interdisciplinar do Programa de Pós-Graduação em Distúrbios do Desenvolvimento, da Universidade Presbiteriana Mackenzie, São Paulo.

Para o registro de movimentos oculares foi usado equipamento computadorizado Tobii® 1750 (*Tobii Technology*).

Resultados

Para os movimentos oculares durante a leitura das palavras, pseudopalavras e sílabas, foram conduzidas análises nos seguintes níveis:

1) **número de acertos:** considerado um ponto para cada unidade lida corretamente na Prova de Palavras, Pseudopalavras e Sílabas. As médias foram comparadas entre o grupo de disléxicos e controle;

2) **propriedades de movimento ocular:** analisadas as seguintes medidas: Número de Fixações (NF) e Tempo Total das Fixações (TTF).

As análises serão descritas a seguir.

Número de acertos

Na análise de número de acertos, foi utilizada ANOVA multivariável. Os resultados mostram maior número de acerto no grupo-controle, com diferença significativa para as palavras, pseudopalavras e sílabas (p<0,05). Como seria de esperar, os resultados indicam maior proporção de acerto para sílabas (M=0,87), seguidos pelas palavras (M=0,80) e pseudopalavras (M=0,57).

Propriedades de movimento ocular

A partir do registro de movimento ocular, foram computados o Tempo Total de Fixação e o Número de Fixações sobre as palavras. Os resultados foram agrupados de acordo com as seguintes variáveis: frequência (baixa e alta), regularidade (regular, regra e irregular) e comprimento (curta, média e longa). Para análise dos movimentos oculares, foram incluídos somente os dados das palavras lidas corretamente. Com esse critério, as medidas das propriedades dos movimentos oculares durante a leitura de pseudopalavras tiveram de ser excluídas, reduzindo a amostragem para esta variável, o que impossibilitou a realização de análises estatísticas paramétricas. Dessa forma, foram analisados somente dados obtidos durante a leitura das palavras e sílabas.

Prova de Leitura de Palavras

Para a análise de variância **intragrupo** foi conduzida ANOVAS com medidas repetidas. Foi observado aumento no Tempo Total de Fixação nas três variáveis: frequência, regularidade e comprimento. Comparações *Post Hoc* revelaram aumento significativo entre as palavras de alta (M=2065,52) e baixa frequências (M=2495,96), palavras regulares (M=2134,68) e irregulares (2534,55), palavras regras (M=2172,99) e irregulares. No comprimento, a diferença estatística foi encontrada para todas as três categorias, sendo o TTF menor nas palavras curtas (M=1759,15), seguido das médias (2118,65) e, por fim, das longas (M=2964,41).

A análise do Número de Fixação em cima de palavra mostrou haver diferença no Número de Fixação tanto para frequência quanto para comprimento. Comparações *Post Hoc* revelaram aumento significativo no NF entre as palavras de alta (M=2,66) e baixa (2,80) frequência, palavras curtas (M=1,83), médias (2,42) e longas (3,94). Não foi observado efeito de regularidade.

As análises **intergrupo** foram conduzidas a fim de verificar o efeito do tipo de grupo sobre as variáveis. Esse tipo de análise possibilita levantar o nível de interação de uma determinada característica psicolinguística com o tipo de grupo. Os resultados mostram que não há interação específica das variáveis com a dislexia considerando-se o Tempo Total ou Número de Fixação de que uma criança precisa para extrair visualmente a informação linguística de uma palavra. Assim, as variáveis psicolinguísticas afetam igualmente ambos os grupos.

Prova de Leitura de Sílabas

Na análise dos movimentos oculares na leitura de Sílabas, foi observado um aumento no Número de Fixações e no Tempo Total de Fixação para o grupo de disléxicos. ANOVA multivariável mostrou diferença significativa entre os grupos para o Número de Fixação. Nas Sílabas curtas, o NF do grupo disléxico (M=1,44) foi significativamente maior (p<0,05) do que no grupo-controle (M=1,17). O mesmo ocorreu nas Sílabas longas, com NF significativamente maior no grupo disléxico (M=1,61) que no grupo-controle (M=1,16).

Discussão

Os resultados do registro de movimentos oculares trouxeram importantes achados a respeito da leitura em língua portuguesa. Os resultados mostraram que o Número de Fixação e o Tempo Total de Fixação aumentam em função de duas propriedades psicolinguísticas: frequência e comprimento.

Uma vez que a frequência indica a familiaridade do leitor com a palavra, o aumento na fixação e no tempo total de fixação mostra que, ao deparar com uma palavra menos conhecida, a agilidade na leitura diminui e aumenta o envolvimento do processamento visual, ou seja, a pessoa gasta mais tempo extraindo a informação com mais fixações.

O reconhecimento de palavras pode ser dividido em dois estágios de acordo com Juhasz e Rayner (2003). O primeiro estágio é, de acordo com autores, voltado para a programação oculomotora de sacada seguinte e para a verificação da familiaridade da palavra e/ou a decodificação grafofonêmica. O uso de palavras "e/ou" é apropriado, pois não se conhece por certo como os dois processos interagem, se de uma forma complementar ou excludente. O segundo estágio é voltado para acesso lexical e modificações atencionais, tais como desengajamento e deslocação de atenção ao estímulo seguinte.

Com base no modelo do Juhasz e Rayner (2003), é possível levantar uma hipótese para a explicação do aumento de número de fixações em palavras de baixa frequência. Uma vez que a palavra de baixa frequência é menos familiar ao leitor, requerendo possivelmente a decodificação grafofonêmica, a programação oculomotora do primeiro estágio será afetada resultando em mais fixações nesse tipo de palavras. O segundo estágio é no presente estudo reduzido para o acesso lexical, uma vez que a leitura é de palavras isoladas.

Outra das variáveis psicolinguísticas discutidas é o comprimento. O comprimento representa a característica física da palavra, e o aumento no número de fixação e no tempo total de fixação pode ser abordado pela teoria do *span perceptual*. O *span perceptual* nas tarefas visuais refere-se à área do estímulo da qual a informação visual está sendo ativamente extraída e processada pelo sistema visual. De acordo com Rayner, Reichle e Pollatsek (2005), durante a leitura em língua inglesa, o *span perceptual* é de aproximadamente três a quatro letras para a direita do ponto de fixação. Isso explicaria por que no presente estudo as palavras longas compostas de nove a doze letras receberam em média de três a quatro fixações.

A última propriedade psicolinguística avaliada neste estudo foi a regularidade, que representa o nível de dificuldade linguística. Os resultados encontrados mostram diferença somente no tempo total de fixação entre palavras regulares e irregulares e palavras regras e irregulares. Ao avaliar leitores experientes, Macedo e colaboradores (2006) encontraram o mesmo padrão em relação ao tempo total de fixação. Este, considerando-se os adultos, foi aproximadamente um segundo menor do que o tempo total encontrado em crianças no presente estudo, porém, os adultos apresentaram o mesmo padrão de aumento do tempo de regular para irregular, e de regra para irregular. Isso parece indicar que a leitura das palavras irregulares envolve outros aspectos de processamento cognitivo, além daqueles utilizados na leitura de palavras regulares e regras.

As comparações dos dois grupos, bons leitores e crianças com dislexia, não mostraram diferenças específicas em função das variáveis psicolinguísticas. Isso indica que crianças disléxicas e bons leitores em língua portuguesa apresentam o mesmo padrão de movimentos oculares na leitura de palavras. O aumento no número de fixações e no tempo total de fixações encontrados no presente estudo pode ser atribuído à dificuldade com o material lido (RAYNER, 1998) e não à alteração de movimento ocular na leitura de pessoas disléxicas (PAVLIDIS, 1985).

A dificuldade na leitura pode ser observada no presente estudo na leitura de sílabas, pois foi encontrado aumento significativo do número de fixações para o grupo disléxico. O padrão encontrado levanta uma questão: por que uma criança disléxica precisa executar mais fixações nas sílabas compostas por duas ou três letras? Caso aceitemos a teoria de *Span perceptual* descrita acima, não seria necessária mais que uma fixação. E, de fato, os resultados em crianças do grupo-controle confirmam essa teoria. A explicação plausível para tal fato pode ser encontrada traçando-se um paralelo com o padrão de movimento ocular modificado em função da frequência da palavra. Como foi descrito anteriormente, pressupõe-se que o leitor, ao encontrar palavras desconhecidas, altera a estratégia e inicia a conversão grafofonêmica. Ao depararem com sílabas, as crianças-controle as identificam como familiares, realizando uma leitura ortográfica, assim como nas palavras de alta frequência. Parece plausível que as crianças disléxicas não apresentem a mesma familiaridade, realizando fixações adicionais para uma retroalimentação e/ou decodificação grafofonêmica. Dessa maneira, há maior possibilidade de decodificação mal sucedida, o que pode ser observado na média de acertos das crianças disléxicas em palavras, pseudopalavras e sílabas.

Conclusão

Análises das propriedades de movimento ocular, assim como de número de acertos, indicam que bons e maus leitores são sujeitos ao efeito de comprimento e frequência. Enquanto o número de acertos dos disléxicos compensados tende a se igualar ao dos bons leitores após alguns anos de treino, as propriedades de movimento ocular, principalmente o tempo total de fixações, por serem medidas mais precisas, mostram-se diferentes até a idade adulta. Assim, justifica-se o seu uso em estudos com leitura, tanto em bons leitores como em população com dislexia do desenvolvimento.

O presente trabalho teve apoio do Mackpesquisa de Universidade Presbiteriana Mackenzie.

Referências bibliográficas

ANDERSON, B. Dyslexia in Sweden. In: SMYTHE, I., SALTER, R., EVERETT, J. (Org.). *The international book of dyslexia*. Chichester: John Wiley & Sons, 2004. p. 215-221.

ASHBY, J.; RAYNER, K.; CLIFTON, C. J. R. Eye movements of highly skilled and average readers: Differential effects of frequency and predictability. *The quarterly journal of experimental psychology*, v. 58(A), n. 6, p. 1065-1086, 2005.

HUTRZLER, F.; WIMMER, H. Eye movements of dyslexic children when reading in a regular orthography. *Brain and Language*, v. 89, n. 1, p. 235-242, 2004.

HYÖNÄ, J.; OLSON, R. K. Eye fixation patterns among dyslexic and normal readers: effects of word length and word frequency. *Journal of Experimental Psychology*, v. 21, p. 1430-1440, 1995.

JUHASZ, B. J.; RAYNER, K. Investigating the effects of a set of intercorrelated variables on eye fixation durations in reading. *J Exp Psychol Learn Mem Cogn*, v. 29, n. 6, p. 1312-1318, 2003.

LEMLE, F. *Guia teórico do alfabetizador*. São Paulo: Ática, 1991.

MACEDO, E. C. et al. Avaliação neuropsicológica e análise dos movimentos oculares na esquizofrenia. In: MACEDO, E. C.; CAPOVILLA, E. C. (Orgs.). *Temas em Neuropsicolinguística*. Ribeirão Preto: Tecmedd, 2005

MACEDO, E. C.; LUKASOVA, K.; CAPOVILLA, F. C. Instrumentos de avaliação: Teste de consciência fonológica computadorizado, 2006. No prelo.

MACKEBEN, M. et al. Eye movement control during single-word reading in dyslexics. *Journal of Vision*, v. 4, p. 388-402, 2004.

MONAGHAN, J.; ELLIS, A. W. What exactly interacts with spelling-sound consistency in word naming? *J Exp Psychol Learn Mem Cogn*, v. 28, p. 207-214, 2002.

O'REGAN, J. K. The control of saccade size and fixation duration in reading: The limits of linguistic control. *Perception & Psychophysics*, v. 28, p. 112-117, 1980.

PAVLIDIS, G. T. Eye movements in dyslexia: their diagnostic significance. *J Learn Disabil*, v. 18, n. 1, p. 42-50, 1985.

PIMENTA, M. A. M. Dissociações nos diferentes sistemas de escrita: Hipótesee sobre as manifestações de dislexia adquirida em leitores do sistema alfabético português e em bilíngues nipo-brasileiros. In: MANSUR, L.; RODRIGUES, N. (Orgs.). *Temas em neurolinguistica*. São Paulo: TecArt, 1993.

POLLATSEK, A., RAYNER, K. Eye movement control in reading: the role of word boundaries. *Journal of experimental psychology: Human Perception and Performance*, v. 8, p. 817-833, 1982.

RAYNER, K. Eye movements in reading and information processing: 20 years of research. *Psychol. Bull*, v. 124, p. 372-422, 1998.

RAYNER, K.; REICHLE, E. D.; POLLATSEK, A. Eye movement control in reading and the E-Z Reader model. In: UNDERWOOD, G. (Org.). *Cognitive Processes in Eye Guidance*. Oxford: Oxford University Press, 2005.

RUSSO, I.; BEHLAU, M. *Percepção da fala: análise acústica do Português Brasileiro*. São Paulo: Lovise, 1993.

SIEGEL, L. S. Dyslexia in Canada. In: SMYTHE, I.; SALTER, R.; EVERETT, J. (Orgs.). *The international book of dyslexia*. Chichester: John Wiley & Sons, 2004. p. 38-42.

USO DO MÉTODO RAMAIN-THIERS NO TRATAMENTO NEUROPSICOLÓGICO DO DÉFICIT DE ATENÇÃO E HIPERATIVIDADE (TDAH)

Paula Catunda

A neuropsicologia é um campo relativamente recente dentro da psicologia no Brasil e tem auxiliado o avanço na precisão dos diagnósticos realizados com crianças que comumente apresentam queixas escolares.

O déficit de atenção e hiperatividade (TDAH), mesmo não sendo considerado um distúrbio específico de aprendizagem, pode acarretar grandes problemas na escolas. Estas têm aumentado o nível de exigência, o que vem sendo percebido não só no Brasil como em países europeus; assim, a cobrança, além de ser maior, vem ocorrendo mais cedo e independente da maturidade da criança.

A prevalência do déficit de atenção é de 3 a 5% entre crianças em idade escolar (DSM IV, 1994), sendo esperada a proporção de uma menina para cada três ou quatro meninos. Cerca de um terço apresenta algum transtorno de aprendizagem.

A possibilidade do diagnóstico de TDAH acaba sendo uma das queixas mais comuns dos pais que procuram avaliação para compreender as dificuldades dos filhos. Os sintomas principais são: atenção oscilante, ou seja, capacidade de se concentrar apenas em atividades de grande interesse, hiperatividade e impulsividade. É importante ressaltar que tais sintomas devem ser comparados ao que é esperado para a idade em que se encontra a criança. A imaturidade, por exemplo, pode acarretar dúvida no diagnóstico, quando utilizada pelo senso comum.

Em crianças pré-escolares são percebidos sintomas que se iniciam desde bebê e estão relacionados ao transtorno do sono, irritabilidade, rapidez ao andar, falta de noção de perigo, pouco envolvimento com brinquedos, dificuldade para lidar com limites e com castigos. São crianças com problemas de motivação, impulsividade e dificuldade para respeitar regras e lidar com frustrações, e acabam mostrando impulsividade nas emoções. Em adolescentes, são frequentes o uso de drogas, transtornos de conduta, acidentes de automóvel. Nos adultos, aparecem problemas relacionados ao trabalho, à falta de planejamento, de organização, baixa autoestima e dispersão.

De acordo com o DSM IV (1994), existem três tipos de TDAH: o TDA cuja desordem é atencional, mais facilmente encontrado em meninas, com frequentes dificuldades relacionadas à rapidez perceptual, à compreensão de instruções verbais e à memória auditiva. A pesquisa de Pastura e colaboradores (2005) conclui que o tipo desatento tem pior desempenho escolar, principalmente na aritmética. A memória de trabalho pode interferir na resolução de problemas abstratos. O segundo tipo é o hiperativo-impulsivo, mais encontrado em meninos. São incansáveis, irrequietos, falantes, mexem-se frequentemente e interrompem quando os outros falam. São impacientes e ansiosos, têm dificuldade no controle das emoções, inibição de respostas, nas tarefas em que não têm recompensa imediata. Também é comum dificuldades na linguagem.

Sob o ponto de vista biológico, encontramos baixos níveis do neurotransmissor dopamina em algumas regiões do cérebro. Estudos demonstram hipoativação do córtex pré-frontal direito, núcleo caudado e cíngulo anterior (CARBONI-ROMÁN et al., 2006). Segundo Condemarín (2004), através do SPECT perceberam diminuição do fluxo sanguíneo cerebral no corpo estriado nas áreas pré-motoras e motoras e nas pré-frontais superiores. Mattos (2005) relata estudos com Pet-Scan, os quais mostram alterações nos lobos frontais, corpo caloso, gânglios da base e cerebelo.

A avaliação do neurologista é muito importante para o diagnóstico, tal como o uso de medicação para o tratamento.

Há uma forte influência de fatores genéticos e ambientais (hábitos e educação familiar). De acordo com Condemarín e colaboradores (2004), filhos de pais com TDAH têm 50% de chance de manifestarem a doença.

A dificuldade atencional é percebida não nas tarefas automáticas, mas naquelas que exigem atenção por um tempo maior, assim como para distinguir estímulos irrelevantes dos relevantes, lidar com a interferência de distratores e finalizar o que estava sendo feito. As tarefas repetitivas, que não interessam ou não trazem algum ganho imediato, são mais difíceis de serem realizadas, tais como as de maior complexidade, que exigem adaptação de instruções.

Os sintomas de TDAH são, portanto, mais complexos, envolvendo não somente a atenção, mas também as funções executivas, em particular o controle inibitório. Segundo Ridderinkhof e colaboradores (2004), o controle inibitório é exigido quando existem tarefas conflitantes, sendo que uma delas acaba agindo como distrator.

As habilidades das funções executivas auxiliam o planejamento de ações intencionais diárias, que requerem a utilização de experiências prévias, flexibilidade para mudanças e organização. As funções executivas são também responsáveis pela autorregulação, habilidade de organização, estabelecimento de metas e prioridades, tomada de decisão, julgamento, persistência e controle de impulsos. Dificuldades nessa função estão ligadas à atenção aos detalhes, seguir instrução, organizar tarefas, planejar, manter o esforço mental, lembrar compromissos.

Catelhanos e colaboradores (2006) denominam as funções executivas relacionadas ao TDAH como *hot* e *cool*. As funções *cool*, relacionadas à região dorsolateral do córtex pré-frontal, são mais racionais, ligadas à necessidade de inibição, à capacidade de manter a tarefa, seguir instrução, e estariam associadas às características do TDAH do tipo atentivo. As funções *hot* estariam relacionadas ao tipo impulsivo-hiperativo, e são aquelas que requerem envolvimento afetivo e motivação para produzir. Estão relacionadas à região orbital e medial do córtex pré-frontal.

Não encontramos um consenso, uma definição precisa das funções prejudicadas em uma avaliação neuropsicológica com crianças e adultos com TDAH. Portanto, ela deve ser criteriosa. Berwid e colaboradores (2005) perceberam, por meio da literatura, que crianças em idade escolar com TDAH obtiveram resultados inferiores ao grupo de controle quando avaliaram memória de trabalho, planejamento, percepção de tempo, controle inibitório e fluência verbal. Há também referências a déficits quanto à memória verbal.

Além da avaliação de todas as funções neuropsicológicas, a atenção, a visuoconstrução e as funções executivas devem ser cuidadosamente investigadas, pois a avaliação auxiliará no diagnóstico e na definição do tipo de TDAH e irá fornecer indicadores para planejar o tratamento.

As avaliações neuropsicológicas das funções executivas para idades pré-escolares são difíceis de serem realizadas devido à falta de testes padronizados e adaptados. Berwid e colaboradores (2005) tentaram avaliar crianças pré-escolares e perceberam que aquelas com TDAH apresentam maior quantidade de erros na avaliação da atenção seletiva, sendo incapazes de se conter para trocar brinquedos. Além disso, frequentemente apresentaram déficit no controle motor. A falta de inibição do comportamento pode ser um possível indicativo de uma futura presença do TDAH. Mas a conclusão da pesquisa é que não existem déficits neuropsicológicos específicos na avaliação de pré-escolares. Esses autores ressaltam que as características das funções executivas podem estar pouco desenvolvidas e amadurecem ao longo dos anos. Deve-se, portanto, tomar cuidado com o diagnóstico precoce. É questionável a necessidade de os sintomas terem de aparecer antes dos sete anos.

Na avaliação das crianças em idade escolar, a escala Weschler pode apresentar resultados mais baixos nos subtestes de Aritmética, Arranjo de Figuras, Dígitos, Códigos e Labirintos. É importante verificar também se há discrepância entre Qi verbal e de execução. Diferenças acima de doze pontos já precisam ser observadas.

Podem ser utilizadas provas pedagógicas específicas para avaliação do conteúdo da matemática e da língua portuguesa, como o Teste de Desempenho Escolar-TDE e, além disso, provas de orientação direita/esquerda, ritmo e concentração. Adam (2005) comenta que as desordens de coordenação são observadas em cerca de metade das crianças.

Algumas avaliações de personalidade podem auxiliar na definição do diagnóstico, devido à alta frequência (cerca de 50% dos casos) de comorbidades, além da influência de fatores psíquicos, tal como a autoestima que muitas vezes acaba ficando rebaixada. Segundo Condemarin (2004), as comorbidades mais comuns são: transtorno de desafio e oposição (30-40%), transtorno de conduta (14%), depressão (9-38%), desordens da ansiedade (25%), transtorno bipolar (12-14%) e transtornos específicos de aprendizagem.

É importante lembrar também os questionários, bastante utilizados para serem aplicados nos pais e nos professores, a fim de configurar o tipo de comportamento em diferentes ambientes, tal como a Escala de Déficit de Atenção e Hiperatividade de Edyleine Bellini Peroni.

Em pesquisas, os tratamentos que encontramos realizados com crianças que apresentam esse diagnóstico, além da medicação, são as terapias, sendo as mais comuns as cognitivo-comportamentais, trabalhos realizados com terapeutas ocupacionais e psicopedagogos. Também são valorizados atendimentos com a família e orientações feitas para a escola. É importante ressaltar que, quanto antes o problema for tratado, melhor será o prognóstico. O tipo de comorbidade e a variedade dos sintomas associados interferem na escolha do tratamento e prognóstico do paciente.

Alguns autores propõem que o trabalho realizado com crianças que apresentem dificuldades escolares ocorra por meio de uma estimulação mais global das funções neuropsicológicas. A psicomotricidade (Método Ramain-Thiers) seria uma das opções, pois estimula, além da coordenação, as áreas básicas do pensamento.

O Método Ramain teve sua origem na França, criado por Simonne Ramain, na década de 1960. Ela criou exercícios específicos cujo objetivo é a "[...] busca de um desenvolvimento global do indivíduo através de sua estruturação mental". Não se valoriza a obtenção de êxito na tarefa, mas sim no envolvimento com o trabalho e na percepção de si próprio, visando à maneira como lidar com as dificuldades. Vitor da Fonseca cita o Ramain como um trabalho para o "[...] desenvolvimento da atenção, atitude e educação de base" (THIERS, 1988).

Os exercícios Ramain-Thiers são dispostos em diversas programações com diferentes níveis de elaboração, utilizados para crianças a partir de cinco anos de idade, até adultos e idosos. Os exercícios buscam a quebra de automatismos motores e de pensamento. São realizados com materiais simples tais como papéis variados, tesoura, arame, fio, pranchas de madeira e de pregos, contas diversas.

Depois de realizada a avaliação, não se trabalha especificamente estimulando as áreas em que aparecem as dificuldades. A proposta é de uma estimulação global, o que permite um atendimento em grupo, com dificuldades, diagnósticos e classe sociais diferentes.

Nem todos os casos podem ser trabalhados em grupo, mas este enriquece bastante as trocas, as conversas e as brincadeiras muito valorizadas pelas crianças e adolescentes, tornando o trabalho mais atrativo para alguns. No caso específico de crianças com déficit de atenção, percebemos que grupos pequenos ou duplas se mostram enriquecedores, pois algumas crianças mudam seu comportamento quando estão executando exercícios ao lado de outras, e a quantidade de interferências com as quais devem lidar é maior, exigindo mais atenção seletiva. Acabam comportando-se de forma mais semelhante à da escola, o que nem sempre é percebido nos atendimentos individuais.

Todos os exercícios partem de uma instrução verbal precisa, que parece inicialmente estranha, obrigando a parar e a pensar sobre o que é pedido. O profissional procura não repetir a instrução verbal, e, quando não é compreendida ou é esquecida, tenta-se fazer com que os diversos membros do grupo relembrem os detalhes, remontando-a. Esta é uma maneira de trabalhar a linguagem, e observamos, aos poucos, o desenvolvimento da compreensão da linguagem, da atenção e da memória imediata.

Um novo trabalho pode ser acrescentado com a descrição dos materiais que estão sendo utilizados. Por exemplo, ao trabalhar com contas diversas e coloridas, podemos pedir a descrição precisa delas, o que vai auxiliar na aquisição de vocabulário, na expressão da linguagem e, dependendo do modo como é feito, acaba gerando interesse por parte das crianças.

Como a atenção é uma função sempre necessária, ela acaba sendo exigida na execução de todos os exercícios Ramain-Thiers. Mas existem trabalhos específicos, através de estímulos perceptuais, cujo objetivo é aumentar o tempo de atenção sustentada. Um exemplo é a série de ditados. Temos ditados de formas, sinais, sons, direções. No ditado de sinais, por exemplo, mostramos um sinal e deve ser encontrado outro igual, dentre os diversos disponíveis, deixando-o na mesma posição que o modelo mostrado pelo adulto. A criança deve separá-lo entre os vários sinais similares e simétricos. Na instrução dada inicialmente, explica-se a organização em que devem ser colocados os sinais. Existem vários ditados diferentes, cujo tamanho varia, com a tentativa de aumentar o tempo exigido da atenção seletiva.

Nos ditados de direções, após a colocação de pontos no papel quadriculado, feitos em lugares específicos, segundo uma instrução verbal, é percorrido um percurso com o lápis, seguindo as direções ditadas (alto, baixo, direita ou esquerda) e não se usa borracha no caso de enganos, com a tentativa de fazer com que a atenção esteja mais presente. "[...] além da atenção auditiva, eles obrigam a uma real disponibilidade mental e convidam ao respeito do grupo pelo silêncio [...]" (RAMAIN, 1964).

O grupo acaba imprimindo um ritmo de trabalho que faz com que a criança impulsiva se reveja, esteja mais atenta ao próprio ritmo, ao dos outros e, aos poucos, acabe mudando sua postura. Trabalhos corporais também irão estimular a adaptação aos diversos ritmos.

A memória imediata verbal é exigida não só quando se retomam as instruções verbais, que são algumas vezes mais longas e detalhadas, como podem ser utilizados os exercícios feitos em sessões anteriores, para trabalhar a memória de longo prazo. Já a memória imediata visual é utilizada para a execução de alguns ditados, quando não se deixa o modelo visível.

Como os exercícios de Ramain-Thiers são concretos e não verbais, o fato de as crianças perceberem que estão conseguindo executá-los e que estão melhorando sua produção passa a ser estimulante. A recompensa é relativamente rápida. As crianças com TDAH são inteligentes, comparam-se com outras e começam a perceber que suas dificuldades não ocorrem em todos os trabalhos. São pessoas criativas, alegres, ativas, que devem ter este potencial valorizado e aproveitado no grupo.

A proposta dos exercícios de "quebrar automatismos" obriga a uma atenção mais presente, flexibilidade de pensamento, uma nova postura. Os exercícios de simetria, ou quando se utiliza o papel triangulado, por exemplo, exigem flexibilidade, uma mudança na maneira de pensar. O planejamento é necessário na execução de exercícios gráficos, na exigência de margem ou na organização espacial necessária para se copiarem sinais em uma moldura.

A percepção e a visuoconstrução são bastante estimuladas em cópia de figuras e desenhos no papel quadriculado de tamanhos diferentes, exigindo atenção às diferentes inclinações de traços oblíquos.

Como exemplo, posso citar um caso de um menino de oito anos, adotado, com diagnóstico de déficit de atenção e hiperatividade do tipo combinado, cuja mãe usava diversos tipos de drogas. Criança muito agitada, tomava medicação, mas falava muito e ficava pouco tempo sentado em um lugar. Iniciou o trabalho recentemente e necessitava de muito auxílio, sobretudo nos exercícios gráficos e mais longos. Durante a execução de um desses trabalhos, inicialmente não conseguia copiar figuras iguais, que se repetiam após um determinado espaço. Trocava as direções do traçado, não alternava a atenção, o olhar entre a ficha e seu papel. O profissional aproximou-se verbalizando a direção em que deveria seguir, e assim ele poderia ficar atento ao seu traçado apenas no papel, utilizando somente a atenção sustentada. A criança começou aos poucos a executar, e continuou sem o profissional ao seu lado. Não conseguiu copiar o desenho original, mas manteve a atenção por período mais longo do que havia conseguido nas sessões anteriores.

A atenção sustentada e dividida é exigida na cópia de fichas com sinais diversos, quando se deve trocar um sinal por outro ou por contas diferentes. A atenção seletiva é exigida quando se copia um desenho feito no papel quadriculado com traços inclinados, mas em simetria. Olha-se o traço, mas deve-se copiá-lo simetricamente, inibindo o estímulo original.

A organização é importante para crianças com déficit de atenção. Para ampliar o trabalho, criamos uma folha de controle, onde devem ser anotados os exercícios, cada vez que são realizados. Depois, cada tipo de trabalho deve ser arquivado em uma pasta específica.

Crianças com déficit de atenção que apresentam uma dificuldade motora resistem (alguns inicialmente se recusam) a executar exercícios gráficos. A presença de um adulto ao seu lado é muito importante em muitos momentos, pois tendem a desistir facilmente diante de uma pequena dificuldade. Com o tempo, essa resistência diminui, facilitando o trabalho. Para que isso ocorra, podemos utilizar os exercícios mais simples, feitos no papel de seda ou traçados em folhas grandes, que lhes são mais prazerosos.

Jogos e brincadeiras também são de grande utilidade para esse tipo de crianças, pois, além de aumentarem o interesse, a motivação e, consequentemente, a liberação de dopamina, podem ser adaptados de acordo com a metodologia e o objetivo do trabalho. Um simples jogo de cartelas com figuras, por exemplo, pode tornar-se um trabalho que exige controle inibitório e gera um grande interesse. Vence quem responder, rápido e corretamente, que tem a figura igual a que está sendo ditada, necessitando um estado de alerta e controle.

Diante da proposta de exercícios que são muitas vezes difíceis, cansativos, exigentes, pois demandam um constante planejamento e julgamento para se chegar ao resultado pedido, aspectos da função executiva são constantemente estimulados. Tentamos proporcionar momentos de brincadeiras, despertar interesse e uma nova postura diante do trabalho que deve ser realizado e da dificuldade encontrada. A motivação é muito importante para que ocorra uma mudança de atitude, que deve ser reforçada e mantida nos demais ambientes, como o escolar e o familiar, com ss quais devemos manter contato e realizar orientações frequentes para que seja feito um trabalho conjunto.

O conhecimento da neuropsicologia pode, portanto, auxiliar o profissional na superação das dificuldades que a criança apresenta. Diante das falhas da função executiva, convém sentar-se ao lado da criança, ajudá-la na retomada do trabalho, em alguns momentos na organização de como executá-lo, ou até para aguentar as etapas de realização de um exercício menos estimulante. Ir verbalizando para facilitar a cópia de um desenho complexo auxilia a criança a perceber e utilizar artifícios para ater-se mais ao que está fazendo e conseguir sucesso. Aos poucos, percebe-se que a criança vai conseguindo produzir sem tanto auxílio e transpõe essa nova atitude para a escola.

Como vimos, as funções neuropsicológicas são estimuladas conjuntamente em todos os exercícios Ramain-Thiers. Fiz uma divisão apenas didática, para esclarecer como estão sendo utilizadas essas funções, e principalmente como podemos enriquecer o trabalho com elas, ampliar o nível de exigência levando-se em conta a motivação e o diagnóstico da criança. Temos a possibilidade de enriquecer cada exercício com questões, novas propostas, materiais diferentes, utilizando como referência a avaliação neuropsicológica. Além dela, o conhecimento do desenvolvimento infantil e das funções neuropsicológicas é fundamental para o profissional saber como auxiliar a criança diante de uma dificuldade encontrada.

Referências bibliográficas

ADAM, J. J. et al. Controlled Visuomotor Preparation Deficts in Attencion-defict/ hyperactividy disorder. *Neuropsychology*, v. 19, n.1, p, 66-76, 2005.

ANDRADE, V. M.; SANTOS, F. H.; BUENO, O. F. A. *Neuropsicologia Hoje*. São Paulo: Artes Médicas, 2004.

CARBONI-ROMÁN, A. et al. Bases neurobiológicas de las dificultades de aprendizaje. *Revue Neurologique*, v. 42, p. S171--S175, 2006. Suplemento 2.

CASTELLANOS et al. Characterizing cognition in ADHD: beyond executive dysfunction. *Trends in Cognitive Sciences*, v. 10, n. 3, 2006.

CONDEMARÍN, M.; GOROSTEGUI, M. E.; MILICIC, N. *Transtorno do déficit de atenção*. São Paulo: Planeta, 2006.

GEURTS et al. ADHD subtypes: do they fiffer in their executive functioning profile? *Archives of clinical neuropsychology*, p. 457-477, 2005.

HALPERINN, J. M. et al. Neuropsychological Correlates of ADHD Symptoms in Preschoolers. *American Psychological Association*, v. 19, n. 4, p. 446-455, 2005.

MATTOS, P. et al. *Consenso brasileiro de especialista sobre diagnóstico do transtorno do déficit de atenção/hiperatividade em adultos* (TDAH), 2005.

RAMAIN, S. O desenvolvimento da atenção e da receptividade na aquisição dos conhecimentos. *Caderno Ramain*, 1964.

RIDDERINKHOF et al. Neurocognitive mechanisms of cognitive contrl: the role of prefrontal córtex in action selection, response inhibition performance monitoring, and reward-based learning. *Brain and Cognition*, v. 56, p. 129-140, 2004.

THIERS, S. *A evolução histórica do Ramain e o Brasil*. Caderno Ramain, material de leitura da 2a. etapa.

BATERIA NEPSY NA AVALIAÇÃO DA DISLEXIA DO DESENVOLVIMENTO

Nayara Argollo

Introdução

O NEPSY (NEPSY: Korkman; Kirk; Kemp, 1998) é uma bateria de testes neuropsicológicos para avaliar crianças na idade pré-escolar e escolar. A bateria é teoricamente dividida em cinco sessões ou domínios cognitivos, que são: Atenção/Função Executiva, Linguagem, Processamento Visual e Espacial, Função Sensório-motora e Memória e Aprendizado. Para cada domínio, existem subtestes agrupados como Parte Central e Parte Expandida com Avaliação Qualitativa e Escores Suplementares que permitem a interpretação qualitativa do desempenho da criança.

Os subtestes da Parte Central prestam-se à avaliação global do desempenho da criança, identificando a área cognitiva comprometida. Identificado o domínio com dificuldade, a investigação pode ser ampliada com subtestes dentro do mesmo domínio (Parte Expandida) para uma visão mais ampla do comprometimento. Na Avaliação Seletiva, são selecionados subtestes de todos os domínios que melhor analisem o transtorno da criança, quando já houver uma suspeita diagnóstica (Figura 1).

No total, o NEPSY é composto de 27 subtestes nos cinco domínios (Figura 2). Para o domínio Atenção/Funções Executivas, há quatro subtestes da Parte Central (Torre, Conjunto de Respostas e Atenção Auditivas, Atenção Visual e Estátua) e dois da Expandida (Fluência em Desenhos e Batendo na Mesa); o domínio Linguagem é composto de quatro subtestes para a Parte Central (Nomeando Partes do Corpo, Processamento Fonológico, Velocidade de Nomeação e Compreendendo Instruções) e três da Expandida (Repetindo Pseudopalavras; Fluência Verbal e Sequência Oromotora); a função Sensório-motora é avaliada com três subtestes para a Parte Central (Tocando nas Pontas dos Dedos, Imitando as Posições da Mão e Precisão Visomotora) e dois na Expandida (Sequência Motora Manual, Discriminando Dedos); o domínio Visuoespacial é analisado com três subtestes na aplicação da Parte Central (Copiando Desenhos, Flechas e Construindo com Blocos) e um na Expandida (Achando Rotas); o domínio Memória e Aprendizado tem quatro subtestes para a Parte Central (Memória para Faces, Memória para Nomes, Memória Narrativa e Repetindo Frases) e um subteste para a Parte Expandida (Aprendendo uma Lista).

A Interpretação do NEPSY é baseada no perfil neuropsicológico dos escores, dos escores suplementares e observações qualitativas. Os resultados oferecem visão geral dos domínios do desenvolvimento com as áreas de deficiências e habilidades. Também dão pistas sobre a natureza e os mecanismos dos distúrbios, pela especificação de quais subcomponentes da função complexa estão comprometidos, dados que servem de base para o planejamento de intervenção.

Avaliação da Dislexia do Desenvolvimento

A Bateria NEPSY é utilizada para avaliar crianças com dificuldades de aprendizado e, dentre estas, a dislexia do desenvolvimento.

O processamento fonológico está relacionado ao rendimento em leitura. Déficits no processamento fonológico podem ser avaliados em tarefas de segmentação fonêmica, discriminação fonêmica inicial e conceptualização auditiva, que estão alterados na criança com dislexia disfonética. O acesso lexical, como o medido pela rápida nomeação de letras e cores, nomeação de estímulos alternados, aprendizado de nomes e tempo de nomeação das palavras, tem sido identificado como estável preditor para a leitura. Também são encontrados déficits visoperceptuais. O perfil da criança disléxica inclui:

1 - déficit do processamento fonológico;
2 - pobre acesso ao léxico e déficit em nomeação;
3 - em teste de rendimento escolar, significativa discrepância entre as habilidades cognitivas e o desempenho em leitura e ortografia, frequentemente com melhor compreensão da leitura do que no desempenho de codificação e decodificação.

São também frequentemente encontrados:

1 - déficit de linguagem, mesmo que seja tão sutil como um déficit de nomeação isolada, até um distúrbio de linguagem receptiva ou expressiva;
2 - história familiar de problemas de leitura ou ortografia ou dislexia diagnosticada;
3 - história de dificuldade com ritmo e tempo musicais, com fluência fônica.

Outros sintomas podem ou não estar presentes:

1 - dificuldades com habilidades visuoespaciais;
2 - erros de reversão de letras e números após os oito anos de idade.

A aplicação da Parte Central do NEPSY poderá avaliar alguns déficits cognitivos encontrados nesse perfil, por meio da análise do desempenho dos seguintes subtestes:

1 - Processamento Fonológico – déficit no processamento fonológico.
2 - Escore Suplementar Tempo em Velocidade de Nomeação – velocidade para acessar nomes.
3 - Compreendendo Instruções, Escore Suplementar Precisão em Velocidade de Nomeação, Memória para Nomes e Memória Narrativa – déficit de linguagem receptiva e expressiva.
4 - Avaliação Qualitativa Reverte Sequência em Velocidade de Nomeação – problemas com reversão.
5 - Flechas e Copiando Desenhos – dificuldades em habilidades visuoespacial.
6 - Tocando nas Pontas dos Dedos – dificuldades com a coordenação motora fina.
7 - Torre, Atenção Auditiva, Atenção Visual – dificuldades em Atenção/Função Executiva.

Se a hipótese de dislexia aparecer durante a administração da Parte Central, da entrevista ou ter sido o motivo do encaminhamento, o clínico pode ampliar a avaliação com a Expandida ou Seletiva (Figura 3). Os seguintes subtestes devem ser selecionados da Parte Expandida:

1 - Domínio Linguagem: Repetindo Pseudopalavras (avaliação do processamento fonológico); Fluência Verbal (linguagem expressiva); Sequência Oromotora (programação oromotora);

2 - Domínio Visuoespacial: Achando Rotas (direcionalidade);
3 - Memória e Aprendizagem: Repetindo Frases e Aprendendo uma Lista (Memória Verbal).

O uso do NEPSY para diagnóstico de dificuldade de aprendizado deve ser sempre associado com testes de avaliação intelectiva, de desempenho escolar, com informações sobre a história do desenvolvimento, médica, educacional, familiar, relatórios do professor, provas e testes realizados pela criança.

A seguir serão descritos os achados dos subtestes do NEPSY utilizados na avaliação da criança com dislexia.

Domínio linguagem

Processamento Fonológico

A consciência fonológica é essencial para decodificar e codificar a leitura. O subteste Processamento Fonológico é dividido em duas partes: na primeira, mais fácil (Parte A), a criança responde apontando a figura da palavra usada como pista e, na parte B, com maior grau de dificuldade, a criança é convidada a modificar palavras pela troca de fonemas ou de sílabas. Os déficits encontrados nesse subteste são: Parte A – inabilidade para discriminar os sons ou perceber os padrões sonoros dos quais os segmentos se originam; Parte B – inabilidade para conceitualizar um padrão som-fala como um todo, analisar e manipular a sequência de fonemas e refazer os sons-fala em uma nova palavra. Outras causas de baixo desempenho nesse subteste podem ser: desatenção, impulsividade e déficit na memória operacional (síndrome disexecutiva).

Velocidade de Nomeação

Com a criança dizendo a forma, cor e tamanho de vinte figuras, o subteste Velocidade de Nomeação julga a habilidade de acessar e produzir palavras familiares de forma alternada e rápida. Escores Suplementares separados para Tempo e Precisão podem ser obtidos. Déficits na Velocidade de Nomeação sugerem disnomia ou atraso global de linguagem. Entretanto, as crianças impulsivas ou com deficiências cognitivas (não têm consciência do erro) podem apresentar imprecisão, mas serem rápidas, enquanto aquelas com lentificação global do processamento mental serão lentas e precisas. Mas mesmo crianças com dificuldade de acesso ao léxico podem não ser lentas o suficiente para cair "abaixo do esperado para a faixa etária" no Tempo. Se na Avaliação Qualitativa foi observado Movimento do Corpo ou Aumento da Voz enquanto a criança produz os nomes rapidamente, isso sugere que ela está recrutando outros sistemas para uma nomeação rápida, um sinal de imaturidade. A Reversão da Sequência na Avaliação Qualitativa é uma característica disléxica, especialmente quando existe déficit nos escores do Tempo e Precisão (disnomia).

Compreendendo Instruções

Compreendendo Instruções avalia a linguagem receptiva, solicitando-se à criança que aponte a figura da instrução, por exemplo: "Mostre-me a figura que está acima de uma cruz e ao lado de outra cruz". Os comandos vão tornando-se progressivamente complexos.

Baixo escore nesse subteste acontece nos casos de transtorno de linguagem global ou específico do tipo receptivo (dificuldade de entender mesmo os itens iniciais mais simples). No entanto, déficit de memória operacional (a criança entende bem as instruções iniciais, mas tem dificuldades à medida que os itens se tornam mais longos, ou relembra a primeira parte da instrução e esquece a segunda), impulsividade (resposta impulsiva sem esperar que toda a instrução seja dita) e desatenção (não ouve toda a instrução ou frequentemente pede para repetir a instrução) também podem ser causas de baixa pontuação. Como Compreendendo Instruções envolve conceitos de linguagem visuoespacial, crianças com déficits visuoespaciais também terão baixo desempenho nessa atividade. É importante observar se a criança desempenha bem as ordens simples, mas mal as complexas, em outros subtestes do NEPSY, ou se as dificuldades só aparecem quando é necessário entender pistas de instruções como "... mas primeiro...".

Repetindo Pseudopalavras

O subteste Repetindo Pseudopalavras analisa a codificação e decodificação dos sons utilizados na linguagem. A criança ouve e repete treze pseudopalavras, sendo uma outra forma de avaliar o processamento fonológico. Pobre desempenho nesse subteste ocorre nos déficits global ou específico de linguagem receptiva e nas dificuldades do processamento fonológico (dislexia). Outras causas, como déficits da produção oromotora (dispraxia oral), da memória auditiva de curta duração (a criança pode reproduzir o começo da palavra corretamente, mas esquecer o seu final) e desatenção durante a apresentação das pseudopalavras, também podem levar à baixa pontuação em Repetindo Pseudopalavras.

Fluência Verbal

É um subteste desenhado para analisar a linguagem expressiva. Nele, pede-se à criança que diga o maior número possível de nome de animais e alimentos/bebidas (fluência semântica) e de palavras começando com S e F(fluência fonológica), em um minuto. Existe uma tendência do desenvolvimento de fluência semântica para a fonológica, mas essa última fica mais atrasada em média dez palavras/minuto em comparação com a semântica no grupo etário de sete-doze anos. Muitas etiologias precisam ser pesquisadas na criança que tem um pobre desempenho nesse teste: transtorno do déficit de atenção e hiperatividade, autismo, traumatismo cranioencefálico, lesões da substância branca e cinzenta do lobo frontal, déficits de linguagem global, de expressão, de praxia oral, de exposição adequada à lingua, do processamento mental com baixa ideação (devido à falta de flexibilidade cognitiva ou ao baixo nível intelectivo) e dislexia (com déficits do processamento fonológico e lento acesso às palavras do léxico).

Sequência Oromotora

O controle oromotor é avaliado por meio da repetição de sequências fonológicas, como "tic tac", ou frases tipo trava-língua, por exemplo: "Olha o sapo dentro do saco batendo papo", repetidas durante um-dois segundos, visando a avaliar principalmente a praxia e a coordenação oroarticulatória. Baixos escores são observados na dispraxia oroarticulatória e na disartria. Crianças com dislexia têm baixa pontuação nesse subteste e em Sequência Motora Manual, podendo representar uma maior frequência de dispraxia nesta população.

Domínio memória e aprendizado

Memória para Nomes

Em Memória para Nomes, os desenhos de oito crianças diferentes com os seus nomes são apresentados à criança. Esta tem de lembrar os nomes quando os desenhos são reapresentados na Memória Imediata e reapresentados na Memória Tardia após trinta minutos. O aprendizado para nomes pode estar prejudicado na disnomia, assim, crianças com a síndrome alcoólica fetal, transtorno de linguagem global ou expressiva e de leitura têm baixo desempenho nesse subteste, mas não em Memória para Faces. Outras causas são desatenção, impulsividade, déficit de acesso às palavras (processamento lento) e síndrome disexecutiva (pobre aprendizado nos três ensaios). Esse subteste oferece uma ampla gama de Avaliação Qualitativa, e, dessa forma, pode ser observado se a criança consegue relembrar mais nomes nos ensaios de aprendizado do que na memória tardia (decremento da memória), ou se, ao contrário, consegue lembrar mais nomes na memória tardia que nos ensaios (lenta consolidação), ou, ainda, se o desempenho é baixo na memória imediata e na tardia (disnomia ou transtorno global da linguagem). A criança sem dificuldades cognitivas mostra uma curva de aprendizado que é construída de ensaio para ensaio.

Memória Narrativa

Memória Narrativa avalia a habilidade de recontar uma história de forma livre e sob pistas. Crianças com dificuldades de leitura geralmente têm déficits na memória auditiva de curto prazo, o que pode comprometer a memória operacional necessária para processar e compreender narrativas verbais extensas. Recordar uma narração requer atenção, planejamento, organização, sequenciamento, habilidades de linguagem semântica e sintática, além das habilidades de codificar, armazenar e evocar nomes e contextos. Se as informações foram produzidas por livre recordação, isso sugere que a criança pôde codificá-las e acessá-las. Informações que são recordadas sob pistas indicam que foram codificadas, mas que existem problemas em acessá-las. Se a informação não pode ser acessada nem por livre recordação nem por pistas, é provável que não tenha sido codificada. Pobre compreensão da linguagem, memória de curto prazo e falta de familiaridade com o assunto levam à pobre codificação. A codificação também pode ser afetada por desatenção, ansiedade, desinteresse, déficits de linguagem receptiva, expressiva e disfunção executiva.

Repetindo Frases

Em Repetição de Frases, a criança tem de repetir sentenças que vão crescendo em número de palavras e complexidade. É um teste de memória auditiva de curto prazo, que está comprometida quando existe déficit no *span* da memória ou desatenção. Crianças com transtorno de linguagem ou leitura podem ter a memória auditiva de curto prazo diminuída devido à dificuldade de processamento da linguagem. Lesões do lobo temporal esquerdo, síndrome de Down, traumatismo cranioencefálico fechado, desatenção, impulsividade e síndrome disexecutiva também levam ao baixo desempenho nesse subteste. O clínico deve estar atento a: (1) criança que tem dificuldades relacionadas à quantidade de informações literais para ser evocada (dificuldade à medida que as frases vão ficando mais compridas é associada a déficit de linguagem), e (2) criança que omite ou substitui as palavras, mas retém a essência da frase (dificuldade na memória operacional).

Aprendendo uma Lista

Aprendendo uma Lista é composto de duas listas de quinze palavras. Inicialmente, a criança memoriza a primeira lista e a repete por quatro vezes, até que a segunda lista lhe é apresentada. Trinta minutos depois, pede-se à criança que recorde a primeira lista. Esse subteste avalia o *supraspan* da memória, ou seja, a habilidade de aprender e evocar listas longas, tarefa que requer atenção, planejamento, organização e monitorização do desempenho para evitar palavras repetidas, ou da outra lista, quando esta é adicionada. Assim, podem ser observadas as curvas de aprendizado, a retenção e a evocação. Como requer estratégias de organização, estruturação e ensaio, crianças com transtorno do déficit de atenção e hiperatividade, que sofreram traumatismo cranioencefálico, têm processamento lento ou ansiedade, podem ter grande dificuldade nessa tarefa. Algumas questões devem ser observadas: (1) O desempenho da criança foi aumentando à medida que se repetiam os ensaios ou houve alguma curva não usual? (2) Ela repetiu as palavras da primeira lista na segunda lista (inabilidade de inibir)? (3) Persevera em uma mesma palavra? (4) Incluiu palavras que não existem nas duas listas (incapacidade de inibir palavras associadas, como falar gato, associando-o a bicho e cachorro)? (5) Relembra mais palavras no Ensaio Tardio que no Imediato (lento processamento e consolidação da informação)? (6) Houve predominância do efeito de primazia – relembrar mais as palavras do início do que do fim da lista, ou, ao contrário, se houve efeito recentidade – relembrar mais palavras do fim do que do começo da lista? (Primazia é eficiente, mas a associação das duas é ainda mais eficiente.) (7) Usou alguma estratégia, como agrupamento de palavras para facilitar a recordação? (O agrupamento semântico das palavras é mais eficiente que o fonológico.) (8) Recordou menos palavras do que o esperado quando a Lista de Interferência é introduzida? (Interferência retroativa, ou seja, a nova informação causou perda da antiga.) (9) Recordou poucas palavras da Lista de Interferência? (Interferência proativa: a informação que a criança está aprendendo interfere com um novo aprendizado.) e (10) Manteve-se atenta durante toda a administração do teste?

DOMÍNIO PROCESSAMENTO VISUOESPACIAL

Copiando Desenhos

Copiando Desenhos analisa a integração visomotor, por meio da entrada visuoespacial e da saída motora. A criança copia figuras bidimensionais no papel. Copiando Desenhos e Construindo com Blocos avaliam a praxia construtiva, tarefas que exigem a integração de habilidades visoperceptuais e visoespaciais com a atividade de coordenação motora. Crianças com problemas motores, visuoespaciais, atencionais, com síndrome de Gerstman, de Tourette, alcoólica fetal, crianças ex-prematuros de baixo peso de nascimento, com traumatismos cranioencefálicos moderados e graves, têm prejuízo na integração visomotora. Convergência visual insuficiente leva a erros espaciais, especialmente se existirem pontos de intersecção, e, consequentemente, a criança pula linhas na leitura e no subteste Velocidade de Nomeação. Na criança com dislexia, esse subteste avalia a grafia.

Flechas

O subteste Flechas analisa a capacidade da criança de julgar a orientação de linhas, indicando as flechas que apontam para o alvo. Crianças com tendência a inverter letras e números, dificuldade de aprender símbolos matemáticos, interpretar gráficos e tabelas e dificuldade de aprender vocabulário espacial podem ter um mau desempenho neste subteste. Crianças com síndrome de Williams, hidrocefalia com derivação ventrículo-peritoneal, comprometimento do campo visual, estrabismos e desatenção também apresentam baixo rendimento em Flechas. A criança que inverte letras também terá baixo escore.

Achando Rotas

Achando Rotas avalia a percepção visual. Solicita-se à criança que localize casas em um mapa simples, verificando-se sua habilidade para transferir esse conhecimento para o mapa complexo. Baixa pontuação em Achando Rotas relaciona-se a dificuldades no pensamento relacional, o que ser encontrado em crianças com dificuldades em matemática e no transtorno não verbal do aprendizado. Crianças com lesão parietal direita, lesão frontal direita, síndrome de Tourette, transtorno obsessivo-compulsivo, autismo, síndrome alcoólica fetal ou traumatismo cranioencefálico também demonstram um conjunto de déficit visoespacial. Aquela que inverte letras e números, como pode ocorrer na dislexia, também terá baixa pontuação em Achando Rotas.

Domínio função sensório-motora

Tocando nas Pontas dos Dedos e Sequência Motora Manual

Tocando nas Pontas dos Dedos avalia a destreza dos dedos, solicitando-se que a criança toque 32 vezes, o mais rápido que conseguir, com o indicador e o polegar na primeira tarefa, e com o polegar e os outros dedos sequencialmente, oito vezes, na segunda tarefa. A Sequência Motora Manual analisa a habilidade de imitar série de ritmos, inicialmente ensinadas e depois repetidas cinco vezes. Por exemplo: alternar bater palmas e bater na mesa com uma mão aberta e outra fechada na primeira vez, seguida de bater palmas e bater na mesa com mão fechada (a que anteriormente estava aberta) e mão aberta (anteriormente a fechada). Crianças com dificuldade de leitura têm baixo desempenho nesse teste e no subteste Sequência Motora Manual, sugerindo que a programação motora e a habilidade de sequenciar os movimentos poderiam estar relacionadas ao transtorno de leitura.

Domínio atenção/função executiva

Torre, Conjunto de Respostas e Atenção Auditivas, Atenção Visual e Estátua

O subteste Torre julga as funções de planejamento, monitorização, autorregulação e solução de problema. A criança é convidada a mover três bolas de diferentes cores em três pinos, com o objetivo de atingir determinada posição-alvo demonstrada em uma figura. Como há regras, e somente é permitido determinado número de movimentos, a criança terá de pensar quais movimentos devem ser realizados antes de fazê-los. No Conjunto de Respostas e Atenção Auditivas, as habilidades julgadas são a vigilância e a manutenção da atenção auditiva, o que exige da criança manter um conjunto complexo de informações em mente e, posteriormente, conseguir realizar o mesmo teste invertendo as regras iniciais. Ouvindo uma série de palavras, a criança tem de colocar um quadrado vermelho (retirado do meio de quadrados de várias cores) dentro de uma caixa ao ouvir a palavra "vermelho" (Atenção Auditiva Seletiva). Na segunda parte do teste, ela deverá colocar o quadrado amarelo toda vez que ouvir a palavra "vermelho" (Conjuntos de Respostas Auditivas), vermelho, quando ouvir "amarelo", e azul, quando ouvir "azul". O subteste Atenção Visual pondera a velocidade e a precisão com que a criança perscruta visualmente um alvo dentro de um conjunto de figuras. Ela deverá realizar a tarefa com rapidez e precisão. Para as crianças menores, é oferecido um alvo, e para as mais velhas, dois alvos. Estátua foi desenhado para analisar a persistência e inibição motoras: é solicitado à criança que se mantenha de pé em uma mesma posição por 75 segundos e que iniba qualquer movimentação diante dos distratores realizados pelo examinador. Não é incomum encontrar crianças diagnosticadas com dislexia que também têm sinais do transtorno do déficit de atenção e hiperatividade, entretanto crianças com o transtorno do déficit de atenção e hiperatividade têm mais síndrome disexecutiva, enquanto as disléxicas têm mais problemas com o processamento fonológico. As crianças com ambas as condições desempenham mais como disléxicas, sugerindo que a dislexia é o defeito primário.

O estudo americano de validação do NEPSY para dislexia envolveu 32 crianças com transtorno de leitura sem outra patologia física ou neuropsiquiátrica e QI superior a oitenta, as quais foram pareadas com controles na mesma faixa etária, no mesmo sexo, na mesma raça e na mesma educação parental. O perfil cognitivo que as crianças disléxicas apresentaram no NEPSY será discutido a seguir,

Déficit de linguagem

a. Pobres habilidades semânticas – maus leitores podem ter um transtorno generalizado de linguagem, um estreitamento da linguagem receptiva (Compreendendo Instruções) ou expressiva (Velocidade de Nomeação, ensaio fonológico de Fluência Verbal) ou nenhum distúrbio de linguagem.
b. Dificuldade de acesso ao léxico (Velocidade de Nomeação).
c. Processamento fonológico deficiente (Processamento Fonológico – Escore total e, nas Observações Qualitativas, Pede para Repetir; Repetindo Pseudopalavras).
d. Dificuldades articulatórias (Sequência Oromotora, e na Observação Qualitativa Má articulação Estável em Repetindo Frases).

Déficit da memória verbal

a. Dificuldade para aprender e recordar nomes (Memória para Nomes).
b. Déficit de recordação espontânea de história (Memória Narrativa – Escore total e Suplementar da recordação espontânea).
c. Pobre memória auditiva de curto prazo (Repetindo Frases).

Problemas atencionais

a. Uma atenção auditiva ruim, provavelmente devido ao déficit de linguagem (Atenção Auditiva e Conjunto de Respostas Auditivas).

Disfunção executiva

a. Déficit de memória operacional (Violação de Regras em Torre).
b. Dificuldade de respostas inibidoras a barulhos distratores (Estátua).
c. Pobre controle executivo de programação motora (Sequência Oromotora e Sequência Motora Manual).

Problemas visuoespaciais

a. Dificuldade de análise viso-espacial, direcionalidade e integração visomotora (Achando Rotas).

Comorbidades

a. Dispraxia – oromotor e motora manual (Sequência Oromotora e Sequência Motora Manual).

Conclusão

Todas as crianças com dificuldade de aprendizado podem não demonstrar o mesmo padrão de dificuldades encontrado no estudo de validação do NEPSY. Em geral, crianças disléxicas demonstram déficits em linguagem, processamento fonológico, memória verbal e de acesso ao léxico, sendo que outras áreas cognitivas podem ou não estar comprometidas. O NEPSY oferece uma ampla variedade de testes neuropsicológicos que permitem avaliar a criança disléxica, não somente na linguagem, mas também em outras áreas cognitivas.

Referências bibliográficas

AHMAD S. A.; WARRINER E. M. Review of the NEPSY: A Developmental Neuropsychological Assessment. *The Clinical Neuropsychologist*, v. 15, n. 2, p. 240-9, 2001.

AMERICAN PSYCHIATRIC ASSOCIATION. *Diagnostic and Statistic Manual of Mental Disorders*. 4th ed. Washington: American Psychiatric Association, 1994.

JOSEPH, R. M.; McGRATH, L.; TAGER-FLUSBERG, H. Executive dysfunction and its relation to language ability in verbal school-age children with autism. *Developmental Neuropsychology*, v. 27, n. 3, p. 361-378, 2005.

KLENBERG, M.; KORKMAN, M.; LAHTI-NUUETTILA, P. Differential developmental of attention and executive functions in 3- to 12-year-old Finnish children. *Developmental Neuropsychology*, v. 20, n. 1, p. 407-428, 2001.

KORKMAN, M.; HÄÄKKINEN-RIHU, P. A new classification of developmental language disorders (DLD). *Brain and Language*, v. 47, p. 96-115, 1994.

KORKMAN, M.; KIRK, U.; KEMP, S. *NEPSY: A Developmental Neuropsychological Assessment*. San Antonio: The Psychological Corporation, 1998.

KORKMAN, M.; PESONEN, A. E. A comparation of neuropsychological test profiles of children with attention déficit--hyperactivity disorder and/or learning disorder. *Journal of Learning Disabilities*, v. 27, p. 383-92, 1994.

KORKMAN, M. Applying Luria's diagnostic principles in the neuropsychological assessment of children. *Neuropsychological Review*, v. 9, p. 89-105, 1999.

MÄNTYNEN, H. et al. Clinical significance of test refusal among young children. *Child Neuropsychology*, v. 7, n. 4, p. 241-250, 2001.

MARLOW, N. et al. Neurological and developmental disability at six years of age after extremely preterm birth. *The New England Journal of Medicine*, v. 352, n. 1, p. 9-19, 2005.

RAMUS, F. Outstanding questions about phonological processing in dyslexia. *Dyslexia*, v. 7, p. 197-216, 2001.

SAIGAL, S. et al. School difficulties at adolescence in a regional cohort of children who were extremely low birth weight. *Pediatrics*, v. 105, p. 325-31, 2000.

STANFORD, L. D.; HYND, G. W. Congruence of behavioral symptomatology in children with ADD/H, ADD/Wo, and learning disabilities. *Journal of Learning Disabilities*, v. 22, p. 243-53, 1998.

Figura 1 – Estrutura da Aplicação dos Subtestes da Bateria Nepsy

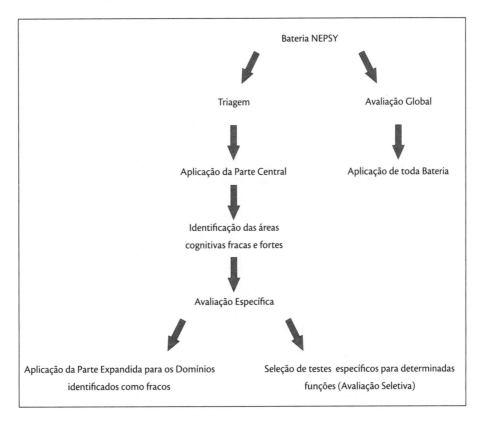

Figura 2 – Estrutura do Nepsy

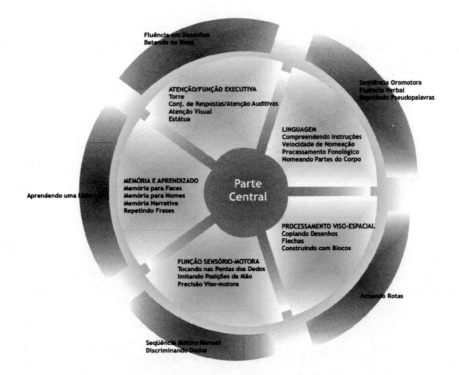

SOBRE OS ORGANIZADORES E OS AUTORES

Alessandra G. Seabra: Doutora e pós-doutorada em Psicologia pela Universidade de São Paulo (USP). Professora do Programa de Pós-Graduação *stricto sensu* em Psicologia, na Universidade São Francisco.

Alessandra Santiago Vieira: Psicóloga da Divisão de Psicologia do Instituto Central da Faculdade de Medicina da Universidade de São Paulo.

Ana Alvarez: Fonoaudióloga; doutora em Ciências pela Faculdade de Medicina da Universidade de São Paulo.

Antonio Nogueira de Almeida: Neurocirurgião do Hospital das Clínicas da Faculdade de Medicina da Universidade de São Paulo.

Barbara A. Wilson: Cientista sênior do Medical Research Council's Cognition and Brain Sciences Unit, Cambridge, Reino Unido, e diretora de pesquisa do Oliver Zangwill Centre for Neuropsychological Rehabilitation, Ely, Reino Unido.

Benito Pereira Damasceno: Professor titular do Departamento de Neurologia da Faculdade de Ciências Médicas da Universidade de Campinas.

Camyla Fernandes de Azevedo: Psicóloga Clínica da Associação Brasileira de Esclerose Múltipla.

Carla Cristina Adda: Psicóloga na Divisão de Psicologia do Instituto Central do Hospital das Clínicas da Faculdade de Medicina da Universidade de São Paulo.

Edson Amaro Junior: Livre-docente do Instituto de Radiologia do Hospital das Clínicas da Faculdade de Medicina da Universidade de São Paulo.

Egberto Reis Barbosa: Livre-docente do Departamento de Neurologia da Faculdade de Medicina da Universidade de São Paulo.

Eliane Correa Miotto: PhD em Neuropsicologia pela Universidade de Londres, diretora técnica de Serviço de Saúde da Divisão de Psicologia do Instituto Central do Hospital das Clínicas da Faculdade de Medicina da Universidade de São Paulo.

Elizeu Coutinho de Macedo: Neuropsicólogo da Universidade Presbiteriana Mackenzie.

Fernanda Orsati: Psicóloga da Universidade Presbiteriana Mackenzie.

Fernando César Capovilla: PhD em Psicologia pela Temple University, Estados Unidos, e livre-docente em Psicologia pela Universidade de São Paulo.

Jacqueline Abrisqueta-Gomez: Neuropsicóloga da Universidade Federal de São Paulo.

Katerina Lukasova: Psicóloga da Universidade Presbiteriana Mackenzie.

Kátia Osternack Pinto: Neuropsicóloga na Divisão de Psicologia do Instituto Central do Hospital das Clínicas da Faculdade de Medicina da Universidade São Paulo.

Lucia I. Z. Mendonça: Neurologista do Hospital das Clínicas da Faculdade de Medicina da Universidade de São Paulo.

Luiz Henrique Martins Castro: Neurologista do Hospital das Clínicas da Faculdade de Medicina da Universidade de São Paulo.

Mara Cristina Souza de Lucia: Psicanalista, diretora da Divisão de Psicologia do Instituto Central do Hospital das Clínicas da Faculdade de Medicina da Universidade de São Paulo.

Márcia Radanovic: Neurologista, docente do Departamento de Neurologia da Universidade de São Paulo.

Maria da Glória de Sousa Vieira: Neuropsicóloga, coordenadora do Setor de Neuropsicologia da Associação Brasileira de Esclerose Múltipla.

Maria Joana Mäder: Psicóloga do Serviço de Psicologia e do Programa de Atendimento Integral às Epilepsias do Hospital de Clínicas da Universidade Federal do Paraná.

Maria Lívia Tourinho Moretto: Psicóloga da Divisão de Psicologia do Instituto Central do Hospital das Clínicas da Faculdade de Medicina Universidade de São Paulo.

Maura Lígia Sanchez: Fonoaudióloga, mestre em Ciências Otorrinolaringológicas pela Escola Paulista de Medicina da Universidade Federal de São Paulo.

Milberto Scaff: Professor titular do Departamento de Neurologia da Faculdade de Medicina da Universidade de São Paulo, diretor da Divisão de Clínica Neurológica do Instituto Central do Hospital das Clínicas da Faculdade de Medicina da Universidade de São Paulo.

Nayara Argollo: Neuropediatra, professora da Faculdade Ruy Barbosa, Bahia.

Noboru Yasuda: Neurologista do Departamento de Neurologia Faculdade de Medicina da Universidade de São Paulo.

Orlando F. A. Bueno: Professor adjunto, psicólogo do Departamento de Psicobiologia da Universidade Federal de São Paulo.

Orlando G. P. Barsottini: Neurologista, coordenador do ambulatório de Neurologia Geral da Escola Paulista de Medicina da Universidade Federal de São Paulo.

Paula Catunda: Neuropsicóloga, professora convidada do Hospital das Clínicas da Faculdade de Medicina da Universidade de São Paulo.

Paula Ricci Arantes: Radiologista do Instituto de Radiologia do Hospital das Clínicas da Faculdade de Medicina da Universidade de São Paulo.

Rodrigo do Carmo Carvalho: Neurologista do Hospital das Clínicas da Faculdade de Medicina da Universidade de São Paulo.

Sara J. Shammah-Lagnado: Biomédica, professora do Instituto de Ciências Biomédicas da Universidade de São Paulo.

Umbertina Conti Reed: Professora titular do Departamento de Neurologia da Faculdade de Medicina da Universidade de São Paulo.

Valéria Santoro Bahia: Neurologista colaboradora do Hospital das Clínicas da Faculdade de Medicina da Universidade de São Paulo.